U0523319

国际关系经典译丛

国际社会的扩展

The Expansion of International Society

[英]赫德利·布尔（Hedley Bull） [英]亚当·沃森（Adam Watson）/主编

周桂银 储召锋/译

中国社会科学出版社

图字：01 - 2011 - 3708

图书在版编目（CIP）数据

国际社会的扩展／［英］布尔，［英］沃森主编；周桂银，储召锋译.
—北京：中国社会科学出版社，2014.8
ISBN 978 - 7 - 5161 - 3897 - 7

Ⅰ.①国…　Ⅱ.①布…②沃…③周…④储…　Ⅲ.①国际社会学—研究
Ⅳ.①C91

中国版本图书馆 CIP 数据核字（2014）第 047502 号

© Hedley Bull and Adam Watson 1984
The Expansion of International Society, First edition was originally published in English in 1984. The translation is published by arrangement with Oxford University Press.

出 版 人	赵剑英
责任编辑	赵　丽（zhaoli1223@163.com）
责任校对	韩天炜
责任印制	王　超

出　　版	中国社会科学出版社
社　　址	北京鼓楼西大街甲 158 号（邮编 100720）
网　　址	http://www.csspw.cn
	中文域名：中国社科网　　010 - 64070619
发 行 部	010 - 84083685
门 市 部	010 - 84029450
经　　销	新华书店及其他书店
印　　刷	北京君升印刷有限公司
装　　订	廊坊市广阳区广增装订厂
版　　次	2014 年 8 月第 1 版
印　　次	2014 年 8 月第 1 次印刷
开　　本	710×1000　1/16
印　　张	25.75
插　　页	2
字　　数	409 千字
定　　价	69.00 元

凡购买中国社会科学出版社图书，如有质量问题请与本社联系调换
电话：010 - 64009791
版权所有　侵权必究

序

本书起源于英国国际政治理论委员会的一系列讨论，若干年以来，这个组织始终对近现代国际体系的历史和运作怀有兴趣。我们决意关注以下这个宏大问题：近代早期逐渐形成进而在我们这个时代仍然由欧洲人所主导的欧洲国际体系，是如何一步步地演变成当代世界性的国际体系的。

本书的大多数章节，均出自委员会各个成员的手笔，并经过委员会历次会议的讨论和润色。我们还邀请许多其他学者根据我们提出的思路撰写了若干章节。他们慷慨拨冗和费力参与，并乐于根据我们的要求作出种种修改，令我们感激万分。

从筹划之始，本书就是作为一个前后一致的整体来对待的。我们的旨趣，并不是一本毫不相干的各篇论文的结集，而是一项主题一贯的系统分析，其主要分类内容有四：欧洲国际社会的性质及扩展；非欧国家之融入；欧洲国际秩序激起的反应；新的全球国际社会的性质。我们的意图，在于勾勒出宏大框架，进而辅之以详细例证来说明这个总体图景。我们坚持不懈地试图从诸多侧面审视这个图景，并且得到了许多不同背景的学者的赐稿和建议。但毫无疑问，关于这个主题的许多方面，我们并未能够尽含其中。本书如眼前所呈现的总体概貌，尤其是导言和结论，其责任仅在两位编者。

伊利·基多里的文章原载于《评论》1980年12月号，感谢该杂志编辑允许我们转载。我们衷心感谢福特基金会的襄助，正是赫德利·布尔获得的一项资助，得以推动该领域之研究事业的展开。

赫德利·布尔，牛津大学贝利奥尔学院
亚当·沃森，弗吉尼亚大学高级研究中心

目　　录

导论 ……………………………………………………………………（1）

第一编　欧洲国际社会与外部世界

第一章　欧洲国际社会及其扩展 ……………………………………（11）
第二章　欧洲扩张进程中的军事因素 ………………………………（29）
第三章　世界经济中的欧洲 …………………………………………（40）
第四章　俄国与欧洲国家体系 ………………………………………（57）
第五章　西班牙和西印度 ……………………………………………（71）
第六章　十九世纪英俄两国与亚洲各国的关系 ……………………（83）
第七章　欧洲国家与非洲政治实体 …………………………………（94）

第二编　非欧洲国家之加入国际社会

第八章　世界性国际社会的出现 ……………………………………（113）
第九章　美洲的新国家 ………………………………………………（121）
第十章　奥斯曼土耳其帝国与欧洲国家体系 ………………………（135）
第十一章　中国之加入国际社会 ……………………………………（163）
第十二章　日本之加入国际社会 ……………………………………（176）
第十三章　委任统治制度时代与非欧洲世界 ………………………（190）

第三编　西方统治面临的挑战

第十四章　对西方的造反 …………………………………………（207）
第十五章　第三世界的兴起 ………………………………………（217）
第十六章　种族平等 ………………………………………………（225）
第十七章　中国与国际秩序 ………………………………………（242）
第十八章　印度与国际秩序
　　　　　——从理想主义后撤 …………………………………（254）
第十九章　深陷困境的非洲
　　　　　——徘徊于新教伦理与威斯特伐利亚遗产之间 ………（273）
第二十章　国际秩序中的伊斯兰 …………………………………（293）
第二十一章　苏联与第三世界
　　　　　　——从反对帝国主义到对抗帝国主义 ………………（306）
第二十二章　法国：适应变革 ……………………………………（316）

第四编　新的国际社会

第二十三章　新的国际混乱 ………………………………………（329）
第二十四章　国际社会的扩展
　　　　　　——对国际法的影响 …………………………………（337）
第二十五章　当今外交 ……………………………………………（350）
第二十六章　多元文化世界中的国际秩序 ………………………（363）
第二十七章　世界文化的统一性和多样性 ………………………（382）
结束语 ………………………………………………………………（399）

导　论

赫德利·布尔[*]　亚当·沃森[**]

本书旨在探究欧洲国家组成的国体社会向全球其他地区的扩展，以及这个形成于欧洲并由欧洲人主导的国际社会演变成当代包括接近200个国家且大多数并不属于欧洲的全球国际社会的进程。

我们所说的国际社会，是指一组国家（或更一般意义上的一组独立的政治共同体）不仅构成一个体系，在其中，每一个国家的行为均成为其他国家所考虑的必要因素，而且它们通过对话和一致同意确立起处理彼此间关系的规则和制度，同时承认它们在维系这些安排方面拥有共同利益。这就是近现代欧洲早期出现的国际体系，伏尔泰称其为"一个分成若干国家的共同体"，而柏克则名之曰"欧洲外交共和国"；在美国革命以前，这个体系是百分之百的欧洲性的；在第二次世界大战以前，它仍然主要是欧洲性的。在我们看来，当代的世界性的体系，似乎就是这样一种国际社会，其庞大而复杂的各种国际制度以及历史悠久的各类法律和条约，绝大多数成员国都习以为常地予以遵从。我们的关注点在于，在欧洲统治全世界的高潮以及随之而来的退潮过程中，欧洲国际社会是如何演变成全球国际社会的。

欧洲在15世纪末开始向外扩张之际，全世界并未组成一个单一的国际社会或国际体系，但却存在着几个地区性的国际体系（我们宁愿称其为

---

[*] 赫德利·布尔（Hedley Bull, 1932—1985年），牛津大学蒙塔古·伯顿国际关系讲席教授和牛津大学贝利奥尔学院研究员。著有《军备竞赛之控制》（1961年）和《无政府社会：世界政治秩序研究》（1977年）等。——译者注

[**] 亚当·沃森（Adam Watson, 1914—2007年），弗吉尼亚大学高级研究中心教授，曾任职于英国外交部，任英国驻西非和古巴大使。著有《第三世界的本质和问题》（1970年）、《外交：国家之间的对话》（1982年）、《国际社会的演进》（1984年）、《独立的限度》（1997年）、《霸权和历史》（2007年）等。——译者注

国际体系，虽然这或多或少有点儿不合时宜），它们中的每一个都拥有独一无二的规则和制度，代表了支配性的地区文化。当代的全球国际体系，在很大程度上，是欧洲在此前5个世纪里对世界其他地区产生影响的结果。当然，欧洲人从未能够垄断国际关系领域的知识和实践。当代国际社会的规则和制度不仅经由那些源于欧洲或被其同化的南北美洲人的塑造，而且同样经由亚洲人、非洲人和大洋洲人的塑造，以及经由欧洲列强在其统治全球时期的塑造。事实上，在刚刚逝去的几十年间，国际规则和国际条约的大规模修订，都是在非洲、亚洲和拉丁美洲国家的推动下完成的。但是，正是欧洲的扩张，第一次促成了全球的经济和技术的联合，正如欧洲主导的国际社会在19世纪和20世纪初期第一次表现出政治联合那样。此外，随着欧洲统治地位的衰落，以及美洲、亚洲、非洲和大洋洲的各个社会的政治独立地位的获得或恢复，正是欧洲国际社会的规则和制度，得到这些国家的接受并成为其彼此间国际关系的基础，即使它们同时谋求在某些方面对其作出修改。当今世界的国际政治结构的基础，在于人类和地球分立为相互独立的国家，在于它们均接受彼此的主权、那些规定相互共处与合作的法律以及促进此种相互交往的外交惯例；这样的国际政治结构，至少在其最本质的特征上，乃是当今业已烟消云散的欧洲优势的遗产。正是因为乃是欧洲而不是美洲、亚洲或非洲第一个货真价实地统治进而统一了世界，所以，人们所谓的欧洲中心主义，并非我们的主观臆断，而是显然的历史事实。

在欧洲向外扩张的先前几个世纪里，与中世纪拉丁基督教世界——近现代欧洲国家即从中脱颖而出——并立而存的几个重要的地区国际体系，包括：阿拉伯—伊斯兰体系，从西班牙一直伸展直到波斯；印度次大陆及其东部领地所组成的国际体系，其基础是传统的印度文化，但大权却旁落于穆斯林统治者之手；欧亚大草原的蒙古人—鞑靼人帝国，同样成为一个穆斯林世界；中华体系，长期处于蒙古人的统治之下。

所有这些地区性的国际体系，均基于精致而细腻的文明，包括复杂的宗教、政府、法律、商业、文字历史和财政记录。这些体系的外围，是一些欠发达文化的地区，它们往往没有文字，有的甚至对金属冶炼技术毫不知情，但却通常组织成轮廓清晰的政治实体，与近邻保持若干联络和关系，但并未形成一个全面的体系。这些地区中的范围最广和意义最大者，莫过于撒哈拉以南的非洲地区，而阿拉伯—伊斯兰世界正开始向其渗透；不过，这些地区还包括美洲和澳大拉西亚①的大多数地区,在欧洲人发现以前,它们根本不为旧世界所知晓。在美洲,两个类似于旧世界之国家的帝国,分别见之于墨西哥和秘鲁;它们均由一个规模不大的统治集团进行管控,统治着属下的各个民族。在这两个规模有限的国家以外,是一个庞大的、由若干没有文字的民族组成的地区。如同在澳大拉西亚那样,这里并没有任何组织严密的帝国,政治共同体往往也无国家之气象。人们根据既定的、通常是精心制订的行为规范与近邻互通往来,但他们的地理意识并未延伸得多么遥远;在这里,根本没有任何可以称得上是一个国际体系的东西,而国际体系,在中东、印度和中国,却已有千年之久的历史。

当然,这些地区性的国际体系,彼此之间可谓迥然相异。例如,阿拉伯—伊斯兰体系和印度体系事实上均由许多彼此独立的政治实体所组成,而蒙古人—鞑靼人体系和中华体系却是较为行之有效的中央集权化的体系。然而,这些体系却有一个共同特征:它们都是霸权性质或帝国性质的,至少在理论上,霸权和帝国是其形成的基础。在每一个体系的中心,都有一个至高无上的宗主国统治者——伊斯兰的哈里发或大主教、德里的皇帝、蒙古的大汗、中国的天子,他们直接统治着中心地区;在帝国的四周,相互独立的地方性国家组成边缘地带,它们承认宗主国的霸主地位,并向其称臣纳贡。许多边缘国家能够维持其完全独立的地位,尽管名义上承认那个最高统治者。在变化无常的边缘地带以外,分布着一些甚至得到最高统治者承认的独立王国和公国,但它们并不拥有与最高统治者平起平坐的地位,如1453年最终覆灭以前的那个疆土有限的拜占庭国家、德干王国、爪哇王国、俄罗斯的一些公国和日本。

虽然彼此各不相同,但在每一个宗主国—附属国体系内部,政治权威之间的相互关系均受制于特定的条约和传统的行为规范,从而管理着特使往来、岁贡纳赋、商业交往、战争行为等各类事务。边缘地带的国家,不仅保持着与最高统治者的联系,还维持着相互之间的往来,但它们却从未彼此联合起来去推翻那个中央权威。它们也许会拒不服从,或起来造反,有时,某个羽翼丰满的国王甚至还会图谋取而代之;然而,它们却一致认为,某个霸权中心会继续存在下去,从而不仅为体系成员的相互关系制定规则,并为这

---

① 澳大拉西亚(Australasia),即一般意义上的大洋洲,泛指澳大利亚、新西兰以及南太平洋诸岛屿。——译者注

种相互关系确定性质。在所有这些主要的非欧国际体系中，都未出现过质疑这个基本的霸权概念的图谋。

这些地区性国际体系彼此之间的联系，以及它们与那个殊然不同的中世纪拉丁—基督教世界的联系，远远少于其内部往来。这些体系之间保持着贸易往来，尤其是越过地中海和印度洋的海上贸易。在拉丁—基督教世界和阿拉伯—伊斯兰体系之间，还有一些外交关系，甚至军事冲突，有时还颇为激烈。在一定程度上，阿拉伯—伊斯兰体系充当了其他各个体系之间的掮客和中间人；例如，伊斯兰的地理学家，无论是与中世纪的欧洲人还是中国人相比较，都更能精确地描绘旧世界，尽管欧洲人中间有马可·波罗。然而，人们甚至不能就此认为，这三大伊斯兰体系（阿拉伯—伊斯兰体系、蒙古人—鞑靼人体系和印度体系）彼此之间已然形成一个单一的国际体系或国际社会——就我们现在使用这两个概念时所指的含义而言；更谈不上哪一个体系曾经将整个世界尽入囊中。

在世界性的国际社会崛起以前的那个时代，相对于同一个体系内部的国家或统治者之间的更为密切而又持续不断的相互关系来说，关于那些分属于各不相同的地区性国际体系的国家或统治者之间的相互关系，人们又有着怎样的看法呢？这个问题，对于我们的研究来说，可谓意义重大。我们限于学识之不逮，因而不能给出一个全面答案，但却能够确定无疑地阐述以下几点。

显而易见，国家或统治者通常都会与其本身的地区性国际体系及其相联系的文明以外的国家或统治者——实际上还包括商人以及其他个人和团体——订立足够多的协议。一些承认其自身成员国之间的"条约必守"原则的社会，并未觉得难以承认以下一点：在与那些迥然不同的社会中的个人和团体打交道时，履行义务和契约会带来诸多好处。所有社会似乎都承认人们有义务履行契约以及履行契约带来明确好处（正如人们经常论辩的那样，他们都承认那些限制成员国之间暴力和强制尊重财产权的规则）的事实，提供了这样一个基础，人们借此可将契约神圣不可侵犯性的原则扩展到一些特定社会的边界以外。

如上文所述，履行契约的好处，首先明确见之于买方和卖方之间的经济交往之中；而分属于不同社会和文明的成员国之间的各类协议的展开，也首先出现在商业交往领域。与我们这项研究密切相关的是，中华体系和印度体系之间的关系，甚至伊斯兰化的各个体系之间的关系，在本质上大致都是经济联系，正如19世纪以前欧洲在印度洋和其他地区的活动几乎全部集中在贸易领域那样。然而，我们还必须指出的是，分属于各不相同的地区性国际体系和文明的国家或统治者，并未觉得不可能就战争、和平以及联盟等事务订立协议；这一点，我们只需回顾一下诸如此类的协议在拉丁—基督教国家与阿拉伯—伊斯兰国家之间的历史上或关系中发挥的作用，即可一清二楚。

同样显而易见的是，历史上跨越不同的国际体系和文明的边界而订立的这类协议，通常是以双方均能理解的书面语言表达出来的。一个著名的例子是，埃及法老和赫梯国王在公元前14世纪订立了一系列条约，可见之于阿玛尔纳古城遗址的碑简；这些条约是用阿拉姆楔形文字书写的，而这种文字是一种商用的闪米特语言，在两个帝国政府内部皆不使用；还有关于履行这些条约的大量外交文书。印度的穆斯林和印度人统治者之间也是如此，与亚洲地区其他伟大文明之间的差异性相比，他们的社会秩序观念也许存在更多的分歧，但是，他们不仅在谈判缔结书面条约方面并未发现任何巨大困难，其文本通常不止使用一种语言，而且在讨论这些条约的履行上也未出现多少麻烦。从瓦斯科·达伽马在加尔各答港抛下船锚的那个具有重大历史意义的时刻起，亚洲的统治者们还把这些原则运用在欧洲人身上，而后者当然同样地对此熟稔有加。

在欧洲人踏上意义重大的扩张道路之时，他们所凭借的，正是从中世纪拉丁—基督教世界以及最终从古代世界继承而来的一套用来处理欧洲人与非欧洲的、非基督教的各民族的关系的观念。他们拥有一个他们所谓的"万国法"的概念，意指普遍适用于所有国家的法律；他们用万国法来规定各国之间的关系，并且一如其彼此之间那样，准备将其运用于基督教世界或欧洲以外的地区，至少在双方均愿接受其原则及相关惯例的情况下。他们还有一个"自然法"的概念，意指对所有人均有约束力的法律，它因为人之理性而适用于所有人；自然法提供了一个规范性基础，从此出发去规定全世界所有地区的国家和商人之间的关系，而不只是欧洲或基督教世界内部的关系。事实上，在1500—1800年之间的3个世纪里，随着欧洲人持续不断且日渐增多地卷入亚洲政治，以及随之而来欧洲列强在亚洲地区进行武装争夺，一个松散的欧亚体系或准体系逐渐形成，在其中，欧洲国家寻求在道德平等和法律平等的基础上与亚洲国家打交道，但到了19世纪，这种努力最终让位于欧洲优势的思想。

然而，在欧洲将全世界连为一个整体以前，从来没有出现过这样的情形：作为各不相同的地区性国际体系的成员的国家或统治者，能够在同等的道德和法律基础上处理相互关系，如同它们在各自的体系内部那样，部分原因在于，这样的基础，乃是由文化上独一无二的、排斥他者的一些原则所确立的，即基督教世界的同一性、伊斯兰的信徒共同体和中华帝国的中央王国观念。在欧洲传统中，普遍的万国法或自然法观念，受到人类基本上分为希腊人与野蛮人、基督徒与异教徒、欧洲人与非欧洲人的理论的挑战。最重要的是，就我们所说的国际社会的内涵而言，根本就不存在什么一套统一而公认的规则和制度，能够跨越任何两个地区性国际体系之间的界限而发挥作用，更不消说跨越整个世界。

在世界各地分别存在的地区性国际体系中，欧洲地区的那个不断演进的体系之所以独一无二，乃是在于它到头来拒不接受霸权原则，并始终将其自身看作是一个由主权或独立的国家组成的社会。这个非霸权式的社会并非没有历史先例：古希腊的城邦国家，亚历山大死后和罗马征服以前的各个希腊化王国，或古代中国的"战国时代"，均可作为例证。同样不能忽视的是，这些欧洲国家通过其相互关系逐渐推动形成一个非霸权体系之时，还建立起若干个帝国，尽管它们彼此之间不断角逐和争夺，却又通过相互合作而确立起欧洲对世界其他地区的霸权统治，使得后者终于在19世纪变成一个广袤无垠的、面向欧洲中心的边缘地带。此外，在1500年以后，欧洲人的这个非霸权体系在演变发展中不仅进程缓慢，而且异常艰难。中世纪拉丁—基督教世界在孕育出近现代欧洲国家体系之前，虽然并不存在一个至高无上的统治者，却也根本不承认其各个地区的独立地位，罗马式的宗主国—附属国体系这个模式，不仅继续鼓舞着天主教廷，而且吸引了一个又一个世俗模仿者，如查理五世、路易十四、拿破仑和希特勒，只是那些一心要维持均势的联盟，才将他们先后制服。到了18世纪，如下这个观念才牢固地扎根于欧洲各国：任何一国谋求建立对其他国家之霸权的努力，乃是对各国组成的国际社会之规则的侵犯。

必须指出，这个欧洲国际社会并非先是制定出自身的规则和制度，然后将其输出到世界其他地区。欧洲国家关系体系的演进，以及欧洲向全球的扩张，乃是同时展开的两个进程，彼此之间相互影响，相互作用。这两个进程都始于15世纪末期，并在第二次世界大战结束之际双双宣告落幕，此时，欧洲统治地位几乎就要寿终正寝，而仍在不断演进中的全球国际体系的塑造力量，更多地来自其他人而不是欧洲人。在西班牙征服者首次遭遇阿兹特克人和印加人之时，欧洲各国甚至在其相互关系中也远未做到拒斥霸权原则；它们还没有接纳如下观念，即各自独立的政治共同体在处理相互关系方面应当坚持世俗的而非宗教的基础；国家对内和对外主权理论，尚未明确形成；文艺复兴时期的意大利城邦国家虽然对于均势原则并不陌生，但阿尔卑斯山以北的欧洲大国还在摸索中向之前行。即使在欧洲体系内部，各国权利平等的观念直到18世纪中叶才得以形成，但后来在19世纪又经受了一大挫折，那时，欧洲大国组成欧洲协调，声称负有维护秩序的特殊责任以及其他小国并不享有的相应权利。作为欧洲对外交实践的独一无二的贡献，常驻使节制度在欧洲国家之间扩展开来，这是在欧洲开始扩张之后而不是之前的事；在1815年维也纳会议以前，外交先例的确立，乃是取决于古老的王国及共和国的地位等级，而不是权利平等原则。人们虽然可以声称，国际组织早在欧洲崛起临近结束之前就已出现，如19世纪末期各类功能性国际组织和第一次世界大战后国际联盟的建立，但是，在欧洲统治地位宣告终结之后，国际组织与此前相比可谓蔚为大观。

本书第一编《欧洲国际社会与外部世界》，描述了欧洲扩张的浪潮，在15世纪同时存在的若干地区性国际体系中，欧洲通过扩张确立起对其他几个体系以及世界其他欠发达地区的统治地位，从而在历史上首次将整个世界连成一个单一的、经济的、战略的和政治的体系。

第二编《非欧洲国家之加入国际社会》，考察了非欧洲国家终于与欧洲国家比肩而立，它们不仅成为一个单一的国际体系的参与国，而且成为同一个国际社会的成员，接受其规则和制度；其中，一些成员如奥斯曼土耳其帝国、中国以及日本堪称历史悠久的政治实体，另一些成员则是首次取得独立地位的前殖民地或附属国。在此进程中崛起的国际社会，虽然不再是唯欧洲特性而独尊，却仍依然保持着欧洲人的主导地位。这里有一个根本问题，即两种观点针锋相对：一种观点，是欧洲列强在非欧洲国家融入之时所持有的，认为加入这个排他性俱乐部的进程遵照了最初几个成员国或创始国所确立的严格的成员国资格标准；另一种观点，是第三世界国家后来提出的，即认为这个进程与其说是加入那个由所有国家或民族组成的普遍的国际社会，还不如说是又一次融入其中，因为它们的独立地位在先前错误地遭到否认。

第三编《西方统治面临的挑战》，展示了欧洲统治地位（以及美国和俄国的统治地位）是如何遭到非欧洲国家的拒绝的，尤其是如何遭到亚洲、非洲、拉丁美洲国家和人民的拒绝的，后者共同组成了我们今天所谓的第三世界的联合阵线。这个部分集中探讨了一个基于欧洲霸权的世界性国际体系演变成一个并非欧洲性的国际体系的进程，虽然人们可以论辩说新的霸权国家或新的霸权模式业已取代了旧霸权。对于单个欧洲霸权国家的造反，首先发端于美洲的欧洲拓殖者，他们依然谋求保持其欧洲文明和文化特性，并希望被看作是欧洲国际社会的独立的成员国家。在尚未确立起对亚洲和非洲诸多地区的有效统治之前，欧洲列强就已接受了大西洋彼岸的欧洲人的独立地位。然而，在欧洲各大帝国和霸权统治扩展到这些大陆之后，这里的非欧洲人民也纷纷起而抵制欧洲统治了。

第四编《新的国际社会》，讨论那个在欧洲统治退潮进程中悄然崛起的国际秩序。国际社会的地理扩展，是否产生了关于一个所谓名实相符的、不同于国际体系的国际社会所必须赖以为基础的共同利益、共同规则和共同制度方面的共识的矛盾？或者，人们是否可以这样认为，那个老的欧洲国际社会的框架业已经过修订、调整和发展，以至一个真正意义上的世界性的、非霸权结构的规则和制度已经生根开花？

我们分析这些问题的视角略显独特。本书作者虽然并非清一色的欧洲人，但其思想观点却主要是西方式的。我们并未满脑幻想地认为，我们对这个宏大主题的研究乃是无所不包或盖棺定论的。我们认为，国际政治生活，包括其规范性的或制度性的维度，有其自身的逻辑，并不能简单地理解为经济利益或生产过程的反映。我们试图认真对待现代社会之间的文化差异，这与那些或坚持文化差异在现代性冲击下正消失殆尽，或认为文化差异对国际关系无足轻重的人南辕北辙。我们始终关注我们这项研究所提出的道义问题，而没有陷入政策问题，也从未想过要给各国政府提出任何建议，告诉它们应该如何行事。我们毫不怀疑地坚持认为，这个研究主题只有在历史视野中才能得到理解，如果认识不到乃是经由历史的推动，那么当代的世界性国际社会就毫无内涵可言。

第一编

欧洲国际社会与外部世界

第一章　欧洲国际社会及其扩展

亚当·沃森

一

中世纪的拉丁—基督教世界的社会并未分成各自拥有明确地理界限的独立国家，整个基督教世界是根据职能横向组织起来的。世俗权威与罗马天主教廷的那个无所不包的管理结构（包括宗教、行政、教育、慈善）并驾齐驱，前者的成员来自贵族阶层，他们进行战争、管理和执法，他们组成了一个由那些往往无法兑现的采邑效忠和封建义务构成的复杂网络。市民和商人，其中许多都是犹太人，事实上享有很大的自治权，在意大利和德意志尤其如此。农民则受到贵族和教会的更直接的控制。这两大统治阶层提供了一种社会体制，尽管它缺点很多，但却让农民和市民得以提高生活水平，繁衍生息，并养活了这两大阶层，使其取得了创造性的成就。

拉丁—基督教世界并没有那种中央集权化的或协调式的政府管制机构，因此异常地动荡不安、变化无常且富有冒险精神。它绝非是一个封闭的世界，像某些亚洲文明那样大致与其他文明和社会相互隔绝。它富有创造性和扩张性，不但开辟了其边界以内的疆土，而且开始向许多方向推进其地理界限。这种扩张得到了教会的推动，由君主和骑士所领导，同时还吸引了城市商人和许多地位更低的人。社会各阶层中越发喜欢冒险的人，急欲走向海外，去传播宗教，发动战争，寻求贸易、土地乃至新技术和新思想。

中世纪的扩张主要有三个方向。第一个也是持续时间最长的方向，是向南方和西方扩张，夺回那些在伊斯兰教徒征服以前属于拉丁—基督教世界的地区。穆斯林慢慢地被逐出了伊比利亚和西西里，那些收复故土的王国，从国王到主教，从农场主到渔民，接纳了来自整个基督教世界的众多移民。就欧洲国际社会及其扩展而言,在所有三个方向上,这个扩张方向被证明是最为重要的。它并未止于大洋之畔,而是继续向海外推进,最终演变为西欧的大规模海上扩张。第二个是东南方向,即向那些曾经是基督教的但并非拉丁人的地区扩张。圣地巴勒斯坦是十字军的最终目标,不过,叙利亚、埃及和拜占庭帝国的财富和机会同样让他们垂涎欲滴。"海外领地"这个用来称呼地中海东部沿岸的拉丁殖民地的响亮名称,持续了数个世纪之久。但此后,在同样是该地区的新来者土耳其人的领导下,穆斯林成功地将拉丁人驱逐出去。奥斯曼土耳其人一鼓作气征服了拜占庭帝国,将其版图扩大到布达佩斯和基辅,统治了欧洲的大约四分之一地区。第三个方向是向东扩张,从斯堪的纳维亚、德意志和拉丁化的波兰,进入波罗的海以南和以东的非基督教地区。在前后几个世纪里,这个扩张方向将拉丁—基督教世界的边界向东推进了数百英里,直逼俄罗斯人从拜占庭那里继承而来的东正教。

  欧洲在中世纪的第一轮扩张,背后有着复杂的动机。在随后的导致欧洲人遍布全球的扩张中,这些动机是以各种不同的幌子出现的。尤其重要的是,我们要将十字军东征的动机与那些比较世俗的动机放在一起予以理解。十字军东征是一场宗教的、法律的和军事的行动,必须由教皇宣战,由教会加以宣扬,向整个基督教世界的志愿者开放,并且以全体利益来证明其正当性。"将这些战争视作为……假借良心之事为名目的利益问题……简直是易如反掌。"埃里克·克里斯岑森指出:"这么做可以避免那些无法回避的问题:在没有任何掩饰和托词的情况下,为了利益、名誉、复仇甚至只是为了消遣,人们从来没有在发动战争一事上犹豫不决,然而,他们为什么要宣称某些战争是为了上帝和拯救人类而战的呢?"① 在神职人员的心目中,上帝的名义至高无上;在新征服的地区,他们还成了管理中坚;他们还带着同样崇高的目的,成为殖民地专门管理机构的先驱者,如英印文官制度。骑士和国王之加入十字军东征,同样是受到上帝荣誉的驱使,不过特别是受到自身荣誉的驱使。狮心王理查、"黑衣人"道格拉斯和亨利·博林布鲁克②,他们分别在巴勒斯坦、西班牙和普鲁士用兵打仗,并不是为了扩大自己的领地或

---

  ① Eric Christiansen, *The Northern Crusade: The Baltic and the Catholic Frontier* 1100 – 1525 (London, 1980), pp. 250 – 251.
  ② 狮心王理查(Richard Coeur de Lion, 1157—1199 年),英格兰国王;"黑衣人"道格拉斯(The Black Douglas, 1358—1388 年),詹姆斯·道格拉斯,亦称"好好先生"道格拉斯,苏格兰首领;亨利·博林布鲁克(Henry Bolingbroke, 1366—1413 年),英格兰国王。——译者注

获取物质利益。"我并不贪求黄金",莎士比亚借博林布鲁克儿子之口说道,"然而,如果渴望拥有荣誉是一种罪恶的话,那么我就是这世上最大的恶人"。① 当然,在欧洲的扩张进程中,从最早的十字军东征到20世纪英法两国最后在中东的短暂扩张以及意大利对埃塞俄比亚的征服,物质利益——贸易、战利品特别是土地——始终发挥着作用。欧洲在中世纪的扩张绝不全然是军事扩张,或者说只限于十字军东征。一般说来,在基督教世界之外寻找贸易的是拉丁人,而从事贸易的也是拉丁商人。缔结条约和联盟也是如此。拉丁地区的国王和贸易城市,纷纷效仿查理曼与哈伦·拉西德②结盟的先例,率先同非基督教世界的统治者缔结条约。所有那些向其地理界限以外扩张的人,无论是以战争还是以和平方式,都在拉丁—基督教世界享有特别的名望。我们这个时代的错误,在于我们过分关注欧洲扩张的社会经济基础和商业利益因素,结果往往低估了其他动机,而这些动机在不同程度上乃是始终存在的。

中世纪的基督教世界尚不是一个由政治上泾渭分明的国家构成的社会。不过,首先在意大利,接着在整个地区,封建社会的复杂的横向结构逐渐演变成纵向的领土国家格局,各国在其明确的地理边界以内的权威越来越大。文艺复兴运动使人们的思想转向了古典的独立国家模式,宗教改革运动则打破了教会的绝对权威,即使在仍旧信奉天主教的地区,教会也日益依赖于新统治者的世俗权力了。在16世纪,用赫伯特·巴特菲尔德的话说,国王们真是一帆风顺。小君侯、军事统帅、城市和那些事实上继续保持着独立地位的乡村联盟,同样是一帆风顺。在阿尔卑斯山以北,那些权威虽然合法但统治不甚牢固的君王们,学到了意大利的手段,将其领地变成了国家。拉丁语不再是官方语言,取而代之的是正式的、日益标准化的当地语言。无论是在宗教领域还是在其他事务上,这些新的主权国家享有最终的决定权。"在谁的领地,信奉谁的宗教"这个原则只是在神圣罗马帝国才正式适用,但实际上很快扩大到整个欧洲基督教世界。作为一个必然的结果,它包含着另一项原则:各国互不干涉内政。对此,君主们虽没能严格遵守,但还是乐于承认并公开推行。现在,基督教世界分成各自独立的国家的原则,适用于所有统

---

① *Henry V*, IV, 3.
② 哈伦·拉希德(Harun al Rashid),阿拉伯帝国阿拔斯王朝第五任哈里发,786—809年在位期间,阿拉伯帝国达到鼎盛。——译者注

治者，不论是大国还是小国，也不论是世袭的还是选举的，他们都想排除外部干预，以免他们自己与臣民的关系变得复杂不堪。绝对主权合法的观念，意味着对霸权秩序的公开排斥。

中世纪的基督教世界分裂成许多主权国家，每一个都藏身于独立的利维坦背后，从而使得君王和政府能够将巨大的力量集中到自己手里。国王和商人日益扩大的财力和野心，具有高度创造性和能动性的欧洲文明所不断激发出来的新的财富和力量形式，共同造就了一个国际社会，其中，各国愈益激烈地挤压拼斗，通过战争与和平等手段进行争夺。保持警惕并关注外部经济的和军事的威胁，不仅对生存来说非常重要，而且对成功而言必不可少。最终被称为欧洲的拉丁—基督教世界，已无法为所有那些充满活力的、横冲直撞的国家的力量提供足够的空间了。

在14世纪和15世纪，意大利已经形成了一个公认的、现代的国家体系，其中，至少那些主要国家之间进行着经常性的交往，以至各国都认为必须考虑其他国家的行为。与此同时，中世纪对伊比利亚的收复失地运动以及斯堪的纳维亚人和德国人向波罗的海周围地区的扩张，仍在进行之中。1492年西班牙收复失地运动结束和哥伦布发现美洲后的两年，法国侵入了意大利，将其纳入了更为广泛的、当时正在向南欧和西欧发展的国家体系之中。

从1494年法国入侵意大利到1648年《威斯特伐利亚和约》的一个半世纪里，该体系西部地区的主要国家是五大海上殖民强国，欧洲的海外扩张几乎完全由它们垄断。它们是新近统一的西班牙、葡萄牙、法国（它在这个阶段的开始和结束之际都是欧洲最强大的国家）、英国以及荷兰。这五个国家都拥有相当长的大西洋海岸线，大西洋因而成为连接西欧与其"海外"殖民地的内海，成为一个新的地中海。欧洲的两大帝国，当时主要是德意志神圣罗马帝国和奥斯曼土耳其帝国，同样在所谓的南方体系中占据着重要地位。借助哈布斯堡王朝，西班牙与德意志帝国连为一体，1580年又将葡萄牙并入其中，法国则与土耳其结成同盟。法国人支持德意志帝国各邦特别是荷兰的独立，因此，荷兰为欧洲的海外扩张做出了独立的、非常重大的贡献。

在西欧这个密切互动关系的格局以北和以东，则是另一个体系，其中心位于波罗的海以及波罗的海与黑海之间的地区。16世纪存在着一种不稳定的均势，哈布斯堡帝国和奥斯曼土耳其帝国在其中发挥着主要作用，同时发挥影响的是两个征服性王国——瑞典和波兰—立陶宛，另外还有那个在1480年摆脱鞑靼人统治的、不断扩张的莫斯科公国。在整个16世纪，奥斯曼与哈布斯堡之间的争夺实际上将两个欧洲体系连为一体；两国在各自体系中的政策，只有考虑到它们同时卷入了另一个体系，才能得到全面的理解。尽管如此，这两个体系依然是泾渭分明的，只是在17世纪上半叶，由于西方爆发了三十年战争，法国和瑞典结成了同盟，它们才真正地融为一体。

二

欧洲面向西方的第一轮海外扩张，是由葡萄牙和卡斯蒂利亚这两个伊比利亚国家依照本国的传统和历史经验进行的。1493年，即哥伦布发现后来被称之为新大陆的次年，为指导两个伊比利亚国家沿着不同的路线进行殖民扩张，避免它们因为彼此争夺而消耗其"海外"力量，教皇亚历山大·波几亚按照他自己及其智囊的设想，沿着大西洋将欧洲以外的地区一分为二，大西洋以西归西班牙，以东归葡萄牙。教皇的这个裁定，发展了十字军东征必须得到教皇批准的中世纪惯例，而这个惯例曾经极大地推动了伊比利亚的收复失地运动。这项裁定还认为，扩张必须由各个国家进行，正如在伊比利亚半岛愈益表现的那样，而不能是整个基督教世界的联合冒险行动。这个对扩张机会的有序分割非常成功，西班牙人和葡萄牙人没有在海外进行争夺，尽管葡萄牙根据分割线得到了南美一大片土地——后来成为了巴西。

西班牙人，或者更确切地说是卡斯蒂利亚人，在美洲获得了一个庞大的陆上帝国，这是单个欧洲国家取得的第一个而且也许是最辉煌的殖民成就。十字军在叙利亚和巴勒斯坦所建立的海外领地，都是集体性质的，其领土也有限；十字军根本没有推翻穆斯林统治，并以一个拉丁帝国取而代之，如同亚历山大大帝以马其顿帝国取代波斯帝国那样。穆斯林世界，特别是其土耳其的捍卫者，继承了先前高度发达的文明，与外部世界的交往十分活跃，其范围超过了当时的任何其他社会。这种继承、交往以及外部压力，使得他们至少在技术和军事上能与十字军一比高低。此外，在地中海东部沿岸，穆斯林得到了普通民众广泛而又热情的支持，他们关于种族和社会的平等主义教义，即使在实践中有所淡化，也为信徒们提供了非同寻常的社会流动性和个人机会。相比之下，阿兹特克帝国和印加帝国却没有这种外部压力。这两个帝国，拥有以石器时代的技术为基础的高度文明，受一个小部族的统治，各个从属的种族虽接受其统治但可以不忠诚于它；在阿兹特克，这种忠诚只是在经过长期战争之后才出现的。对于任何一支按照欧洲或亚洲军事技术加以训练的远征军而言，以其自身权威来取代该统治集团的权威，原本不是什么难事；根据事态的必然性，外部征服迟早会发生，不是来自大西洋彼岸，就是来自太平洋彼岸。这两个"高贵的石头帝国"只不过占据了西半球的一小部分，其他所有部分，包括碰巧分给葡萄牙的大片地区，其居民是更原始的、通常是游牧的民族，欧洲人把他们称为野蛮人。

西班牙人对待墨西哥和秘鲁文明社会的方式，与他们对待那些从穆斯林手中收复的在西班牙故土上的居民的方式基本相同。依照教皇裁定并根据征服权，这些领土属于卡斯蒂利亚王室，它们被称为新西班牙和新格拉纳达，而且正如在格拉纳达本土那样，卡斯蒂利亚的法律和语言得到强制推行；教会做出艰巨而又成功的努力，以改变王室新臣民的信仰，各个总督则鼓励西班牙人前来移民。美洲其他地方的西班牙当局和巴西的葡萄牙当局认为，通过教皇裁定、发现和征服，这些"野人"稀少的领土同样属于他们。他们可能采取权宜之计，同野蛮部落达成协议，但从未将后者视为道德平等者，不承认他们拥有合法的领土权利，除非由卡斯蒂利亚王室或葡萄牙王室（后者在1580年并入哈布斯堡帝国）予以分派。

因此，从一开始，欧洲人就将新世界纳入了他们的行政管理体系，新世界成为基督教世界的延伸，正如伊比利亚半岛和波罗的海东部地区那样。

这种帝国式的兼并，与葡萄牙在东方、在印度洋沿岸地区的所作所为，形成了鲜明对比。在这里，葡萄牙人所进行的是海上扩张，并且主要是商业扩张，其目的是同东印度群岛进行直接的贸易往来；几个世纪以来，这种贸易一直是通过穆斯林中间商进行的。他们试图重新安排现有的贸易模式，而不是使一个未知的世界欧洲化。他们也怀着更值得称道的目的，如传播基督教并打击敌人——土耳其，因此，在许多欧洲人的心目中，葡萄牙的扩张行为获得了一定的尊敬。葡萄牙的指挥官是葡萄牙国王和国家的代表，他们对待亚洲当局特别是印度当局的方式，与欧洲君主之间的相处方式几乎同出一辙。1498年，瓦斯科·达迦马首次抵达印度贸易港口加尔各答，从此，葡萄牙人就准备同当地统治者建立起一种主顾关系。葡萄牙人虽然认为有必要对沿海贸易据点设防，有时甚至夺取这些据点周围的小片土地，但他们时刻牢记首任印度洋总督的忠告："你们拥有的要塞越多，你们的力量就越弱。把你们的所有力量都集中在海上吧！"葡萄牙人不久就成为亚洲国家而不是奥斯曼土耳其——当时已经与哈布斯堡处于战争状态——的盟友或敌人，他们还时不时地使某个亚洲小君主成为附庸，或吞并小片领土，正如伊比利亚各国在长达几个世纪的收复失地运动中所做的那样。葡萄牙在东方的海上统治权令其大发横财。但是，葡萄牙对穆斯林的侵略性敌视政策使这种经济目的变得复杂化，这种政策源于葡萄牙本身的收复失地运动，并因葡萄牙卷入欧洲南方体系站在反对奥斯曼土耳其的一方而得到强化。

在葡萄牙人发现通往印度的航路之时，那个概念上的印度霸权体系或宗主国体系业已瓦解不存。为数众多的印度教君主和穆斯林王公各自为政，葡萄牙人所交往的许多小邦，甚至比葡萄牙本国还要小得多，但它们实际上却是独立的，并且通常与至少一个邻国处于战争状态。印度教王公特别欢迎新来者，将他们视为重要的贸易伙伴，认为他们会比阿拉伯中间商提供更好的贸易条款。他们还发现，在当地的战争中，葡萄牙人是更得力的盟友或敌人，因为葡萄牙人虽然人数有限，但却控制着海洋。在印度以东的爪哇和香料群岛，正如在那里从事贸易的阿拉伯商人和中国商人那样，葡萄牙人被视为平等的一员。简言之，葡萄牙人既是印度洋各种力量之间的战略游戏的边缘成员，又是商业格局中的重要成员。套用现在的话说，亚洲有关国家承认葡萄牙是当地体系的成员，而没有对自身的观念和行为习惯做出重大调整以适应新来者。

荷兰的海外活动打破了这种有序状态。哈布斯堡王朝兼并葡萄牙之后，正在为脱离哈布斯堡而斗争的荷兰人，再也不能从葡萄牙手里得到东方的货物了，他们决心以更便宜的价格直接进口这些货物。因此，商业冒险和独立战争是以荷兰人全面打击葡萄牙海外据点的形式出现的，这种打击在印度洋和巴西同时展开，荷兰企图在这些地区建立起一个殖民国家。对于美洲大陆的那个坚如磐石的西班牙帝国，荷兰人未敢轻举妄动。荷兰在东印度群岛的军事行动，并不是由代表王室的总督进行的，而是由民间商人的公司进行的，后者最终合并为统一的东印度公司。这些公司的活动集中在爪哇和香料群岛，它们给当地统治者提供军事保护，以换取贸易垄断权。17世纪，东印度公司在当地的管理者逐渐控制了爪哇的大部分地区，公司原封不动地接管了当地的权力和管理机构，只是更换了在各个部门担任最高职务的穆斯林管理者。公司的宗旨依然是商业性质的，它之所以涉足行政管理，是由于在东印度群岛的荷兰人所理解的当地形势使然，而不是因为荷兰母国的授意。

荷兰在印度洋和巴西的活动，使葡萄牙的利益遭到了重大而又蓄意的打击，从而不仅给奥斯曼土耳其以及荷兰的那些反对哈布斯堡的盟友带来了间接好处，而且给亚洲那些被葡萄牙视为现实或者潜在敌人的广大穆斯林国家带来了间接好处。此外，对许多亚洲统治者和人民来说，荷兰人的出现是有用的，他们不仅提供了一个替代市场，而且宣布了海上贸易自由原则。对于那个在17世纪处于演变中的欧洲国际社会来说，荷兰发挥了重大影响，特别是它坚决反对霸权并强调国际法。大体而言，对于把这种观念和欧洲新规则带到欧洲以外的东方和美洲，打破那个基于教皇权威、势力范围、回避冲突与竞争的旧的伊比利亚行为模式，荷兰人同样是功不可没的。

紧随荷兰人之后在欧洲海外扩张中发挥重大作用的，是另外两个西欧民族——英国人和法国人。他们都在北美和西印度群岛建立了广大的殖民地。这些殖民地接受王室的全面控制和保护；不过，同西班牙的总督辖区相比，那些进行殖民、从事贸易并推进欧洲殖民边界的真正移民和特许公司，从王室那里得到的授权要多得多。许多英国殖民地的建立带有明显的宗教动机；但是，其主要动机，却是生产那些在"国内"颇有市场的商品，如糖、烟草和皮毛等，这还导致一些地区大规模地输入非洲奴隶劳工，因为欧洲人难以承受这些地区的体力活。政治制度也从母国引入，不久便形成了他们自己的生活方式。17世纪，法国人似乎比他们的英国对手更富有冒险精神；然而，在18世纪下半叶，英国殖民者确立起支配地位，拿破仑把法国在北美大陆的剩余领地卖给了他们。

在东方，英国人和法国人遵循了荷兰人和葡萄牙人所开创的海上模式。在印度洋沿岸和沿着非洲大陆通往其公司的航线上，他们建立起贸易据点和船舶停靠港口；他们在据点设防并派兵驻守，其主要目的是对付欧洲对手，次要目的是对付亚洲统治者，后者因为英法的存在而获得相当好处。这些商业行动得到了驻外使节的支持，他们带来了英法两国政府的友好承诺，并请求得到通商许可。17世纪，英国人和法国人在东方都没有更多的企图。英国人自视为荷兰的商业对手，倾向于支持那个海上地位不断衰落的传统盟友葡萄牙，并从它那里捞取好处。英属东印度公司很早就认识到有序垄断的好处，反对那种十分危险而且代价高昂的海军和商业自由。其他国家的商人同样认识到这些好处。在欧洲人与亚洲统治者进行的谈判中，大都是要求亚洲东道国把对手从贸易交往甚至外交接触中排除出去。

荷兰卷入印度地方行政管理的诱因和压力，则表现为另一种形式。1556年，辉煌的莫卧儿帝国在印度略具雏形；16世纪末，它重新确立起德里先前的宗主国地位；17世纪末，它使得这种宗主国体系发挥着实质性的影响。此时，地方王公再次作为帝国封臣实行统治，并享有不同程度的独立权利。葡萄牙人以及接踵而至的法国人和英国人，此时不得不在这个宗主国体系中找到一席之地；与印度地方王公一样，他们在帝国政府内部接受了附属地位。亚历山大罗维兹指出，莫卧儿帝国"允许英国公司和法国公司享有帝国总督或封臣的地位，以至最终只能在宪法框架内与其进行谈判"。①

因此，出于故意或羸弱，亚洲统治者逐渐让欧洲人不仅卷入他们的联盟和争斗，而且还参与了国家的行政管理。同样，大规模地生产那些出售给欧洲商人的商品，不仅逐渐补充了那些原本针对当地市场的产品的对欧出口，而且使统治者更加富裕，并进一步充实了国库。相互竞争的欧洲商人的活动，从经济上和管理上加强了印度洋沿岸的穆斯林国家和印度教国家。在考察了1700年左右的局势后，富有见识的穆斯林教徒认为，葡萄牙对印度洋穆斯林的长期征服已告失败，穆斯林继续进行着军事和宗教扩张，试图将这一广大区域几乎全部纳入穆斯林的势力之下。

然而，18世纪，莫卧儿人失去了对印度大部分地区的松散控制，次大陆再次回复到欧洲人初次抵达时的格局。一大批相互争夺的国家实际上强调各自的独立地位，虽然它们依然承认那个有名无实的莫卧儿的主权。不稳定的欧洲政治均势和商业争夺，使得英法两国特别担心对方会抢占先机。欧洲的海洋技术取得了如此巨大的进步，以致任何一个亚洲国家甚至不能想象在印度洋上同英国或法国一决高低，而这两国在海上所惧怕的，只有对方。大陆上则呈现出另一番情形。印度王公已经领教了欧洲的军事技术，并急欲加强各自的军队。马拉特、迈索尔和海得拉巴这些一流国家，引进了法国的顾问和设备，但结果却令人失望。在马拉特战役中，惠灵顿报告说，他有把握打败欧洲训练的军队，但是，当马拉特人运用他们自己的作战方式特别是轻骑兵作战方式时，他们就与公司的军队旗鼓相当了。英法两国的出发点，是次大陆的均势（特别是它们彼此间的均势）以及它们与印度各国之间措辞谨慎的联盟。1798年，韦尔斯利②向公司汇报说，"印度的均势不再取决于《锡林伽帕丹条约》③这个基础了。因此，我们面临的问题，必然是如何最大程度地恢复均势"。这时，印度形成了一个新的、过渡性的国际秩序，它是印度

---

① C. H. Alexandrowicz, *An Introduction to the History of International Law in the East Indies* (Oxford, 1967).

② 韦尔斯利（Richard Wellesley, 1760—1842年），第一代韦尔斯利侯爵，时任印度总督（1798—1805年）；其弟阿瑟·韦尔斯利（Arthur Wellesley, 1769—1852年），即大名鼎鼎的威灵顿公爵，曾参加1799年第四次英迈战争。——译者注

③ 1792年3月英国与迈索尔订立，迈索尔赔款3000万卢比，割让一半国土给英国、马拉特联盟和海得拉巴，从而结束了第三次英迈战争（1790—1792）。——译者注

传统模式和欧洲侵入该地区的混合物。一方面，欧洲人通过贸易、外交和联盟以及对印度战争的卷入，或多或少地将次大陆和印度洋纳入了欧洲国家体系；另一方面，印度人在历史上常常利用非印度强国——从大流士的波斯到素丹的奥斯曼土耳其，现在他们又一次故伎重演。

在太平洋，一如西班牙美洲那样，西班牙在菲律宾推行了殖民化和基督教化的政策，使其成为墨西哥向西方的遥远延伸。但菲律宾只是个例外。在该群岛以北的远东地区，在18世纪末以前，欧洲人的活动只是零散的，而且主要与商业和传教有关。1513年，第一艘葡萄牙商船抵达中国时，强大的明王朝统治着这个地区。在随后的一个世纪里，明王朝走向衰败，这几乎与18世纪的印度莫卧儿王朝如出一辙。但与印度不同的是，1644年，满人很快建立起一个遍布全中国的宗主国体系，这就是清王朝。他们虽高居汉人之上，但却采用了传统的汉人行政管理制度。清王朝的统治阶段，是一个权力稳固、经济繁荣、文化保守的时期，专注于陆上疆界的防御。欧洲国家，包括从陆上一路向东扩张到太平洋的俄国，对满清帝国尊敬有加，欧洲商人则作为顾客按照满人所制定的严厉条件从事贸易。尽管传教士做出了不懈努力，但欧洲对中国的影响仍是微不足道的。然而，中国文化却给18世纪受过教育的欧洲人留下了深刻印象，中国出口的精美的洛可可式艺术品，深深地吸引着他们。在自由派知识分子眼中，中国已经达到他们所主张的文明，如政府通过考试招贤纳士，宗教上没有启示式的教义。日本对葡萄牙和其他国家的航海家开放之后，也在17世纪向外国人关上了大门。1638年，日本政府禁止本国臣民出海航行。欧洲人只得接受他们的排外立场。

三

在欧洲跨过海洋、越过草原向外扩张之时，欧洲体系各国几经反复，建立起一个精心设计且又十分成功的国际社会。奠定这个社会之规则和机制的两条基本原则，是各成员国在法律上一律平等以及各国拥有绝对主权。这些原则若要得到普遍接受，得需要时间、厌倦战争的态度、权宜之计和一定的法律意识。但是，这些原则一经确立，自然而然地会适用于这个社会的任何新成员，并且被证明是容易向外扩散的。18世纪末期，欧洲在南北美洲的殖民地开始争取独立之时，他们提出的基本原则就是绝对主权和法律平等。这些原则设想，正在形成中的欧洲"外交界"的各个成员国，不仅能够充分保证国内的法律和秩序，而且能够保持行政管理的完整性和连贯性，从而遵守并执行国际社会的规则和机制。到 17 世纪中叶之时，这种设想正是欧洲的常态。对于一个无法达到欧洲社会所要求的行为标准的国家能否成为完全而又平等一员的问题，当时尚未出现。

然而，由法律上平等的各国所组成的新的欧洲社会，并未无视各成员国之间巨大的实力差距。有四种主要机制成为维持秩序的途径；在这样一个变化无常、不断扩展的社会中，这四种机制对于处理变革尤为重要。

第一种机制是均势，这是反对霸权的组织惯例。到 18 世纪，均势逐渐被看成是牛顿的太阳系学说的对应物。其基本前提是，当某个成员国的权势大于其他国家时，为维持平衡，并阻止任何国家为国家社会"制定法律"，其他国家的政策就应从该国转到它们自己身上。无论是王室权力、宗教同一性还是任何其他忠诚，都不能妨碍各个成员国维护其独立地位；如果审慎地使用武力对于维持均势是必要的，那么独立要比和平更重要。由于几个国家卷入了海外事务，欧洲国务活动家们不得不考虑全球范围内的均势。

第二个机制是编纂国际体系的惯例，将其整理成一套关于战争与和平的规则，此即后来的国际法。根据国际法，各个独立国家的行为在大多数情况下是可以预测的，从而取代先前普遍存在的不确定性和混乱状态。国际法并非是绝对有效或完全可行的，无论如何，它只是将欧洲体系的各国君主的实际所为和习惯做法编纂成册。但是，它逐渐具备了约束力，指明各国在欧洲和全世界应当如何行事。

第三个机制是通过举行有关君主或其代表参加的国际会议来解决欧洲社会事务的惯例，在这些会议上，结束战争的条约与关于普遍规则和机制的协议相得益彰。三次重大国际会议，分别是 1648 年威斯特伐利亚和会、1713 年乌特勒支和会以及 1815 年维也纳和会；同时还召开了许多规模较小的国际会议。非欧国家没有受到邀请，连那次规模盛大的、标志着欧洲社会达到顶峰的维也纳会议，其参加者也只是基督教的欧洲国家。

第四个机制是欧洲国务活动家之间持续不断的外交对话，它将其他机制联系起来并使其发挥作用。外交对话主要通过两个富有想象力的新途径来进行：一是常驻使馆和其他使团组成的网络，二是使馆和使团人员与驻在国政府各部门之间的交流。通过这种对话，均势、国际法和定期国际会议这些渠道才得以形成并得到运用，关于欧洲社会的某种共识也逐渐形成。18 世纪，欧洲日益被看成是一个由许多独立国家所组成的外交体系,这些独立国家"在生活方式、宗教信仰和社会发展水平上彼此相近"[1],换句话说,它们生活在一个共同文化的框架之下。当然,在这一时期里,欧洲国家也与亚洲国家进行了更为遥远的对话。

在欧洲以外,这些规则在实践中得到的承认迥然不同。在美洲和亚洲,国家和私人武装双方进行战争的那些方式,在欧洲国家并未正式宣战的情况下,是不再允许的。欧洲社会的规则和机制也未能影响它与非成员国之间的关系。但随着欧洲体系的发展,特别是在18世纪,荷兰和其他欧洲国家的国务活动家日益认识到,欧洲社会的规则和经验能在多大程度上适用于欧洲以外的世界。

在这个阶段的大部分时间里,占领着欧洲四分之一地区的奥斯曼帝国,勉强接受了欧洲人的那些规则,因此,欧洲人主要是根据土耳其人的安排与之打交道。欧洲人与那些更为遥远的亚洲文明国家打交道时,主要是波斯帝国、莫卧儿帝国和中华帝国,也只能依据各具特征的惯例,这些惯例类似于那些在不同时期和不同地区形成的,用来调整不同文明间断断续续之关系的安排。在这个框架内,欧洲商人和代表既考虑到亚洲各国统治者的具体规定,又照顾到欧洲的原则和规范。

从哥伦布到拿破仑的3个世纪里,欧洲君主和国务活动家的注意力仍然集中在欧洲。不过,随着欧洲各国军事实力和经济实力的增强,随着均势实践使各国愈益走向平衡,特定的财政支出所能取得的利益,在欧洲以内显然要小于欧洲以外。因此,欧洲边缘地带的那些国家,似乎在安全无虞的情况下,纷纷鼓励各自的扩张性力量沿着抵抗较小和利益较大的路线向外推进。5个主要的大西洋国家向海外扩张,俄国则向大陆扩张。在地理上局限于体系中心位置的那些国家,根本无法参与这次扩张,虽然奥地利后来得以推行一条以牺牲土耳其为代价、沿着多瑙河而下的再征服政策。然而,在欧洲保持一种竞争优势才是关键所在,假想的威胁也正是来自其他欧洲国家。因此,各国的海外征服以及各国政府所支持的本国臣民的海外努力,都是为了获得经济和领土利益,从而在谋求权力和维护独立的欧洲争夺中增强本国的地位。此时,欧洲社会的扩展是由欧洲各国和贸易公司所进行的一系列并行

---

[1] A. H. L. Herren, *Manual of the History of the European States-System and its Colonies* (F. P. Gottingen, 1809; English translation, London, 1834), vol. i, p. vii.

不悖、相互竞争的冒险活动所构成的，在此过程中，它们的主要敌人并非海外国家，而是欧洲对手。每个欧洲国家都希望获得贸易优势、基地以及作为本国领土之自然延伸的殖民地。欧洲各国所传播的语言、宗教、法律和文化，也都各具本国特色。欧洲殖民地和贸易据点的经济发展，是专为迎合各个帝国的需要和利益的。时至今日，分布在西印度群岛的欧洲殖民地——西班牙、英国、法国、荷兰、葡萄牙、丹麦等国的殖民地——所组成的复杂拼图以及一些小岛的瓜分，生动地说明了欧洲国家体系所引起的殖民竞争，而这正是教皇的分割裁定所要预先阻止的。

带回欧洲的财富以及欧洲国家彼此对抗的海外军事行动，成为欧洲体系的重要因素。欧洲的海外贸易在多大程度上造就了世界经济，或者说在多大程度上积累了足够的资本从而大大地推动了工业革命，是一个颇有争议的问题，本书稍后将会加以讨论。当然，欧洲各国的海外行动大大地影响了彼此之间的均势。16世纪，海外优势增强了统治着西班牙和葡萄牙的哈布斯堡帝国的实力，从而助长了它那时的霸权倾向。但在17世纪和18世纪，这种一直取决于海上优势的海外优势，主要是加强了反对霸权的海上强国荷兰和英国的实力。因此，海外优势成为一种平衡力，它有助于保证《威斯特伐利亚和约》、《乌特勒支和约》以及《维也纳和约》所确立的欧洲国际社会的反霸权性质。

19世纪，欧洲社会的结构及其与世界其他地区的关系都出现了重大变化。在欧洲内部，主要国家对拿破仑的严厉统治和毫无约束的主权的危险惊恐不已，一致同意欧洲社会不应该再受均势的机械调整，而应由一种分散的、平衡的五大国霸权来指导，它们将采取协调行动来调控秩序和变革。其他国家虽然在法律上是独立的，但只能发挥次要作用。与此同时，工业革命极大地增强了欧洲国家的经济实力和军事实力。放眼欧洲以外，它们不仅越来越相信自身那种明显的力量优势，而且对其制度优势和道德价值优势深信不疑。长期以来，欧洲人和亚洲人同样将不识字的民族看作是原始民族，但他们又认为，如果这些民族开化的话，那还是有药可救的；如今，许多欧洲人逐渐认为文明的亚洲人颓废不堪。在他们看来，现代文明是欧洲生活方式和标准的同义词，为了使世界更美好、更安全，传播欧洲文明既是他们的责任所系，也是他们的利益所在。两个世纪以来，欧洲的扩张主要是为了欧洲移民地、贸易和均势。19世纪，欧洲国家，特别是当时的3个殖民大国英国、俄国和法国，将其行政管理和文明强加给几乎整个亚洲和非洲。它们这样做，比人们后来所认为的要更勉强、更无意；它们这样做，往往是为了所谓的秩序和安全利益。只有回顾历史，才觉得这是天命所归。他们期望并诱使那些理论上仍然独立的非欧洲国家遵守欧洲国际社会的规则和机制。在推行扩张的进程中，各大国认识到，如同在欧洲那样，他们也需要约束对手，并协调行动。

美洲的那些欧洲移民国家，轻而易举地成为欧洲国际社会的主权独立、法律平等的成员。欧洲人认为，所有这些国家，甚至包括美国，有那么点儿独善其身；而它们也决心远离欧洲的权力政治，摆脱欧洲协调或某个欧洲国家对其内政的干涉。否则，美洲国家的地位将无异于欧洲弱小国家。在欧洲社会的规则、机制和行为规范的形成过程中，这两类国家都发挥了较小的但却是实实在在的作用。在“欧洲”或“西方”统治的扩张过程中，美国还发挥了积极的作用。大陆扩张持续不断地扩大了美国的领土规模和实力，直到“国旗越过宪法”时期的结束。在加勒比海和太平洋地区，原先反对帝国主义的美国夺取了附属领土；在制定共同的东亚政策的过程中，欧洲列强还将美国视为一个准平等的合作伙伴。

将非欧洲世界纳入新的全球社会带来了更大的问题。那个在地理上仍处于欧洲但愈益衰弱的奥斯曼帝国，只得一步一步地按照欧洲人的条件而不是它自己的条件与前者打交道，不得不遵守欧洲的规则和标准。同样，在18世纪还有能力从事军事征服的波斯，在19世纪日益处于英俄两国的压力之下。由于这两个最大的欧洲帝国的争夺，波斯及其相邻的阿富汗保持了法律上的主权国家地位。然而，北方的中亚穆斯林国家却是英国海上力量所鞭长莫及的，结果轻而易举地落入了俄国的控制之下。同样，而且更为重要的是，18世纪在印度形成的那个混合性国际秩序，也取决于至少两个相互竞争的欧洲国家。因此，拿破仑战争期间法国海外力量的崩溃，为英国的统治地位铺平了道路。19世纪上半叶，英国政府几乎从未想过要取代莫卧儿印度的宗主国权威，伦敦的东印度公司也反对承担更多的行政管理责任。但是，欧洲扩张的界线以及该界线以外的地方战争越来越猛烈了。到了1830年，马拉特联盟已土崩瓦解，印度王公也许意识到传统的印度宗主国体系正在出现一种新的形式，因而不愿结成一个针对正在崛起的英国权势的反霸联盟。对于依据平等原则缔结的同盟，英国以那些承认其最高地位的附属同盟取而代之，结果，印度各国不再是国际舞台上的独立行为主体了。与此同时，英国大大地扩展了直接统治的范围。1877年，莫卧儿帝国的残余被一扫而光，维多利亚女王加冕为印度女皇。曾经在18世纪沿着这些方向走得比英国更远的荷兰人，此时则把直接统治扩大到印度尼西亚。在东方的权势一度中断而成为迟到者的法国人，在印度支那的做法也如出一辙。

在欧洲各国所统治的亚洲广大地区以外，中国和日本依然能够维持独立地位，但付出了西方化的代价。满族人统治下的中国仍然是完全独立的，迟至 1842 年，她还规定了同欧洲进行有限接触的条件。接着，在中英围绕贸易权利而发生战争以后，《南京条约》及其附属协定向欧洲商人开放了一些中国口岸，英国还得到香港岛作为贸易停靠站。同几个世纪以前葡萄牙和其他国家在印度所得到的收获相比，这根本不算什么。但是，中国人对自身优势的信心动摇了，满族人的控制由此削弱了。国内动荡使外国商人的处境不妙，进而导致欧洲人和美国人日甚一日的干涉，日本人后来也加入了干涉行列。外国人强加给中国的安排，呈现出一种集体形式，这是国际社会的联合行动，包括上海国际租界、其他条约口岸的共用设施、治外法权和联合治外法庭条款、共同的内河巡逻、联合军事干涉以及与满清帝国政府的长期外交谈判中的日益明显的协调立场。对于相互竞争的贸易列强来说，中国是一个规模极大、价值极高的市场，它们绝不允许其他国家搞殖民垄断，因此各个列强越来越倾向进行海外合作，其结果是"门户开放"政策。中国人缓慢而又勉强地被迫遵守了欧洲的规则和标准。

撒哈拉沙漠与非洲南端荷兰殖民地之间的黑非洲，是最后一片被纳入欧洲统治和国际社会管辖之下的广大地区。1870 年前后，非洲大陆的大部分地区仍然是独立的，其中许多地区从未见过欧洲人。19 世纪最后几十年，西海岸的那些相互争夺的欧洲停靠港和贸易据点，不断扩大为对商业腹地的殖民控制。欧洲各国虽然是在你争我夺的情况下瓜分非洲的，但殖民地的分界线和一些贸易自由条款却是欧洲所一致同意的。欧洲人的那种无法估量的技术优势，确保了他们与非洲人的任何军事冲突都是短暂而又激烈的。一片又一片的殖民地形成了，它们是按照欧洲模式而建立起来的全新的附属国家。与此同时，非洲地中海沿岸历史悠久的阿拉伯国家也落入欧洲统治之下。英国人断断续续地控制着从好望角到开罗的广大地区，法国人则占据着从摩洛哥到马达加斯加的广大地区，其他诸多国家也控制着一些领土。

四

欧洲向全球各地大肆扩张的浪潮，连同其激起的种种反应，将在本书的后续各章中得到详细讨论，所以，这里有必要仅对欧洲扩张的一些总体特征作一简要说明。

第一，松散但行之有效的大国霸权，只能让欧洲体系中的弱小成员在一个规范较为严密的社会中发挥次要作用；但这并不必然意味着，它会让该体系以外的国家享有更高地位。事实上，非欧洲国家更加无足轻重。但是，美国和日本的地区大国地位得到承认表明，到19世纪末，国际社会的调控已不再限于欧洲国家了。

第二，在19世纪的欧洲扩张浪潮使得亚洲和非洲大部分地区落入欧洲统治以前，欧洲对美洲移民国家的控制趋势已经开始转向（对澳大利亚则要慢得多）。此前，"殖民地"一词意味着像蜜蜂一样从母国蜂拥而来的移民的拓殖地，现在则主要是指"白人"对亚洲和非洲"有色人种"的统治。各个独立的行为主体根据讨价还价而形成的贸易和联盟，现在让位于外国政府的权威，让位于欧洲管理者和"土著"工人经营的种植园经济。

第三，欧洲扩张的最后阶段虽不乏竞争，却是在相互同意或彼此默认中进行的，从而避免了欧洲国际社会各成员国之间的战争。这是欧洲国际社会本身取得的一个非常显著的成就，鉴于此前两个世纪欧洲国家在海外世界的连绵不断的武装冲突，这一成就确实难得。特别是欧洲人就瓜分非洲所取得的共识，使我们不禁回想起西班牙和葡萄牙就有序的扩张范围所达成的一致，只不过此时的欧洲协调充当了教皇当时所扮演的角色。

中国的情形更引人注目。在我们看来，从1839年鸦片战争到1900年八国联军入侵，个别的"外国鬼子"乃至外国政府在中国的许多行径，似乎是令人发指的。但回过头看，在巨大的、日益混乱的中华帝国确立起国际社会所认为的必要的标准方面，国际社会中的大国（包括美国和日本）之间的合作，是国际协调在海外世界所取得的最令人瞩目的成就，它代表着国际社会作为一个整体的那种持久不变的、逐渐发展的集体行动。在中东这样动荡不安的地区，这种合作被证明是无法在20世纪所取得的。

第四，在17世纪和18世纪，在东方的欧洲人几乎专注于经济利益，而且从重商主义的角度出发看待竞争，但随着扩张初期的各种动机的恢复，这种做法有所改变。对非欧洲人的剥削加强了，传播基督教文明获得了新的势头。事实上，国际社会的重组，与基督教的复兴和对中世纪的尊重不无联系。虔诚而又无私的传教士们传播着各种形式的基督教，而与这种主要是非政府的努力所并行不悖的是，教师、医生和行政管理者履行了中世纪教会的其他职责，他们往往不计个人得失，致力于传播西方文明的价值观念和成就，反对本国同胞采取更严厉的剥削形式，反对强化欧洲权威。在英国领导下，国际社会先后禁止了奴隶贸易和奴隶制度，而禁令所到之处，奴隶贸易和奴隶制度即告废除。中世纪和文艺复兴时期的学者曾经发掘阿拉伯和古希腊罗马的文化，继而向整个基督教世界传播；作为他们的值得称道的继承人，为数众多的西方学者开始专心研究非欧洲文明的各个方面，从而让许多被人遗忘的古代文明重见天日。

第五，19世纪之所以引人注目，在于它造就了遍布亚洲、非洲和大洋洲的欧洲化或西方化的精英。欧洲人和美国人提供了教育，而这往往会得到热情的回应，不仅独立国家如此（暹罗国王就是一个人们熟知的例子），那些处于欧洲统治下的地区亦是如此。一些人从心底里承认西方制度及其技术的优越性，另一些人则看到适应征服者的生活方式能给个人带来好处。对西方管理实践和军事技术的掌握，使得这些精英能够管理现代国家；而对言论自由、法治、独立、民族主义、民主和马克思主义等西方观念的接受，则为精英分子在20世纪所推动的独立建国运动铺平了道路。将这个过程与移民国家的独立进程进行比较后可以发现，同那些拓殖者相比，西方化的精英发挥了同样的作用，表达了同样的抱负；在把欧洲人建立的非欧洲国家推向其必然的顶峰，从而成为那个形成于欧洲并已扩展至全球的国际社会的独立成员的过程中，这些精英发挥了至关重要的作用。这些非欧洲精英所面临的困境，并不是本国的国家资格和国际地位，而是其国内社会的性质。他们推崇那些外来的观念，或者至少认为它们是行之有效的，他们之所以享有高人一等的地位，也正因为这些观念；但是，他们本国的大多数人并没有西化，而是坚守着传统的生活方式和价值观念。如何才能最大程度地调和这两个方面呢？

欧洲的扩张既非始终如一，亦非全面系统。它前后持续了几个世纪，并因为种种原因而呈现出许多不同的形式。按年代顺序，我们可以把这段历史划分为四个主要阶段。第一个阶段是中世纪时期对伊比利亚和波罗的海周围地区的十字军远征。第二个阶段长达3个世纪之久，包括你争我夺的海上探险和扩张以及并行不悖的欧洲国际社会的演进。第三个阶段是19世纪，工业革命使得欧洲协调扩大到全球范围并统治了世界的大部分地区。最后一个阶段则是20世纪，欧洲统治的浪潮日益衰退，取而代之的是一个以欧洲模式为基础的全球国际社会，欧洲只在其中起着有限的作用。在地理上，欧洲在美洲和澳大利亚的殖民地，明显不同于欧洲各国在亚洲和非洲所推行的贸易和行政政策。在各种动机中，基督教、商业、土地欲望和欧洲强国之间的争夺最为显眼。虽然这样的区分有助于我们理解那些塑造了现代世界的一系列事态，但却不足以说明这些事态本身的令人困惑的复杂性。我们所要牢记的是，我们所说的某个世纪、某个地区或某个欧洲列强的特征，在一定程度上亦见之于其他世纪、其他地区或其他国家，从葡萄牙到俄国，从十字军东征到联合国非殖民化委员会。

第二章 欧洲扩张进程中的军事因素

迈克尔·霍华德[*]

一

在当今的后帝国时代，1450—1900年间欧洲权势的扩张时期，被普遍认为是应当为其忏悔改过的岁月，而不是要引以为豪的时光。[①]欧洲扩张被不恰当地看作是贪婪成性和骄傲自大的产物。今天，甚至连它的那些善良友好的表现，以及那个先是把基督教然后又将更广泛的"西方文明的好处"传播到非欧洲世界的真心实意的愿望，也被一概斥之为文化帝国主义。甚至连那些思想上最传统的、致力于帝国研究的历史学家，也是勉为其难地认可那个不仅为19世纪的欧洲所普遍坚持而且被欧洲人所征服的大多数社会都加以承认的观点：欧洲社会之所以能够统治非欧洲世界，是因为他们确实占有优势；是因为欧洲人与其他任何人相比，组织更加得当，身体更加健康，思想更加灵活，精力更加充沛，姿态更加自信，在与其他文化发生联系时，这些品质使得他们能够迅速地取得主导权，无论他们是否需要舞刀弄枪。但是，如果事实并非如此，那就难以理解为什么是欧洲人实施了殖民化而不是臣服于殖民化，为什么他们在这个进程中始终处于主动而不是被动地位。他们不

---

[*] 迈克尔·霍华德（Michael Howard），英国当代家最杰出的战争史研究大师，牛津大学现代史和战争史讲席教授、伦敦国王学院战争研究系创建人、伦敦国际战略研究所荣誉所长。1986年封爵士。著有《战争与和平研究》（1971年）、《克劳塞维茨》（1983年）、《战争的根源》（1984年）、《历史的教训》（1989年）、《第二次世界大战期间的战略欺骗》（1990年）、《和平之缔造》（2000年）、《第一次世界大战》（2003年）、《解放或灾难：20世纪历史回顾》（2007年）等。——译者注

[①] 本章写成后，V. G. 基尔南教授出版了《欧洲帝国从征服到崩溃（1815—1960年）》（V. G. Kiernan, *European Empires from Conquest to Collapse 1815 - 1960*, London, 1982），详细论述了本文所及的要点。

可能比其他任何人更加贪得无厌。欧洲商人与阿拉伯商人和印度商人相比不分伯仲。他们也不可能比中国人更加骄傲自大。在促使他人改变宗教信仰方面，他们不可能比伊斯兰信徒更加执著，如果不是不太执著的话。比起奥斯曼土耳其人、阿散蒂人、祖鲁人或北美洲的某些土著部落，他们也并非更加崇尚武力。然而，到19世纪末，在与非欧洲社会的冲突中——这些冲突通常是在面临着巨大不利条件而且供给线终端处于半个地球以外的情形下展开的，欧洲人逐渐地确立起对人类其他地区的支配地位，而这种支配地位最终变成是全球的和绝对的。为什么会出现如此之情势？

答案当然在于一整套复杂的文化和经济因素，而本章甚至不敢斗胆对此加以分析。然而，欧洲文化展现其支配地位的一种方式——这种方式并非是最不重要的，乃是通过军事对抗和军事征服；对这个进程加以研究——这在当今致力于欧洲扩张研究的历史学家中间几乎就是一个禁忌——也许至少能够有助于我们去理解欧洲各个帝国是如何逐步建成的。当然，这种研究需要我们回归到帝国史，而在今天看来，帝国史是如此格格不入，如此遥不可及，以致根本不值得认真对待。现在，1880—1914年间撰写的关于"赢得帝国的丰功伟绩"的那些著作，是作为一种历史类的"庸俗图书"而再版的，相当于当时流行的"新艺术"①。然而，那些帝国确实赢得了，而且在绝大多数情况下，帝国是由一小撮人赢得的，这些人在能力、智商、耐心、勇气上均属独一无二，他们甚至还拥有一种工业化的文明的所有权势作为后盾。我们还必须牢记，只是在帝国扩张的最后五六十年里，现代工业才赋予他们一种巨大的技术优势，使其克服了他们通常在作战行动中所处的数量劣势和其他不利条件。

二

扩张性帝国主义之所以成为可能的第一个人为因素，是由欧洲人和其他人——包括土耳其人、印度人、阿拉伯人和中国人，如果他们努力加以运用的话——共同掌握的技术所促成的。葡萄牙帝国和西班牙帝国的扩张，连同接踵而至的荷兰帝国、大英帝国和法兰西帝国的扩张，乃是由远洋风帆军舰和重型

---

① 新艺术（Art Nouveau），1890—1910年间流行于欧美地区的一种装饰艺术风格，以曲折有致的线条为主要特色。——译者注

火炮双双促成的：这就是人们所绘声绘色的"四周布满速射火炮的水上堡垒"。①这些舰船的建造目的，是为了应付在北大西洋上航行时遇到的具体问题；而一艘能够在北大西洋上航行的舰船，就能够行驶到任何地方，由于要随船携带火炮，这就不同于那些在别处航行的舰船，比如在印度洋。这些火炮使它不仅至少能够与其他船只势均力敌，而且能够对其他绝大多数船只拥有优势；这些火炮还使它能够在停泊地同时对付陆上进攻和海上袭击。这种舰船过于笨重，火力过于缓慢，一旦其开战之初造成的心理作用逐渐消失，就极易被敌人所征服。然而，它却促使欧洲人得以在印度洋和中国沿海到处设立贸易中心，并在稍后阶段在北美洲建立起小规模的殖民据点，在这里，土著部落根据平等原则把他们当成大有用处的贸易伙伴。在所有这些地方，他们都以小心谨慎的礼貌方式对待东道主。他们的人数是如此之少，距离母国又是如此遥远，以致不能从事其他事务。他们拥有的另外一种火器，就是粗糙原始的火绳枪，而他们发现这种火器至少作为贸易对象和防御武器乃是同样地有用处。尤其在北美洲，土著居民始终依靠拓殖者源源不断地提供弹药以供其自身使用，从而使得后者在外交谈判中获得了一种弥足珍贵的影响力。

在 18 世纪以前，欧洲人只是在一个地区成功地向内陆拓展了统治，这就是墨西哥和秘鲁。然而，征服者对土著部落拥有的纯粹技术优势，可谓微不足道。科尔特斯②从船上卸下几门火炮，但是，帕里教授却指出，"这些火炮肯定很小，而且威力不是很大，尽管其噪音和浓烟毫无疑问地给人留下了深刻印象。除火炮以外，科尔特斯还拥有 13 支滑膛枪"。更重要的是，西班牙征服者随船带来了战马，从而使得土著人吃惊不已；但是，正如帕里教授再次指出，"科尔特斯在登陆时只有 16 匹战马，其中有几匹很快就在作战过程中被击毙。他手下的大多数人是徒步使用利剑、长矛和弓弩进行作战的"。③西班牙人还有一个优势，那就是他们乃是使用金属武器对付石制武器，但从根本上说，他们之所以能够打赢，靠的是他们那种心无旁骛的血腥残忍、孤注一掷和狂热追求。如同其西班牙收复失地运动④中的先辈那样，他

---

① Peter Padfield, *The Tide of Empires: Decisive Naval Campaigns in the Rise of the West*, vol. i (London, 1979), p. 7.

② 科尔特斯（Hernando Cortes, 1485—1547 年），西班牙殖民者，1518 年率领探险队前往美洲，1523 年征服墨西哥。——译者注

③ J. H. Parry, *The Spanish Seaborne Empire* (London, 1966), pp. 95–96.

④ 西班牙收复失地运动，指 718—1492 年间伊比利亚半岛北部的基督教国家战胜半岛南部的穆斯林摩尔人政权的运动。——译者注

们不只是为领土而战,还在为基督而战;当然,他们也在为黄金而战,如果他们能够发现的话。物质欲望和狂热目标也成为后来的帝国建立者的明显特征,但是,没有哪一类人像西班牙征服者那样是在如此的技术品质和人数劣势下进行作战的。

在18世纪初期以前,除了以上独特而显著的例外现象,欧洲海外拓殖者始终处在军舰火炮的防御半径以内,无论是在近岸的海上还是在涨潮的港湾。此后,内陆扩张在北美洲和印度次大陆揭开序幕。这个进程之成为可能的一个因素,至少是17世纪下半叶在欧洲出现了职业常规军;这样的军队不仅训练有素,而且拥有一个能够实施经常性薪金支付、行政管理和物资供给的后勤系统。这样的军队能够经常地或轮流地驻扎在海外。第一支派往印度去卫戍孟买要塞的英军,是葡萄牙的布雷冈扎王室的凯瑟琳在1662年带给英王查理二世的嫁妆;1677年,第一支常规部队被派往北美,前去镇压弗吉尼亚殖民者掀起的一次造反行动。这些部队不仅拥有在必要情况下向内陆腹地实施远征行动进而建立基地和补给线的组织结构,而且到17世纪末还装备了新式的、威力强大得多的武器系统。他们拥有的火炮,体形更小,机动性更强,发射更快;步兵的长矛和火绳枪,已被合二为一的燧发枪和刺刀取而代之。这就意味着,首先,小股人马能够采取有效的防御;其次,一支训练有素的部队能够实施充足的火力打击,从而得以打败更大规模的但比较落后且只装备了比较原始武器的部队。

三

如果说,1500—1700年间的欧洲扩张的第一个阶段是由风帆军舰连同火炮所促成的话,那么,1700—1850年前后的第二个阶段则是以欧洲国家的那些训练有素的常规部队的组织和火力为基础的,而这是在1660—1720年期间欧洲内部的自相残杀过程中逐渐形成的;更不消说,经由蒙特库科利①和萨伏依的欧根②所改造的奥地利王室的职业常规军队,将会把奥斯曼土耳其

---

① 蒙特库科利(Raimondo Montecucculi,1608—1860年),奥地利伯爵、陆军元帅和军事理论家,参加三十年战争。——译者注
② 萨伏依的欧根(Eugene of Savoy,1663—1736年),奥地利贵族、著名军事统帅和军事理论家,参加历次奥土战争、九年战争、西班牙王位继承战争、波兰王位继承战争等。——译者注

人一路逐回巴尔干半岛，进而确立起欧洲对奥斯曼土耳其帝国的文化和军事的双重统治。事实上，这两个因素是不可分割的。只有先进而富强的政治有机体，才能造就并支撑那些 18 世纪模式的常规军队。为军队发放薪金的税收制度、招募和维持军队的官僚机构以及制造武器装备的兵工体系，所有这一切都意味着高度的社会组织水平，而在这方面，当时的西欧显而易见地高于欧洲人接触到的其他社会。查理七世①的大军在 18 世纪初期长驱直入仍处于半蒙昧状态的俄罗斯帝国的速度，不过是其中突出的一例；而彼得大帝的反应，使得后来所有那些一心想要维持独立地位的非欧洲统治者们相形见绌。唯一用来打败欧洲人的手段，就是模仿他们，然而，如果没有一场翻天覆天的社会革命，必要的军事改革就不会自动到来。

　　与此同时，那些远在印度的欧洲商人逐渐认识到，他们拥有的比较高的社会效率，能够传输到政治领域。1687 年，东印度公司看到莫卧尔帝国业已陷入混乱之中，乃决意"建立一个民事和军事力量的政治体系，并确保得到一笔维持这两支力量的巨大岁入……从而为随时可能到来的规模巨大的、基础牢固的、安全可靠的英国统治地位奠定基础"。②这里所说的军事力量，在此后 60 年里并未投入使用；再后来，1746 年，在欧洲常规军与印度军队第一次迎头相撞的马德拉斯围攻战期间，法国人展示了军事力量的使用方式。在此之前，欧洲人的部队主要是充当了印度统治者的雇佣军。现在，正如雇佣军的性质所决定，他们掉转枪口对付他们的主子。其火力之迅速和准确，尤其让印度人吃惊不已，后者"使用的简陋不堪的大炮，还比不上欧洲人在 16 世纪所达到的水平……他们认为，如果一门大炮能在 1 小时之内发射 4 次就算是表现良好"。③此外，在一次猛烈的决定性行动中，一支由 230 名欧洲人和 700 名印度人组成的部队，依靠其一波又一波的火枪齐射和训练有素的刺刀冲锋，打败了一支多达 1 万人的印度军队，即使后者拥有骑兵和大象。约翰·福蒂斯丘爵士写道，"可以这么说，经过这次行动，一个欧洲国家终于确定起其在印度的统治地位。在此以前，土著军队曾颇受尊重。其人数给人这样一种印象，即它们拥有势不可挡的力量；欧洲人认为，除非运用对等的力量，否则就不可能打败这些军队。结果，欧洲人在与土著王公打交道

---

　　① 查理七世（Charles VII, 1697—1745 年），巴伐利亚选帝侯（1726—1745 年）和神圣帝国罗马皇帝（1742—1745 年），1717 年曾指挥奥地利军队参加奥土战争，进入俄国境内。——译者注
　　② Sir Percival Griffiths, *The British Impact on India*（London, 1952），p. 57.
　　③ Sir John Fortescue, *History of the British Army*, vol. ii（London, 1899），p. 132.

时，都无一例外地抱着谦卑姿态和敬畏之心……现在，符咒已被打破，迪普莱克斯①摇身一变，从侍臣而成为主人"。②

10年之后，在帕莱塞，克莱武③遇到一支人数多达5万人的印度军队，而他的部队只有3000人，其中欧洲人仅为800名，但他们却几乎一枪未发就大败印军，这是由于其司令官优柔寡断，而士卒又离心离德。④欧洲人，尤其是英国人，在此后的近两个世纪里，获得了一种十足的道德优势。克莱武本人清楚地看到，这种社会效率的不平衡性能够加以利用，而且实际上也应当加以利用。"几乎可以毫不夸张地说"，他在1765年写道，"明天，整个莫卧尔帝国就会处于我们的掌控之下。这个国家的居民对于任何义务都没有感情可言；与我们相比，他们的军队不仅缺乏训练和指挥，而且没有薪金报酬"。⑤

训练会驱使一支队伍成为一架高度机动的火力机器，指挥使其拥有不断创新、勇敢无畏和技能熟练的军官，薪金则能确保部队忠诚可靠。这三个要素相辅相成，构成军事力量的基础；在世纪之交，当英国权势开始扩展到次大陆中部高原和北部草原之时，又增添了第四大要素，此即后勤，而阿瑟·韦尔斯利正是在这方面赢得大名的。在这个领域，所有那些在18世纪欧洲出现的数学技能和地形测量技能，纷纷开始大显身手。事实上，这些技能可能是在欧洲各大列强（以及许多小国）所建立的新式军官学校里教授的，与民事机构相比，军校的教学水平略胜一筹。克劳塞维茨和W. S. 吉尔伯特⑥都不无讽刺地指出，"掌握了科学技能的士兵"已宣告问世。正是英国的伍尔威奇皇家军事学校、法国的军事工程学校以及美国陆军新建的西点军事科学与工程学校的毕业学员，即将成为全世界的开路先锋，为那些蛮荒之地绘制地图（英国皇家海军与此同时也在为世界各大海洋绘制海图），开路架桥，不只是在任何白人从未进入过的地区，而且在任何肤色的人种都未曾涉足的

---

① 迪普莱克斯（Joseph F. Dupleix, 1697—1763年），法国殖民官、法属印度总督，1746年攻占马德拉斯，两次打败莫卧儿军队。——译者注

② Sir John Fortescue, *History of the British Army*, vol. ii (London, 1899), p. 183.

③ 克莱武（Robert Clive, 1725—1774年），英国将领和殖民者，1757年占领孟加拉并任总督。——译者注

④ J. P. Lawford, *The British Army in India* (London, 1970), p. 212.

⑤ Griffiths, *The British Impact on India*, p. 79.

⑥ W. S. 吉尔伯特（William S. Gilbert, 1836—1911年），英国戏剧家、词作家、诗人和插图画家。——译者注

地方。

所以，在19世纪的工业大发展所带来的欧洲扩张的第三个阶段宣告到来以前，欧洲社会在18世纪所取得的行政管理和科学技术的进步，就已促使欧洲统治得以从沿海地区迈向内陆腹地。这些进步尤其促使印度次大陆的全面陷落以及19世纪中叶俄国对中亚和突厥斯坦①的征服。关于俄国殖民战争的细节，几乎完全重复了英国在印度的那些战役。"卓越的训练和现代的武器，以其澎湃之力扫除了中世纪式的反抗……长矛、古老的燧发枪和原始的火炮，根本不是俄国人的密集队形的对手，后者受到专门训练，在野战中岿然不动，他们往往用连续不断的齐射消灭敌人，或以瞄准精确的大炮及炮弹火力摧毁其堡垒，最后通过激情万丈的'乌拉'口号和冰冷的钢铁刺刀冲锋打败敌人。"②根据同一权威作者的叙述，如同在印度那样，"物资补给而不是人力，是中亚的战斗行动取得胜利的关键"。③在中亚和印度北部这两个有人居住的地区相继被征服之后，俄英两大列强之间的相互敌意愈益增长，从而导致两国政府从19世纪80年代开始，陆续将铁路修向那个毗邻的、几乎无法穿越且不宜居住的高山国家阿富汗，以致双方之间的战争而不是该地区的进一步殖民化成为可能。

四

在19世纪中叶拉开帷幕的欧洲扩张的第三个阶段，乃是欧洲社会内部的三大创新的产物。④首先是蒸汽交通工具以及相应的冶金工业的革新。其次是高爆炸药的问世使得那些发射迅速、射程巨大的火器的运用成为可能。再次，也许是三者中间最为重要的，是医学知识的不断增长，逐渐征服了欧洲各国军队在与"野蛮"国家对阵打仗时遇到的最大敌人：疾病。上文并未论及这个方面，然而，疾病却独一无二地构成了欧洲扩张和拓殖活动的最大障碍，而欧洲医学技术也许会比其他任何东西都能促使殖民地居民臣服于其新

---

① 突厥斯坦（Turkestan），或称土耳其斯坦，西起里海、东迄塔里木盆地、南自阿姆河、北到哈萨克草原的广大中亚地区。此外，在哈萨克南部，有突厥斯坦城。——译者注
② R. G. Pierce, *Russian Central Asia 1867–1917* (Berkeley, 1960), p. 19.
③ Pierce, *Russian Central Asia 1867–1917*, p. 44.
④ 关于这个阶段的一项杰出研究，参见 Daniel R. Headrick, "The Tools of Imperialism: Technology and the Expansion of European Colonial Empire in the Nineteenth Century", *Journal of Modern History*, LI (June, 1979)。在本章草稿写好之后，这篇文章才引起我的注意。

主人。有人可能会喋喋不休地争辩说，在一些方面，如果说有的话，欧洲人的文化确实比他们所征服的土著社会的文化要"高人一等"，然而，殖民社群在减轻痛苦、治愈疾病和延长寿命方面的能力——不仅对于他们自己而且对于所有那些愿意结交他们的人，却提供了一个人们难以否认的明证。

　　蒸汽交通工具将会打开世界上所有的广袤大陆的内陆地区，使其展现在欧洲军队及其带来的欧洲文化的面前，然而，为达此目的，内河运输工具往往比铁路交通更为重要。其发挥重要作用的地方，莫过于将中华帝国展现在西方军事力量的面前。在19世纪30年代初期，那些与纳尔逊①在其中指挥作战的舰船差别不大的英国军舰，凭借其火力之准确和迅速，完全控制了那些扼守广州进出口的要塞；然而，过了不到几年，蒸汽船已随处可见，它们不仅用作牵引军舰溯河而上的拖船，而且充当装甲炮舰，武装了能够发射炮弹的大炮。1841年，中国沿海要塞又一次遭到攻击，并且"在一小时之内就落入那些占有优势炮火和训练有素的军队之手。绝大多数中国官兵毫不畏惧但又毫无希望地奋力作战……但他们却对现代爆炸物一无所知"。②铁甲蒸汽舰"复仇女神"号显然不能免受中国军队的火力打击，但却连续不断地向敌军发射炮弹、葡萄弹和霰弹，而且运用其火箭炮弹摧毁了11艘中国帆船；"之后，它沿着一条弯弯曲曲的小河溯流而上，用抓钩拖住两艘中国帆船，不仅自己一弹未发，而且毫发无损"。③到1842年，英国海上力量不断扩张，沿着长江溯流而上200英里抵达南京。到19世纪50年代末，它又向前深入400英里来到汉口。此时，英国舰艇已装备了"阿姆斯特朗"后膛式来复线火炮，射程达到数千码之遥，其远程火力竟然能炸塌北京城墙。英军司令官霍普·格兰特写道，"我从未见过如此准确的远程火力。简直妙不可言！"④

　　内河交通工具还沿着塞内加尔河、尼日尔河、刚果河以及尼罗河，打开了非洲的内陆腹地。但是，在最后一条河流尼罗河的上游水道上的航行困难，使得铁路的运用成为必要之举，而基奇纳⑤在1896—1898年期间之所以能够向苏丹推进，乃是综合运用了内河和铁路上的两种蒸汽交通工具。铁路

---

① 纳尔逊（Horatio Nelson，1758—1805年），英国海军名将，打赢并死于1805年特拉法加海战。——译者注
② G. S. Graham, *The China Station* (Oxford, 1978), p. 147.
③ Graham, *The China Station*, p. 147.
④ Graham, *The China Station*, p. 399.
⑤ 基奇纳（Herbert Kitchener，1850—1916年），英国将领、殖民者，曾率军侵略苏丹和南非。——译者注

建筑的速度令人惊叹：在 1897 年 5 月以前的 13 个月里建成了 216 英里，在其后的 5 个月里又建成了另外 232 英里，从而将一支装备了后膛式来复线火炮、弹匣式步枪和每分钟发射 2000 发子弹的马克沁机枪的陆军部队运进苏丹腹地；更不用说，在这些武器中还有发挥支援作用的、装备了克房伯大炮的炮舰。恩图曼战役结束后，一位愤愤不平的步兵军官抱怨说，"我们大显身手的机会，完全毁在炮兵手里。不过，他们的火力打击实在是棒极了，人们不应对此满腹牢骚，说什么他们在敌军完全进入我们的火力射程以前就已将其消灭殆尽"。①

铁路所到之处，都会将任何一个地区暴露在欧洲军事力量的面前，从而巩固了该地区业已确立的西方统治地位。然而，到此时为止，在欧洲人和他们不断向其扩张的土著社会之间的技术差距是如此之大，以致军事力量完全可以作为后备手段，如果完全需要加以运用的话。欧洲人不再以小得可怜的殖民先锋队的面貌出现，非得依赖当地人的善良意愿或野蛮恐吓才能生存下去，而是成为一个个独立而又高级的社群，与母国保持密切联系，拥有各种设施和机会，对于那些选择与他们为伍的人来说，其享有的优势可谓不言自明。

然而，可能的情况是，随着这种技术优势的增强，殖民先驱者在欧洲扩张早期阶段凭借其活力、勇气和自给所造就的道德优势却逐渐地消失殆尽。那些创建帝国的人，从墨西哥的西班牙帝国到印度的不列颠帝国和非洲的法兰西帝国，甚至在他们自己的社会中也成为特殊群体：他们不甘寂寞，居高临下，冷酷无情，因而不能融入他们自己的社会，并且要求更广泛的挑战。欧洲人的支配地位的促成因素，并不是燧发枪和刺刀的技术优势，而是纪律和勇气等与众不同的品质，从而确保技术优势成为他们对付各种巨大不利形势的有力武器。英国伍尔威奇军校和法国高等学校所教授的绘图和筑路技能，本身并不会自动地开辟印度和非洲，如果它们没有被那些拥有非同寻常的蓬勃朝气、想象力和坚韧精神的人加以运用的话。这些往往经由虔诚的宗教信仰所强化的品质，肯定给非洲人和印度人留下了一种所向披靡的超凡魅力的印象。然而，运营一条铁路所需的优良素质，却完全不同于建筑铁路时所需的品质，而使用马克沁或诺登菲尔德机枪的技能，也不能与创建一支克莱武和韦尔斯利统领的步兵部队所需的忍耐力和精确性相提并论。在 20 世

---

① Phillip Ziegler 转引自 *Omdurman* (London, 1973), p. 134。

纪宣告来临之际，非欧洲社会逐渐熟悉了一种不同类型的欧洲人：其统治非欧洲社会的自授权利，并非依赖其超凡魅力，而是可传播的技术和行政管理两个方面的技能。

五

欧洲确立起对世界其他地区的统治地位的最后一个阶段，是以空中轰炸的出现为标志的。它起初被英国人当作一种省钱的方法用来在遥远的印度西北边境和美索不达米亚地区"维持治安"；1920年，它首次被作为平叛手段用于英属索马里兰；15年之后，意大利人将其用于阿比西尼亚①，这是一个欧洲大国所打的最后一场殖民征服战争。在以上两个案例中，空中轰炸均实现了其目标，即通过恐吓手段促成抵抗势力迅速走向屈服，从而使得一场长期的陆上战争的必要性消弭于无形。然而，30年之后，在越南，结局却殊然不同。美国的越南战争几乎不能称为是一种深谋远虑的、企图扩展帝国的努力；然而，英国人在印度所打的多场旨在维护其附属国不致落入敌国之手的战争，却并非如此，无论其怀有何种意图，其结局始终是帝国权势的扩展。不过，越南战争确实符合我们已经讨论过的战争类型，即一个工业化的发达国家运用其技术优势将其意志强加给一个比较"落后的"社会。其失败的结局格外地令人关注。

美国在越南的经历实际上表明，不仅技术优势不再拥有其在19世纪所具备的超凡魅力品质，而且这种优势现如今在道义上已属自欺欺人。后勤问题已彻底得到解决。超乎想象的数量的火力被用来对付东南亚的最为遥远的地区。50万军人被投送到越南，过着一种远远优越于他们在美国国内所过的生活方式。然而，越南战争的结局却不是胜利，而是在国内蒙羞受辱，在国外横遭谴责；其敌人则矢志不渝于求得生存，并不惜以任何代价打赢战争。

因此，军事技术优势本身并不足以解释欧洲何以在先前的帝国权势世纪里能够征服全世界。人们仍需回答以下这个问题：在技术优势如日中天之际，霸权却如此迅速地土崩瓦解，这是为什么？许多答案必须从思想的和道德的自负两个方面去寻找。就帝国主义列强而言，人们认为，帝国——至少是正式的帝国——并没有造就与维持帝国所付出的努力旗鼓相当的政治权势

---

① 今埃塞俄比亚。——译者注

或经济优势。在西方价值观的框架之内，非欧洲的对手不能再被称为野蛮人，以至西方仍负有一项将其纳入文明世界的道义责任。正如墨索里尼在1935年颇为懊恼发现，"文明"国家在对付"不文明"国家时不再拥有战术性的"战争权利"。对于殖民地的人民来说，那种来自遥远基地的、无法对付的轰炸，其本身并不能自动授予征服者以超凡魅力的权威；那些身处殖民国家的欧洲流放者——无论是军人还是平民——的行为，也不再获得尊重。欧洲人的技术优势被看作是可以转移的，而他们的军事优势却不再能够轻而易举地转变为政治权势。欧洲人对非欧洲人民的有效影响，到头来又得依赖于他们的政治手腕，依赖于他们必须卖出的商品，而这与前工业时代的情况如出一辙。

第三章　世界经济中的欧洲

帕特里克·奥布赖恩[*]

一

在革命时代到来以前，全世界的人口扩张和经济增长是以缓慢而合拍的速度一路前行的。在世界各地，绝大多数人口均从事农业生产；亚洲和伊斯兰帝国等地区的城市人口密度及经济活动，与伊比利亚、意大利、法国、英国和德意志相比，似乎并无明显的差异。晚至17世纪下半叶，一些中国省份和印度土邦的生活水平，还完全可以与西欧发达地区相媲美。

欧洲人与今天人们所说的第三世界（包括亚洲、非洲、中东和南美洲）各民族之间在人均国民收入上的巨大鸿沟，也许是在1800年之后才逐渐形成的。一个世纪以后，当欧洲各国海军统治了各大海洋以及欧洲各国政府兼并了亚非两个大陆的数百万平方英里的领土之时，欧洲人、北美人和澳洲人消耗了全世界62%的产品，而他们却只占全世界35%的人口。到1914年，第三世界在经济和政治两个方面已显著地从其在18世纪初期具有的平等地位上跌落下来。

大多数西方历史学家仍然坚信，欧洲之所以能够确立起对其他大陆的经济霸主地位，乃是由于1750年之后相继在西欧地区发生的农业革命和工业革命中的技术创新的出现及其扩散。欧洲中心主义式的解释则提出了一个挑战，其关注点在于将现代工业的崛起置于更广阔的国际背景之下，强调"中

---

[*] 帕特里克·奥布赖恩（Patrick O'Brien），先后任牛津大学经济史讲师和圣安东尼学院研究员、伦敦大学和伦敦经济学院经济史教授，著有《埃及经济制度的革命》（1966年）、《铁路经济新史》（1977年）、《英国和法国的经济增长（1780—1914年）》（1978年）和《美国内战的经济影响》（1988年）。——译者注

心"与"外围"的商业联系对于"中心"所取得的经济进步的重要性。这种"修正主义"历史学认为，在美洲大发现之后的三个世纪里，西欧和世界其他地区之间建立的经济联系，是欧洲"起飞"而走向工业社会的一个决定性因素。此后，从18世纪晚期到1914年，西欧地区与外围地区的经济关系被认为是支撑了一大不可逆转的趋势，从而不断地拉大了欧洲人与其他民族之间的人均收入差距。本章试图对国际背景的相关性作出定量性分析，以此来解释西欧地区的工业发展。它将质疑以下这样一个假设，即中心与外围的商业关系在工业革命以前、期间及其后的数十年里极大地促进了西欧的发展。

二

跨国商业的不断形成，乃是为了回应漫长的16世纪的著名地理大发现，回应关于有利可图的贸易机会之信息传播，回应更为遥远的海上商品运输的风险和交易成本之降低。然而，新近的研究倾向于认为，新航路的发现并不是国际商业扩张过程中的一个间断性的标志。此外，商业联系（我将其定义为包括劳动力和可用于投资的资金的流动以及跨国的商品流动）的绝大部分，本质上仍是地方性的。在整个重商主义时代（1492—1789年），国际贸易的其中一项颇具代表性的流动，仍然是西班牙北部的加利西亚的谷物跨过葡萄牙国界向外出口，而不是东西印度群岛的香料通过荷兰商船装运到阿姆斯特丹。国际贸易与地区间贸易和地方贸易几乎没有任何区别，而且，国际贸易只是构成了整个贸易份额的一个微不足道的部分，如果说有所增长的话。如同登月行动那样，新航路的发现刺激了当时的民众，并不断地弄得历史学家们神魂颠倒，但它们的经济收益却要等待很长一段时间才能成为现实。在美洲大发现以后的三个世纪里，葡萄牙、西班牙、荷兰、法国和英国的商船显而易见地巩固了海洋贸易的基础。然而，将这个时期的跨国经济关系贴上"国际经济"或"世界经济体系"的标签，可能会误入歧途地导致我们认为这些术语具备了——正如它们在当代语境中那样——以下含义，即国际背景对于决定名义上的主权国家的经济增长和稳定具有重要意义。

当今，所有国家不仅参与而且形成了一个世界经济体系，它们在经济事务上的独立地位包罗万象，从诸如苏联之类的享有潜在自给自足的帝国，到毛里求斯这样的纯粹名义上的主权岛国。这个包罗万象的谱系的后半端，乃是"依附性"国家,其地方性市场上的商品买卖的价格,在很大程度上取决于整个世界的供求状况。那些显而易见的"地方性"价格、工资和投资回报,其趋势和波动的轨迹,与国际市场上的变化可谓步调一致。所谓的国家的商品市场和代理市场,不过是构成了更大范围的地区市场、大陆市场甚或全球市场的一个附属部分。这些依附性经济体的未来发展还得依靠资本的流入。它们的稳定性在外国贷款和债权面前脆弱不堪,因为后者并不在地方性货币机构的控制之下。此外,在这些开放的经济体中,关键部门和关键职位可能由外国人所把持,而这些人是为出价最高的投标人服务的。对于任何一个国别经济体的忠诚和责任的附带条件,基本上取决于某个特定所在地所提供的报酬水平。这种跨国界的劳动力流动,意味着工资水平(如同资本价格那样)是由国际市场上的不受国别政府控制的因素所决定的。在这种状况下,那些与流动移民进行竞争的地方工人,无论是熟练工人还是非熟练工人,都将被迫接受由那些在其国界以外进行活动的外部力量所确定的工资。在这个谱系的另一端,独立的经济体往往自行确定本地的价格、工资水平和可用于投资的资金的流动。

国际经济交往既扩大又限制了法律意义上的主权实体及其公民的独立性。其扩大手段,在于通过专业化带来了更高的收入,在于为新的生产线开放了市场,以及在于提供了更多的消费选择。其限制手段,则在于使企业、农场、工人和政府受到一系列措施的约束,在各个公司对于从跨国界的商品和资本流动中获取收益的前景变得比以前更加敏感之时,这些约束措施就会越发地严厉。

一个统一的国际经济体系的代表,也许是这么一个体系,在其中,商人在极其有限的利润边际的驱使下从事跨国界的商业运输,投资者对于利率的国别差异始终保持着警觉,劳动力移民由于追求仅仅高出本国一点点的收入而随时准备前往异国他乡。最终,国际经济体系就成为这么一个体系,在其中,各国政府认识到其本国公民面临的风险就是这个体系的稳定和有效运行。政治领导人不仅对其行为受到的限制更加清楚,而且对其经济政策的比较广泛的含义更为敏感。国家利益的概念,被认为是包含了对于某个"国际经济秩序"的某种关切。对外国人的竞争甚或报复,受到了包括在共同关心的经济事务上的合作行为的限制。

因此,如果要界定一个完整的国际经济体系,就要展现在晚至20世纪最后25年里的国家间商业关系在多大程度上不符合一个可称之为世界经济体系的各项标准。即使在今天，这样一个体系也只是处于萌芽状态，它是作为一种理论模式而引起我们的关注，在其中，商品、资本和劳动力（不受商品以及生产要素流动的壁垒的限制）可能因为相对价格、利率、工资以及运输成本和信息成本的变化而在全球范围内不断流动。

　　国际经济关系史学家对 16 世纪新航路的发现的兴奋之情作出了回应。一些人还同样念念不忘俄国人在 17 世纪和 18 世纪对南方草原的征服。欧洲人沿着其海洋和大陆边界向外扩张的运动，在欧洲大陆本身的丰富资源之外，又及时带来了丰富的海洋产品（鱼类和鱼油）、北方森林资源（木材、毛皮、皮革、纤维、食盐和沥青）以及热带奢侈品（香料、食糖、烟叶和棉花）。在地理大发现和殖民大征服揭开序幕之后，贸易、海外投资、移民和拓殖纷至沓来；然而，如果将重商主义时代各个民族和各个大陆之间建立起来的脆弱不堪的经济联系说成是一个"国际经济体系"或"欧洲经济的世界体系"，那就是对这些当代术语的误用。首先，除了那些与重量和体积相关的最昂贵商品以外，陆上运输成本对所有人来说仍然是望而却步的。这种情况长期以来就是如此，而海上和内河运输的吨位/英里的成本却逐渐下降，在 1492—1789 年间交易商品的出售价格中，水上运输和配送的标高价格的百分比之下降并不明显，而在 19 世纪，运河、铁路和蒸汽交通工具所带来的运输和配送的标高价格的百分比之下降却要厉害得多。这时，一个国际经济体系（甚至一个国民经济体系）乃呼之欲出，因为便宜的交通运输使得地区之间和国家之间的商品流动变得有利可图。只有在 19 世纪的第二个 25 年里，运费价格的显著而又普遍的下降，才开始成为国际贸易的一针真正有效的强心剂。

　　关于从事跨国交易的风险与法律制约方面的商业情报的流动，也成为国际商业之发展和稳定的前提条件。海盗风险和政治权威机构的任意强征，乃是以极其缓慢的速度走向消亡的。可以说，在皇家海军通过 1805 年特拉法加海战最终确立起"不列颠治下的和平"之前，你争我夺的列强之间通过武装手段侵犯商业和殖民据点的做法，既不利于世界贸易的迅速发展，又无助于海外资本和劳动力的流动。贸易也受到极高的进出口关税的制约，而这种关税为这个时代的贵族制度和军事部门提供了绝大部分岁入，因为各国还没有学会如何经常性地举债或有效地征纳收入税和财产税。统治者（过分胆怯或过分无能以致不能有效地向国民征收税务）的另一权宜之计是货币贬值，但它却造成了国际货币交易的诸多不确定性。经常性的硬币贬值是重商主义时代的标志，它抵消了国际货币体系对于世界贸易水平的有利影响，而这有利的一面，则来自美洲金银的进口。

各国统治者出于战略目的而忙于金银储备，他们把进口当作是国民财富的"抽水机"而加以仇视，他们喜欢奖赏那些垄断国家市场的亲信，正如亚当·斯密指出，所有这些都阻碍了国家间的经济交往。当然，他们也签署条约，从而表明他们偶尔也承认国际市场带来的共同好处。不过，绝大多数商业谈判都是倾向于签署双边协议，彼此进行妥协，但往往以牺牲那些被排除在外的竞争对手为代价。在那样一种国际经济体系之内，欧、亚两洲的帝国内部的规范有序的贸易，代表了一种可行的但却是一个具有决定意义的二等解决方案，使得各国不再在商业和殖民领域对潜在利益进行侵略性的争夺。鉴于运输成本始终居高不下，各地严格限制商人往来，以及各国政府以诸多壁垒对付外国商业，在美洲大发现之后的三个世纪里不断形成的国际商业，是对那个时代的重商主义活动家的一曲了不起的颂歌。

三

在法国政治革命宣告爆发和英国工业革命生根开花之时，世界贸易毫无疑问地获得了大发展，其水平完全超出哥伦布时代，而其速度则快于出口。欧洲的资本、劳动力和企业在美洲沿岸地区纷纷建立起永久性的殖民据点。欧洲船只强制性地将数百万非洲奴隶运往新世界，在种植园里辛苦劳作。欧洲海洋大国建立并且巩固了与印度、中国和东方其他地区的商业联系。那么，美国革命之后发展得如此显著和增长得如此迅速的商品、资本和劳动力的流动，是否构成了一个相互联系而又相互依赖的经济体系呢？由那些名义上的主权国家经济体组成的体系，又在多大程度上已然迈向了一个国际经济体系的道路呢？

关于那些通常用来衡量经济体系所取得的一体化程度的标准，答案似乎是，它们彼此之间几乎毫无区别。对于大多数独立国家来说，出口与生产以及进口与国民消费之比，也许保持在1%—2%的幅度之间。即使对于诸如英国、葡萄牙以及荷兰这样深度卷入国际商业的国家来说，贸易与国民收之比也不到10%。在地方性和国别性市场上，只有若干种商品的价格在不同程度上受到国际贸易的影响。金银首当其冲。食糖、烟叶、香料和棉纱的价格，也在很大程度上由葡萄牙、西班牙、法国、英国和荷兰等受到保护的帝国贸易体系内部的消费者和生产者的相互关系所决定。此外，走私和荷兰海权，时不时地创造出一种类似于国际市场的平台，至少对一些范围极其有限的商品来说是如此。但是，在18世纪临近结束之际，对于人类消费的绝大多数商品和服务来说，其价格是由各自分离且高度地方化的市场上的供求关系的状况所决定的。全世界的生产者和贸易商不仅绝缘于外国竞争者，而且在其本国境内还受到运输成本和其他许多竞争壁垒的保护。对于国家内部的自由贸易区之间的价格趋同的计量经济学检验，有助于展示地方性和地区性价格结构是如何苟延残喘到铁路时代的。鉴于国内外的进出口活动始终面临着各种障碍，因此，人们毫不奇怪地发现，工资以及用于生产相应商品的资本和土地的收益，因国家不同而存在很大差异。

资本作为一个在历史上比劳动力的流动性更大的生产要素，其在全球范围内的流动，可见之于16世纪以来的历史。这种流动，不仅构成了世界资本总额的一个不显眼的比例，而且受到刺激进入国际经济体系，这要么是受到迅速发财致富的诱惑，要么是由于那些在18世纪下半叶投资于英国与荷兰公债的外国人所得到的安全保证的驱使。总体上，重商主义时代的海外投资，可以说是一种受到超常利润所诱惑的"冒险资本"。在18世纪末期，旨在推动可投资的资金出于正常差额或极小差额下的利率回报的跨国流动的制度框架和法律框架，几乎还不见踪影。甚至晚到1900年国际银行业和金融业进行数百万英镑的短期和长期的可投资资金的全球流动之时，国境内外的明显不同的利率，仍被经济学家看作证据，即资本的国际市场虽然得到遵守，但这个市场却是极其不健全的。

在滑铁卢战役以前的很长时间里，数百万工人就已跨出国门前往美洲从事劳作，或将拓殖边界向南推进到俄罗斯大草原，然而，与1815—1914年期间相比，重商主义时代的永久性或暂时性的移民，数量仍属较小。一部分人抓住机会前往边疆开发那里的便宜土地，或前往遥远地区为其自身技能寻求较高的报酬。在这几个世纪里，总体而言，人们不只是在他们自己的出生地而且也在出生地不远的地方度过其辛劳的一生。国内流动的发展速度，快于出国移民。大多数漂洋过海出国劳作的人，要么是作为奴隶或契约劳工被强制运往"新世界"的，要么是因为宗教和政治压迫而被迫背井离乡的。在根本上依赖于武力的跨国劳动力流动，只能是变化不定的，并且是规模有限的。劳动力（甚至那些职业工人和熟练工人）的来源地，主要是地方性的。"人才外流"或国际劳动力市场并未出现，以致扰乱地方性的工资结构；这种情形的真正出现，要等到生活水平的差距发展到众所周知和明确可见的程度，以至能够推动起蒸汽时代的欧亚两洲工人的巨大移民潮。

总之，所谓世界经济体系要在经济领域变得举足轻重，只有等到跨国界的商品、资本和劳动力的流动所组成的一系列交往关系不仅能明显地影响地方性的价格和收入，而且会制约名义上的主权政府的独立政策。一个国际经济体系的渐次形成的判断标准，（在理论上）可以通过观察某一个国家和整个世界的贸易与生产总量之比率的增长。当贸易促成这种相互依赖关系形成之时，经济史学就可以探究可比较商品的价格、同类劳动力（尤其是熟练工人）的工资、任何地方的类似风险投资的回报率的共同特点。他们还有望看到一个国际经济体系是如何形成并影响主权国家的政策的。政治领导人可能会开始认识到对于外国企业和资本进行积极竞争的灾难性影响，从而逐渐展开合作以建立一个有利于国家间商业发展的经济秩序。国家间及洲际间的经济联系毫无疑问地超过了重商主义时代的范围和程度。不过，那个时代的商业，与过去的中世纪或古代商业帝国之间的共同点，似乎要比它与工业革命之后骤然形成的国际经济体系之间要多一些。

国际经济关系的重大突破和数量激增，出现在 19 世纪。在这个时期，尤其是第一次世界大战以前的 60 年里，以西欧为基础的世界经济体系的发展和整合，不仅明确可见，而且有迹可循。例如，在 1800—1913 年，人均世界贸易可能增加了 20 倍。贸易与生产总量之比率，从 19 世纪初期的 2%—3% 跃升到 1914 年的 1/3。在 1821—1915 年，4600 万人漂洋过海去寻找工作机会，而这只是劳动力从初级生产领域向工业部门和城镇部门持续转移的其中一个部分。境外投资的资本总价值，从 1825 年仅仅不足 10 亿美元，增长到 1913 年 440 亿美元。在 "美好时期"[①]，资本家每年在国外投资 20 亿—30 亿美元。这些巨大的数目，占据了西欧各大经济体——尤其是英国和法国——所积累的储蓄总额的 40%，有时占 50%。商品、移民和资本的所有这些流动，促成了陆地及水上的人员和商品运输的实际费用的降低。1913 年，海上运输费用下降到 1800 年水平的 1/4，而陆上运输费用则下降到 1800 年的大约 1/10。制度因素和政治因素也把重商主义时代的那种微弱

---

① 美好时期（belle époque），法国史术语，指从普法战争到第一次世界大战爆发前的那段时间，以法国经济社会文化繁荣以及巴黎上流社会歌舞升平为特征。——译者注

联系塑造成一个可称之国际经济的体系。银行和金融中介的发展，一个基于黄金且拥有稳定汇率的国际货币体系的巩固，经济情报的迅速扩散，各国政府愿意支持国民经济中的对外部门并允许其拥有更大独立性的做法，以及英国对于整个体系所施加的超级霸权，所有这些因素都发挥了作用，从而使得1815—1914年间的国际商业的规模和形式，根本不同于此前世界上的任何商业联系。其与重商主义时代之差异的产生，在于西欧地区的技术进步和人口增长，后者不仅促成了剩余工业产品的出口，而且造就了美洲和澳大拉西亚的欧洲殖民地对于初级产品的需求，以及对于第三世界的热带食品和原材料的需求。

我已经指出，世界贸易的突飞猛进和国际经济体系的形成，应当被看作是西欧工业化的结果而不是根源。相反的观点却认为，19世纪欧洲经济增长的强大动力，缘于1950年以前的三个世纪里欧洲与外围地区之间确立的经济联系。后一种观点，如今可谓根深蒂固，因此必须予以详细分析。

四

在重商主义时代的大多数岁月里，欧洲技术进步包括了中世纪以来世界许多地区的众所周知的生产手段的传播。例如，在能源供应这个重要领域，数世纪以来都是通过人力、动物、风力、水力以及燃烧木材所产生的热力来提供的。1750年以前，风力和水力资源越来越多地运用于各个工业生产领域，大大增加了欧洲的非生物能源的种类，而煤和蒸汽还远远没有将其动力生产提高到一个根本不同的稳定水平。

欧洲农业、工业和商业领域在12—15世纪之间的所有重大创新，无一不表明其他各民族的发明创造的重要性之大。其例不胜枚举，从中国发明的马挽具、手纺车、印刷术和火药，到阿拉伯的指南针以及非常重要的波斯风车。在长途贸易和军事力量的技术运用方面，欧洲人突然跑到了其他文明的前面。因此，正是指南针、海图、尾舵、火炮、火药、轻武器以及最重要的帆索齐全和武器强大的舰船等技术，推动了欧洲船队超越16世纪和17世纪的东方航运，去不断发现航路并逐渐统治海洋。"14世纪和15世纪大西洋欧洲制造的炮船，是促成欧洲长篇故事成为可能的一大发明创造。"[1]

---

[1] C. Cipolla, *Guns, Sails and Empires* (1965), p. 137.

这个长篇故事始于新航路的探险，但却适逢其时地促成了欧洲与亚非地区之间贸易的巨大扩展。在瓦斯科·达迦马的那些具有历史意义的航行以前很长时间里，欧洲富人对于东方的香料、中国和波斯的丝绸、印度的纺织品、宝石的喜好，已由威尼斯、热那亚和比萨的商人所悉数满足，他们在黎凡特和东地中海地区从事买卖，横跨欧亚大陆数千英里，将各种物品运往欧洲市场的任何一个角落。在新的海上航线（由葡萄牙、西班牙、荷兰、英国所开辟）上，货物转运借助水上交通工具，运输成本下降为陆上费用的一小部分。与此同时，船舶设计的进步，提高了航行速度、机动性和装载能力，由此降低了所运输货物每吨/英里的资本和人力两方面的费用。不断进步的航海技术、业已更新的航行设备和用来对付海盗的火炮，也有助于促成洲际商品运输成本的显著下降。汇票、期票、纸币、支票（伊斯兰各城镇的商人对此熟稔有加，而意大利人在14世纪和15世纪则纷纷效仿）等各种形式的信用手段，在北欧地区的各大商业口岸随处可见。安特卫普、汉堡、阿姆斯特丹和伦敦的商铺彼此展开竞争，为数量不断增大的洲际贸易提供组织、金融和保险。到17世纪中叶，阿姆斯特丹商铺的汇票，其折扣率可以达到4%以下。在16世纪宣告终结以前，如此这般的交易成本下降，使得远洋航行成为家常便饭。两个世纪后，当欧洲人与其他大陆各个民族之间的海上交通业已巩固之时，远洋航行更是成为惯常之事。

当然，重商主义时代的支配性事件，似乎是美洲之进入国际商业领域。美洲之进入，不仅及时地促成商品贸易有了显著差异，而且使得欧洲、亚洲、非洲和美洲之间的劳动力和资本流动出现巨大变化。但是，在重商主义时代揭幕之际，欧洲人的贸易就是指国内贸易或主要是本大陆国家之间的跨境贸易。洲际贸易（其重要价值因为丝绸、香料、珠宝、金银而急剧上涨）仅仅占据欧洲进出口贸易的一小部分。关于食糖、烟草、咖啡、茶叶、香料、奴隶、棉花的进口数量以及在西班牙、荷兰和英国的各个港口通关的商船总吨位的统计数据表明，洲际贸易的激剧增长，发生在1650年以后。一个世纪之后，欧洲与南北美洲的贸易得到迅速发展，以致超过了其与亚洲、非洲和中东的"传统"贸易。

不过，这里要再次指出，迟至18世纪90年代，"外围地区"——套用一个现代术语来指称南美、非洲和亚洲，加上弗吉尼亚、马里兰、南北卡罗来纳、佐治亚等地的种植园经济体，仅仅购买了欧洲总出口的20%商品，而且也只是提供了欧洲总进口的25%商品。这不仅只是欧洲贸易的一小部分，而且在其所有经济活动中占据的份额还要小得多。到1800年，欧洲出售到非洲、亚洲、拉美、加勒比海地区以及美国蓄奴州的商品，还不到其生产总量的1%。欧洲从以上这些地区进口的商品，只占其全部消费品的极小比例。即使对葡萄牙、荷兰、英国和法国等海洋大国来说，这些贸易联系也只是其经济活动的一个有限的组成部分。

五

不过，这样一个认为欧洲与外围地区的商业在其长期增长中的地位无足轻重的观点，是根据统计资料而得出的，而且可能只是一种肤浅之见。当时，欧洲生产总值是所有历史动力的产物，它们经过长时期的积累，促使资本、熟练劳动力、技术和制度年复一年地创造各类商品并提供各种服务。经济增长出现在赢利之际。问题在于确定和衡量各类具体的投入在多大程度上促成了产出的盈余。欧洲与外围地区之间的商业也许确实对分工模式、资本形成、技术进步和制度改革等产生了独特作用，但是，它在推动经济增长方面所发挥的作用，却得不到上述统计数据的有力支持。

为便于讨论产业分工，必须提及关于贸易商品类型的几个概念。人们难以根据相对优势原理作出如下判断：包括食糖、茶叶、咖啡、大米、热带水果、硬木材、染料、金银等一系列热带商品是如何促成了各种生产机会的。贸易不过是让欧洲富人能够消费那些他们本地区无法生产或开发的外来商品。在欧洲收入水平上升而热带产品价格下降之时，这种消费扩大到所有社会阶层。然而，基于劳动分工和竞争的长期的生产力的提高，主要是源于欧洲内部的交换，而远非欧洲与其他大陆之间的贸易。

毫无疑问，一些动态的收益在不断增长。例如，欧洲人用工业制成品交换原料产品，而他们的政府则通过管制各个帝国疆域内部的工业生产来推动这种趋势向前发展。欧洲人还对其他大陆的航运销售和商业服务方面做出分工，其主要目的在于获得一种支付手段，以解决他们与印度和中国之间始终存在的商品贸易逆差，因为这两个亚洲国家在19世纪以前所进口的工业产品数量实属有限。专注于这些"看不见的手"，刺激了造船业，并促成了服务于洲际贸易的银行业、保险业和航运业。这些成就的发展方向乃是确凿无疑的，然而，难道我们就有理由认为，欧洲与外围地区的贸易统计数据低估了这种贸易对于造船业以及那场在1750年后推动了工业化的"商业革命"

的贡献程度了吗？

从亚洲、非洲和热带美洲进口的原材料、食品以及工业产品，还缓解了欧洲工农业产品供应的不足，并产生了"示范效应"，从而促成了欧洲生产能力的提高。在哥伦布以前很长时间里，欧洲人成功地向意大利、伊比利亚和法国南部移植了大米、甘蔗、高粱、棉花、柑橘和蚕桑。从南北美洲输入了许多食品，包括玉米、土豆、花生、豆类、烟草和可可。玉米确实提高了南欧的谷物供应量，但其真真切切地产生影响，却要到19世纪中叶以后。尽管土豆毫无疑问地有助于支撑英国、爱尔兰、比利时和德意志的人口增长，但土豆提供的额外热量，在18世纪和19世纪，从来还没有成为食品供应方面的一个关键因素。对西北欧的某些地区（如爱尔兰）来说，土豆造成了马尔萨斯问题和移民浪潮。

从热带地区进口的原材料，促成了蔗糖提炼、烟草加工以及最重要的棉纺织业的兴起。通过模仿穆斯林，且依靠东印度公司进口的南京棉布，英国棉花工业遵循了一种典型的进口替代模式，即外国工厂成为市场的开路先锋，而国内产品逐渐取代进口商品，当然，在此过程中，对于印度和中国纺织品的禁令提供了一臂之力。如果没有这个安全无虞的、来自亚洲和美洲的原材料供应渠道，上述各种工业部门的兴起似乎是不可想象的。然而，关键在于，如何在数量上确定这些依赖于从外围地区进口的原材料的工业部门的相对重要地位呢？英国的数据显示，1841年以前，棉纺织业占据了国民生产总值的大约7%，而从事进口食品加工的工业部门又贡献了1%。既然英国已经完成了工业革命，那就没有理由提出如下这个观点：如果欧洲经济是在没有进口食糖、烟草、硬木材和棉花的情况下被迫自行运转的，那么它的工业产量的比例就肯定会大大降低。随着时间的推移，那个假设中的降低可能会由于热带食品和原材料有了进口替代以及劳动力向工业部门的转移而得到缓解。由于棉纺织业是即将通过工厂而实现转变的第一个工业部门，所以热带食品和原材料肯定是不可缺少的。工业化进程是在一个过于宽广的前线向前推进的，以致不能通过某一个先进部门的失败而得到检验，而这个部门（棉纺织业）的供应线要跨海涉洋远达亚洲和美洲。

六

那么，是否正如亚当·斯密和卡尔·马克思首先假定的那样，更大的贡献能否通过资本积累而得以实现呢?关于这个特定"投入"的界定和评估,涉及诸多复杂问题。毫无疑问,欧洲人将其从非洲、亚洲和美洲商业中获得的部分收益作为固定资本和流通资本进行投资,因而有助于促进农业和工业产量的增长。但是,这个增长又有多少呢?

英国又一次成为一个至关重要的案例。这不仅因为英国先于欧洲其他国家完成了工业革命,而且在于该国与外围地区有着更大规模的贸易。作为工业化经济体的先锋,它在新技术领域投资更多,为其错误付出的代价更大,而且无法通过吸收外国资本以弥补国内储蓄之不足。因为这些原因,在英国,资本与生产总值的比率可能会比欧洲大陆某些"后进"国家要高一些,它们从英国经验那里获益匪浅,为金融而支付的利率也相对较低。

英国的国内投资总额占其国民收入的比例,从1761—1770年的8%增加到1791—1800年的13%,但在1851—1860年间又稍有回落。1740—1801年间国民总产值的增长,主要归因于劳动力和资本供应量的增加,只有一小部分来自于初级产品投入的生产扩大。只是在1801年以后,"技术进步"才成为一个愈益重要的增长源泉。尽管资本积累在英国工业革命的初期阶段发挥了显而易见的重要作用,但在西欧其他国家,情况可能并非如此,后者能够从英国的发轫阶段中汲取经验教训而拥有诸多优势。因此,资本积累的作用不应被夸大成"欧洲经济发展的发动机"。在"现代化"工业部门(诸如纺织业、冶炼业、能源供应以及交通业),增长更多来源于技术进步和组织变革,而远非资本积累。

此外,一个用于投资的潜在金融来源,可以毫无疑问地确定为商人、运货人、保险中介、经纪人和其他"资本家"所获取的贸易利润,正是这些人组织了英国与外围地区的贸易。金融来源还在于在加勒比地区和南美各国的种植园经济体进行的直接投资。海外资产(土地、设备以及奴隶劳工)不仅生产了在英国市场出售的商品,而且带来了可返回并用于国内经济的利润。最后,工业部门生产的出口商品卖给外围地区所获得的利润,也成为英国投资的来源。但是,所有这些收入流动加在一起,是否能够造就一个足够大的投资剩余,从而为1750—1850年间英国经济中出现的那个巨大的资本积累提供资金来源呢?确凿的证据实在难以发现,但我对18世纪80年代和19世纪20年代所做的实验性估计表明,(英国)"与外国地区的商业造就了一个充足的或潜在可用的流动,从而为工业革命期间投入的投资总额提供了

15%的资金"。①

人们不应当作出如下假设,即如果在1892年前并未发现新世界,或者,如果非洲和亚洲纷纷效仿日本并且拒绝与欧洲通商,那么,欧洲与这些地区的贸易所消耗的资源就不会重新分配给一些其他的经济活动领域(尽管较少是生产活动领域)。用来促进欧洲与外围地区之间的商业活动的资本和创新,并非仅仅局限于这一项事业。从逻辑上说,为国内资本积累提供资金的任何努力,都必然地只会是那些用于商业而非其他经济部门的资本和劳动力所创造的投资剩余的"增长"。

"世界经济体系分析"的支持者(沃勒斯坦、弗兰克、伊曼纽尔和阿明等人将马克思的原始积累理论用于重商主义时代的西欧与外围地区的商业关系)夸大了它对1750—1873年工业化的贡献。②他们之所以强调这种商业联系,是由于一个简单化的假设,即第一次工业革命是欧洲其他地区的榜样。欧洲大陆经济体成功地实现了工业化,但其贸易与生产总值的比率却远远低于英国。③即使对英国来说,与非洲、亚洲和热带美洲的贸易也只是其所有经济活动的一小部分,相反的印象是基于这样一种假设,即这种贸易(基于"剥削"、"不平等交往"和"掠夺")属于暴利行业,因而必定会创造出一个为资本积累提供资金的庞大剩余。这个观点的支持者提供了关于热带贸易的生动描述、一些选择性的利润数据以及引用自亚当·斯密、卡尔·马克思和梅纳德·凯恩斯的图表说明。但是,这个吓唬人的三重唱的观点,并没有得到历史证据的支持,而要说明欧洲资本家从其与外围地区的投资及贸易中所获得的平均利润率大大高于其合理国内投资的潜在回报,这些历史证据却是必不可少的。

荷兰、法国和英国历史学家整理出来的少得可怜的统计数据表明,各年的利润都不尽相同。有利形势下的一次航运所获得的丰厚利润,可能会转化成另一次的重大损失。最近评估所得出的结论是,平均利润率大约在10%左右。在阿姆斯特丹、伦敦和巴黎等商品市场上,食糖、胡椒、咖啡、烟草、茶叶价格的长期跌降,并不表明这类贸易持续不断地获得了异乎寻常的利

---

① P. K. O'Brien, "European Economic Development", in *Economic History Review*, Vol. xxxv, No. 1 (Feb. 1982), p. 7.

② I. Wallerstein, *The Modern World System* (1974); A. G. Frank, *World Accumulation*, 1492 – 1789 (1978); S. Amin, *Accumulation on a World Scale* (1974); A. Emmanuel, *Unequal Exchange* (1972).

③ P. Bairoch, *Commerce extérieur et développement économique de l'Europe au xixe siècle* (1976).

润。无论16世纪有着怎样的情况，1650年以后进入欧洲港口的数量激增的热带产品，迫使其价格降低到只有原先的一小部分，当时，热带商品可是欧洲富人的奢侈品。同类商品的弹性供应，以及葡萄牙、英国、荷兰、法国以及其他国家的商人之间的竞争，并不总是与垄断利润的持续性步调一致的。这个洞见，甚至适用于臭名昭著的奴隶贸易。一个前提是，热带美洲在剥削强制劳工和出售奢侈品方面，必定要获得极高的利润。葡萄牙人在16世纪就获得了非同寻常的高额利润。但是，一个世纪之后，当食糖、咖啡和烟草的产量急剧增长而种植园又从合同工转向使用强制劳工之后，奴隶贸易在其非人道的运营链条的每一个环节似乎都充满了竞争。有两个集团从奴隶贸易中获利颇丰：一是组织这类"交易"的阿拉伯和非洲冒险家，二是热带产品的消费者。如果欧洲人被迫支付一种反映了新世界吸引和维持"自由"劳工的价格，那么，他们的食糖、烟草、香料、靛青、咖啡和棉花等开销就要大得多。至于大到什么程度，则有待于计算。但是，鉴于热带进口产品在国民支出中所占的比例微不足道，以及热带产品的需求变化不定，假如英国在1607年而不是1807年颁布敕令废除奴隶贸易的话，那么，毫无疑问的是，其实际的国民收入接下来会有所下降，但也不大可能会与欧洲在1807年达到的生产总值及资本总额的水平有多大的落差。

七

冈德·弗兰克专门把美洲财富挑出来，作为"新世界地区对世界贸易扩张、欧洲大城市资本积累以及资本主义发展的首要的功能性贡献"。[①]金银的冲击超过了其他进口产品的影响，因为它们构成了欧洲货币供应的基础。在1450—1750年间，市场扩张和货币交易（无论在国内还是与外国）伴随着经济增长而不断发展，钱币可谓事关重大。来自美洲的贵金属消除了交换和生产面临的货币束缚，促进了欧洲与亚洲及波罗的海的国际贸易的扩张，对价格施加了上涨的压力，从而重新调节了劳动者和资本家之间的收入分配，并促使贸易对各不相同的国内外通胀幅度作出反应。

然而，如果要证明进口金银有着广泛影响之说的真实性，就必须指出相关联系的具体情形，并做出某种尝试去评估货币对于欧洲发展的重要作用。

---

① Frank, *World Accumulation*, p. 44.

斯普纳和布罗代尔反对以下这种说法，即美洲金银矿将大量贵金属输入一个极度匮乏的欧洲，因为"旧世界从早期以来所积累的金银储备，构成了一个相当庞大的货币基础"。①他们估计，晚到1650年，美洲流入的金银使得当时欧洲的金银储备增加了不到25%。尽管欧洲需要更多的货币（以应付不断扩大的交易、劳动分工、人口增长、城市化、易货贸易的转变以及公开支出的增加），但美洲硬币不过是用来应付潜在货币制约的几个手段中的其中一个。欧洲本身的银和铜提供了一些货币。商人和金融家推动了流通速度的提高。欧洲统治者通过降低货币成色减轻了每一枚硬币的应有重量。因此，不可能出现如下假设，即来自南美洲的金银在1500年以后提供了经济扩张所需要的大部分货币供应量，或者，如果墨西哥和秘鲁的银矿以及新格拉纳达和巴西的金矿仍未开发的话，欧洲人就会面临极大困难，因而会付出代价去发行替代纸币或可流通法定硬币。货币是权力的润滑剂而不是来源，货币是润滑油而不是石油。

对于欧洲与亚洲及波罗的海的贸易逆差来说，硬币仍是一个不可或缺的解决手段。显然，当欧洲人为亚洲人提供各种服务尤其是运输业之时，以及当两个大陆制造商品的相对支出不断缩小之时，那个将金银向东方转移的"抽水机"终于销声匿迹。不过，这种贸易的重要性有限，即使对海洋国家来说也是如此。"亚洲所提供的不过是奢侈品。现在，奢侈品虽说并非微不足道，但却排在食品之后……而且还排在金银锭之后。"②银锭被从外围的一个地区（美洲）抽吸到另一个地区（亚洲），从而为欧洲富人提供了奢侈品。

西欧与波罗的海地区的贸易不仅远远超出了其与东方的贸易，而且来自这个地区的进口产品（谷物、木材和其他用于船舶制造的中级商品）对于中心地区的长期发展来说似乎更具有"战略意义"。这些商品中的任何一种，都未曾在西欧购买的商品总量中占据一个大份额。在波罗的海进口的商品中，只有1/3是以硬币来支付的。如果没有相对廉价的美洲金银锭供应，欧洲商人和冒险家能够找到其他商品用来交换波兰谷物、俄国纤维和瑞典木材吗？波罗的海地区的需求确定不会对不断下降的出口价格无动于衷吗？

---

① F. Braudel and F. Spooner, 'Prices in Europe from 1450 to 1750', in E. Rich and C. Wilson, eds., *Cambridge Economic History of Europe*, iv (Cambridge, 1967), p. 446.

② I. Wallerstein, *The Modern World System* (New York, 1974), p. 333.

1450—1750 年间，在欧洲范围内，硬币进口与总体价格水平波动之间有着一种紧密的关联。关于这个问题的讨论，往往围绕着货币因素或实物因素的重要性，即它们引发并支撑漫长的 16 世纪的通胀、17 世纪的紧缩以及 1750 年之后的涨价的重大作用。令人遗憾的是，如果金银锭与价格之间的关系得不到确定，这场争论就会无休无止。而关于进口银币与资本积累之相互关系的讨论所取得的进展，并没有超出汉密尔顿的那个著名论断，即工资水平落后于价格并导致收入从工人身上重新转移到资本家和地主那里，从而促进了投资。在中心地区的几个经济体中，工资水平确实落在后面，这一点，在漫长的 16 世纪极其显著，到了 18 世纪又一次变得明确可见。与工业部门或城镇行业相比，这种落后在初级产品生产领域更加突出，因为在价格革命以及 18 世纪这两个时期里，贸易条件发生了有利于农业的变化。但是，重商主义时代的相当有限的通胀，并没有造就经济增长的有利条件。如果工业利润成为积累的主要来源的话，那么初级产品价格的迅速上涨就会起到削弱投资的作用。如果工资收入者构成了工业产品市场的一个重要组成部分的话，那么其真实收入因更高食品价格而受到损害就会缩小这个市场。如果（正如古典经济学家所质疑的那样）地主和农民消费了因通胀而带来的"意外"收入的主要份额的话，那么总体投资比例就不会提高得太多。只有当农业部门以稳定的或不断下降的价格向城镇提供越来越多的食品和原材料之时，中心地区才会出现工业进步的理想条件。

八

新近的国际史争论，是在南北对话的背景下赫然出现的。南方的挑战，直指那些认为当今世界拥有一个温情脉脉的国际经济秩序的人。这个挑战，得到了那些对第三世界怀有同情之心的历史学家的支持；就是这些人，高估了中心与外围的经济关系对于中心地区之长期增长的重要性。即使我们一致认为外围与西欧之间的联系促成了亚洲、非洲和南美的不发达，那也并不意味着欧洲人从中所得的收益（也许不成比例）就大大推动了欧洲各大经济体在 1750 年后走上了持续工业化的道路。

跨海越洋的联系乃是在发现美洲后的三个世纪里陆续建立起来的，但是，如果要说重商主义时代的国际商业就是一个"世界经济体系"，那就是误用了这个当代术语；而正如上文所及，这个术语只跟我们这个时代才有关联。在整个前工业化时代，各个经济体之间的联系（即使是各国内部的联系）始终是软弱无力的，而且往往容易中断。除了几个数量有限的著名港口的经济发展以外，中心地区的增长和波动，主要还是由于内部力量发挥作用所致。"世界经济体系"，正如事实那样，并未横空出世。如果我的说法正确无误，那么对于西欧工业革命来说，外围地区的作用就只能是"外围的"。

第四章 俄国与欧洲国家体系

亚当·沃森

俄罗斯之崛起为欧洲大国，时间相对较晚。俄国并非拉丁基督教世界的组成部分。在中世纪的后半期，俄国人所居住的领土成为蒙古人—鞑靼人统治下的一个部分，而异教徒的立陶宛将其与西方拉丁世界隔绝开来。俄国在动荡不堪的17世纪一步步地走向西方化，以及彼得大帝将其建成一个西方化的国家，使其在18世纪和19世纪，即彼得堡时代，具备了野心和能力，从而不仅在欧洲国际社会的运行而且在欧洲政治与技术向亚洲的扩张这两个方面，都发挥了积极作用。在我们所处的20世纪，布尔什维克革命，连同欧洲的世界统治地位的衰落，造成了苏联与西方世界的两相分离，尽管俄国仍是欧洲的一个主要大国。

单个独立权威对一个庞大地区的有序统治——这是迈向国家的第一步，乃是由斯堪的纳维亚人引入俄罗斯的，而"罗斯"这个词原本就是指斯堪的纳维亚人。在13世纪，鞑靼人金帐汗国一路向西，横扫了整个欧亚大草原。1238年，莫斯科陷落。不久，鞑靼人将波兰的精神首都克拉科夫夷为平地。教皇亚历山大四世号召基督教世界发起东征。波兰人一马当先，而他们确实击退了鞑靼人，从而证明他们是拉丁世界抗击东方的坚固堡垒。鞑靼人被逐出波兰和俄国西部，然而，他们却从此巩固了从第聂伯河到中国海的广袤无垠的分封帝国（大致相当于苏联的疆域），并皈依了伊斯兰。鞑靼人的大汗偶尔与欧洲国家进行谈判，同拜占庭帝国和其他王室联姻；但是，鞑靼人帝国的各大封国却从根本上向世界其他地区关上了大门。相较其他俄罗斯王公，莫斯科公国更快地适应了鞑靼分封制度，并且从中获益匪浅。其历代公侯均奉迎巴结金帐汗国，并从大汗那里接受了"莫斯科大公"的封号。他们学会了鞑靼人的战争和管理技能，并帮助大汗从其他俄罗斯王公那里榨取后者应予交纳的贡赋。这样，在鞑靼人制度的庇护下，莫斯科公国逐渐演变成国家。

在 15 世纪临近结束之际，鞑靼分封帝国的统治走向式微。1480 年，莫斯科公国抛弃了对鞑靼人的忠诚，并将其建成大汗帝国的一个俄罗斯继承国，这不仅表现为对其他俄罗斯王公的系统征服，而且体现在他们一路向东对亚洲的侵略扩张。它迅速动员起资源，并至少获得了北部和东部俄罗斯人心照不宣的效忠；它沿着河流和贸易通道向前推进，不久便抵达海洋。鞑靼人统治的地区已成为某种权力真空。16 世纪 60 年代，莫斯科公国的俄罗斯人把旗帜插上了里海沿岸；稍显无力的是，17 世纪 40 年代，他们经过长途跋涉横穿漫无边际的西伯利亚之后，将旗帜插到太平洋沿岸。然而，在南方和西方，莫斯科公国却发现其仍然面临着超强力量的阻拦。当时，奥斯曼土耳其帝国及其藩属各汗国控制了整个黑海地区；波兰和瑞典拦住了通往波罗的海的道路，而莫斯科公国却又丢掉了诺夫哥罗德先前在芬兰湾使用的出海口的控制权。与此同时，远到第聂伯河的俄国西部，已沦入那个国界模糊不清的立陶宛的统治之下。1569 年，波兰和立陶宛合二为一，成为一个强大的双元天主教国家，这导致了俄国西部的非其本愿的西方化，包括基辅这个距离莫斯科不到 200 英里①的历史文化中心。波兰和意大利的文化影响，以及波罗的海地区的商业贸易，双双渗入到立陶宛以外的地区。王宫和教堂的建筑设计，呈现出明确可见的西方特征。到 16 世纪末，俄国东部陷入一片动荡之中。结果，在 17 世纪初，波兰人开始向东推进。他们两次占领莫斯科，在那里扶植傀儡沙皇，其中第二个是波兰国王的王子。显然，如果俄国人没有掌握新的欧洲军事技术的话，那么整个俄罗斯地区就会一如立陶宛那样完全波兰化。

在鞑靼人和蒙古人统治的几个世纪里，俄罗斯民族始终保持了他们自己的身份意识，他们不断地进行内省，珍视其独特的风俗和语言以及最重要的"纯斯拉夫的"正统基督教。这种差别意识，几乎等同于他们为其自身价值观念而献身的决心，促使俄国人持续不断地从他们统治下的穆斯林臣民那里学到了远不止是些微末技。中世纪欧洲不仅遥不可及，而且毫无迷人之处。只有拜占庭，俄罗斯宗教以及俄罗斯文化的其他元素的根本，在其 1453 年陷落以前，是一个可以接受的影响之源。但是，到了 16 世纪，在欧洲扩张浪潮真正冲击俄罗斯地区之时，俄国人所不期而遇的西方人，却如同穆斯林

---

① 原文如此，应为"不到 500 英里"。——译者注

那样，明确无误地在所有物质能力方面变得高人一筹；然而，他们却同样是基督徒兄弟，在某种程度上要比半游牧的、根本上格格不入的东方人更加文明，而俄国人却在后者的阴影之下生活了如此之久。西方的挑战无可逃避，而俄国人却作出了根本不同的反应，从如饥似渴的接纳到保守传统的拒斥。

新的罗曼诺夫王朝（1613年）及其支持者的目标，在于摆脱波兰而恢复莫斯科公国的独立地位，并最终解放俄国西部和乌克兰，其时，这两个地区被波兰和奥斯曼帝国的穆斯林仆臣所瓜分。俄国人清楚地看到，要想实现上述目标，他们不仅必须学习西方的军事技术，而且还要学习西方的管理和制造技能。俄国人轻蔑地将这些技能说成是"奇技淫巧"，意指它们不乏灵巧却不大可靠。17世纪，在抵制波兰人和犹太人的影响方面，俄国历届政府都求教于北欧新教地区，即日尔曼世界。他们向波兰的劲敌瑞典学习军事技能和管理技能，在古斯塔夫·阿道夫斯的统治下，瑞典也许拥有欧洲最有效率的军队和政府。在商业和其他技术方面，他们则把眼光转向更远的贸易和航海国家：荷兰、汉萨同盟和英国。那座在1625年树立起来的英国大钟，是西方意义上的精确时间的象征，今天仍然屹立在莫斯科克里姆林宫的大门之上。到17世纪30年代，俄国军队中的绝大多数军官，均雇佣自新教欧洲。鲍里斯·古多诺夫[①]利用德国舰船创建了一支海军。在莫斯科郊外，以"德国城"而闻名的"外国人自由区"得允存在，以方便进行贸易和获取技术。不过，在文化艺术方面，俄国宫廷和那些开眼向洋的贵族成员，却发现波兰方式更容易接受。斯拉夫的波兰不同于那些似乎是格格不入的日耳曼国家，前者的贵族文化在俄国大行其道。整个17世纪，在俄国宫廷，波兰语和俄语享有同等地位。1667年波兰化基辅的兼并，增强了波兰文化对宫廷和政府以及东正教的影响。但是，随着对西方尤其是对西方文化的模仿的增多，大多数的贵族、牧师和民众的反弹也随之加强。在那些反对西方化政权的势力中，最为激烈的，莫过于宗教界，他们普遍认为那是一个流氓政权。

到16世纪之时，中世纪拉丁基督教世界的水平结构已让位于许多或多或少拥有独立地位的国家。随着战争与和平艺术的不断发展，这些国家彼此之间的冲突愈演愈烈，进而形成了两个国家集团或国家体系。北方体系围绕波罗的海而展开，其注意力集中在基督教世界凭借着北方东征而夺取的领

[①] 鲍里斯·古多诺夫（1551—1605年），1585—1598年任摄政，1598—1605年为沙皇，是俄国历史上第一位留里克家族以外的沙皇，其统治末期俄国陷入著名的"大混乱时期"。——译者注

土。瑞典和波兰—立陶宛是这个北方体系的中枢强国,其他卷入体系的国家,包括莫斯科公国、奥斯曼帝国和神圣罗马帝国。在 16 世纪中叶,伊凡雷帝,莫斯科公国第一位自称为沙皇的大公,得以同时追求两项政策:一方面积极地向东扩张,另一方面谋求在波罗的海沿岸为俄国夺取一个实实在在的出海口;在与丹麦结盟的那几年,他曾经据有过这样一个港口,但后来又丢给了瑞典和波兰。然而,尽管莫斯科公国和土耳其素丹国都与欧洲北方体系保持着密切的战略和经济联系,但不仅它们自己而且连那些脱胎于拉丁基督教世界的国家也认为,它们是欧洲文明和传统的局外人。伊凡统治下的莫斯科公国,是一个拜占庭人—鞑靼人的国家,其居民主要是斯拉夫人,而且还包含了许多亚洲少数民族。晚到 1689 年,当俄国的西方化摄政索菲亚与满清皇帝签订那个具有历史意义的《尼布楚条约》之时,一条关于边界哨所和其他告示必须同时用拉丁文以及中文、满文、俄文和蒙文予以标识的条款,是根据中国代表团中的一位耶稣会牧师而不是俄国人的要求而载入其中的。

　　拉丁欧洲的另一半,乃是由那个所谓的南方(我们今天宁可给它贴上"西方"的标签)国家体系所组成。这个体系的轴心,是法国和奥斯曼帝国与西班牙和奥地利哈布斯堡王室之间的争夺,其冲突场所主要是意大利、德意志和地中海,其持续时间从 1494 年法国入侵意大利到 1714 年《乌特勒支条约》。该体系从诞生之日起,就卷入了由五个大西洋沿岸国家(西班牙、葡萄牙、荷兰、英国和法国)所从事的大规模的海外扩张。17 世纪那场无所不包而又范围广阔的外交舞台的主角,乃是黎塞留以及后来路易十四所统治的法国。法国对北方体系的政策目标,是驱使德意志另一侧的国家,尤其是瑞典、波兰和奥斯曼帝国,去骚扰哈布斯堡王室。这项政策的实际结果,却是推动了两个欧洲体系的融合,促成了一个独立的、各种力量和利益之间相互作用的完整体系。

　　同样在 17 世纪,南方体系的基督教国家,开始有意识地、明确地发展出那些属于一个我们可称之为国际社会的规则和制度。习惯做法先于理论。17 世纪的国务家并非在贯彻执行什么关于其彼此关系的理论方案或学说体系。面对这个体系的愈益增大的压力,他们在经过煞费苦心的设计之后作出了反应。他们的这些权宜之计,逐渐固化为习惯做法和行为规范,其中一些,最终演变成由正式条约所认可的法律和制度。国际法的编纂,与格劳秀斯的关联尤为密切;而持续不断的多边外交对话,特别有赖于黎塞留;通过召开国际会议并通过谈判缔结普遍和平条约，则与开创性的威斯特伐利亚和会的成就密不可分。在两个欧洲体系彼此发生联系之时，那些构成拉丁基督教世界的一个部分的北方体系国家，越来越多地被拽入那个正在形成中的欧洲社会，从而为推动其制度和常规的形成贡献了一臂之力。如瑞典，通过与法国结盟并卷入南方体系的三十年战争，成为第一个清晰地看到重大事件是如何克服这两个体系所造成的西欧分裂局面的国家。1628年，古斯塔夫·阿道夫斯在写给他的总理大臣的信中说，"欧洲正在进行的所有战争，如今都汇聚成一场战争"。[①]两名为国际社会规则的创建作出杰出贡献的法学家兼国务活动家，格劳秀斯和普芬道夫，都曾作为职业外交官为瑞典效力；格劳秀斯本人发明了"国家体系"这个名词，而普芬道夫则使其广为流传。

瑞典人和波兰人非常清楚莫斯科公国的潜在力量及其对欧洲均势的潜在影响。如果莫斯科公国继续充当北方体系的一个重要的独立角色的话，也就是说，如果它避免成为波兰的一个附庸国或被瑞典逐出波罗的海地区的话，那么两个体系的融合将会导致莫斯科公国卷入整个欧洲的事务。莫斯科公国和哈布斯堡在反对那三个横亘在它们之间的法国盟邦方面，拥有潜在的共同利益；然而，法国的宏大设想的目标，却是促使法国盟邦的注意力集中到西方，而这样也就帮了莫斯科公国一个大忙。对于莫斯科公国的军事和经济重要地位的如此认识，并未导致北方体系的列强将其看作是正在形成中的欧洲国际社会的候选国。尤其是历届波兰—立陶宛政府，长期以来始终忙于将俄国人隔绝于欧洲政治，特别是阻止任何不受波兰控制的俄国权力中心获取西方技术或加强军事能力。关于英国通过芬兰湾而与莫斯科公国进行贸易一事，波兰人写给伊丽莎白女王的一封常被引用的告诫信这样写道：

> 我们知道……由于运到纳尔瓦河[②]的货物不断增多，俄国人的实力在一天天地增强……我们确实预见到，除非其他王国接受我们的告诫，否则，俄国人将会因为这些运到纳尔瓦河的货物而得意洋洋，在战争事务方面因为获得战争手段和船舶而更加完备，他们将会进攻基督教世界并大开杀戒，或利用其所有手段为所欲为。[③]

[①] 转引自 Geoffrey Parker, *Europe in Crisis* 1598–1648 (London, 1979), p. 14.
[②] 纳尔瓦河（Narva），爱沙尼亚最大的河流，流域有著名城市纳尔瓦。——译者注
[③] 转引自 H. Summer, *Survey of Russian History* (London, 1944), p. 260。

这个警告是西方对待俄国的一种典型态度。这种完全拒斥，与此后时期一些俄国人同样地对待西方的完全拒斥相映成辉。在西欧城镇地区，人们对俄国还所知甚少。彼此之间有一些贸易联系，但其对西方的重要性不如对俄国；此外，还有一些游客带来的传闻。无论是法国人，还是更让人摸不着头脑的奥地利人，均未主动把握莫斯科公国对于欧洲的潜在影响。西欧列强认为，它们本身之间的王朝争夺以及天主教和新教之间的宗教冲突，与波兰、瑞典和莫斯科公国之间的大体上的三角战争，两者之间毫无关联，因为后者所关注的，是一种完全不同的均势和迥然相异的议题。在维也纳看来，波罗的海地区内外的争夺，似乎要比来自奥斯曼帝国的威胁更加遥远，因为在17世纪的大部分时间里，后者在近在咫尺的布达佩斯发挥着反对哈布斯堡的作用。

波兰—立陶宛的军事实力日渐一日地走向衰弱。那场在17世纪初期谋求在莫斯科公国建立一个波兰保护国的斗争，到头来演变成波兰和一个多多少少西方化及波兰化的莫斯科政权之间竞相控制立陶宛的冲突。在彼得大帝之父亚历克西斯统治时期，西方化受到鼓励，因为不仅在针对波兰人的军事斗争中，而且在其他领域，它都取得了明确可见的成功。17世纪80年代，在亚历克西斯之女、摄政王索菲亚统治期间，俄国宫廷和俄国政府迈出了走向西方化的另一个重大步骤。她接受了波兰耶稣会传教士的教育，倾心于西方人文主义。她的情人、首相戈利岑[①]，出身于立陶宛贵族家庭。此人谋求在政府和军队层面全面推行西方化，使莫斯科公国作为一个"欧洲"大国而与波兰和奥地利结盟，去反对其夙敌土耳其帝国。因此，维也纳宫廷如同奥斯曼帝国一样，对罗曼诺夫俄国作为体系的组成部分心知肚明，但却不把它看作是欧洲共和国的一个成员。然而，戈利岑的改革是半心半意的，其针对穆斯林的军事努力最后以失败告终。到此时为止，文化领域的西方化已成为俄国宫廷的一种时尚，但只是停留在表面的和一厢情愿的层次上，在骨子里，整个莫斯科公国几乎仍如数个世纪以前那样。

彼得大帝继续推进西方化的家族传统，他的方式要激进得多，他的革命性决心卓有成效地改变了整个国家，但却导致传统派将他看作是一个反基督式的人物。年轻的彼得，并未倾心于波兰贵族的优雅风度，而是着迷于荷兰和其他西方国家的商人及艺术家。在其皇姊索菲亚摄政期间，童年的沙皇与

[①] 瓦西里·戈利岑（1643—1714年），1682年起任首相兼外交大臣。——译者注

一些人在"外国人自由区"度过了大部分时间。他对索菲亚不惜使用暴力去维持权力地位产生了不可磨灭的印象,因此认为军事力量才是控制俄国以及击败土耳其的关键因素;他还从漫长的俄国历史中得出如下坚定不移的结论,即西方技术必须首先运用于军事领域。他组建并训练了一支西方式的军队,并在1689年从索菲亚手中夺过大权。在对外关系上,他继续奉行对土耳其作战以及与波兰结盟的政策,但与此同时,他全心全意地致力于从北欧和西欧国家引进工业和技术,并大体上以瑞典为榜样重组了俄国军队和政府。彼得对新教北欧地区的个人喜爱,标志着一大根本变化。此前,俄国对这个地区的模仿,几乎全部集中在军事和行政领域,而对这些国家的生活方式以及对宗教、科学和教育的态度则毫无兴趣。但是,彼得却对这些方面大加推崇,而且,他努力把这些方面的一种折中式的、俄罗斯化的模式强加给俄国。

年轻的彼得着迷于科学技术。他终其一身,对于那些他能够从西方获得或进口的每一架机器、每一件工具和每一个工业程序,都保持了浓厚兴趣,而且乐此不疲。他在同"外国人自由区"的交往中得知,荷兰和英国不仅是科学技术的中心国家,而且还是商业贸易的中心国家,而后者对他的西方朋友以及对他本人来说都十分重要。虽然军事技术对他来说似乎最为关键,但他在战争领域的主要个人兴趣,即他的内心真爱,却是舰船和海军,以及与海洋有关的所有物事。彼得的大名鼎鼎的"大使团",或他与缅什科夫以及其他那些同样在俄国的西方化进程中发挥重要作用的同伴在西方国家的学徒之旅,促使他前往荷兰和英国;在那里,他纯粹出于对技术的兴趣而做过修船工人和木匠。在此后多年里,他与缅什科夫、妻子和其他密友之间持续不断地用荷兰语进行交谈,而在他的那些信件里,处处夹杂着荷兰词语。荷兰人和英国人清楚地向他表明,他们期望哈布斯堡与土耳其罢兵言和;1699年,经它们居中调停,后两国达成和平协议。彼得返回俄国后,出于同海洋国家结盟的预期,也与土耳其达成了和平协议,将其野心从黑海转移到波罗的海,在这里,俄国被法国盟友瑞典封锁住出海口。

彼得对荷兰以及广大的北欧地区的态度,由以下三个要素构成。第一,荷兰人在"外国人自由区"里占据着重要地位,而正是在这里,他"从此爱上了荷兰"。第二,在技术以及工匠和艺术家的技艺方面,尤其在造船业方面,荷兰是当时公认的欧洲首要国家。在这个国家,鲜有那些令他愤恨的陈规旧俗。第三,他把荷兰、英国和奥地利认作是俄国在欧洲国家体系中的天然盟友，并依靠它们来反对俄国的敌人、法国路易十四的传统盟邦土耳其和瑞典。

彼得虽然从未抛弃俄国对其夙敌土耳其的敌视政策，也从未放弃他对当时完全处于奥斯曼帝国或其穆斯林附庸控制下的黑海的目标，但波罗的海的商业重要性以及海洋强国对它的兴趣，却在他那里成为决定性的因素。他设想在涅瓦河①河口的非俄国岛屿上建立一个用荷兰语/德语来命名的"圣彼得堡"，作为贸易中心，也就是他所说的"俄国的阿姆斯特丹"。无论他是否第一个使用了"面向西方的窗口"和"新威尼斯"这两个词语，但却由此表明了他的态度。其波罗的海舰队的双重意图，不仅是为了对抗瑞典，而且还在于确保在俄国与北海之间拥有一条进行贸易并获得高技术的安全通道。

在陆战技术方面，彼得特别研究了瑞典模式。这一部分是因为他必须与查理十二世作战从而夺取并控制其波罗的海的出海口，另一部分是由于俄国传统上对瑞典军事优势持有一种尊重态度。他在取得波尔塔瓦大捷后，对那些被俘的瑞典将军致以如下祝酒词："为我们的战争艺术大师干杯！"这种对待瑞典的矛盾态度，连同彼得对波兰的军事入侵以及坚持让俄国人而不是外国人担任重要职务的做法，已经导致历史学家们也给他贴上如此标签："为打败西方而学习西方技术。"事实上，彼得从未将"西方"看作是他的敌人。相反，他几乎是竭尽所能地期望得到欧洲统治者对他的接受，将他视为欧洲社会或"欧洲共和国"的一个完整而平等的成员。如果俄国成为那个俱乐部的成员，它就不仅仅只有敌人，而且还将拥有盟友，正如它既有对外政策目标又有王朝联系那样。例如，瑞典是这个俱乐部的成员，是他的仇敌；土耳其也是这个俱乐部的成员，却并非敌国；然而，在他的统治临近结束之际，他却与瑞典结成了同盟。在波兰，他与那个争夺王位的奥地利候选人、萨克森的奥古斯都结成联盟，去反对法国—瑞典的候选人。他一生中最引以为豪的时刻之一，莫过于他正式率领一支俄国—英国—丹麦联合舰队扬帆驶出哥本哈根，因为这恰好再明确不过地确立了其作为一个西方联盟的主要而平等的伙伴的地位。他的日记以及有案可查的陈述，一如他那些近臣的日记和陈述，不仅到处洋溢着俄罗斯民族的自豪感和自信心，而且通篇充满了对他的那些初出茅庐的西方化俄国精英接管外国雇员所主之事的焦虑不安。

---

① 涅瓦河（Neva），俄罗斯西北地区重要河流，流经圣彼得堡，注入波罗的海芬兰湾。——译者注

但是，在这些言词之间，根本见不到对西方的一丝敌意，也毫无想把俄国的西方化限制在军事成功所必需之领域的任何意图。同样地，彼得还下定决心，下令臣民剃掉胡须，改穿西式服装，宣布解放妇女，击碎反西方的教会和贵族保守派的权力。彼得并非试图打败西方，而是希望融入其中。他的首相宣称："我们已经走出了受人冷落的黑暗状态，进入了声名显赫的全新时期，加入了政治民族所组成的社会。"①

那些反对彼得的俄国西方化的势力，其代表人物是沙皇继承人，他的第一位妻子的儿子；教士和贵族集团带头鼓噪，大多数老百姓则跟风支持。他们根本不想面向西方，而是要回到莫斯科公国的风俗和习惯上，放弃寒冷刺骨而又西方化的彼得堡和海军，并停止在西方的战争。如果向西扩张的代价竟然是彼得想要的这样一种程度的西方化，他们宁可放弃这一切。

作为持续了数个世纪的俄国西方化和现代化的漫长进程的一个组成部分，彼得的改革在许多方面继承了其先辈的努力。比林顿正是这从这个角度出发进行了考察。俄国，他指出：

> 经历了一项面向未来的深刻变化。那个曾经是铁板一块、隐修遁世的文化，现如今已变成一个多民族的世俗国家。在亚历克西斯·米哈伊洛维奇及其儿子彼得大帝的统治时期，俄国实际上接受了波兰的美学和哲学文化，但拒绝了它的天主教信仰，同时引进了瑞典与荷兰的管理和技术文化。②

在彼得之前的一个世纪，依靠西方专家帮助而立场坚定的西化俄国人就已经控制了宫廷和军队；与彼得打败瑞典人相比，亚历克西斯对波兰人的胜利消除了一个更大的威胁。彼得与他的那些先辈的区别，在于至少到索菲亚时代，西方技术就已经为莫斯科公国所采纳，以用来保卫"神圣罗斯"并对付令人害怕的西方化，与此同时，这些技术恰恰被看作是那个更大范围的、用来对付西方的现代化努力的一个组成部分。在这方面，彼得成为后来的日本人所说的西方崇拜者，因为他显然不喜欢古老的俄罗斯文明，并且认为西方不仅在技术方面而且在生活方式上高人一等。

---

① S. M. Solovev, *History of Russia* (Petersburg, no date), vol. xvii, chapter iii.
② James Billington, *The Icon and the Axe* (London, 1966).

彼得的政策得到那些西方化的继承人的贯彻执行，只不过侧重点有所不同。那个以彼得堡为基地的世俗而又西化的国家的终极护卫，就是他的新式军队，正如上文所及，彼得建立新军的目的，不仅是为了在俄国国内维护他的制度，而且还要向国外扩展这个制度。在他死后，近卫军的各个旅团在俄国社会中发挥着御林军的作用。他们将四位皇后送上权力宝座，包括他的妻子和女儿，从而巩固了他的制度。彼得的寡妻凯瑟琳一世，是俄国社会中的一位西方人。她拥有波兰血统，在瑞典统治下的立窝尼亚的一个德国路德教派牧师家庭中长大成人。在她为时不长的统治期间，她奉行着一种更为和平的政策，但却坚持了彼得的所有西方化计划，并积极地奉行与德意志和斯堪的纳维亚的王朝联姻政策，以推动罗曼诺夫王朝加入欧洲主权国家俱乐部。她在18世纪20年代与英王乔治一世之间的通信——她在信末署名时自称"你的亲爱的妹妹"——表明，以彼得堡为基地的新俄罗斯帝国已经得到欧洲国际社会的承认。在她英年早逝以后，反西方势力一度占据上风，又回到了莫斯科和莫斯科公国的老路上。然而，在安娜以及更有名的伊丽莎白——彼得和凯瑟琳的女儿——统治时期，西方化的贵族很快复辟。安娜再次君临彼得堡，通过她的德国宠臣拜伦①并在西方专家的帮助下统治俄国，近卫军各个旅团接受德国军官的指挥。这些都背离了彼得尽可能地依靠俄国人的做法。她的外交政策的基础，则是俄国与奥地利之间的一个密切而管用的联盟。伊丽莎白恢复了其父皇的做法，尤其是重用俄国人。她的著名大臣贝斯图泽夫②在处理欧洲主权国家之间的不断变化的联盟关系时，表现出相当大的灵活性。他巩固了俄国在波兰和瑞典的影响，在反对普鲁士崛起方面，他先是与维也纳和伦敦结盟，后来又与法国联手，因为巴黎终于把俄国看作是德意志东侧的唯一有效的盟友。

1760年也许可以被看作是俄国作为一个大国而得到欧洲大家庭完全接受的一个标志。这一年，伊丽莎白通过谈判与玛丽亚·特蕾莎③缔结了一项关于兼并东普鲁士的秘密条约，同时又秘密而独立地与法国国王路易十五展开

---

① 厄恩斯特·约翰·拜伦（1690—1772年），1730年安娜即位后被封为伯爵并担任首相，1740年安娜去世后遭放逐。——译者注

② 阿列克谢·贝斯图泽夫（1693—1766年），俄国贵族、外交家和国务活动家，1744—1758年期间任首相。——译者注

③ 玛丽亚·特蕾莎（1717—1780年），奥地利女大公、匈牙利和波希米亚女王，在位期间进行了著名的奥地利王位继承战争和七年战争。——译者注

联系，从而在西方维持了一个反普鲁士的同盟。实际上，到伊丽莎白时代，彼得堡已然成为一个"文明化"的西方城市。西方各国大使发回的报告表明，无论他们心中怎样看待世界另一端的俄罗斯，但俄国政府却已确立起其作为欧洲列强的地位。伊丽莎白的儿子与一位德国公主联姻，此人后来登上沙皇之位，称为凯瑟琳二世或凯瑟琳大帝。她是一个地地道道的西方人，而不是受到西方迷惑的俄国人。她能够拿出一条更彻底的、综合了西方和俄罗斯因素的政策方针。许多西方历史学家低估了这个成就。在对外关系上，凯瑟琳二世得益于法英两国的暂时羸弱，因而使得俄国成为欧洲最有影响的国家。她从土耳其那里收回了大片俄国领土，并通过瓜分波兰兼并了立陶宛的大部分俄罗斯人地区（但不包括波兰人地区）。然而，在欧洲其他地区，她却试图维持均势，确保大体上的现状稳定。通过与西方知识界的联系，她对欧洲治国方略思想的演进施加了很大的个人影响，在这方面，除腓特烈大帝以外，她比任何欧洲君主都更有成就。

凯瑟琳的孙子、拥有3/4西方血统的亚历山大一世，终于确立起俄国作为欧洲五大列强之一的地位。他奉行着一条与波兰长期争夺的政策，直到最后兼并了华沙。更重要的是，俄国在击败拿破仑的战争中发挥了重大作用，俄国军队参与了对战败法国的占领，恢复了法国的正统政府。亚历山大及其大臣是出席维也纳和会的主要人物。拿破仑不断崛起的过程业已表明，欧洲东西两侧的英国和俄国才是两个强大到足以有效遏制大革命后的法国的有组织武装力量的大国。这两大全球性的强国，从欧洲以外地区积聚了很大力量，因而在拿破仑战争最后阶段以及维也纳和会期间的联盟政策的制定上占据了主导地位。两个主要的德意志国家奥地利和普鲁士，以及复辟的法兰西王国，在某种意义上，不过是英俄两国从拿破仑的统治下解救出来的。它们之所以在维也纳和谈以及即将问世的欧洲协调机制中拥有平等地位，一方面有赖于其外交技艺，另一方面却是由于英俄两国均已认识到，一个稳定的欧洲理事会需要一个更广泛的基础，而不只是由伦敦和彼得堡构成的不稳定的两极。亚历山大率先作出决定认为，欧洲国际社会不能成为一个基于均势而自由开放的俱乐部，而应当是一个由欧洲正统君主组成的"神圣同盟"，他们共同制定法律，相约保卫其共同的欧洲文明在精神、宗教和社会各领域的价值观念，以对付那些破坏性的革命力量，在他看来，革命力量不仅存在于俄国，还同样存在于法国和其他西方国家。

维也纳和会以及欧洲协调的初期阶段，标志着俄国在确立欧洲事务方面的重大影响达到巅峰。不过，在彼得堡时代的整整两个世纪里，这种影响始终保持着势头。在18世纪，欧洲被看作是分成好几个国家的共同体，俄国则是其中最强大的成员之一。这就是我们所说的国际社会，但还不是一个各大列强期望以其名义而采取行动的集体。这样一个概念，即欧洲作为一个外交实体，也就是一个由各个不同国家组成、拥有共同利益和义务、各个成员国愿意以其名义而作出共同决定的集团，最早要到19世纪才开始使用。这个概念所反映出的变化，主要是由亚历山大和梅特涅所促成的。

在亚历山大的继承者的统治下，俄国在欧洲国家社会中的地位仍是无可争辩的。在欧洲协调和国际体系有序运行方面，沙皇政府发挥了重要作用，而且总体上是一种协调性和建设性的作用。与此同时，俄国继续向亚洲方向扩张。罗曼诺夫帝国在广袤无垠的西伯利亚和中亚地区致力于西方化、现代化和殖民化，在这方面，只有当代美国同出一辙的西进运动堪与比肩，还有英国的海上扩张可以并驾齐驱。

在19世纪期间，罗曼诺夫帝国的俄国本土特色和西方因素继续相互融合。以彼得堡为基地的西方化政府，以及那些负责帝国的工业、商业和金融管理的人们，愈益认识到他们自身的信念和价值，愈益与他们所统治的民众保持一致。俄罗斯人民自身也在不知不觉中开始欧化，常常在不经意间接受了掌权者的思维及行为方式。俄国社会中的争论仍在继续，一方是西化派，另一方是斯拉夫派，后者是泛斯拉夫主义和俄罗斯革命民粹主义的支持者。不过，越来越多的俄国人认识到，两种倾向各有号召力。这场争论发生在那些试图找到一条折中道路的人群内部，因而促成了诸多辉煌成就，包括那个时代的卓越的文学成就，在这些作品中，对于西方的那种矛盾态度，化身为每一位勤于思考的个体所面临的各种问题。

俄罗斯人民身上的这种意识，一直持续到20世纪；此时，沙皇仍是其臣民的大老爷，圣彼得堡的政府和西化的上层阶级似乎是格格不入的外国人，而莫斯科仍然是国家的中心。1917年，罗曼诺夫帝国不堪战争重压而轰然倒塌，很大程度上就是因为这种朦胧意识。在1917年布尔什维克革命已化为历史尘埃之时，在俄国历史的连续性和间断性共同促成了客观合理的看法之时，人们才能够辨识出，这些重大事件是如何嵌入俄国对待欧洲和西方的态度的模式之中的。列宁及其共产主义同志在革命的一片混乱之中夺取了政权，而他们自身就是矢志不渝的西化分子，把一种名为马克思主义的意识形态从西方舶来俄国；根据这种信仰，他们的新秩序只有在落后的俄国才能实现，如果它同样能够在发达工业国家得以建立的话。这与彼得大帝的观念一脉相承：西方技术大有用武之地，俄国必须实现工业化和现代化。但事实上，俄国军队和农民在内心深处却是拒斥西方的，尽管他们已把罗曼诺夫政权打翻在地，并在列宁的领导下通过武装力量确保了革命成果。历史上，早期东正教宗派和哥萨克的广得人心的造反力量，以及其他的民粹主义造反运动，都无一例外地针对西方化的当局。列宁和他的同志虽然拥有世界主义的思想信仰，却也受到这种反西方情绪的感染。用乔治·凯南的话说，他们"痛恨西方政府本身，无论它们有怎样的所作所为"。[1]正如彼得大帝以前所发生的那样，西方又一次被俄国官方谴责为骗子、干涉者和万恶之源，而俄国作为正统信仰之所在，必须得到保卫，必须与西方隔绝。从彼得堡退回到莫斯科的做法，有着更深的象征意义，而不只是出于现实原因；绝大多数俄国人对此无法全然理解，但却证明了对待西方的矛盾心态的其中一面，即从内心深处希望对西方关上大门，确立起坚不可摧的军事和工业独立性，履行其独特的救世使命。列宁及其之后的苏联政府已向全人类宣告了这个使命，但他们格外地，而且越来越多地，向那些因为其自身命运而希望推翻西方统治的人们宣告了这个使命。

所以，在俄国身上表露出一种非西方文明的许多显著特征：在莫斯科公国时期，俄国致力于西方化和现代化，乃是出于其自身意志而非外来征服，但却是受到欧洲扩张的压力而走上这条道路的。最相似的情况，也许非日本莫属。日本人之走上西方化道路，在时间上比俄国人晚得多；他们之所以实行西化，乃是为了避免某个欧洲列强的征服，正如早期的罗曼诺夫王朝那样，但日本人同样带着彼得大帝那种对欧洲价值观念和先进技术的欣赏态度，而且也是为了"加入政治民族所组成的社会"。日本也有西方崇拜者，他们引进了欧洲的政府形式、欧洲的法律、欧洲的服饰和欧洲的生活方式，其迫不及待和不拘一格之情，一如彼得和他的那些初出茅庐的西化之辈，而且日本人同样地认为欧洲在上述各个领域享有优势。相同地，在日本宗教领域和民众社会，也存在着类似的反西方态度，而且在一个短时期内恢复了对政府的控制。日本与英国结盟并打败俄国，一如彼得与英荷两国结盟并打败瑞典那样，在日本加入那个业已扩展的欧洲国家体系过程中发挥了同等重要的作用。对俄国和日本两国来说，打败一个欧洲强国并不是取得了对西方的

---

[1] G. F. Kennan, Russia and the West under Lenin and Stalin (London, 1961), p. 190.

胜利，而是为了平等地参与欧洲列强之间的争夺，并由此获得一种新的地位。

欧洲向其文化边界以外进行扩张所催生的社会模式的最典型特征，乃是那个原先在文化上铁板一块的社会被一种新型国家所取代，这种国家复制了欧洲原型，由一个规模不大的、常常是一小撮的西方的或西化的精英集团所统治，这些精英大不同于由非西方化的旧贵族、宗教人物和社会下层所组成的大多数。结果，在统治者和被统治者之间，横亘着一条巨大的文化鸿沟。当然，这种社会模式是所有那些被压迫社会的特征，它们作为完全不同的和被迫屈服的文化，身上被强加了一种外来的统治性文化。亚洲和埃及的希腊化王国，伊斯兰的印度，以及当代的黑非洲，都是其中的典型代表。罗曼诺夫时期的俄国是一个突出的例子。虽然发生了布尔什维克革命这样的大动荡，但这种社会模式以及对待西方的矛盾态度，却仍然见之于苏联。

第五章 西班牙和西印度

迈克尔·唐兰[①]

几个世纪以来，国家体系时不时地受到信仰主义的挑战。信仰主义与信仰是两个不同的概念。信仰主义的教条是，信仰，无论是宗教信条还是世俗意识形态，是真理的本源；因此信仰主义的其中一个说法是，信仰可以取代现存的道义和政治原则；一切权力，特别是拥有独立国家并通过政府进行管理的权力，取决于是否拥有信仰。这样一种挑战，自国家体系诞生之日起就如影随形。1492年，大西洋两岸的巨大而激进的宗教帝国，虽然彼此之间从未谋面，却注定要迎头相撞。

阿兹特克人和印加人是两个规模不大的征服性集团。15世纪初叶，他们勃然而起，侵犯周边各个民族，建立奴役制度，依靠贡赋过活度日。阿兹特克帝国在规模上与西班牙不相上下，在组织上却稀松分散，其城邦国家墨西哥，通过军事力量迫使其他城邦称臣纳贡。印加帝国从北到南长达2000英里，规模相当于两个西班牙，组织得有条不紊，各个藩属部落形成一个完整而精致的结构，其权力顶点是家族王朝。两大帝国都创造了高度发达的文明，而且均堪称世界奇迹。

关于阿兹特克人和印加人大肆向外扩张的动因，人们所知甚少。他们似乎并未受到经济灾难的驱使，但我们完全可以猜测到，他们从臣民的劳作上获得了财富。他们拥有一个庞大的荣誉体系。他们还有一个十分关键的扩张理由，这就是宗教。印加人认为，他们的王室出身高贵，帝国的扩张乃是一项神圣的使命。而对阿兹特克人来说，战争的目标是为了捕获祭祀太阳神所

[①] 迈克尔·唐兰（Michael Donelan），伦敦经济学院国际关系高级讲师，主编《国家的理性》（1978年），为詹姆斯·梅奥尔主编《国家共同体》（1983年）以及为多家杂志撰稿，著有《国际政治理论的要素》（1993年）、《对外政策中的荣誉》（2007年）。——译者注

需的俘虏。

这些信仰在一定意义上十分古老，但却发展成为一种内容丰富而又狂热万分的信条，而且被第一代伟大的征服者——印加的维拉科查和阿兹特克的伊兹科亚特尔——灌输给他们的臣民。我们可以假设，正如历史上所有伟大的征服者那样，在这些领导人的征服动机中，存在着这么一种信仰，即他们自己拥有一项对外征服的个人权力，从而赋予他们对外扩张的正当理由。可能的情况是，他们自己也相信他们灌输给自己臣民的宗教。因此，毫无疑问，在西班牙人到来之际，他们的继承人阿塔瓦尔帕和蒙特苏马，都是拥有虔诚宗教信仰的人。

科尔特斯率领的600名西班牙征服者，以及皮萨罗带来的180名殖民军，在某种程度上，使得那些被他们称为"印第安人"的阿兹特克人和印加人大吃一惊。他们与陌生文明打交道的经验，就是他们所知晓的穆斯林。可是，他们的美洲主人却毫无准备。有一天，一个墨西哥人看见"大海上漂浮着几座楼塔或几座小山"，实际上，它们是科尔特斯的海船。[①]一名印加人记载道："在我们印第安人的眼里，西班牙人活像是缠满裹尸布的木乃伊。他们的脸上布满汗毛，只有两只眼睛露在外面。他们头上戴着帽子，就像顶着一口口小红锅。"[②]

尽管如此，西班牙人和印第安人之间仍有一些共通之处。我们十分清楚那些驱使西班牙征服者的动机。他们渴望得到黄金式的财富，这不仅是因为欧洲人一向渴望得到黄金，而且还是由于欧洲当时缺乏贵金属货币，为此，以及为了其他目的，葡萄牙人正南下非洲沿着黄金海岸进行探险。他们还渴望得到不动产式的财富，从而使得他们能够像安达卢西亚绅士那样生活，有农民在土地上为他们劳作。他们还渴望得到荣誉，因为这意味着在社会上拥有更高的地位，就像科尔特斯那些人，他们不仅是绅士，而且有名誉。

这些冒险还有另一个动机，在他们看来，正是这个动机，使得他们的冒险成为合法且正当的行为。他们在从事冒险的每一个阶段，都费尽心机去获取王室的支持，这一部分肯定是因为害怕王室的强大势力，而他们需要王室在有可能出现混乱的情况下成为他们之间的仲裁者，另一部分似乎显然是出

---

① Miguel León-Portilla, ed., *The Broken Spears*, *The Aztec Account of the Conquest of Mexico* (London, 1962), p. 16.

② Huamán Poma, *Letter to a King*, ed., Christopher Dilke (London, 1978), p. 108.

于效忠。无论是否如此，他们的冒险行为实际上扩大了国王的领土，而这就给了他们以正当理由。在开始探险之时，哥伦布用下面这些话报告他所获得的成功："33 天以来，我率领两位陛下、世界上至高无上的国王和王后赐给我的船队，经过加那利群岛，来到西印度群岛。在这里，我发现了许多岛屿，住着数不尽的人，所有这些，我尽为陛下全部占有，我发布了通告，展示王旗，没有遇到任何抵抗。"[1]

哥伦布还有着一项更为重大的事业。他给登陆岛屿取名为圣萨尔瓦多。他先后与葡萄牙国王约翰二世以及阿拉贡的费迪南和卡斯蒂利亚的伊莎贝拉进行了长期而又令人沮丧的谈判，而支撑他进行谈判的，就是那个天赋使命的信念。科尔特斯、皮萨罗兄弟以及他们的同伴，同样坚守着为圣彼得、圣詹姆斯、圣母以及基督而献身的信念。他们的信仰，连同那种在精神思想上高出印第安人一等的意识，使得他们拥有一种大胆无畏的精神，推动他们最终走向成功。他们有权从事他们正在进行的事业，因为他们正在扩展着基督教世界的领地。

在西班牙征服者的心目中，国王的事业和基督教的事业几乎是不可分割的。由于长达数个世纪的基督教徒与穆斯林之间的敌对关系，认同卡斯蒂利亚人或阿拉贡人，就是认同基督教徒。正是在宗教狂热的基础上，费迪南和伊莎贝拉着手建立起一个统一的西班牙王国。通过征服格拉纳达，他们恢复了对伊斯兰的十字军东征。通过扩大宗教裁判所，驱逐穆斯林和犹太人，以及实施希梅内斯[2]的教会改革，他们试图重新激发起人民的宗教热情。西班牙国王必将成为天主教的国王。其结果或许是，对于那个时代的任何西班牙人来说，唯有天主教的王国，才算得上是纯正的王国。所谓穆斯林王国，不过是"阿拉伯人的专制国家"。同样，异教徒阿塔瓦尔帕和蒙特苏马的王国，也许并不是真正的王国。因此，征服他们并在他们的土地上建立纯正的基督教统治，不需要有什么良心上的顾虑。

西班牙人征服印第安人，有着一种把偶像崇拜者从圣地逐出的含义，正如耶和华把迦南人赶走那样。在某种程度上，印第安人的邪恶程度，似乎远

---

[1] C. Jane, *Select Documents Illustrating the Four Voyages of Columbus*, i (London, Hakluyt Society, Series II, LXV, 1930), p. 2.

[2] 希梅内斯·德·西斯内罗斯（1436—1517 年），西班牙天主教枢机主教、宗教法庭大法官、政治家。希梅内斯·德·格萨达（1499—1579 年），西班牙征服者，1536 年率远征军占领新格拉纳达，建立波哥大城。——译者注

甚于穆斯林。他们容许乱伦、鸡奸和随意杀人,从而触犯了自然法,尤其是最后一种行径,表现为用活人祭祀偶像,在秘鲁,印第安人通过活埋奴仆为其死去的主子陪葬。1519 年,在科尔特斯的军队从韦拉克鲁斯向内地进发时,他们写信给国王和王后,请其批准他们的行动。在这次行动过程中,他们颇费笔墨地描述了墨西哥人的大屠杀:

> 所以,请陛下考虑,他们是否应该终结如此邪恶的做法,因为,毫无疑问,如果借助陛下之手,这些人能够得到神圣天主教的启蒙和召唤,而如果他们对于他们那些偶像的献祭、信仰和希望能够转化成对于天主神力的信仰的话,至高无上的天主一定会倍感愉悦。①

如果国王的事业和纯正信仰的事业为西班牙征服者提供了他们自己所认同的理由的话,那么国王所认同的理由又有哪些呢?由于征服者以及那些随后被派去的王室官员的努力,费迪南和伊莎贝拉以及后来的查理五世,为王室获取了所有黄金中的 1/5 的财富和数百万的奴隶。在与葡萄牙的竞争中,这些都是巨大的成就。但是,西班牙又是依凭了何种权利呢?除宗教信仰以外,西班牙王室的既定理由,只能是所谓的正义性与合法性。那么,在给予哥伦布 1492 年授权的措辞中,西班牙的统治者又是怎样编造理由的呢?"至于您,克里斯托弗·哥伦布,将根据我们的旨意,率领我们的一些舰船和臣民,去发现和占领大洋深处的某些岛屿和大陆……"②

一位著名学者指出,前后几代西班牙国王都认为他们有权"通过征服"获得西印度。③遗憾的是,人们并不清楚国王们的此种信念有着怎样的真实含义。就"发现权"而言,当时有一种模糊不清的介于两种权利之间的含义:一是反对葡萄牙这样的申索国的权利,二是反对当时的占有者印第安人的权利的荒谬观点。④相应地,西班牙君主很可能认为,他们拥有一种旨在反对葡萄牙而征服西印度的权利;他们还可能凭借这种模棱两可的权利去说服他们自己,即他们拥有一种旨在反对印第安人的权利。然而,这是不太可能的。因为,那时还处在崇尚"正义战争"的年代,各国尚未认为它们拥有随意发

---

① H. Cortés, *Letters from Mexico*, trens. A. R. Pagden (London, 1972), p. 36.
② Jane, *Select Documents Illustrating the Four Voyages of Columbus*, i, p. lxxii.
③ J. H. Elliot, *The Old World and the New*, 1492 – 1650 (Cambridge, 1970), pp. 81, 101.
④ Francisco de Vitoria, *De Indis*, ii, 3rd title.

动战争或仅仅宣布已经予以兼并就有权获得一片领土的主权权利。它们必须拥有一个正当的理由。毫无疑问，欧洲王权传统是，任何一位国王的职责，就是开疆拓土并为王朝增添荣誉。在中央集权化的民族国家时代到来以前，人们并不是过于相信这个传统，虽然战争引起灾难，虽然统治者易位常常是换汤不换药。这个传统，加上某一位伟大国王的个人主义，毫无疑问地会使他认为他拥有对外征服的个人权利。不过，他必须拥有一项合法的权利，一个公开的理由。

查理五世在1516年登基为西班牙国王，1519年当选为德意志神圣罗马帝国皇帝，这时，他成为那个普天之下存在着一个世界帝国（*imperium mundi*）的古老观念的继承人。中世纪时代，人们拥有的根深蒂固的观念是，世界是一个无所不包的整体，因此，在政治上也必定如此。根据这个观念，一些人得出结论认为，世俗统治者的等级制度的最终顶点，必定是一个最高统治者的世界君主。[1]然而，这个结论的拥趸者，大多是德意志皇帝的支持人，其他欧洲人中间鲜有相信此说者。虽然查理五世雄心万里，但他自己也不大相信（因为以前没有人相信）世界君主就有权推翻某些国王的王国，正如他正在西印度所做的那样。

如同费迪南和伊莎贝拉那样，对查理五世来说，有一点似乎是显而易见的：在必要的情况下通过武力而占有大洋深处的某些岛屿和大陆的理由在于——而且仅仅在于——传播宗教信仰。但是，对于那些秉持道德原则的人来说，这却是一个问题，而且问题还在于，这样的理由在道德上是否真正站得住脚。在讨论这个问题时，我们必须考虑到一个因素，即大西洋彼岸的西班牙在征服西印度时，在阿兹特克人和印加人那里并没有发生此类性质的征服。关于这些好战的宗教帝国，我们到目前为止所讨论的内容，大致是一些相同的因素：他们的征服动机、他们的正当理由以及宗教的动因。他们之间的巨大差异，在于阿兹特克人和印加人并不属于一个囊括整个大陆的、由各个王国组成的社会，而西班牙王室却正是属于这样一个社会。这个社会在未来数年内还仍将拥有一个正式的领导，此即罗马教廷。1493年，在哥伦布的消息抵达的第二年，应费迪南和伊莎贝拉之请求，教皇亚历山大六世就西印

---

[1] O. Gierke, *Political Theories of the Middle Age*, trans. F. Maitland (Cambridge, 1900), p. 19, 126 n. 56.

度事件颁布了著名的《子午线诏书》(Inter Caetera)。①

"毫无疑问,在那些令我主愉悦的其他成就之外,在那些让我们内心欣喜的其他事情以外,最值得称道的,莫过于天主教信仰和基督教事业在我们这个时代格外地得到发扬光大和四处传播,从而令无数灵魂得到拯救,野蛮民族俯首称臣并皈依天主教信仰。"然后,教皇不仅表扬了西班牙王室收复格拉纳达,而且称赞其提出的让西印度臣服于罗马教廷和天主教信仰的建议。

人们质疑的是,这个诏书是否意味着对武力征服的授权;果真如此,它又如何符合教会所坚守的道德法呢? 根据道德法,战争之成为正义战争,首先是一方必须受到另一方的侵犯。即使是十字军东征,也不能免受这项前提条件的约束。那些以侵占巴勒斯坦为目标的人,心中想着的也是"收复"圣地,它原本是基督的领地,基督教徒乃是从基督那里继承而来,而现在被穆斯林错误地据为己有。同样的观念被用来为西班牙征服格拉纳达提供了理由:这是一场"收复"失地的运动。然而,所有这些,没有一条能适用于西印度。

基督教徒只能对那些已经向他们实施进攻的异教徒发动战争。从巴尔干地区到西非沿岸,他们到处与穆斯林作战,而这些战争中的多数,都可以用这种方式为其正名。《子午线诏书》的最近溯源,是1452年的《永世罔替诏书》②和1455年的《罗马大主教诏书》③。这两个诏书的颁布,是为了支持葡萄牙人沿着西非海岸向南推进,因而对他们旨在传播天主教信仰并促使阿拉伯人和其他异教徒皈依天主教的愿望大加赞赏。它们不过是预先估计到可能的战争,但是,既然它们将阿拉伯人和其他异教徒说成是基督的敌人,那么防御性战争就可能是一项向往之选。不过,这一条也不能适用于西印度,因为人们并没有听说印第安人曾经犯下进攻基督教徒的罪行。

自13世纪英诺森四世时期以降,教会不仅专注于针对穆斯林的防御性战争,而且关心传教事业和一般意义上的布道责任。与此相关,英诺森发布

---

① M. F. de Navarrete, *Colección de los Viajes y Discubriirntos que hicieron por mar los españoles*, new edn. (Buenos Aires, 1945), ii. 40–48.

② 《永世罔替诏书》(*Dum Diversas*),教皇尼古拉五世授权葡萄牙国王阿方索五世有权征服穆斯林和其他异教徒并将其"永远奴役"。该诏书揭开了西非奴隶贸易的序幕。——译者注

③ 《罗马大主教诏书》(*Romanus Pontifex*),教皇尼古拉五世授权阿方索五世有权统治其发现的所有土地并奴役这些土地上的所有居民。——译者注

教谕说，关于针对穆斯林的战争，还有另外两项可能的理由：如果他们拒不接受传教士的话，以及如果他们的统治者不能有效遵守自然道德法的话。在原则上，这两项理由都可以用在印第安人身上；但在实践上，这两项都无法运用，因为印第安人既没有反对布道，也没有违反自然法；但对西班牙王室和罗马教廷来说，传播宗教信仰却成了一个问题。

《子午线诏书》的下一个部分，旨在为西班牙王室传播天主教提供切实的支持。"根据万能之主通过圣徒彼得赋予我们的权力，以及根据基督大主教赋予我们的权力……我们赐给、授予、分配"西班牙王室及其继承人拥有亚速尔群岛和佛得角群岛以西 300 海里之经线以西的所有陆地。在这里，我们看到了教皇将美洲大陆全部给予西班牙的著名裁定，或者，更确切地说，把西印度的统治权给予了西班牙王室，从而贬低了异教徒统治者。然而，这里必须指出一个限制条件，即这个裁定可能并非该诏书的主要目的，所有相关人士都可对其持有保留意见。

在理论上，人们并不能肯定罗马教廷的世俗权力是否能够扩展得如此之远。从基督教诞生后的最初几个世纪起，思想家们始终在孜孜以求地调和基督教世界的统一性与精神及世俗权力的双元性之间的关系，这不仅事关理论兴趣，而且出于严峻的现实需要，即处理世俗统治者与教廷的关系进而拥有一个法律上的最高仲裁法庭。人们在英诺森三世所处的 12 世纪末期所达成的基本原则是，教皇拥有"无所不包的权力"（plenitudo potestatis）。这意味着，在基督教世界之福祉出现需要之时，他可以行使世俗权力；比如，如果世俗法庭玩忽职守或遭到质疑，他就可以行使世俗审判权；在最极端的情况下，他甚至可以因为某位君主完全无能或十恶不赦而将其予以废黜。

英诺森四世试图找到一种支持这项实践原则的理论，因此提出如下一个观点，即在创世记之时，上帝拥有世界的统治权，然后是基督，再往后是圣徒彼得及其继承人。不过，在论及基督教徒与异教徒的关系时，他又教谕说，异教徒拥有自治权，也就是说，他们拥有所有权和统治权。至于战争，正如上文所及，人们必须拥有具体的理由才能进攻异教徒，不能因为他们本身是异教徒就对他们发起进攻。英诺森的门徒、奥斯蒂亚（霍斯廷希斯）红衣主教苏萨·亨利，13 世纪时期的另一位首要的宗教法学家，则持有一种更强硬的立场："在我看来，随着基督的降临，所有异教徒的所有职责、领导权、统治权以及审判权，似乎均被合法而正当地予以剥夺，并通过基督而给予天主教徒。"相应地，他似乎持有这样一种看法，即原则上对异教徒发动战争的正当合理，仅仅是因为他们拒不承认罗马教皇和德意志皇帝的统治权。①在接下来的几个世纪里，其他一些专家也坚持这个观点，但显而易见，无论是绝大多数人还是罗马教廷，均未持有该论。②

如果有人试图支持罗马教廷有权把西印度划给西班牙人的话，他就得坚持这样一个令人半信半疑的立场。西班牙人自己毫无疑问地赋予教皇诏书中的这个裁定以某种重要性，他们以此为据而认为其拥有西印度之权利。从此以后，他们将它纳入其对印第安人的所有申索之中，并最终正式将它确定为标准的"前提条件"；这样，他们便断定印第安人的反抗乃属非法行动，而他们的战争却成为正义之举。然而，这项"前提条件"却暗藏了一个可耻的观点。据说，印加王阿塔瓦尔帕听说这个判定后，评论说："你们所说的教皇肯定发疯了，竟然说要把不属于他的国家送给别人。"③西班牙人对于这个评论的正义性，也许应该有一点认识。此外，他们一向声称，除教皇恩赐以外，他们对西印度还拥有其他一些权利，虽然他们并未作出具体说明。毫无疑问，他们这样说，是因为他们不希望因为这些新大陆而对教皇感恩戴德；但是，他们可能还对教皇恩赐含有多大分量持有保留意见。人们还可以进一步认为，某人对某物拥有其他权利，导致某物是一件赠物的看法变得毫无意义。

也许，《子午线诏书》的主要意图并非是实施赠赐，而是要进行划界。它并不想去解决征服印第安人是否正当的问题，而是要维持西班牙人和葡萄牙人之间的和平。教皇所需要的，就是在两国之间划出一条大致的界线，从而使得他们不再在发现权问题上发生零敲碎打的争端。这才是教皇的"无所不包的权力"在国际社会的实足运用。这个诏书不过是在划界问题上开了先河。经过更多的外交努力之后，最终在第二年达成《托德西拉斯条约》，西班牙人和葡萄牙人据此调整了彼此之间的划界细节。

回顾以上关于西班牙人征服西印度之理由的讨论，我们的结论是，他们自己提出的理由在道德上是站不住脚的。他们得不到正义战争之一般原则的支持。他们可能并不真心地认为他们乃是根据教皇赠予而占有西印度，以致他们的战争就因此是正义的。西印度的征服，正值国际体系处于这样一种情

---

① *Apparatus in quinque Decretalium Gregorianum Libros*, iii., 34, 8; *Summa Aurea Super Titulis Decretalium*, I, de Treuga et Pace, v, de Saracenis.

② Francisco de Vitoria, ii, 2nd title, and notes to this in modern edition.

③ W. H. Prescott, *The Conquest of Peru*, vol. iii (New York, 1847), p. 5.

形，那时，信仰本身似乎就是充分理由，而军事信条冲破了传统束缚，荡涤了那种要求拥有明确权利和正当理由的道德顾忌，开始使用极端暴力去建立真理之统治。信仰激发了西班牙征服者的英雄主义，但由于不受任何约束，信仰似乎也被他们看作是正当理由，从而违反自然法的友善和外交原则，以致背信弃义，滥施酷刑，杀害阿塔瓦尔帕和蒙特苏马。正如上文所及，西班牙征服者也许认为，异教徒国家并不是严格意义上的国家，不值得他们在道义上有所顾忌。如果西班牙王室也如此看待，如果他们确实也相信霍斯廷希斯的观点，相信教皇有权任意处置异教徒王国的看法，那么西班牙征服就不只是一种信仰主义个案，而是一种不时地以公开理论形式表现出来的狂热的信仰主义：如果某个国家没有真正的宗教信仰，那它就是不合法的，因而只能勉为其难地存活在世上。

西班牙王室虽然以信仰立国，并依据膨胀无度的信仰推行征服扩张，但它并不是一个专制独裁政府。西班牙全国上下掀起了一场关于正在实施的征服扩张是否正义的辩论，这在后来的帝国主义国家中却从未有过。王室不仅允许而且在某些方面鼓励了这场辩论。西班牙王室派遣哥伦布前往新大陆，获得了巨大的成就，现在，王室希望明确已往的行为是否正义，而未来的政策又如何能够做到既正义又管用。

这场辩论包括两个方面。首先是西班牙殖民者和传教士之间关于如何对待印第安人的激烈争执，王室则居中裁决。这里涉及的一个重大问题是，印第安人村社是否应当成为王室的直接封臣，或者，殖民者是否应当拥有对于印第安人的统治权（领主权 encomienda）。最严重的问题是奴隶制度。西班牙殖民者成为领主后，面临着寻找一支可以随意支配从而去开发金银矿以及从事其他行业的劳动力大军的问题，而他们搬出《子午线诏书》的"前提条件"说，印第安人抵抗征服从而制造了不正义的战争，因此可以对其进行奴役。那些反对压迫印第安人并赞成和平地传播宗教的首要人物，是满怀激情的道明会①恰帕斯主教巴特洛梅·德·拉斯卡萨斯，他最终得到了"印第安人的保护者"的官方地位。

基督为所有人殉道时曾下达教谕说，"你们得去教导所有的民族"。

---

① 道明会，又译多明我会，亦称"布道兄弟会"，天主教托钵修会的主要派别之一。——译者注

对于那些和平、安宁并拥有自己的领土的异教徒,我们应当为异教徒制订行为规范,如果他们没有马上接受而不做祈祷或不事传教的话。要让他们臣服于一个他们从未看到过或从未听说过的国王的统治,而这样一位国王的使者和从员却是如此血腥残忍,如此毫无怜悯之心,完全一副狰狞可怕的暴君形象,为此要他们失去他们的财产和土地、他们的自由、他们的妻儿以及他们的生命,这样的事情未免太过荒唐可笑,因而应当受到谴责嘲弄,最后,应当受到地狱之火一般的惩罚。①

这场辩论的另一面比较平和安静。这里涉及我们始终关心的一个问题:西班牙人是否真正拥有占领整个西印度的正当理由?1512—1513年,当如何对待印第安人的问题浮出水面之时,这个方面的争论达到高潮。费迪南国王要求道明会神学家马蒂亚斯·德帕斯和民法学家胡安·洛佩兹·德·帕拉西昂斯·罗比奥斯为他写文章。他们提出建议认为,印第安人拥有完全的个人自由权和财产权,但是,国王拥有统治他们的当然权力,因为教皇拥有普世的世俗和宗教权力,而且已经赋予国王这种统治权。在更大的欧洲范围内,这个观点似乎并没有引起神学家们的多少兴趣,但在巴黎、苏格兰的道明会神学家约翰·梅尔于1510年提出这么一种论点:印第安人有可能是亚里士多德所说的"天然奴隶"的一个例子。《政治学》编辑、道明会的胡安·希内斯·德·塞普尔贝德,在《民主变革》②一书中将这个说法发展成为西班牙人对印第安人拥有自然优势因而有责任统治他们的全套说辞。1550年,在巴利亚多利德,年事已高的拉斯卡萨斯在一个官方会议上就此与他展开辩论。由此,塞普尔贝德的著作被拒绝出版。

与此同时,这场争论所促成的最为经久的著作,被证明是早就问世的演讲稿《论印第安人》(*De Indis*)。这是萨拉曼卡的神学教授、道明会的弗朗西斯科·维多利亚在1539年1月发表的。此人是托马斯·阿奎那③哲学时期的复兴派旗手。

维多利亚的首要观点是,既然印第安人在西班牙人抵达以前就拥有财产

---

① *The Spanish Colonies or Brief Chronicle of the Acts and Gestes of the Spaniardes in the West Indies*, trans. M. M. S. (London, 1853, a translation of the Brevísima Relación, 1540), fo. C.
② 《民主变革》(*Democrates Alter*),又名《论对印第安人之战争的政治理由》。——译者注
③ 托马斯·阿奎那(约1225—1274年),中世纪经院哲学和神学代表人物,将理性引入神学,用"自然法则"解释"君权神授"。——译者注

并实施政府管理，因此简单地将其称作"自然奴隶"，理由并不充分；人们必须提出具体的论据，以说明他们无法拥有这些权利，比如他们并不处在体面的状态，又比如他们是异教徒或疯子。维多利亚驳斥了所有这些观点。

既然印第安人拥有有效权利，维多利亚然后一个接一个地讨论了据称是占领印第安土地的七大理由。我们在本书已经涉及其中的绝大多数理由。维多利亚得出结论说，所有理由都是站不住脚的：帝国对全世界的统治权；教皇对全世界的世俗和宗教统治权；发现权；拒不接受基督教的做法；乱伦和鸡奸等违反自然法的恶习；印第安人自由臣服的说法；上帝把印第安人赐给西班牙人（如同将迦南赐给以色列那样）的观点。

在其演讲的最后部分，维多利亚提出了西班牙人可以统治印第安人的八大理由，但必须完全满足所有的前提条件。据说，维多利亚其中的一个前提条件，也许要根据以下这样一个事实，即他和他的听众都是基督教徒，也就是说，如果大部分印第安人即将成为基督教徒的话，教皇也许就有权在适当的情形下任命一个统治印第安人的基督教君主。否则，维多利亚指出，正如他在驳斥那些错误理由时指出的，就必须根据那个见之于阿奎那和亚里士多德、始终存在于西方思想传统、也许具有普世意义的观点：无论其信奉怎样的宗教，印第安人和西班牙人，与所有人一样，都得接受自然道德法以及作为其组成部分的万民法（*jus gentium*）或国际法的约束。

因此，维多利亚论辩说，所有人都拥有在全世界从事旅行和贸易的权利。如果西班牙人并非侵略性地使用这种权利，如果印第安人不怀好意地加以阻止，在这种情形下，西班牙人就有正当理由对他们发动战争，因此也许就可以剥夺他们的财产和自由，进而拥有统治他们的权利。此外，西班牙人有权通过和平手段传播宗教，而印第安人也不能加以阻止。西班牙人可以保护印第安人中间的基督教信众。虽然西班牙人无权惩罚印第安人的那些违背自然法的恶习，但他们可以采取行动保护那些正遭受杀戮的无辜民众。一个国家可以选择其统治者，而印第安人也能够自由地选择西班牙国王。人们有权在正义战争期间向盟友提供援助（维多利亚心中所希望的也许是科尔特斯与受到压迫的特拉斯卡拉城邦国家结成的反阿兹特克同盟），而从中获取的新领土也就是合理合法的。最后一点，虽非确凿无疑，但可供人们讨论：对于处于原始状态的民族，为其福祉考虑，也许应当加以占领。

《论印第安人》演讲稿，成为人们将维多利亚看作是国家体系的一大早期理论家的主要原因。他的理论持有一种中间立场。一方面，他描绘了一个由各个独立国家组成的世界之图景,各国之间存有一种法律,它们据此相互尊重,无论基督教国家还是异教徒国家。国际法史学家注意到,维多利亚通过悄无声息的方式修正了传统的罗马法概念,从而开启了万民法从全人类的共同法律向国家间法律即近现代国际法的转变过程。[①]然而,我们不应当在这一点上走得太远。因为,另一方面,维多利亚并不认为各国是完全独立的,正如最近几个世纪里"主权国家"所坚持的那样;它们是世界范围内的单一自然共同体的组成部分,因此,它们彼此之间拥有无可逃脱的义务,包括向旅行、贸易和真理传播开放其边界,并干预那种杀戮无辜的行径。

尽管维多利亚被人们称为国际法学家,但值得指出的是,因为两个原因,我们还是要强调他是一个道德神学家。第一,他的主张并没有成为哪个国家必须在对外政策中应当遵照执行的规则,因而不过是一些通向某种世界秩序、指导人们思考并作出具体判断的原则。第二,我们可以满心欢愉地回顾说,在信仰主义面前起来捍卫国家体系的第一个人,恰恰是一位宗教人物。

---

① Francisco de Vitoria, iii, 1st, title.

第六章　十九世纪英俄两国与亚洲各国的关系

戴维·吉拉德[*]

一

18世纪末期，欧洲大陆存在着四个"国家体系"，分别是欧洲体系、伊斯兰体系、印度体系和中国体系。19世纪，欧洲体系中的权势，主要是英俄两国的权势，得到十分张扬地扩张，以致将亚洲三大体系悉数摧毁。这就提出以下一个问题，即这些欧洲和亚洲国家通常为何没能调和彼此之间的利益，以致相互之间的冲突导致了灾难性的结局和变化。

虽然大不同于欧洲体系，但这个时候的每一个亚洲国家集团，都可以说已经构成了一个体系。首先，在每一个集团内，大多数国家都把主要精力放在彼此之间，在看待外部威胁时，主要是着眼于这些威胁可能对集团内部的权势分配格局产生的影响。其次，即使它们相互之间的对抗情绪常常大于它们对待外部国家的敌视态度，但每一个集团内的大多数国家都拥有一种作为共同文明之一分子的意识，并且都认为其共同文明要优越于其他体系。

在西亚和中亚，伊斯兰体系中的各国看待国际政治的视角，仍然离不开该地区与其不稳定而又根本无法确定的边境地带之间的几乎永无休止的冲突。伊朗经常性地同它的西亚和中亚邻国就领土问题发生争斗；在中亚，伊朗的一些邻国，如布哈拉、希瓦、浩罕和阿富汗各个土邦，不仅彼此之间反复兵戎相见，而且还同游牧民族或半游牧民族发生战争；阿拉伯地区因为瓦

---

[*] 戴维·吉拉德（David Gillard, 1929—2011年），格拉斯哥大学现代史高级讲师，著有《争夺亚洲：英俄帝国主义研究（1828—1914）》（1977年）、《危机中的绥靖外交：从慕尼黑到布拉格》（2007年）。——译者注

哈比教派的扩张而成为你争我夺的舞台。奥斯曼土耳其帝国在其权势达到巅峰之时，曾将注意力分散到东西两侧，一方面是应对伊斯兰体系内的伊朗的挑战，另一方面是以欧洲体系内的国家为目标而扩张伊斯兰的势力范围。现在，它已步入衰落之中，不仅欧洲边界步步萎缩，而且还面临着内战的威胁。在克里米亚战争之后，它获得了欧洲体系的正式成员国资格，但这不过是俄国新仇英法意三国的一条外交权宜之计，而不是真心诚意地把土耳其人当作欧洲人。与此同时，在伊斯兰体系内部，此时的土耳其仍还是最强大的国家，享有最高的权威，与伊朗的争斗还在继续。土伊之间一系列边界战争的最后一次，发生在1821—1823年间，而两国边界直到1914年才最终确定。

在印度，一个由印度教、穆斯林和锡克土邦组成的新体系，在18世纪上半叶莫卧儿帝国分崩离析之际宣告形成。在接踵而至的争夺中，伊朗和阿富汗不约而同地谋求继承莫卧儿人而成为次大陆的征服者，但双双宣告失败；那些已经获得一席之地的土著统治者，尤其是迈索尔、海德拉巴和马拉地人的统治者，似乎无一拥有强大到足够统治其他土邦的力量。英法两国的东印度公司在获得莫卧儿帝国的安全可靠的贸易框架后，作为对手加入争夺大战；通过征服孟加拉，英国最终在18世纪宣告落幕之前成为这个体系内的一大强国。

中华体系在理论上是一种世界性秩序。在这个体系里，其他所有统治者都有义务通过朝贡来承认中国皇帝在维护世界和谐方面的最高地位。事实上，中华体系扩大到东亚、东南亚和部分中亚地区，但即使在这些地区，中国对西藏、越南这些地区的控制只是间或性的，日本也未接受任何形式的朝贡地位。但是，对东亚各国来说，中国皇帝主宰着一个各国都能便宜行事的体系，甚至对诸如暹罗和日本这些并未认同中国国际政治观念的国家来说，亦是如此。例如，日本人对群岛王国琉球实施着一种有效但谨慎的统治，但他们却愿意让当地国王接受中国皇帝的恩赐，允许后者继续与中国保持朝贡关系，从而使得琉球能够成为中日贸易中的一个本不应该继续存在的中转站。[1]这些避免向地区主导国家提出公开挑战的巧妙方式，加上中国人在使用武力维持皇帝权威方面的自我克制，使得中华体系总体上被广为接受并保持稳定，尽管其内部权势分布处于极大的失衡状态。

印度体系首先宣告土崩瓦解。在1798—1818年间，英国从体系内的最

---

[1] Robert K. Sakai, "The Ryukyu (Liu-chiu) Islands as a Field of Satsuma", in John K Fairbank, ed., *The Chinese World Order* (Cambridge, 1968).

强大国家一跃而成为萨特累季河以南的整个南亚次大陆的帝国主义统治者。在这些年里，英国消灭了它的两个最危险的对手迈索尔和马拉地人，并通过谈判与其他印度王公签订了条约，剥夺了他们在其边界以外的权势。伊斯兰体系的崩溃，在面临着英俄两国企图控制那些处于两大帝国之间的穆斯林国家之政策的情况下，经过了一个比较缓慢的过程。到 1914 年，在这些国家中，只有土耳其和阿富汗，还保持着作为国家的真正独立地位。与此同时，英国在 19 世纪 40 年代对中国发起战争，中国皇帝的国际权力开始旁落，清政府的独立行动能力受到限制，他的那些朝贡国，最终成为欧洲或日本的附庸。

二

当然，亚洲三大体系之所以纷纷崩溃，乃是因为绝大多数亚洲国家在 19 世纪的无数场战争中被欧洲人轻而易举地打败。它们何以被轻易击败，迈克尔·霍华德已在上文已做出分析。但是，何以发生这么多场战争，需要在此加以解释。英俄两国政府均未因为亚洲小规模战争的代价和风险而感到释然，它们宁可通过外交手段解决其在该地区的战略和商业问题。在印度，东印度公司的官员在追求商业安全时，尽可能付出最小的军事和行政代价。他们和英国政府官员宁愿满足于作为一个稳定的印度体系的成员，只要这个体系友好到足以为商业活动提供一个和平环境。在中亚和西亚，英俄外交的目标，一是在于稳定相邻国家之间的动荡不已且无法预测的关系，一方面是信德、旁遮普和阿富汗，另一方面是希瓦、布哈拉和浩罕；二是在于建立更加紧密的外交和商业关系，否则作为对手的另一个帝国就会占据先机。在中国，俄国在未经直接战争的情况下解决了俄中边界争端，英国在 1842 年之后则始终主张保持一个局势稳定且领土完整的中国，因为这才是保护其贸易的最佳框架；只是中英外交和商业关系的性质，才是争端之所在。偶尔会发生一些战争事端，而这往往是由野心勃勃而又桀骜不驯的边境部队司令官挑起来的，比如内皮尔[①]在 1843 年对信德的战争，兰伯特[②]在 1852 年对缅甸的

---

① 查尔斯·内皮尔（1782—1853 年），曾任英国驻印度陆军总司令，征服了信德等地区。——译者注

② 乔治·兰伯特（1796—1869 年），英国海军将领，挑起第二次英缅战争，战后兼并了下缅甸。——译者注

战争，以及切尔尼亚耶夫①在1865—1866年对塔什干和布哈拉的战争；但是，大多数战争的发生，并非出于精心策划和全面系统的征服，而是由于外交攻势受挫所致。所以，英俄在亚洲的目标，比起它们取得的成就，显得更为有限。这些目标的达成，只需要亚洲许多国家作出十分有限的妥协，而远非其在战败后所作的巨大让步。亚洲三大体系本可以全部保持下去，如果以一种暂时受到削弱的形式存在的话。

那么，既然目标相对有限，既然同一时期英国或俄国在处理与其他欧洲大小国家之间的关系时总体上表现得谨慎节制，两国在亚洲的记录却何以如此好战？它们对亚洲邻国的好战立场，是否标志着它们对那些它们从一开始就认为是野蛮且半文明的亚洲领导人失去了耐心，而正因为如此，它们没有给予后者任何机会去证明后者自己能够处理"文明的"外交关系？它们对待那些相对羸弱的亚洲各国的一套行为规范，难道完全不同于它们对待相对羸弱的欧洲国家吗？罗伯特·皮尔爵士②曾隐晦地指出，英俄两国推行了不同政策。他在下议院就1843年信德兼并事件回答质询时指出，"我想，无论何时，只要是文明和教养碰到野蛮与落后，就必须坚持这么一条大原则，即不可能对其推行那些在高度发达国家之间相互遵守的各项规则"。③不过，人们有理由认为，皮尔试图在这条他所说的"不可控制的原则"之下找到托词，不仅对他自己而且对下议院，就他不曾期望但又未能避免的征服做出解释。总之，英俄两国在对待亚洲各国时，似乎经历了更多的失去耐心，而且使用了更多的暴力；而欧洲弱小国家在与强邻发生冲突时，却未经历如此之多的失去耐心和使用暴力。例如，瓜分波兰的理由或借口，较之兼并旁遮普和浩罕的理由或借口，几乎同出一辙："需要"控制邻近国家的无政府状态；梅特涅声称有权干涉意大利和德意志地区的弱小国家，以及德国在1914—1918年谋求控制比利时和东欧地区，也是基于同样的稳定与安全诉求，而这正是英俄两国政府奉行的亚洲政策。

无论在欧洲还是在亚洲，所有大国都认为——它们至今仍然这样认为，它们拥有高人一等的安全权利，因此，它们有权期望弱小邻国为这种安全作

---

① 米哈伊尔·切尔尼亚耶夫（1828—1898年），俄国殖民者，1864年入侵中亚，1865年被任命为突厥斯坦省总督。——译者注
② 罗伯特·皮尔爵士（1788—1850年），保守党政治家，1834—1835年和1841—1846年两度出任首相。——译者注
③ *Hansard*, 3rd ser., vol. lxxII, col. 443–444.

出贡献，即使以后者的利益为代价，比如限制后者的行动自由。唯一的变化，在于何为安全的构成要素；在这个方面，仅仅由于涉及的风险和不确定性更大，英俄两国在亚洲的所作所为，较之欧洲大国对其弱小邻国，有时并不是那么苛刻。劳伦斯①的"巧妙的无所作为"政策，主导着19世纪60—70年代初期对阿富汗的立场，但它不过是19世纪30年代中期大多数英国观察家所大力促成的中亚政策经过全面争论后的一个翻版，而且在19世纪50年代末首先为俄国政府所采纳。基于英属印度的安全取决于一个友好的阿富汗的假设，劳伦斯争辩说，阿富汗人最为珍视的，莫过于他们的自由和独立，而如果英国将他们作为平等一员加以对待，并证明其完全不干预阿富汗事务的决心，那么阿富汗人就不会成为威胁；而如果俄国人对他们的独立构成威胁，他们就会拼命抵抗，并肯定会请英国提供援助。这就要求英国的意志更加坚定，比大多数国家坚持得更加持久；然而，最终结果却是不可避免的"前进政策"，而且出现了一些不同的安全观念，它们甚至可以与弱小国家的真正独立地位完全一致。

无论英国还是俄国，其在亚洲的外交通常既非盛气凌人，亦非侵略成性。当然，也有例外。欧洲对中国的外交，根据其他体系的标准，可谓无法容忍；但是，根据欧洲标准，中国的条件也是无法容忍的。1852年，在缅甸，一名英国外交官员确实是骑在马上而不是脱掉鞋子光着双脚进入一个官方场所的，但另一方面，在第二次英缅战争之后，至少在1875年以前，英国却让其外交代表在进入一位缅甸国王的住所时脱掉鞋子，而这位国王的苟延残喘，并非取决于他的抵抗能力，而是英国的节制态度。②绝大多数英俄外交代表一如期望的那样，成功地适应了他们与之谈判的那些宫廷的外交方式和日常礼仪，而他们通常是一些拥有亚洲而非欧洲外交经历的人员。

欧洲和亚洲发展进程中的主要差别，并不在于各大列强的所作所为，而是一些弱小国家的行为方式。在欧洲，弱小国家政府并不挑战一个压倒性的强大邻国以致发生战争，除非它肯定能够得到某个强大盟国的支持，如1859年的皮埃蒙特，或错误地期望得到这种支持，如1864年的丹麦。实际的力量对比得到充分理解和接受，因此，在19世纪的大部分时间里，无论大国

---

① 约翰·劳伦斯（1811—1879年），英国殖民主义者，曾参与镇压1857年印度民族大起义，1864—1869年任印度总督。——译者注

② Oliver B. Pollak, *Empires in Collision: Anglo-Burmese Relations in the Mid-Nineteenth Century* (Westport, Colo., 1979), pp. 76 – 77, 163 – 164, 183.

还是小国家，都能坚持节制的立场，从而维持了彼此之间的稳定和友好关系，一如在中华体系那样。在欧洲，通常是各大列强彼此之间兵戎相见，或者是那些获得承认的大国。另一方面，在亚洲，许多弱小国家藐视强大的英俄帝国，以致引发战争，结果往往不出意料，即承受某种形式的屈辱。其他一些国家，在或战或和之后，极其成功地适应了欧洲的侵入。尼泊尔和暹罗在整个 19 世纪都保持了独立地位；土耳其和阿富汗在 19 世纪大部分时间里也是如此；日本则获得了某种大国地位，进而成为西方入侵者的有力竞争对手，而在中华体系之内，日本政府从未有过如此奢望。事实上，英俄两国倾向于通过战争和兼并以外的途径——虽然它们时刻准备在其他手段不能奏效的情况下运用这两种手段，意味着弱小国家拥有更广泛的选择余地，而不是面临着通常由巨大的军事能力差距所决定的那种结果。因此，在亚洲形成的千差万别的国家间的关系，也许可以通过弱小国家对其邻近帝国的态度，而不是通过其他方法，能够得到更好的解释。

三

为提供一种推测性解释，我借助乔治·凯利[①]的个人建构理论，提出三点假设。第一，国际政治的行为体并非国家或民族，而是那些积极主动地关心其本国边界以外的政治事务的个人和团体，在 19 世纪的亚洲，这样的个人和团体寥寥无几。第二，这些人的行为方式的最佳理解途径，在于分析他们建构国际形势从而去预测和控制事态的方式，而不是将他们看作是他们所无法控制的"历史因素"的主要得益人或受害者。第三，国际政治包含了这些人试图通过从谈判到战争的广泛手段去改造其他国家中的同类人之建构的努力。[②]所以，我认为，19 世纪亚洲的各种不同的国家间关系，不仅取决于帝国领导人如何构建其需求和机会，而且也许还更多地取决于亚洲领导人在英俄两国步步进逼的情况下如何构建其国际地位和各种可能性。他们必须评估其抵抗能力，必须设想这种能力可能会通过内部变革或外来援助或两者兼而有之而得到提升，必须界定其与入侵者之间关系的性质，而期望保持这样

---

① 乔治·凯利（1905—1967 年），美国心理学家、教育家，个人建构心理学的创始人。——译者注
② 我个人认为，在历史解释方面，凯利的理论似乎比弗洛伊德心理学或行为心理学有用得多。参见 George A. Kelly, *The Psychology of Personal Constructs*, 2 vols. (New York, 1955), 以及 D. Bannister and F. Fransella, *Inquiring Man: Psychology of Personal Constructs*, 2nd edn. (London, 1980)。

的关系是否切实可行，或其独立地位能否得到最大限度的保证。

事后看来，按照英俄两国的行动来判断，亚洲统治者对于期望通过承担最小风险并给自身行动带来最小限制而获得的国家间关系的性质，似乎是相当清楚的。我们在这里可以考察两类不同的国家。第一类国家，仅与两个老大帝国的其中之一的陆上或海上边界接壤，如中亚地区的那些位于俄国边界上的汗国，以及印度次大陆与英国毗邻的国家。所有处于这种地位的亚洲国家，在军事上被证明是极其脆弱的；即使那些最成功的国家，如阿富汗和尼泊尔，也不过是通过战争而避免了兼并的厄运，但却是在向英国付出了巨大的军事代价之后。它们和其他国家可能是因为同时作出两大让步才避免了战争，无论是通过条约形式，还是表现在外交实践之中：驱逐所有外国人，因为他们的影响对帝国利益可能是毁灭性的；断绝与任何其他欧洲列强的外交关系。那些接受这些限制而又绝不对帝国贸易或帝国臣民采取有害行动的亚洲统治者，可以期望保留他们对本国内政的控制权，并在他们与其他亚洲国家的关系中奉行一种独立的外交政策，如果他们小心谨慎的话。

第二类国家，位于英俄两大帝国的陆地或海上边界附近，如1885年后的阿富汗、奥斯曼土耳其帝国、伊朗、中国和日本。不管它们拥有怎样的军事能力，它们都处于一个相对强大的地位，从而可以与英俄两国相抗衡，或与其他邻近帝国相抗衡。一位正确理解其地位的统治者，可以有望避免最致命的让步，从而在国内国外事务两个方面均保持相当大的行动自由。除此之外，这类国家的独立程度，取决于它能够积聚起多少外交资源和军事实力，从而阻止侵略者提出超过最低限度的要求。

在第一类国家中，只有尼泊尔和阿富汗最终以这种方式进行思考并采取行动，从而避免了外来统治。其他国家都被纳入英俄两大帝国，要么是完全兼并，要么是充当被保护国。对于诸如迈索尔的蒂普素丹、马拉地的酋长和缅甸的国王这些好战的领导人来说，他们对征服和扩张习以为常，如果要他们完全臣服于英国，只有在惨败引起思想剧变之后才有可能。在迈索尔和马拉地，战败是如此惨烈，以致他们根本没有机会进行反思。缅甸人碰到了这样的机会。头两次英缅战争并未触动缅甸的地位，新国王曼同（1853—1878年）认识到了缅英之间的不稳定而又不平衡的关系，因此采取措施推进英缅贸易。但这种关系仍是不稳定的，因为不仅继续同其他欧洲列强进行接触，而且允许其他国家保留商业利益，从而使英国人始终处于焦虑不安之中。然而，曼同所承担的风险，并未发展到向英国在该地区的主导地位提出挑战的程度。他的继承人锡袍（1878—1885年）既未能理解英国人的节制是有前提条件的，也未能认识到曼同走钢丝的危险。他对英国贸易的干预，以及试图以法国势力取代英国的策略，终于招致了1885—1886年的战争和兼并。旁遮普是另一个例子，其精明的统治者保住了独立地位，但他的继承人却错误地理解了独立的前提条件。朗吉特·辛格前后充当英国的忠诚盟友达30年之久，虽然他比那些跟他作对的绝大多数土邦拥有一支强大得多的军队，而英国欢迎这样一个强大而又稳定的邻国，因为可以极大地依赖它而无须跟其他欧洲列强耍弄阴谋诡计。1839年辛格去世后的权力之争，表现为一种不计后果的反英大逆转，最后以旁遮普的兼并而告终。同样，呼达雅尔汗在败于俄国之后，通过满足俄国人的商业要求，从而在很大程度上保住了一个领土缩小的浩罕汗国的独立地位，但他的倒台带来了动荡和混乱，俄国最后在1876年将其兼并了。

　　布哈拉和希瓦的统治者完全误判了中亚地区的新形势，因而直到很晚才认识到，同俄国保持某种形式的妥协和解是不可避免的，但为时已晚。布哈拉埃米尔认为，他有两个选择：一是将俄国作为其在地区争夺中的盟国，一是完全藐视俄国人。但在俄国的胜利击碎了他的幻想之后，他的"阿訇"仍然不为所动，并且如其所愿地宣布开战。希瓦汗夸大了沙漠地区难以穿越的经验给希瓦带来的安全度，因为先前的俄国远征军曾吃过这种苦头。1873年的俄国远征是如此成功，以致希瓦汗根本来不及改变他的看法。希瓦与布哈拉所面临的命运，如同印度土邦一样，成为驯服听话的被保护国，其统治者拥有在俄国人看来是颇为合适的很大权力。绝大多数印度王公是自愿接受这种地位的。较之中亚的各个汗王，对印度王公来说，屈服于一个强大帝国的统治，是一种司空见惯且可以接受的建构。一旦英国人确立了作为印度的最强者的地位，那些弱小而无主可臣的王公就将其视作莫卧儿帝国的继承者而加以接受，而且也许是过于迅速地缔结了条约，而在另外的心理情境下，这些条约可能被认为是十分苛刻的。

　　阿富汗和尼泊尔之所以成功地保持独立，一部分原因在于它们曾经迫使英国人为其军事胜利付出如此高昂代价，以致其如同阿富汗人和尼泊尔人那样不愿重启战端；另一部分原因则是领导人适时地汲取了教训，因而成功的避免了新的冲突。英国在1839年占领阿富汗，并扶植一个流亡人士上台执政，期望此人将阿富汗变成英帝国边境地区的一个忠实盟友，一如朗吉特·辛格之于旁遮普那样。战争表明，英国人把一位统治者从喀布尔赶走可谓轻而易举，但要将一名不受欢迎的继承人强加给阿富汗人却十分困难。英国人放弃了干预阿富汗内政的做法，而他们一度竭力反对的统治者多斯特·穆罕默德，也做出选择，成为英国人所期望的一个可靠的边界盟友。他在1863年去世之后，相互妥协退让的教训被抛诸脑后，战争在1878—1879年间再度爆发，而这场战争对双方来说都是一场军事灾难，其结果仍是阿富汗维持了事实上的独立地位。新国王阿卜杜尔·拉赫曼（1880—1901年）甚至走得更远，采取了为确保其独立地位长久存续所需要的种种措施。他不仅遵守不平等的妥协条约，接受英国人的金钱和武器，而作为交换，他放弃了与其他列强的外交关系；他还阻止任何列强的国民，包括英国人，在阿富汗从事任何经济活动，因为保护这样的经济活动，可能会成为干涉的借口。

尼泊尔人曾满心希望拥有这种形式的独立地位。英国在1816年付出巨大代价而获胜之后，尼泊尔人同意驱逐其他欧洲人，仅仅与英国保持外交关系。1837年，倡议推行这项政策的比姆不幸倒台，尼泊尔随后进入了如同旁遮普那样的一段大动荡时期。宗格·巴哈杜尔（1846—1877年）执政期间，进一步推行比姆的政策，尼泊尔有时间重新获得稳定与安全，成为一个不那么直接的威胁。1850年，他访问英国并受到触动。他认为，既要维持国家层次上的友好合作，又要让尼泊尔民众隔绝于所有欧洲人。因此，他和他的继承者确保英国人相信他们是可靠盟友，即使这意味着同样地将英国和其他欧洲国家的商人挡在国门以外。①对尼泊尔和阿富汗来说，通过这种途径保证独立地位所付出的代价，就是国家继续处于落后状态；即使在1885年阿富汗成为一个同时与英俄两大帝国保持领土接壤的上文所说的第二类国家中的一员之后，阿卜杜尔·拉赫曼也从未尝试去推行"以夷制夷"的政策。19世纪90年代出现了这样的机会，其时，大多数英国领导人对其在中亚的权势地位愈益感到悲观失望，而许多俄国人亦愈益不安于现状，然而，如同其尼泊尔国王那样，在绝大多数亚洲邻国都在过分随意地建构其身份地位以致无法苟延残喘之时，阿卜杜尔·拉赫曼不应为其过分坚持立场而受到指责。②

---

① Asad Husain, *British India's Relations with the Kingdom of Nepal*, 1857 – 1947 (London, 1970), pp. 51 – 111，讨论了宗格·巴格杜尔的政策以及尼泊尔与南亚其他国家处理其与英国关系的区别。

② 1864年，宗格·巴格杜尔曾指出："我十分清楚，如果我们向英国军官和商人打开我们的国门，不消几年，尼泊尔就会得到好处，但即使我国的收入在未来10年或20年内增加一倍，那又会给我们带来什么好处呢？到那时，你们也许会全然占领我们的国家。"引自 Mridula Abrol, *British Relations with Frontier States*, 1863 – 1875 (New Delhi, 1974), p. 54。

在其他第二类国家中，土耳其和伊朗呈现出截然相反的情形。在19世纪的国际政治中，土耳其领导人扮演了一种十分圆滑的角色，尽管他们在帝国内部的政治事务方面通常并非如此。马哈茂德和阿卜杜尔·哈米德等领导人颇为巧妙地利用列强之间的分歧之争。当然，土耳其人所面临的形势并无新鲜可言。17世纪和18世纪，他们在欧洲邻国那里遭受了一系列的战争失败和领土割让，但那个过程足够缓慢，帝国的核心部分也足以长时期地保持完整，以致他们适应了欧洲列强的军事优势和大陆冲突。相比之下，伊朗人在理解世界形势方面付出的代价太小，以致受伤不浅。他们在18世纪曾经有过一次帝国复兴，而在19世纪初以前，高加索山民一直是他们抵挡俄国的屏障。1828年败于俄国以及1857年败于英国，其结局相对来说并不严重。也许正因为如此，伊朗国王最终误判了国际形势。他们夸大了自身的抵抗能力，在19世纪60年代以前还在继续扩张；此后，他们又夸大了自身的迅速现代化的能力，幻想通过对欧洲觊觎者作出让步而不损害自身的独立。他们没有在英俄之间保持平衡，而是试图不断地在两国之间变换立场。伊朗的军事羸弱和外交逆境提供了如此明确可见的机会，以致英俄得以趁其孤立无援之际解决了它们之间的纷争。事态并没有恶化到足够严峻的地步，而伊朗国王未能足够迅速而急剧地重新建构其似乎无可逃避的形势，而他们也缺乏进行一次自愿反省的想象力。

在欧洲各国眼里，中国和日本原本是两个商业价值大于战略意义的国家；它们比其他国家拥有更大的抵御来自英俄两大帝国之危险的回旋余地。两国实现现代化的速度之所以不同，其原因复杂多样且不乏争议，但它们在19世纪中叶对欧洲威胁作出的不同反应，是完全可以理解的。中国统治者可以轻易地在其传统解释框架下，把第一次和第二次鸦片战争认作为外夷侵袭，尤其是这两次战争与太平天国起义相比只不过是一个小问题。他们从这个解释中得到自我安慰，以致根本没有预料到会出现征服或巨大的领土割让，而只是在开始阶段对其世界观作出了在他们看来似乎是必要的微调。另一方面，日本人在长达两个世纪的时间里没有奉行任何真正意义上的外交政策。除锁国政策以外，他们根本没有任何需要抛弃的成见，美欧国家的挑战适时地提供了机会，日本领导人借此对外交政策进行了卓有成效的辩论。与中国统治者相比，这些更富有想象力和决断力的日本领导人，更加轻而易举地采纳了似乎是最适于理解和管控新形势的任何建构。在摆脱锁国状态后的一个多世纪的时间里，日本人武士道学者始终坚持不懈地汲取世界其他地区的思想知识；1868年之后，一群具备超强适应能力和拥有完备知识的领导人，掌握了国家大权。

19世纪，绝大多数亚洲统治者都面临着一种陌生的国际形势，从而要求他们对其个人的世界建构作出重大调整，如果他们的国家作为独立实体能够继续存活下去的话。这种变化调整需要时间，需要有替代性的建构，需要有很大的思想灵活性。在很大程度上，这取决于变化调整的幅度有多大，或变化调整的实施速度有多快，但毫无疑问，几乎不可能同时出现两个进行调整的条件：足够多的时间，足够敏锐和足够想象力的领导人。绝大多数亚洲统治者没有找到一条既能调和欧洲入侵者利益又不丧失独立地位的途径，其后果是亚洲体系的崩溃瓦解，以及绝大多数亚洲国家被暂时地纳入欧洲国际体系。

第七章 欧洲国家与非洲政治实体

赫德利·布尔

一

撒哈拉以南的非洲是世界上最后一块将要纳入那个日益扩展的欧洲国际体系的主要大陆地区。晚到1880年，即19世纪末欧洲列强几乎瓜分整个非洲大陆的前夕，欧洲国家还没有同非洲政治实体建立起足够多的接触或联系，以至将其纳入一个共同的国际体系，更不用说一个共同的国际社会了。除葡萄牙侵入安哥拉和莫桑比克、法国渗透进塞内加尔以及荷兰和英国在大陆南端拥有殖民地以外，欧洲的统治仅限于非洲沿海和近岸地区。欧洲国家与非洲政治实体之间也不存在广泛的外交和军事关系，而在欧洲列强与南亚及东南亚国家之间，这样的外交和军事关系却在17、18和19世纪初期不断得到确立。但另一方面，在瓜分前的非洲，在数量巨大而且迥然相异的政治实体之间，事实上存在着一种独一无二的、我们可以称之为国际关系的模式。

二

在1880年以前的非洲大陆，各个政治实体之间存在本质的差别，并大致可以分为两种：一是全然地或部分地源于非洲以外的地区，它们与外部世界的这个或那个地区保持着千丝万缕的联系；二是黑非洲的土著国家。前一种政治实体都位于地理意义上的边缘地带，按其重要性又可分为五类。第一类是北非的穆斯林社会，它们成为撒哈拉以南非洲与外部世界保持接触的最古老的据点，以及接受外来影响的最深渊源。公元7世纪，当阿拉伯人从拜占庭军队和柏柏尔部落手中夺得马格里布地区之时，他们事实上建立起了一个阿拉伯殖民据点；然而，到 9 世纪之时，该地区的各个社会已经强大到足以建立起其自身的独立穆斯林国家；10 世纪，源于突尼斯而又迁到埃及的法蒂玛王朝，能够将非洲从阿拉伯的统治之下解放出来，建立起一个可与阿巴斯王朝一决高下的哈里发国家；而在 11 世纪和 12 世纪，来自摩洛哥、操阿拉伯语的柏柏尔人建立的阿尔摩拉维德和阿尔摩哈德帝国，囊括了从西北非洲到西班牙的广大地区。这些帝国和其他穆斯林国家不断渗入撒哈拉地区，最终确立起对西非大草原地带的决定性影响，其手段部分是通过沙漠商队，部分是通过伊斯兰宗教和文化的传播，有时也通过军事征服。这种基于伊斯兰教兴起以前就已存在的跨撒哈拉联系的影响，在欧洲人尝试性地沿着海岸缓慢南进以前的数个世纪里，持续不断地发挥着作用，从未有过停歇的迹象。随其而来的，是阿拉伯式的治国方略和外交观念，它迥然不同于欧洲人最终确立起其统治地位时所带来的那些观念。

第二类是东非边缘地带的穆斯林实体。这些政治实体源于 9 世纪之际阿拉伯人对东非沿岸地区的渗透；13 世纪，在伊斯兰扩张大浪潮导致整个印度洋贸易体系落入穆斯林之手直到葡萄牙人赶来争夺以前，它们迅速发展起来；18 世纪，它们表现为一批规模不大的、效忠于阿曼素丹国的阿拉伯人国家，阿曼作为海上大国，曾一度将葡萄牙人逐出该地区。1840 年，阿曼素丹国将其首都迁往桑给巴尔，在 19 世纪，这个岛屿不仅是本地区首屈一指的商业中转站，而且是外部势力向内陆渗透的基地。阿拉伯人在东非沿海地区的存在，并未导致庞大的伊斯兰王国或伊斯兰化王国的建立，这可不同于伊斯兰教对跨撒哈拉地区的影响。然而，它却为沿海平原地区的伊斯兰化的班图人创造出斯瓦希里语言和文化。它将东非与阿拉伯奴隶贸易联系起来，虽然在数量上要少于大西洋的奴隶贸易，但这种贸易却开始得更早，而且持续得更久。到 19 世纪之时，它渗透到东非大湖区，并在这里与来自苏丹的"喀土穆阿拉伯人"的复兴势头迎头相撞；1820 年，苏丹被埃及的穆罕默德·阿里所征服。阿拉伯人的存在使得东非成为印度洋海上体系的一个组成部分；在英国不断崛起的过程中，这个体系仍然完好无损。如同波斯湾地区那样，东非沿海地区在某些方面成为英属印度向西扩张进程的延伸部分。

第三类位于非洲边缘地带的政治实体，其代表是埃塞俄比亚。像埃及一样，它是世界上最古老的国家之一，能够面向历史作为一个自古代时期以来就始终存在而屹立不倒，是公元 2—7 世纪的阿克苏姆帝国的继承人。公元 4

世纪，它成为一个基督教国家，但在伊斯兰教兴起之后，它却被隔绝在基督教欧洲之外；通过传奇式的祭司王约翰的帝国①，它又与欧洲人建立了联系，成为基督教世界在穆斯林敌人背后的一个盟国。自从十字军东征以后，欧洲人一直在寻找这样一个盟国，先是在亚洲，后来在非洲，最后在16世纪，埃塞俄比亚实际上成为葡萄牙人对付土耳其人的盟国。它与伊斯兰邻国的关系根本不同于基督教世界：埃塞俄比亚教会并不是与罗马发生联系，而是与亚历山大港的科普特②基督教密切相关；而阿克苏姆的基督教因其本身是一种混合宗教而类似于伊斯兰教，而从未成为阿拉伯"圣战"的目标。但是，埃塞俄比亚地处高原而与世隔绝，又陷于内部冲突和边境战争，既不属于伊斯兰教或开化前的非洲土著社会，又不是欧洲殖民主义者开创的新世界的组成部分，因此在遭受瓜分前夕，它在本质上不同于其他非洲政治实体。在殖民时期，埃塞俄比亚国际地位的独特性，因以下一系列事件而进一步加强：1896年取得对意大利的军事胜利，在瓜分非洲的狂潮中成功地保住了作为一个正式独立国家的地位，较早地作为"基督教国家大家庭"的成员而得到承认，并在1932年成为国际联盟的成员国。

　　第四类是黑人国家利比里亚，由1821年美国殖民协会所建立的自由奴隶殖民地演变而来。该殖民地有一个先例，即1787年英国人在塞拉利昂所建立的自由奴隶殖民地，以及法国人随后于1849年在利伯维尔建立的殖民地，然而，英法两国的殖民地后来都成为其各自帝国的组成部分，而利比里亚却成为一个名义上独立的共和国。邻近的自由奴隶国家马里兰也是一个独立国家，1831年由马里兰殖民协会所建立，后来并入利比里亚。利比里亚是一个殖民国家，尽管其居民都是黑人，但移民人口却根据美国宪法建立了政府制度，因而面对着一个格格不入的土著多数，正如白人殖民者在非洲大陆其他地区所面对的那样。利比里亚的基督教"文明"国家的身份，有助于其克服作为黑人国家的不足：1847年宣布独立后，立即得到英国和其他欧洲国家的承认，虽然美国直到南北内战爆发时才予以承认（因为南方人反对华盛顿接受一名黑人大使），正如其此前也未承认同样是基督教的黑人国家海地。然而，它却给予利比里亚以外交支持，而这样的支持，在某些情况下对于反

---

　　① 祭司王约翰或长老约翰，12—17世纪盛行于欧洲的传说中人物，信仰基督教，身兼国王和祭司，统治着一个神秘而富裕的乐土国度。——译者注

　　② 科普特人，古埃及人后裔或埃及土人。——译者注

对法国的图谋来说是必要的。所以，像埃塞俄比亚一样，利比里亚在瓜分非洲的狂潮下幸存下来，成为黑非洲国家保持独立地位的长期代表，既被一些国家引为楷模，又被另一些国家当作警示。

最后，有必要提及在1835—1837年"大迁徙"①之后建立的几个布尔人共和国。后来被称为南非共和国的德兰士瓦的独立，1852年得到英国政府的承认，至少就其内政而言；1877年，英国兼并了该共和国，但在布尔人揭竿而起和英国军队败于马尤巴战役之后，英国又在1881年承认其有限独立，继而在1884年《伦敦协定》中加以确认。奥兰治自由邦的独立地位于1854年得到英国的承认，并一直保持到1902年两个共和国在布尔战争中战败并向英国臣服。这些国家极其羸弱，只能在地方舞台上参与国际关系：其独立地位，在理论上受限于英国在该地区享有的绝对优势，在实践中受阻于英国成功地挡住了它们的出海通道。人们也许会质疑说，它们的独立地位事实上并不比开普殖民地好到哪里去，后者虽然处在英国王室统治之下，却在1872年获得了自治权。不过，这两个共和国却成为欧洲国家眼中的国际行为主体，它们与英帝国的战争，被所有国家看作是起源于一次国际争端的一场国际冲突，从而使其短暂地出现在世界外交舞台上。

三

在瓜分前夕，黑非洲地区的土著政治实体迥然不同于边缘地带的那些国家。到此时为止，除其中一些曾经受到伊斯兰或欧洲的影响以外，它们都还处于无文字的状态，而文字交际的缺失，限制了它们的规模性和持续性。如同欧洲民族大迁移时代的日耳曼民族那样，它们乃是基于血亲联系，或基于对此种联系的笃信。它们都受到神秘信仰和宗教信仰的极大塑造。然而，它们之间又千差万别，从小股沙漠游牧部落到一些在规模上堪与近现代时期那些已经存在了几个世纪的非洲民族国家相提并论的政治实体。其根本差别（虽然并非明显地体现在每个政治实体身上）在于，一些政治实体拥有中央集权化的政治权威，如一位世袭的或选举的国王或酋长，而另一些实体则缺

---

① 大迁徙，南非地区来自荷兰、德国西北地区和法国胡格诺教派的西欧移民，统称布尔人，向开普东部和东北方向迁移的浪潮，相继建立纳塔利亚共和国、奥兰治自由邦、德兰士瓦共和国等布尔人国家。——译者注

少这样的权威，即所谓的无国家的社会或"没有统治者的部落"。①

前殖民时期非洲地区最古老也是最庞大的王国，位于西非大草原地区。加纳存在于公元 8—11 世纪之间，位于今同名国家加纳西北数十英里；卡奈姆—博尔努是一个规模较小但存在时间更久的帝国，靠近乍得湖。这两个国家在伊斯兰教兴起之前就已建国，与其他所谓的"苏丹语的国家"一样，有时被认为曾经受到埃及王朝君权神授传统和母系继承原则的影响。然而，它们都与跨撒哈拉的伊斯兰教有过接触；11 世纪，阿尔摩拉维德帝国的入侵似乎导致了加纳的解体和卡奈姆—博尔努统治王朝的更迭。马里存在于 12—14 世纪期间，位于尼日尔河上游地区，它从立国之时起就信奉伊斯兰教；其继承国桑海帝国存在于 14—17 世纪之间，也信奉伊斯兰教。伊斯兰教的冲击并未将所有土著制度悉数摧毁，即使在其影响深远的地区；尤其是血亲忠诚，在那些伊斯兰化的王国保留下来。但是，伊斯兰教不仅带来书写文字以及更加复杂的社会组织制度，而且导致大草原地区的政治实体与当时最先进的文明发生接触。14 世纪马里国王曼萨·穆萨在欧洲可谓鼎鼎大名，他在前往麦加朝圣的途中，在开罗分发了如此之多的黄金，以致当地出现通货膨胀，因此，在欧洲早期出版的一幅非洲地图上，马里赫然在列。②

伊斯兰教的影响虽然在 17 世纪和 18 世纪渐趋式微，但在 19 世纪初期却迎来了穆斯林在苏丹和伊斯兰世界其他地区的一个复兴时期。奥斯曼·丹·福迪奥发动圣战，征服了原先的豪萨兰城邦国家，建立起富拉尼帝国；在其以西，另一场圣战导致了不那么稳定的图库洛尔帝国的建立，但它向西扩张的势头，在 19 世纪 50 年代遭到了塞内加尔河流域的法国人的遏制。19 世纪 60 年代，穆斯林非洲的最后一位征服者萨摩利，在后来成为法属几内亚的地区，建立起他的乌阿苏鲁帝国；在 1898 年被俘以前，他一直抵御着法国人的侵略扩张。

在西非地区南部的森林地带，进入近代以来，至少有存在着人们所说的几内亚或若干森林王国，其中最著名的，有奥约、贝宁、达荷美和阿散蒂。这些王国是在伊斯兰教鞭长莫及之时所建立的，但它们却受到来自海上的欧

---

① 关于前者，特别参见 Lucy Mair, *African Kindoms* (Oxford, 1977). 关于后者，参见 M. Fortes and E. Evans-Pritchard, *African Political Systems* (Oxford, 1940); J. Middleton and D. Tait, eds., *Tribes Without Rulers* (London, 1958).

② Roland Oliver, ed., *Tha Dawn of African History* (Oxford, 1961), p. 40.

洲人的影响，以致几内亚沿岸成为臭名昭著的"奴隶海岸"。约鲁巴人的奥约王国和埃多人的贝宁王国，存在于奴隶贸易兴起以前。15世纪有一名葡萄牙人描述说，贝宁从东到西横跨250英里之长，其首都规模巨大，且建有城墙。达荷美和阿散蒂两国崛起于17世纪，均属于拥有相同文化的民族出于军事目的而结成的同盟或联邦。17世纪和18世纪出现了一幅自相矛盾的图景，一方面是几内亚沿海的奴隶贸易最为猖獗，另一方面是这些国家的繁荣和国力达到鼎盛：它们通过奴隶贸易获得了火器和其他欧洲产品，从而促使它们能够以牺牲弱小邻国为代价而扩大了统治范围。

在大西洋沿岸，在刚果河以南今安哥拉，有一个建立于14世纪的班图人的刚果王国。1482年，葡萄牙人抵达该地之时，发现这个王国拥有中央集权化的政府、宫廷官吏和省区总督；国王颇为友善，以至他们成功地使其皈依基督教。这位国王的继承人阿方索，1506—1543年在位，在某种程度上可谓俄国彼得大帝的非洲先驱，他学习葡萄牙语，穿戴葡萄牙服饰，引进葡萄牙教师、军事顾问和手工艺人（包括两名德国印刷工人），派遣学者前往里斯本，设立常驻罗马教廷的使馆，更改首都之名为圣萨尔瓦多，建立大教堂和教会，保持与葡萄牙国王曼努埃尔一世的通信联系以至其将阿方索看作是国王和盟友，并制订刚果全面基督教化和葡萄牙化的计划。但是，阿方索和曼努埃尔之间的结盟并未坚持多久，它不过是两个王室之间个人交往的产物，在他们死后，结盟的动力随之消退。派往刚果的葡萄牙教师和技术人员寥寥无几，并因疾病折磨而不断减少。葡萄牙并未将刚果王国置于其海外优先议程之中，而且，其更长远的兴趣，与其说是刚果的葡萄牙化，毋宁说是在该地购买奴隶卖往南美和加勒比的种植园。①

在中非内陆地区，在刚果河雨林以南的大草原地带，有一个所谓的卢巴—罗安达帝国。有人认为，它可能源于卢巴对该地区的无国家的罗安达民族的统治；17世纪以后，非洲东西沿岸地区的葡萄牙殖民地的商人相继来到这里。在卢巴帝国以东和以南，在赞比西河下游地区，是祭司王摩诺莫塔帕的王国，葡萄牙人在16世纪就已知道这个国家，人们相信这里藏有所罗门国王的宝藏；其王有时被认为是大津巴布韦民族的后代，王国以南地区有该民族的遗址。在东非大湖区，分布着所谓的湖区王国，其中最为著名的，是

---

① 关于刚果王国，参见 Jan Vansina, *Kingdoms of the Sanannah* (Madison, 1966)。

布干达王国①，斯皮克②和斯坦利③分别在 1862 年和 1875 年到过这里。在东南部非洲，最著名的国家是祖鲁人的王国。最初，18 世纪末 19 世纪初，丁吉斯瓦约在姆特瓦帝国境内建立了一个规模不大的酋长国；军事天才沙卡（1816—1828 年在位）推行军事扩张政策，将其势力扩大到整个南部非洲地区；沙卡的继承人丁加安和塞特瓦约的祖鲁班图族武士部队，在一直持续到 19 世纪末的各次战争中，相继打败了布尔人和后来在纳塔尔的英国军队。

在祖鲁人、阿散蒂人和巴干达人等强盛王国的截然相反的另一端，是难以数计的无国家的或一盘散沙的政治实体。它们成为 20 世纪人类学家的研究对象。这些国家虽然没有政府制度，却借助强大的道德的或社会的约束，宗教的或超自然的诉求，以及非集权化"自助"措施下的法律强制方式，为规模不大但文化相同的社会提供了秩序。近现代国家体系的研究人员已经注意到，这些原始民族的无政府社会之秩序维持机制，与近现代国家之间无政府状态之最低限度秩序维持机制之间，既存在共同之处也有明显区别：与近现代国家相比，非洲的无国家社会中的基本社团的利己主义色彩不浓；与近现代国际社会的文化差异相比，非洲的无国家社会拥有文化同质性；与近现代国家间关系的世俗基础相比，非洲的无国家社会中的宗教信仰在塑造凝聚力方面发挥着突出作用。④

在前殖民时期，非洲土著人的政治实体保持着其一些用来处理相互关系的独特制度。在认识这些制度的存在及其有效性方面，如果看不到它们与那些用来处理欧洲国家间关系的制度之间的差异，就会有失偏颇，即使在近代早期，欧洲外交和国际法本身也是比较重要的制度。除那些受到伊斯兰教影响的地区以外，非洲政治实体之间的关系是在没有文字记录的情况下进行的。卷入这种相互关系的各个政治实体，可谓千差万别。各个实体之间的彼此交往，主要是统治者处理与朝贡国或附属国的事务。在绝大多数情况下，它们的地理范围都不是很大，而且是在地理知识十分有限的背景下彼此交往

---

① 布干达，现乌干达的一个行政区，其主要居民巴干达人说班图语。——译者注
② 约翰·斯皮克（1827—1864 年），英国探险家，1862 年发现尼罗河源头在维多利亚湖。——译者注
③ 亨利·斯坦利（1841—1904 年），英国探险家，因援救另一名探险家戴维·利文斯通（1813—1873 年）而闻名于世。——译者注
④ Roger D. Masters, "World Politics as a Primitive Political System", *World Politics*, vol. xvi, No. 4 (July 1964); Hedley Bull, *The Anarchical Society: A Study of Order in World Politics* (London, 1977), pp. 59–65.

的。非洲大陆作为一个整体,并不存在一个所谓的非洲国际体系或非洲国际社会;这个概念甚至能否运用于某些特定地区,也值得怀疑。

然而,显而易见的是,如同在其他无文字的民族之间那样,非洲土著政治实体之间的交往,也受制于复杂的规则和制度。①口耳相传的外交传统,通常是自成体系的。作为近现代欧洲国际社会之基础的规范性原则[外交豁免、有约必守(pacta sunt servanda)、尊重边界],得到极大的尊重。外交受制于复杂精致的条约和协定,拥有庞大的信使机构,有时还有相当于常驻大使或领事的设置。非洲政治实体之间有联姻同盟、典质外交和附庸关系,有旨在和平解决争端的制度和限制战争的规则,还有贸易规定和"国际"语言,如西非一些地区的豪萨语和穆斯林化地区的阿拉伯语。最为突出的,是这么一种强烈意识,即各自独立的政治实体之间的关系必须遵循习惯法,不仅是各个族群内部而且是各个族群之间的习惯法,而在整个非洲,这种习惯法似乎拥有一些共同的基本要素。②

四

近现代欧洲与撒哈拉以南非洲各个政治实体之间的接触,始于 15 世纪葡萄牙人的航海大发现;但在随后的四个世纪里,这样的接触只限于非洲大陆的边缘地带,而在这个时期,南北美洲、南亚和南东亚、澳大利亚以及中国和日本最终都被纳入了这个以欧洲为中心的国际体系。葡萄牙人发起航海大发现的动因多种多样:征服狂热;寻找祭司王约翰,希望找到一个由基督教国家组成的、从侧翼进攻伊斯兰的南部地带;几内亚黄金的诱惑;建立一条通往印度群岛的香料贸易线路的愿望,等等。他们在一些岛屿和沿岸地区建立起贸易据点。但是,当他们与当地政治实体发生主要是和平性质的关系时,他们并未谋求向内陆地区渗透得更远,而疾病通常成为他们向远处渗透的一道障碍。与亚洲的沿海贸易发展起来后,葡萄牙人在这里发财致富的可能性大于非洲所能给予的任何机会,因此,他们在非洲的据点,到头来更多

---

① 参见 Ragner Numelin, *The Beginnings of Diplomacy: A Sociological Study of Inter-Tribal and International Relations* (Oxford, 1950)。

② 参见 Robert S. Smith, "Peace and Palaver: International Relations in Pre-colonial West Africa", *Journal of African History*, vol. xiv, No. 4 (1973); *Warfare and Diplomacy in Pre-colonial West Africa* (London, 1976)。另参见 A. J. G. M. Sanders, *International Jurisprudence in African Context* (Durban, 1979)。

被看作是通往印度群岛的贸易通道上的驿站，而不是用来开发内陆地区的桥头堡。

到了16世纪末，葡萄牙人在非洲的首要兴趣已变成奴隶贸易；在17世纪和18世纪，荷兰人、英国人和法国人相继加入葡萄牙人的行列，这时，劳动力仍然是最吸引欧洲人的非洲资源。人们可能会争论说，这个时期的大西洋奴隶贸易是否发挥了重要作用，是否有助于欧洲为后来发生的工业革命确立了前提条件，但是，人们很难否认以下事实：向美洲和加勒比地区的蔗糖、咖啡、烟草和棉花种植园输送大约2000万之众的黑人奴隶，为新世界的发展作出了至关重要的贡献；或者，这项贸易为一些从中获利的欧洲人带来了私人财产，因而促进了欧洲国家的资本积累。同样无可怀疑的是，奴隶贸易对非洲大陆产生了深远影响，这不仅表现在人口减少上，而且表现在非洲政治实体在奴役他国居民并且为达此目而获取火器之动因的刺激下彼此发生冲突。然而，如果说奴隶贸易促使了欧洲和非洲两地的事态彼此发生碰撞，那么它却并未导致欧洲国家与非洲内陆政治实体产生任何直接的联系：从事奴隶买卖的是商人而非欧洲各国政府，而且这种买卖是通过中间商进行的；这时还不需要进行内陆远征。欧洲人沿着非洲海岸建立的军事堡垒，主要是用来防御欧洲列强中的竞争对手，其次才用来对付非洲当地人。

在19世纪时期，驱使欧洲人侵略非洲的压力愈益增大。随着英帝国1807年和美国在1808年禁止奴隶贸易，以及维也纳和会响应英国杜绝奴隶贸易的努力而通过国际禁止条款，非洲沿岸地区的奴隶贸易让位于反奴巡逻。不同于奴隶贸易本身，废止奴隶贸易的措施需要强制性的政治控制，所以，对非洲政治实体的独立地位来说，后者被证明是比前者更具有破坏力：在西非大西洋沿岸和后来在东非阿拉伯沿岸杜绝奴隶贸易以及奴隶制度本身的目标，无论是在南部非洲的荷兰人中间，在桑给巴尔的阿拉伯人中间，还是在尼日利亚北部地区的埃米尔中间，都部分地塑造了帝国扩张的动机和理由。

奴隶贸易衰落后，随之而来的是所谓"合法贸易"的兴起，包括尼日利亚地区的棕榈油、黄金海岸的黄金、塞内加尔的花生以及后来在南部非洲突然发现的金属矿藏。在对非洲内陆地区的地理探险中，最为重要的是利文斯通1853—1873年间的探险，它前所未有地推动了对非洲大陆的了解与关注。传教士的活动，尤其是自18世纪晚期就已向实际上垄断着传统事务的天主教会提出挑战新教教会的传教活动，激起了欧洲公共舆论，其要求推行积极有力的政策，以废止奴隶贸易，控制殖民分子和商人，并传播基督教信仰。欧洲国家和非洲社会之间的技术鸿沟不断扩大，以致在19世纪时期，蒸汽船、奎宁、马克沁机枪和铁路纷纷宣告登场。欧洲人与非洲人之间的社会差距也愈益扩大：在早先的几个世纪里，欧洲人有时还能平等对待非洲黑人，现在却越来越将其当作剥削、取笑或怜悯的对象。在南部非洲，布尔人一直谋求摆脱英国统治，陆续向内地迁移，在边境地区不断与班图人兵戈相见，一如欧洲殖民者与美洲印第安人在北美地区的那些战争一样。欧洲列强开始扩张其统治范围或势力范围：葡萄牙在安哥拉和莫桑比克；法国继1830年在阿尔及利亚站稳脚跟之后又来到塞内加尔；英国在黄金海岸、拉各斯、纳塔尔以及通过其对桑给巴尔素丹国的影响而抵达东非。

五

在1880年以前，欧洲列强的侵略仍然局限于对非洲边缘地带的蚕食：在非洲地区拥有最庞大的领土统治的外部大国，并不是哪个欧洲列强，而是奥斯曼土耳其帝国，其宗主国势力所及，依然包括埃及和马格里布地区（阿尔及利亚除外）。伦敦、巴黎和里斯本政府对于大规模地扩张其统治范围，尚无任何具体谋划。如果非洲内陆地区命中注定或早或迟要与现代世界发生联系的话，那么，迄今为止还没有出现一种事态足以说明，它非要以殖民列强之间的一次大瓜分的形式而加以实现。但是，非洲大争夺却在突然间不期而至。一方面，最强大的既定殖民列强之间的竞争推动了瓜分：1871年在欧洲战败以后，法国谋求通过帝国扩张而得到补偿，其在非洲的表现，是探险家布拉柴[①]缔结了一系列兼并条约；英国在1882年占领埃及一事，在欧洲引起了极大的怨恨。另一方面，新的殖民国家的出现也推动了瓜分：利奥波德二世及其助手斯坦利，假借国际非洲协会之手，在非洲腹地建立了刚果自由邦；俾斯麦领导下的德国，在1883—1885年间如同旋风一般地占领了西南非洲、多哥兰、喀麦隆和东非等领土，对现状安排构成了一个前所未有的挑战，而德国的主要意图，也许在于激起英法两国之间的冲突，从而转移法国在欧洲对德国的压力。

[①] 皮埃尔·德·布拉柴（1852—1905年），法籍意大利探险家，曾任法属刚果总督，现刚果共和国首都布拉柴维尔即以其名义建立并命名。——译者注

瓜分过程并非一场赤裸裸的争夺，而是按照欧洲协调所确立的指导原则进行的。欧洲列强确实卷入了一场厚颜无耻的地位争夺赛，在欧洲各国首都举行了多次会议，在地图上划分了势力范围，而这些地图对于许多地区的描述有时并不准确，对于其中一些地区，欧洲人甚至从未到过。特许公司应运而生；它们援引利奥波德国王在刚果的先例，抓住正在出现的经济机遇，正如此前重商主义时代荷兰和英国的特许公司开发印度群岛贸易那样。国际紧张局势由此产生，甚至出现了战争的幽灵（如1898年英法在法绍达或1906年及1911年法德两国争夺摩洛哥）。但是，这些紧张局势得到了有效的控制，战争在欧洲的最终爆发，并不是因为列宁后来所描述的帝国主义争夺，而是因为欧洲问题。正如在欧洲扩张进程肇始之际教皇划定了西班牙和葡萄牙之间的界线那样，在这个进程临近结束时，欧洲协调也为瓜分非洲确定了界线。

1884—1885年关于非洲问题的柏林会议推动了界线的划定。这次会议由俾斯麦召集，原拟讨论刚果问题。除瑞士以外的欧洲国家，连同土耳其和美国参加了会议；会议本身并未如同人们有时所说的那样"瓜分非洲"，而是由那些在会议召开之际已在谈判之中的双边协议完成了瓜分。不过，这次会议缓和了因彼此冲突的刚果申索权而造成的当前紧张局势。它为参与瓜分的列强确立了指导原则，从而最大程度地消弭了它们之间的摩擦。同时，它还为整个瓜分过程提供了一种集体批准或合法程序。

柏林会议达成的《最后议定书》，确认在刚果盆地实行自由贸易，以及所有国家的船只均有权通往海洋。[①]刚果河与尼日尔河的航行自由得到承认，并约定成立一个刚果河国际航行委员会。对刚果自由邦的承认，由列强通过单独的协议加以确认。各国相约履行"共同义务"去"保护土著部落并关心其道德及物质福祉之促进"[②]，并致力于废除奴隶贸易和奴隶制度。土著居住的信仰自由和宗教宽容将得到保证。基督教传教士、科学家和探险者会得到保护。所有那些在沿海地区获得新领土的列强，必须知会其他签约国。最重要的是，各个列强同意有义务确保其所占领地区的"权威之确立"，这意味着，领土申索权取决于"有效占领"，这是詹姆斯一世时期英国使用过的原则，当时，英国是南北美洲帝国扩张进程中的后来者，其使用这项原则，

[①] 条约文本，见 Sir Edward Hertslet, *The Map of Africa by Treaty* (London, 1896), vol. i。

[②] Hertslet, *The Map of Africa by Treaty*, p. 27.

是为了反对西班牙和葡萄牙的申索权；现在，德国试图运用这项原则，从而使其在更平等的基础上与英国、法国和葡萄牙展开竞争。

人们经常轻视柏林会议的影响。①刚果地区的自由贸易被垄断所取代；土著人的福祉被臭名昭著的剥削取代；刚果自由邦也未能坚持多久，1908年终于成为比利时的一个殖民地。在获得领土时知会其他国家的义务，是指获得之后而非获得之前的知会。所谓"有效占领"的条款，仅仅适用于新的领土，而非已占领的领土；仅仅指沿海领土，而非内陆领土；这种区分的结果是，英国得以坚持区别对待领土兼并和保护国之建立，而且坚持这项原则不适用于后一种情况。美国代表试图坚持以下观点，即非洲土著酋长享有国际法权利，因此拒绝在《最后议定书》上签字。

然而，通过条约形式解决刚刚出现的刚果河国际争端，遏制了导致帝国主义列强之间紧张局势的一个重大根源。在随后的岁月里，关于知会和"有效占领"的指导原则，其适用范围更广，以至超过了《最后议定书》本身的预期；这不仅包含沿海领土，还囊括了内陆地区；而会议成功地强调这样一个观点，即帝国主义列强之间仅靠双边协议，而没有当时的国际社会作为一个整体的广泛认可，占领理由就是不充分的。国际社会坚持认为，殖民主义列强拥有国际责任去充当附属地人民之福祉和进步的托管人，这些责任由《柏林最后议定书》首先提出，1889—1890年布鲁塞尔会议更加明确地做出规定，后来又演变成国际联盟委任统治制度与联合国托管制度，并一直延续到今天，以另外一种形式表现为发达国家对欠发达国家负有义务的观点。这是一个粗浅的看法，因为它未能认清这项原则的重要性，因为托管制度有时被滥用，或者，因为该原则是根据一个完全不同的时代环境并用当时的语言加以界定的。

六

在欧洲国家将非洲政治实体纳入国际体系以前，双方之间的关系在多大程度上是一种"正常"的关系？在最后大争夺以前的长期接触过程中，欧洲国家表现出一种相当重要的态度，即承认非洲政治实体拥有独立存在的权

---

① 其中一个案例，参见 S. E. Crowe, The Berlin West Africa Conference 1884~1885 (London, 1942)。

利。在欧洲国家的历史上，相较于这些国家与基督教世界内部或欧洲内部的关系，在它们与那些无文字的、野蛮的以及在某些情况下还是无国家的社会的接触过程中，这种"正常"关系是不可能出现的。我们还必须指出，1444年，葡萄牙人第一次与黑非洲政治实体发生接触时，要比《威斯特伐利亚和约》早了两个多世纪，那时，近现代意义上的国际关系中的正常行为的概念还远未形成。

然而，毫无疑问的是，在非洲地区的欧洲人并未提出非洲大陆属于"无主领土"（territorium nullius）的笼统申索权，正如他们在澳大利亚和其他人口稀少的领土所做的那样，而是选择承认非洲当地政治实体的存在，认为后者不仅拥有政治独立权，而且拥有土地所有权①，至少在其实力强大到足以推翻这些政治实体以前。值得注意的是，即使在瓜分过程中，欧洲国家并非假借非洲政治实体不享有独立权的理论为其行为辩护：领土所有权一般是基于非洲统治者同意让予的申索要求，或者，不大常见的，是基于征服而占有的权利；即使欧洲列强之间划分势力范围的许多双边协议，连它们自己也不认为是赋予其对非洲领土拥有权利。

人们并没有一个"先验的"理由去怀疑欧洲国家与非洲政治实体之间在瓜分以前签订的各项条约的真实性。正如我们已经讨论过，对条约之神圣不可侵犯的原则，非洲社会和欧洲各国均洞若观火。概念和诠释问题并非不可解决，即使没有共同语言或共同文化；非洲统治者并非对外交一无所知，或并非不精于此道。按照欧洲国家关于主权君主权利的概念，一些非洲缔约国对于这些条约的模棱两可的权利要求，似乎并未成为它们缔结这些条约的一道障碍，正如近现代时期欧洲列强与北非穆斯林国家缔造了许多条约一样，那时，它们并不是主权国家而是奥斯曼土耳其素丹的附属国。旨在推动贸易、打破贸易垄断或为建立贸易据点让予领土的条约，并不必然是武力的产物，欧洲国家常常并未准备使用武力，而这些条约也并不必然地给予有关缔约国以不平等的或不对称的利益。

在瓜分时期，欧洲各国政府，有时是公司，与非洲统治者缔结了数百项条约；即使这样，认为这些条约均属伪造，可谓大谬不然。②斯坦利、布拉

---

① M. F. Lindley, *The Acquisition and Government of Backward Territory in International Law* (London, 1926); C. H. Alexandrowicz, *The European – African Confrontation* (Leiden, 1973).

② Saadia Touval, "Treaties, Borders and the Partition of Africa", *Journal of African History*, vol. vii, No. 2 (1966).

柴、彼得斯①、卢格德②、约翰斯顿③之流所缔结的割让领土或接受保护国地位的条约，其目的在于为帝国权势之扩张寻找理由，都公正地遭到某种怀疑态度的对待：有人认为，在一些条约中，非洲缔约国不具备主权资格；缔结条约的人未被赋予全权；非洲国家代表不理解条约内容；或者，他们是迫于武力而缔约的。但是，因为欧洲列强对某一块领土之权利的申索要求（鉴于"未曾拥有则不能给付"［nemo dat quod non habet］原则），乃是取决于这些领土割让条约的正确方式，即它们受到其他竞争对手的应有的密切关注。因此，有关缔约国往往是小心谨慎地确保条约得到遵守：许多条约有时包含了表明相关非洲酋长确实拥有主权权力的条款；设立证人以证实条约内容得到全面理解；通过武力强迫非洲签约国的案例确实有过，但似乎属于个例。同样，认为非洲统治者必然勉为其难地订立这些条约，也属大谬不然；这些统治者可根据条约获得特权和保护以去对付内外敌人，或得到高级技术。事实上，在这些推动殖民统治之扩张的条约中，有一些是非洲统治者自己主动提议缔结的。但是，我们不能错误地接受当下的关于整个非洲大陆的所有政治实体都是自告奋勇地消灭自己的帝国主义理论；同样，我们也不能贻害无穷地把目前的关于所有非洲政治实体在心知肚明的情况下宁愿接受殖民地位，而不愿保持独立的假设嵌入以往的历史进程。

如果把外交的概念运用到来往于欧洲与前殖民时期非洲政治实体之间的各色各样的临时外交使节身上，似乎有些牵强附会；但我们必须牢记，这些使节刚刚出现之时，欧洲常驻外交使节还没有普遍设置，而近现代外交惯例也尚未形成。我们清楚地知道，许多非洲王国向欧洲派遣了使节，包括15世纪的贝宁，16世纪的贝宁和刚果，17世纪的阿拉达④和阿塞布⑤，18世纪的达荷美，以及19世纪的祖鲁国王沙卡（虽然他的使节仅到达开普敦）。⑥15世纪和16世纪，葡萄牙先后向刚果和马里派遣了大使；正如上文所指出，在早先的几个世纪里，欧洲贸易据点除发挥其他几种作用以外，还充当了常

---

① 卡尔·彼得斯（1856—1918年），德国探险家和殖民者，建立德属东非殖民地。——译者注
② 弗雷德里克·卢格德（1858—1945年），英国探险家和殖民者，先后任香港总督（1907—1912年）和尼日利亚总督（1914—1919年）。——译者注
③ 哈里·约翰斯顿（1858—1927年），英国探险家和殖民者，先后在比夫拉、喀麦隆、莫桑比克、津巴布韦、乌干达等地充任殖民官员。——译者注
④ 阿拉达，阿贾兰王国首都。阿贾兰，今贝宁之一部分。——译者注
⑤ 阿塞布，今加纳中部之一地区。——译者注
⑥ 关于沙卡的使团，参见 E. A. Ritter, *Shaka Zulu* (Harmondsworth, 1978)。

驻外交使团的角色。

我们已经注意到,在瓜分以前,非洲并不存在一个欧洲列强和当地国家均卷入其中的全面的战争和联盟体系,而这样的体系却见之于东印度地区(在北美洲也发生了英国、法国和美洲印第安人均卷入其中的战争)。不过,在许多情况下,这样的联盟不过是停留在地方层次上。如1570年,葡萄牙派遣一支远征军帮助刚果对付贾加人①;在17世纪和18世纪,葡萄牙人、荷兰人、英国人、法国人、西班牙人、瑞典人、勃兰登堡人、丹麦人和其他人在奴隶海岸建立的据点之间,都与当地国家结成联盟并彼此兵戈相见;19世纪,英国与范特人②和索马里人结成同盟,分别对付阿散蒂人和埃塞俄比亚人。这些联盟对于非洲统治者维持或扩大其权势以对付当地对手来说,可谓至关重要。

七

在瓜分非洲的过程中,欧洲国家与非洲政治实体之间的这些共处共存因素,很快就消失殆尽。在欧洲列强达成协议划定各自的势力范围之时,非洲各国并不知晓。一些非洲政治实体被征服而推翻;在一些情况下(如法国之征服马达加斯加),这是在它们的独立地位得到欧洲各国承认之后发生的事情。"构成承认"理论被欧洲列强祭起,以表明非洲统治者并不拥有主权国家的权利,而同样还是这些欧洲列强却又狡辩说,正是非洲统治者将其主权权利让渡给它们,从而为他们提供了申索殖民领土的权利。对欧洲来说,帝国主义列强之间的团结稳定,意味着瓜分非洲要按部就班地进行,意味着欧洲和平要得到维持,其标志是柏林会议和布鲁塞尔会议;而对非洲来说,这却意味着帝国主义列强之间不能彼此争夺,而要团结一致将其统治秩序强加给非洲国家。

新的历史诠释学派始终强调,非洲政治实体在抵制和反对强加给它们的殖民统治方面,发挥了积极的作用。③事实上,祖鲁人、阿散蒂人、萨摩利、

---

① 贾加人,古代刚果王国以东以南的非洲部族。——译者注
② 范特人,加纳西南沿海地区的部族。——译者注
③ 参见 T. Ranger, "Connexions between Primary Resistance Movements and Modern Mass Nationalism in East and Central Africa", *Journal of African History*, vol. ix, nos. 3 & 4 (1968); Idem, "African Reactions", in L. H. Gann and P. Duignan, eds., *Colonialism in Africa* 1870 – 1960 (Cambridge, 1969).

阿伯尔希里以及其他许多人，都抵制和反对殖民统治，虽然他们最后都败于欧洲人之手，但其斗争却并非徒劳无益：他们的斗争有时成功地影响了他们所被迫接受的统治条件，决定了他们与殖民统治者之间的未来关系，在殖民统治时期保持了他们的身份意识，而在殖民统治崩溃之际提高了他们的地位。事实还在于，在那些以明确的非洲政治实体之名义进行的抵抗和造反行动与当今时代那些促使非洲走向独立的民族主义运动之间，并不存在人们一度所说的巨大差异：人们忽视了前者中的"现代化"因素和后者的"传统性"因素。在今天的非洲政治生活中，有充分证据表明，欧洲国家在前殖民时期或外交关系阶段所碰到的非洲政治实体，并非全然地迈入殖民时代，而是继续充当着非洲大陆政治传统的一个至关重要的组成部分。不过，当非洲走出殖民时代而崛起之时，并不是那些古代的政治实体占据了它们在国际社会中的位置，而是一系列"新国家"，它们的边界继承了殖民领土的外部边界（在某些情况下还包括内部边界），它们的自决或民族解决要求代表了这些领土所界定的居民而不是传统的共同体，而它们中的一些成员声称它们继承了前殖民时期非洲帝国之衣钵的要求却没有多大的说服力。

第二编

非欧洲国家之加入国际社会

第八章 世界性国际社会的出现

赫德利·布尔

15—19世纪期间的欧洲扩张，正如本书第一编所讨论，逐渐催生了一个将各大地区性体系连为一体的国际体系；到19世纪中叶，这样一个国际体系几乎覆盖了整个世界。然而，这并不意味着就此形成了一个世界性的国际社会。一个囊括了经济、军事和政治关系在内的格局已经横空出世，不仅欧洲国家及其殖民地卷入其中，而且亚洲、非洲和美洲印第安人统治者及其人民也卷入其中，只不过两者卷入的方式和程度各不相同。但是，它们并没有团结在一种共同利益观念之下，也没有一个由公认的、规定彼此权利和义务的规则组成的结构，更没有共同国际制度的运行方面的合作可言。

事实上，在这样一个日益扩大但尚未变成国际社会的国际体系之中，已经出现了一些日后的世界性国际社会即将包含的基本因素。那些从事扩张的欧洲人，在遇到美洲印第安人和非洲国王及酋长，穆斯林素丹、汗王和埃米尔，印度王公以及中国皇帝和日本天皇之时，并不总是企图统治他们或将其殖民化，因为在19世纪以前，他们并不是在所有情况下都能实施大规模的殖民统治；反之，他们始终谋求与其通商，使其皈依基督教，并在一些情况下与其结成军事同盟。所以，欧洲国家倾向于与非欧洲国家建立一种和平且持久的相互关系。

非欧洲国家有时能够而且愿意来而有往地订立条约，推动贸易，并结成同盟。近现代时期在地理上作为半个欧洲国家的奥斯曼土耳其帝国，在那个由经济和战略关系所组成的欧洲体系被看作是欧洲性的体系以前，一直是这个体系的一个成员，它有时被看作是整个基督教世界或整个欧洲的外部威胁，有时又充当某个基督教国家或欧洲国家的盟友去对付其他基督教国家或欧洲国家。在17—19世纪期间，东印度各大土邦在我们所说的欧亚国际体系框架下基于相互承认的原则与欧洲列强订立了商业和军事条约。美洲印第安人政治实体在欧洲扩张的历史进程刚刚肇始之时，如同非洲政治实体在这个进程宣告落幕之际那样，在各自的大陆上与欧洲入侵者订立条约并结成同盟，虽然入侵者最终把所有土著实体都纳入了其中，但并不能因为这个理由而声称这些条约和同盟在其缔结之时就不是出于真心实意。中国和日本作为隐士帝国，在19世纪被强制性地纳入欧洲商业和外交体系；即使这样，它们早先也曾主动与欧洲列强订立条约，而这些条约也发挥了一定作用。下文将会明确说明。

但是，无论欧洲国家还是非欧洲国家，在处理相互关系时，都不能说是受到了它们所认定的共同利益的驱动，即在全世界范围内维持一个各自独立的政治实体之间的经久的共存共处和相互合作的结构。它们并不能诉诸一套共同而公认的规则而实现此目标，这是日后的世界性的国际关系的基础。它们也不能乞灵于既定的普遍性国际制度，如外交公约、国际法组织、等级原则、战争法规，这些制度事实上促进了各大地区性国际体系之间的交往。在西班牙人征服墨西哥和秘鲁的过程中，平等的主权国家之间的共存共处观念，即使在基督教国家本身之间的关系上还尚未牢固确立，也就谈不上在基督教国家与美洲印第安统治者及其人民之间的关系上发挥任何作用。在欧洲国家与奥斯曼帝国的长期交往中，土耳其统治者看待对外关系的角度，是基于世界分为伊斯兰信众和异教徒的基本观念；他们的固定不变的对外关系，是帝国政府与其臣民或附庸的关系；在进入19世纪以后，他们才逐渐习惯于在世俗基础上根据平等原则和礼尚往来原则来看待国际关系。

在欧洲国家的商业、领事和外交使团强行抵达以前，中国和日本处理我们今天所说的国际关系的手段，笼罩在宗主国与藩属国关系的观念之下。在19世纪末和20世纪初，在中国和日本的外交政策中，那种要求与欧洲列强分享平等地位的愿望，表现得非常强烈。两国都力争在欧洲人确立的国际秩序中占有合法地位。在经受了欧洲文化和思想的巨大冲击之后，它们终于放弃了本土观念。在欧亚国际体系内，欧洲列强与南亚国家之间的关系，事实上接近于一个国际社会的运行机制，但其文化基础不牢，制度化水平不高，地理范围有限。在非洲面临瓜分之际，欧洲成熟的工业国家与撒哈拉以南的经济落后、没有文字且有时尚未形成国家的非洲社会之间的关系，显然并不拥有一个共同的国际社会的成员国之间应当分享的共同观念的最基本的要素。

在世界性的国际社会出现以前的几个世纪里，欧洲经常用来表明其拥有一些处理欧洲人与其他民族之关系的规则的东西,乃是自然法的观念。这种观念,或者相关观念的复杂组合,源于古希腊和古罗马的斯多噶派,后发展成为拉丁基督教世界的政治理论的核心内容;它宣称,人类本身所拥有、理性之光所明确的权利和义务,自然地存在于整个世界,而不论何时何地有着何种的风俗习惯。当然,在近代早期,自然法理论在基督教或欧洲各民族之关系上发挥了重要作用;16世纪的维多利亚和苏亚雷斯,以及17世纪的格老秀斯和普芬道夫等思想家,根据自然法观念认为,基督教的或欧洲的统治者及其人民,部分地——即使并非全然地——根据自然赋予人类并将人类联系起来的不言自明的道德约束而组成了一个国际社会。然而,在基督教或欧洲各民族之间的关系上,这些不言自明的自然法道德约束,不仅得到了意定法或人定法的补充,后者或源于历史,或出自当代交往,而且得到了人们所共同理解的神法的补充;在欧洲人与美洲印第安人、亚洲人以及非洲人之间的关系上,这些道德约束起初并不强大或者根本就不存在,自然法观念也就显得愈发重要。

人类共同体并无地理限制的自然法理论,提供了一种武器,可用来反驳那些把非基督教的或非欧洲的各个民族看作是无权利之人的责任论。在古希腊时期,斯多噶派声称全人类是一个道德共同体,反对亚里士多德等人把人类分为希腊人和野蛮人并认定后者天生就是奴隶的说法。在中世纪晚期,保卢斯·弗拉季米里①以及阿奎那的其他门人,坚持认为立陶宛异教徒享有独立的政治存在权利,反对霍斯廷希期理论的那些拥趸者所说的非基督教社团在基督降临后不再拥有政治生存权利的观点。正如上述两个学派一样,在近现代欧洲扩张时期,自然法理论被用来反对西班牙征服者而捍卫美洲印第安人的权利,捍卫那些被迫卷入跨大西洋奴隶制度的非洲人的权利,捍卫世界上许多地区的那些受到欧洲殖民者剥削压迫和道德统治的原住民的权利。

然而,自然法理论所蕴含的全人类的世界性国际社会,还只是一个概念,或停留在理论层面上。在世界各个政治实体的意志或公意中,还找不到它的位置。在近代时期,只有欧洲国家公开坚持这个概念,即使在非欧洲传统中也有类似的说法。它对欧洲或西方实践的影响有限。此外,从事扩张的欧洲人单方面地认为一个世界性国际社会根据权利而存在的自然法理论,提

---

① 保卢斯·弗拉季米里(约1370—1435年),波兰学者,在1414年康斯坦丁宗教会议上提出基督教徒和异教徒和平共处的概念。——译者注

供了一个基本理由，从而使他们可以强迫非欧洲民族违背意愿地进行商业和外交往来，这就是所谓的正义商业（jus commercialis）：在16世纪，维多利亚曾用它来为西班牙在西印度的战争进行正名；在19世纪，英国用它为其打开对华贸易的战争而正名，美国用它来为其强迫日本通商而正名。正如那个有权传播基督教教义从而实现全人类都信奉基督的假设，以及后来那个有权传播文明从而建立一个世俗的普世性文明社会的假设一样，自然所赋予的普世性的贸易和外交权利的假设，对那些不曾同意这些权利的人构成了威胁。

相对于自然法学家的理论概念，一个世界性国际社会及其各个维度，只有等到欧洲国家以及它们所交往的、共存于一个相同的国际体系的许多独立政治实体最终在共处与合作结构方面形成共同利益，心照不宣地或公开地承认共同规则和共同制度之时，才算是真正出现。在这个进程中，其中一个因素是基于常设原则的外交代表的互派，首先是临时性的特使，然后是建立常驻使团并采纳共同的外交礼仪和程序。另一个因素是接受共同的国际法制度，首先表现为根据共同程序缔结和遵守条约的国际习惯，后来得到国际公法学家所说的"国家大家庭"扩展的承认。再一个因素是各国代表参加那些定期的多边会议，这是《威斯特伐利亚和约》以来的近代国际社会不断演进的一大标志。描述这个世界性国际社会之演进的一种方法，就是追踪这些会议上的不断增多的非欧洲国家代表。

这些进展的出现，绝对是有关国家内部的文化变革进程的产物，在这个进程中，原先敌视平等和互惠的国际规范的立场，让位于一种对其赞赏有加的态度。如果不是因为作出某些尝试而抛弃或至少修正了那种关于伊斯兰世界与异教徒之关系纯粹只有无休止战争的理论，奥斯曼土耳其帝国就不可能与异教徒保持一种和平而持久的相互关系。基于互惠原则和对等原则而互派外交使团的做法，不仅意味着中华帝国摒弃了其与外国之关系属于宗主国与藩属国之性质的观念，而且还确立起这样的前提。在19世纪不断前行的过程中，亚非国家起来反抗它们在欧洲列强那里遭到的不平等待遇，而且日益能够与豁免待遇相结合；这种情形的出现，是在惠顿的《国际法原理》[①]及其他类似的西方国际法著作先行翻译出版，且其中的国家主权平等权利内容

[①] 亨利·惠顿（1785—1848年），美国法学家和外交家，1836年在伦敦出版两卷本《国际法原理》。——译者注

得到消化——即使仅仅出于策略原因——之后。

也许，更重要的还在于，数量巨大而又迥然不同的政治实体共同创建一个统一的国际社会，预设了这样一个前提：这些实体至少在一定程度上彼此相似，在某种比较视角上，它们统统都是国家。到 20 世纪初，国际法理论终于认定，政治实体只有在符合关于国家资格的一些正式标准之后，即必须拥有政府、领土、人口并有能力参与国际关系或履行国际义务，才能够被承认为主权国家。毫无疑问，在欧洲国际体系扩展的过程中，国家承认实际上常常并不符合这些正式标准。此外，国家如若得不到其他国家的承认就不享有主权的理论（所谓的"构成性承认"理论），19 世纪末 20 世纪初被欧洲国家用在亚非国家身上；今天，人们普遍认为，这种理论不过是欧洲用来统治别人的一个工具。不过，人们并不能作如下期望，即欧洲国家会把国际社会成员的所有好处扩展到给予那些并不能根据互惠原则而参与国际关系的政治实体；亚非政治实体最终参与这种互惠关系并享有国际社会成员国充分权利的进程，与其国内的政治及社会改革进程密不可分，这些改革缩小了它们与西方政治实体之间的差距，进而推动了相互之间的融合。

那个原本欧洲性的国际社会突破欧洲地理限制向外扩展的过程，始于欧洲殖民扩张到达巅峰阶段以前的一个世纪，其标志是 18 世纪宣告落幕之前美国赢得独立，以及随后在 19 世纪最初几十年西班牙美洲殖民地纷纷建国。这个将宗教上的基督教各民族以及种族和文化上的欧洲各民族囊括其中的最初扩展，并未触及成员国资格标准，其本身也未能在多大程度上促进非基督教及非欧洲民族进入国际社会的前景。实际上，欧洲移民殖民地的独立意味着美洲土著民族仅存的政治权利已消失殆尽，美国革命所宣称的个人权利和民族权利，在实践中并未扩大到欧洲人种以外的其他个人和其他民族身上，正如法国大革命所宣称的权利在理论上扩大到海地（当时称"圣多明各"）的黑人和穆拉托人（黑白混血人）头上，但在实践上只有在后者挫败英法两国镇压企图的流血斗争之后才得到伸张那样。然而，美洲革命及其所缔造的"新国家"加入那个在欧洲形成的国际社会后，扩大了它的地理范围。这些革命还造就了一套反殖民理论和说辞，包括涉及大国冲突的不结盟，"大陆主义"或地区团结与分离权，国际关系中的新开端以及对于陈旧经验的拒斥。这套理论和说辞为后来更多的"新国家"所继承。

后来在 19 世纪，尽管欧洲强化了对世界其他地区的控制，并倾向于根据更严格和更排他的标准来界定其他国家之加入国际社会，但少数几个在宗教上既非基督教而在种族和文化上也不属于欧洲的国家加入了那个原本欧洲性的国家小圈子，根据外交和国际法的对等原则处理相互关系，并派代表参加多边会议。1815年，只有欧洲国家出席了维也纳会议；1856年，奥斯曼土耳其帝国出席了巴黎和会；1899年，除美国和墨西哥外，土耳其与中国、日本、波斯以及暹罗一起，参加了海牙会议；1907年，所有16个拉美共和国都参加了海牙会议，其相当重大的冲击效果预示了第三世界对于联合国大会的影响。到第一次世界大战之时，一个由国家组成的世界性国际社会明显已经存在，它覆盖了世界所有地区，包含了美洲、亚洲、非洲以及欧洲的所有代表。

欧洲人的正统观点是，这个世界性国际社会的出现，是由非欧洲国家加入那个原本欧洲性的国家俱乐部而促成的，而它们在加入之时满足了创始成员国所确立的接纳标准。今天，人们普遍质疑这种正统观点。在19世纪以前，欧洲国务家们似乎并非始终将国际社会看作是纯粹欧洲性的。从16世纪到18世纪，自然法理论家描述了一个全球范围的国际社会图景，即使他们也认识到其中有一个基督教和欧洲国家组成了小圈子，它们之间的关系更紧密。17—18世纪，欧洲国家在东印度地区的实践反映了一种愿望，即根据相互承认原则与当地国家发生商业、军事和外交关系。此外，正统观点忽略了亚洲国际关系惯例对于欧洲惯例之演进的影响：非欧洲国家最终所遵奉的国际社会，并不是在欧洲与世界其他地区相互隔绝的情形下产生的那个社会，而是在欧洲向其他大陆进行扩张的长达四个世纪的历史进程中同时形成的那个社会，并且打上了这个历史进程的烙印。此外，在欧洲出现国家以前，中国、埃及或波斯已经存在了数千年之久，还有人主张它们不过是在符合了欧洲人在19世纪发明的衡量标准之后才获得了完全独立的权利，可谓荒谬至极。

但不可否认的是，在塑造这个世界范围内的国际社会方面，欧洲人发挥了独特的作用。事实上，正是欧洲列强而不是亚洲、非洲或美洲国家最终在整个世界上占据了一种统治地位。事实上，正是它们那个由法律上平等的主权国家组成的国际社会的概念，最终得到世界上所有的独立政治实体的承认，并成为相互关系的基础。当今世界的大多数非欧洲或非西方国家，在确立这个它们如今成为其成员的国际社会的基础方面，并未发挥多大的作用，因此自然地而且正当地谋求对其作出修正，以反映它们的特殊利益。然而，我们不应忽视的是，它们谋求在这个国际中获得一席之地，是基于它们业已同意接受其基本原则和基本制度。非欧洲政治实体在某些情况下是被迫加入国际体系的，但它们之所以在国际社会中占据了一席之地，是由于它们本身谋求得到作为其成员的权利，进而得到其基本规则的保护，以此应对居于统治地位的欧洲列强，并处理相互之间的关系。

如果说非欧洲政治实体加入了原本只是欧洲性的俱乐部的观点显得荒谬可笑，那么有人认为在欧洲殖民地统治时代以前就存在一个世界性的国际社会的说法也令人费解。虽然当今一些亚非国家与前殖民国家的历史完全一致，但大多数都是真正意义上的"新国家"，它们并非古代政治实体的继承人，而是殖民制度的创造物。"古老国家"如中国经历了殖民时期而幸存下来，如越南则亡国而又重生，它们在前殖民时期的确都拥有独立权利，至少按照我们今天回过头来所运用的标准来衡量是这样；大批亚非政治实体也是如此，可它们的独立却永失不复。另外，在很多情况下，它们的独立权利一度获得了欧洲人和其他人的某种形式的承认；在扩张进程宣告揭幕之际，维多利亚和其他学者都认为，美洲印第安人政治实体拥有与欧洲国家同样的独立权利，而后来那些被纳入殖民帝国的美洲印第安人、亚洲人、非洲人和大洋洲人的政治实体，先前也曾根据条约而获得了某种形式的承认。但除了殖民主义末期的受害者如埃塞俄比亚（它在意大利实施兼并之时乃是一个公认的主权国家，并且是国际联盟的一个成员）以外，这些独立权利不能说是得到了一个普世性的实在国际法制度的承认，所以也未曾反映出那个真实存在的世界性国际社会的现状。

在评价上文所说的关于世界性国际社会之形成的正统观点时，我们还必须牢记以下一点：19世纪的欧洲国际社会擅自确立（事后看来是如此傲慢自大）其他国家加入其行列的接纳标准之时，它不只是继续重复先前在18世纪就已开始的进程，而是处于一种不断进步的发展状态：在维也纳和会以后的一个世纪里，在国际体系的运行方面，人们不断尝试着新的途径：大国协调，外交优先和礼遇规则，通讯交通的巨大进步，许多社会愈益深刻地卷入一个逐渐扩大的国际经济体系，功能性国际组织不断涌现，在奴隶贸易方面产生了第一轮激动人心的有组织的国际人权行动，关于裁军与和平解决国际争端的新主张。正是欧洲人（和美国人）走在所有这些事态的前列，而亚非国家基于对等原则与欧洲国家发生相互关系的能力，却比早先时期还要羸弱。人们没有理由怀疑，那些坚持国际社会成员国之接纳标准的欧洲列强如此行事，部分是由于他们持有一个在我们看来根本站不住脚的假设：他们在宗教和文明上高人一等。人们也不应当怀疑，他们有时利用这些标准去拒不给予其他人权利，同时又为他们自己获取特权，或者，他们要求其他人符合这些连他们自己也不能遵守的行为标准。不过，我们必须承认，在整个19世纪过程中，参与国际社会生活，有着一种完全不同于过去的含义。各个国家处理新型国际关系的能力确实有天壤之别，而欧洲人所发明的衡量标准也认识到事实正是如此。

但是，到第一次世界大战之时，欧洲国际社会已不再是纯粹欧洲性的，其成员国已遍布全世界，而欧洲列强和美国在其中占据了统治地位。广大的亚洲、非洲和大洋洲处于殖民依附地位：世界性国际社会由国家所组成，但并不包括世界上的所有民族和国家。除了重要而部分的例外——日本，那些在种族和文化上不属于欧洲的国家，虽享有正式独立地位，却艰辛劳作且处于低人一等的耻辱境况之中：不平等条约、治外法权、种族歧视。在欧洲以外的世界各大地区，在欧洲列强所承认的走向独立的阶段中，处在充分主权和殖民地位之间的各种社会一应俱全（势力范围、被保护国、受保护领地、帝国附庸）；与那个由平等主权国家组成的国际社会的概念所并存的，乃是那种更古老也是历史上更常见的国际关系概念的幸存之物，此即宗主国与附庸国之关系。

这种情形，在两次世界大战的间歇时期，并未出现根本变化。这个时期发生了一系列事件：1919年巴黎和会拒绝种族平等条款，英法两大帝国借助委任统治制度进一步扩张，意大利通过兼并埃塞俄比亚而完成了对非洲的瓜分，犹太人对巴勒斯坦的殖民化，南非和罗得西亚少数白人殖民者获得了有效的自治权。国际联盟中的头等大国英国和法国，同时也是首要殖民大国；它们在20世纪30年代的首要挑战者，即现状修正国家，并未寻求挑战殖民制度：意大利谋求对殖民地作出对其有利的调整，德国一心想在东欧斯拉夫民族建立一种不同的殖民地，而日本则企图削弱东方的帝国，进而用它自己的帝国取而代之，其参照物恰恰是欧洲人的那些帝国。

那些即将撼动这个欧洲统治结构的运动，早就见之于一些正在展开的事态：19世纪80年代和90年代日本掀起了废除治外法权的斗争，20世纪20年代中国和印度的民族主义群众运动取得胜利，布尔什维克革命影响了东方世界，20世纪30年代召开了反帝大会。但是，直到1945年以后，这些运动才终于开花结果，而人们开始作出努力，试图将那个由国家组成的世界性社会，改造成一个由民族构成的社会。

第九章　美洲的新国家

亚当·沃森

欧洲性国际社会演变成全球性国际社会的漫长进程，至少开始于欧洲列强对世界其他地区的扩张达到巅峰以前的一个世纪。这个演变进程，主要呈现出两种形式。一是欧洲体系在扩展过程中作出的一系列调整，旨在更有效地处理欧洲列强与亚洲国家（以及不那么重要的非亚洲国家）的关系。二是欧洲体系对欧洲海外殖民地之独立作出的各种调整。在这两种形式中，第二种更加重要。

这个变化进程的第一个阶段，始于18世纪70年代美洲大陆的一些英国殖民地的造反事件，经由华盛顿、玻利瓦尔和圣马丁领导的大功告成的独立运动，终于19世纪20年代西班牙和葡萄牙相继承认其美洲大陆殖民地的政治独立。这个进程有三个常见的方面，不仅与我们这项研究，而且与演变之后的发展进程格外有关。其一，它源于欧洲拓殖者的分裂行动。其二，它仅限于南北美洲。其三，它有效地避免了美洲新国家在欧洲均势中发挥作用。

一

我们首先考察分裂过程。18世纪，美洲的许多欧洲拓殖者不仅日益讨厌宗主国政府对其事务横加干涉，而且不满于王室政府和官员尤其在经济事务上对殖民地议会和显贵人士组成的市政会的意见无动于衷。越来越多的拓殖者接受了从欧洲舶来的民主观念和革命思想。英属美洲殖民者发出种种抱怨，其标志是"无代表，不纳税"的口号；这与西班牙殖民地反对马德里的漠视、剥削和专制毫无二致。反殖民传统和反殖民言论就此形成。英国的许多政治领导人（下院的大多数）以及后来西班牙的许多政治领导人（无论是拿破仑阵营还是盎格鲁—波旁阵营）一样，都对造反的拓殖者抱有同情之心。一般来说，美洲印第安人领袖都站在王室一边。英国和西班牙两国政府做出半心半意的努力，企图诉诸武力对付造反派从而巩固其权威，但造反派却得到了两国政府的欧洲仇敌的帮助：英国殖民地的造反派得到了法国的支持，而西班牙殖民地的造反派得到了英国的援助。

在分裂运动中，英国造反派率先揭竿而起。造反的原因可谓司空见惯，包括英属北美已经享有的较高程度的自治和英国本土早就成型的政治自由传统。1776年，他们单方面宣告独立；1783年，英国王室在战败后承认独立。1807年，直到拿破仑入侵西班牙导致革命爆发以及西班牙政府瘫痪，西班牙造反派才活跃起来。根据中世纪时期的西班牙法律，在一位合法国王复位以前的王位虚悬期间，国王统治下的臣民有权实行自治。当拿破仑废黜费迪南七世并扶植起约瑟夫·波拿巴之时，美洲的西班牙拓殖者宣称拥有这项西班牙权利，如同英国拓殖者宣称那项只有他们派出代表的议会才能向他们征税的英国权利一样。自由化的西班牙政府承认了分裂运动，在19世纪20年代，这项运动席卷了南北美洲的整个西班牙殖民地。

单方面宣告独立并通过武力手段成功地打败帝国军队，是欧洲以外的新世界根据欧洲模式建立新国家的经典途径，毫无疑问，这也是更具有神话时代色彩的立国模式。但是，另外还有一条更具演变性的道路，即通过谈判和相互承认而逐渐走向独立，并且在帝国权威全部终结之后仍保持某种象征性的宪政联系。这条走向独立的替代性低级道路，同样形成于19世纪的最初岁月；与单方面宣布独立的高级道路一样，它亦将在全球性的国际秩序的演化过程中发挥重要作用。实际上，美洲的第二大国家加拿大和第三大国家巴西，走的就是这条道路。

葡萄牙美洲殖民地的独立，不仅对我们这项研究富有启示，而且其本身也颇为激动人心。当新世界的各个西班牙总督在先前的印第安帝国的基础上基本站稳脚跟之时，葡萄牙的各个殖民地，同英国的那些殖民地一样，还都是分散在大西洋沿岸的殖民定居点。到18世纪时，拓殖者在市政会那里获得了某种自治经验，他们手里的权力，甚至比欧洲的葡萄牙人还要大。这些市政会不断游说里斯本的宫廷，有权宣召王室任命的总督，并在发生危机时任命军事、司法和教会领导人以及其他"民众代表"。大地主还统领着地方民兵，如乔治·华盛顿统领的弗吉尼亚民兵。里斯本的开明专制君主不赞成种族歧视，庞巴尔①发布政令称，在巴西的任何一个与印第安人通婚的葡萄牙人，都会得到王室赐予的更多晋升机会。殖民地与里斯本之间最重要的问题是贸易，王室要垄断这个贸易，而拓殖者则想与其他国家特别是英国进行通商。

19世纪初期，巴西无需诉诸武力就获得了自治地位。1807年，拿破仑兼并葡萄牙，摄政王若昂及其政府在英国的庇护下迁往巴西，仅在欧洲留下里斯本作为桥头堡。里约热内卢成为葡萄牙帝国的临时首都。拓殖者开始迅速彰显其影响力。不到一年，政府就屈服于拓殖者的要求和英国的建议，宣布向所有非敌国船只开放巴西港口。在葡萄牙从法国那里获得解放之时，其政府并未迁回欧洲故国。1816年，若昂六世在里约加冕为葡萄牙国王，直到1821年才返回里斯本，留下王子佩得罗在新世界作为他的摄政。此时，葡属美洲已经在巴西帝国的躯壳内扎下深根，不再愿意俯首听从欧洲的命令，即使在一般性的政策问题上也是如此。第二年，当里斯本政府宣召佩得罗亲王返回欧洲以"完成学业"时，巴西人拒绝放行，并宣布他成为独立的巴西帝国的皇帝佩得罗一世。因为他是布拉冈萨王室的王储，并且是由其父王确立的，因此巴西承认他的统治完全合法。武力夺权的合法性问题，在西班牙美洲是如此难于解决，在巴西却毫不费力。经过三年的争论之后，这个问题通过在伦敦举行的漫长谈判而获得解决，英国和奥地利充当调停人，父王终于不可避免地承认了王子的独立。门罗总统立即宣布承认巴西帝国，赶在了葡萄牙和其他欧洲列强的前头。这一年（1824年）制定的新巴西宪法，是自由主义和权力制衡的一个范本，既效法了英美两国，又结合了巴西实践。在我们对演变进程的研究中，梅特涅的作用值得写上一笔。佩得罗皇帝的王后，是哈布斯堡王室的利奥颇迪娜公主，她与其父皇和首相梅特涅都保持着密切的联系，由此，奥地利反对神圣同盟通常奉行的维持既定王室权力的政策，而梅特涅则巧妙地劝说俄国和普鲁士不去支持葡萄牙恢复对巴西的统治。这样，就确保了巴西帝国的独立得到欧洲协调的普遍同意，而不是无可挑战的英国海权支持下的单方面许可。

然而，这并未终结巴西与旧世界的彼此纠缠。几个月之后，若昂国王驾崩，佩德罗积极支持其女玛丽对葡萄牙王位的继承权，并联合自由立宪派结盟反对其弟米格尔，而君主专制派和神圣同盟却赞成米格尔继承王位。米格

---

① 庞巴尔（1699—1782年），1750—1777年任葡萄牙首席大臣。——译者注

尔最终如愿以偿。1834年，巴西与英国、法国以及葡萄牙立宪派王后伊莎贝拉组成一个立宪君主国家的四国联盟，以对付米格尔、俄国、普鲁士以及奥地利。佩德罗率领一支巴西军队，在一支小规模的英法联军支持下，将玛丽扶上葡萄牙王位（她在位19年后去世）。佩德罗将巴西鲜血和财富挥霍在干涉欧洲事务上，引起绝大多数拓殖者的怨愤。但是，葡萄牙世界的两个部分的王朝联系，直到1889年佩德罗二世逊位与巴西共和国成立之时才宣告终结。一系列特殊的协议和非正式的密切联系却延续下来，因此，当今巴西的葡萄牙色彩何以超过加拿大的不列颠风格，就不难理解了。

加拿大走向独立的低级道路如出一辙，也更为常见。我在这里仅需指出它们的几个共同特征。英国王室对法裔加拿大人及其仇视英裔拓殖者的立场及时做出让步，从而确保了他们在美国独立战争期间的中立。然而，美国成功地与英国分家之后，英国拓殖者中的大量保王派迁往加拿大，从而加剧了英法两大族群之间的争斗。英国首相庇特颁布的《1791年加拿大法案》①将其分省而立，各省均有一个选举产生的议会，但也都有一个经过任命的行政机构。法国大革命曾经点燃西班牙殖民地拓殖者的无数热情，现在却让保守派和天主教法裔加拿大人分道扬镳，后者认为，比起美国或法国雅各宾派，英国王室不过是一个次恶；他们还注意到，拿破仑对北美毫无兴趣。不过，尽管彼此争斗不断，但无论法裔拓殖者还是英裔拓殖者，很快就因为所有拓殖者遇到的通常理由而一致反对俯首听命于伦敦。19世纪30年代，两省的不满发展为公开的造反运动，而分裂似乎成为一种必然。规模不大的骚动还引起英属北美的其他四个殖民地的不稳定情绪，即新斯科舍、新不伦瑞克、爱德华王子岛和纽芬兰。伦敦的辉格党格雷政府刚刚推动通过了《改革法案》，现在又只得派遣他的女婿"激进的杰克·达拉姆"担任所有六个殖民地的总督。他动用武力镇压了造反运动，但又在其著名的1839年报告中宣布，英国王室统治下的北美臣民拥有与英国本土臣民一样的权利。"王室必须同意由人民信任的代表组成政府进行统治。"不过，达拉姆却没有如此的辉格气势去解决英裔与法裔拓殖者之间的战争。"我期望看到在政府与人民之间存在一种竞争关系，但我却发现两大民族在同一个国家的怀抱中兵戎相见。"至少，激进的杰克没有自欺欺人地认为，这个棘手的种族问题实际上

---

① 《1791年加拿大法案》将魁北克省分为英裔的上加拿大省和法裔的下加拿大省，两省分别建立代议制度。——译者注

是一个"乔装打扮"的政治和经济问题，正如那时以来经常出现的问题一样。19世纪40年代，达拉姆的建议得到执行，加拿大重新回到了通过同意而走向独立的低级道路上。19世纪60年代，在沿海殖民地和西部殖民地之间发生的关于如何建立联邦的大辩论，根本上是起源于地方性的倡议。那些要求建立大联邦的人，都是顽固的君主派，他们把王室看作是拓殖者的所有不同的单一性忠诚的共同中心。加拿大人希望新的国家定名为加拿大王国的请求，为伦敦帝国政府所拒绝，以避免冒犯美国。这场辩论发生在美国内战的背景下，许多加拿大人认为这场战争是缘于各州拥有的权力太大；因此，《1867年联邦法案》缔造了一个"紧密的"联邦，其赋予各省的自治权，要小于美国或巴西各州，更不用说西班牙美洲分立为12个独立国家了。在后来的一个世纪里，与英国王室和不列颠的最根本的情感联系，使得加拿大成为英国的一个心甘情愿的支持者，从而增强了后者在欧洲均势体系中的地位，比如，它站在"母国"一边参加了20世纪的两次世界大战。而且，只有在20世纪，加拿大政府才在对外关系领域成为国际社会的一个完全独立的成员。

低级独立道路避免了武力分离所造成的破坏、怨恨和决裂。后者对委内瑞拉造成的破坏格外严重。不过，巴西人和加拿大人之所以能够走上低级道路，乃是因为两地的绝大多数人显然准备诉诸高级道路，如果欧洲老大帝国不愿诉诸谈判渠道的话。

摆脱宗主国控制而走向独立的有效压力，来自欧洲拓殖者。在所有美洲殖民地，声名显赫的拓殖者都在或大或小的程度上参与了地方治理：一方面，是英国殖民地通过选举产生的议会，或西班牙与葡萄牙殖民地通过任命组成的委员会；另一方面，王室任命一些名流（如华盛顿和圣马丁）参与治理。只有他们才具备必要的政治意识；也只有他们才拥有一个"文明"政府如何运行的知识和经验，从而使得自治成为可能并为大多数欧洲舆论所接受。最重要的是，只有他们才完全理解欧洲战争方式，从而能够在老大帝国不愿主动以非常体面的方式交出权力之际将其逐出殖民地。

在往往要经历长期而冒险的军事行动的独立斗争中，艰苦奋战的殖民者通常并不担心非洲奴隶或半强制性的美洲印第安劳工的造反行动。他们也没有遭到更令人讨厌的、独来独往的、得到王室鼓励和装备的印第安人"游击队"的过多骚扰。这是整个18世纪期间美洲的欧洲列强之间冲突的一个共同特点。其主要影响，在于进一步坚定了拓殖者在其即将控制的领土上消除一切未来危险的决心。

在这个总体图景中，墨西哥和海地到底算得上是怎样的例外呢？乍一看来，它们确实与众不同。19世纪初期，墨西哥经历了梅斯蒂索人和印第安人的暴动。1807年拿破仑入侵西班牙，也导致了两派之间的一场冲突，一派试图维持与西班牙的联系，而克里奥尔人（白人拓殖者）则希望获得独立。然而，1810年，当克里奥尔神父伊达尔戈①宣布开展革命而将一切权利和特权赋予梅斯蒂索人和印第安人时，绝大多数白人在共同目标的驱使下起来反对他和他的继承者，因而使得冲突愈益成为一场种族战争。宗教领袖人物提出的革命目标，结合了西班牙天主教会关于善待印第安人的传统要求以及新的平等与博爱观念。这场革命最终被伊图尔维德将军②所镇压；与华盛顿和圣马丁相比，此人不过是一介保守的克里奥尔武夫。1820年，马德里的西班牙政府制定出一部自由主义宪法；此时，伊图尔维德摇身一变成为一个保王党人，宣布墨西哥独立，弄出一部更保守的宪法，并准备用一名西班牙亲王充当国家元首。但他没有找到这样的人，因此循着拿破仑的路数自己当上皇帝，赋予所有克里奥尔人以充分权利。起初，这个解决方案的支持力量是如此广泛，以致新的西班牙总督几天之后就登船返回西班牙。然而，在随后的两年内，克里奥尔人中间的共和情绪变得如此高涨，以致发生了一场军事政变，推翻了伊图尔维德，建立起共和国。所以，伊达尔戈发起的摆脱西班牙统治、改善印第安人现状的独立革命，终于由克里奥尔人予以实现，但自下而上的威胁使得他们在内政问题上变得更加保守。伊达尔戈及其继承者从平等主义的天主教政治出发考虑问题；他们从未想过恢复阿兹特克国家和其他印第安人国家。无论在此时，还是在共和国刚刚建立的混乱时期，印第安人都没有发挥重要作用。只是在拿破仑三世企图在一名哈布斯堡亲王名义下重建墨西哥帝国时，印第安人和梅斯蒂索人领袖才接过了独立斗争的重任。

海地表现出我们这个时代的重大事态的一个更突出的迹象，因此，无政府主义的危险也更为严重。1697年，海地被割让给法国；在后来的一个世纪里，这里爆发过许多次骇人听闻的奴隶起义。法国大革命导致了穆拉托人（黑白混血人）的一次大起义，领导人是杜桑·卢维图尔，这位精明能干的

---

① 伊达尔戈（1753—1811年），墨西哥民族英雄和独立之父，1810年9月宣布起义，号召推翻西班牙统治，因叛徒出卖被捕而牺牲。——译者注

② 伊图尔维德（1783—1824年），墨西哥将军，1822—1823年为墨西哥帝国皇帝。——译者注

黑人，最终成为包括西班牙另一半在内的整个伊斯帕尼奥拉岛①的独裁者，并打败了法国皇帝派来镇压起义的勒克列尔（后者是拿破仑的女婿）。1804年，海地最终单方面宣告正式独立，白人被悉数逐出。其后相继出现了几个不同的黑人领导人的短命帝国，以及克里斯托弗建立的王国。这些政权，均系拿破仑帝国的东施效颦之作，不仅血腥残忍，而且荒诞可笑。1858年，终于建立了一个共和国。法国在1825年承认海地独立，英国则紧随其后。美国直到1864年才承认海地是一个正式国家，其后，海地逐渐在国际社会中发挥着一种有名无实的作用。毫无疑问，海地的国际地位因为大多数欧洲列强和美洲新国家的偏见而受害匪浅：19世纪上半叶是关于流血革命的偏见，19世纪下半叶则是关于黑人"无能"的偏见。此外，海地统治者对于正式参加国际大家庭一事并无多大兴趣。南北美洲的国际社会由白人拓殖者所主导，而且一般来说都是欧洲人；而海地人曾将这些人全部逐出国门。他们所希求的，是不受外来干涉的主权，以及从事贸易和借贷债务的制度。实际上，海地的地位与其他中美洲小国并无实质差别。在19世纪上半叶，种族并未成为正式国家地位的一个障碍。

因此，我们没有多少理由认为墨西哥或海地是欧洲国际秩序向全球国际秩序演变进程之第一阶段总体图景中的两个极其重要的例外。在墨西哥，独立建国群体是白人拓殖者，虽然少数人也有印第安血统。他们本身对于印第安人在新国家中占据何种地位，意见大相径庭，但分歧之大却不如美国白人拓殖者。他们对欧洲人和墨西哥在国际社会中的地位的态度，类似于其他国家的白人拓殖者的态度。海地之所以不同于总体图景，在于它是一场精神上的种族革命和反白人拓殖者的革命。海地案例具有某种程度的象征意义，预示着即将到来的事态。即使如此，除法语以外，这个时期并未出现关于任何语言的争论：历届政权照搬照抄或拙劣模仿了拿破仑帝国；他们对于外部世界的态度，从根本上说，是所有拓殖者的最小缩影；海地也被国际社会看作是过于微不足道和过于野蛮落后，以致不能要求对游戏规则作出重大调整。

二

1776—1830年期间陆续诞生的新国家均为欧洲拓殖民者所建立（只有一

---

① 伊斯帕尼奥拉岛，又译西班牙岛，或海地岛。——译者注

个国家例外）的事实，是理解第二个方面的一把钥匙：分离进程和通过谈判实现独立，在地理上仅限于南北美洲。实际上，除了伊斯帕尼奥拉岛上的两个国家以外①，这个进程还仅限于美洲大陆：那些岛屿是如此之小，定居的殖民者如此之少，以致不能成功地掀起造反运动。事实是，19世纪初期，在世界其他各地，欧洲殖民者还寥寥无几。在好望角周围，有荷兰人和胡格诺教徒②的殖民地；在西伯利亚，有俄国人的一连串殖民据点，它们是欧洲俄国的领土延伸，依靠俄国的保护。在亚洲和非洲，还没有出现其他性质的殖民地，一小撮"坐在家里"的官员，管理着庞大的非欧洲居民。在亚洲，印度算得上最靠近，但也得经过绕过好望角的漫漫航行之后才能抵达。荷兰人最富有进取精神：1796年前，他们假借当地统治者之手，管理着爪哇的几块领土。英国东印度公司直接控制了孟加拉国和其他几块较小的印度领土；法国和葡萄牙在印度次大陆拥有据点。在太平洋地区，西班牙人在菲律宾群岛推行西班牙化的政策，但并未进行拓殖。在更远的澳大利亚，英国政府接受了对其进行拓殖的战略建议，而一开始不得不承受强制放逐罪犯的影响。欧洲人的存在主要还是海洋性质的，表现为沿海贸易据点和战略前哨。在热带非洲也是如此：非洲大陆似乎不适宜于白人拓殖；与亚洲不同，非洲在总体上没有接受多少欧洲人的探险和来访。在大西洋和印度洋上，有几个为数不多的岛屿被拓殖定居，如毛里求斯；但与西印度群岛相比，它们更不能成为独立国家的合适候选人。

三

第三个方面，新近独立的美洲殖民地国家避免参与欧洲均势体系，对于我们研究欧洲国际体系的转型有着特定的意义。这是一个重要的和决定性的决裂。这个决裂，并不是亚洲人或其他被征服民族作出的决裂，而是大西洋彼岸的欧洲拓殖者作出的决裂。

西欧列强之所以建立海外基地和殖民地，主要原因是为了在经济和战略上加强自身实力而对付欧洲国家体系中的其他大国。18世纪的欧洲秩序，乃

---

① 伊斯帕尼奥拉岛分为两个部分，东为多米尼加共和国，西为海地。——译者注
② 胡格诺教徒，法国新教教派，16—17世纪加尔文教派的称谓，1562—1598年与法国天主教徒发生胡格诺战争。——译者注

是基于一种"牛顿式"的多边均势观念；据此，每一个国家都在不同程度上受到体系的其他成员的影响；人们普遍认为，如果某一国家在实力上变得比邻国强大，其他国家，不论宗教、王朝或种族联系如何，均应远离该国并相互靠得更近，从而保持平衡。然而，某一个欧洲国家的海外殖民地却未沿着这个方向前进：它们是该国的领土延伸，代表着该国在国家体系中所占据的分量的一个恒定不变的组成部分。美洲殖民者对此洞若观火。他们清楚，只要新世界殖民地效忠母国，它在和平时期就是母国重商主义体系的延伸部分，而在战争时期就得为王室提供战争资源，进而面临其他欧洲列强的进攻和袭扰。

当一些殖民地开始认为其利益不同于母国之时——在大多数情况下这是注定要出现的一种认识飞跃，殖民联系对它们来说似乎就是一种纠葛，会干扰它们自然发展进程。某个殖民地或一群殖民地一旦跨出这个决定性的一步，进而通过武力反叛宣布自己成为一个独立国家，它就得接受母国当时在欧洲的敌人准备提供的援助，以反制宗主国的军事实力。在这个阶段，它就成为欧洲均势体系的一个新成员。对欧洲国家来说，争夺权势之战和保持警惕之势难解难分，因此它们自然而然地认为，均势体系的这些新成员将会如同它们自己被迫那样依照均势原则行事，无论如何，这些新国家的分量将来会用于自卫并对付先前的帝国，因而有利于这个帝国的敌人。拉法叶①和格拉斯②看待他们自己在美国独立战争期间的作用，与法国常备军指挥官在1845年反叛事件中站在英国斯图亚特王室一边几乎毫无二致。当法国代表神圣同盟对西班牙实施军事干涉去支持绝对君制度时，1826年12月12日，坎宁在英国下院发表的那个著名演讲，表明他也有着同样的想法。他对议员们说：

> 难道均势有一个固定不变和不可改变的标准吗？或者，在文明不断取得进步，在新国家逐渐成长并在既定政治共同体中占据一席之地时，难道均势不是在不断发生变化吗？……至于西班牙，正如我们的先辈对它一清二楚那样，我的决心是，如果法国拥有西班牙，那就不应该是一

---

① 拉法叶（1757—1834年），法国贵族和军官，美国革命期间任美军少将。——译者注
② 格拉斯（1722—1788年），法国海军将领，率法国舰队参加切萨皮克湾海战，导致英军总司令康华里率军在约克敦投降。——译者注

个连同着西印度的西班牙。我把新世界引入当前存在,以重新塑造旧世界的均势。

然而,欧洲人如此行事,并未考虑殖民者的意见。后者的目标,在于摆脱欧洲所有的争吵和战争;在于同所有适合他们的市场进行贸易;在于集中精力解决他们在新世界面临的各种问题。华盛顿在告别演说中劝诫他的同胞避免缔结纠缠不清的同盟,虽然人们至今仍在争论,他究竟是指所有纠缠不清的同盟,还是仅仅反对长期义务,尤其指美法之间的半永久性同盟,因为这会导致美国在一场不关乎美洲的争吵中最终向法国提供援助。但是,对他的这番话的一般含义,所有新国家的大多数人都赞成有加。尽管坎宁发出呼吁,但无论玻利瓦尔还是圣马丁,都未将自己看作是重新塑造欧洲均势的人物;相反,这正是他们试图阻止的举动。与华盛顿一样,他们不仅希望在战略上与均势体系中他们原本所属的那个帝国成员脱离接触,而且与均势体系本身脱离接触。

总之,他们要远离欧洲。人们很容易忘记美洲在那个阶段是那么遥远。在帆船时代,在巴拿马运河开通以前,秘鲁的遥不可及,正如杰弗里·布莱尼在《距离之阻》①中所描述的澳大利亚那样。然而,距离不仅是一个阻障,还是一种机会。在反殖民人士看来,宗主国政府在两个方面对拓殖者的战略利益怀有偏见:在对付虎视眈眈的强邻方面给予他们的保护甚少,而在永无休止的欧洲权势争夺上又让他们贡献得太多。这种情绪得到了拓殖者在母国的盟友回应。柏克②在他的一句精心构思而值得注意的比喻里质疑英国下院说,"如果不是我们的殖民地以真正的虔诚孝顺之心将其年轻而丰饶的饱满乳房放进他们那精疲力竭的双亲嘴里",现在的英国不知道会是怎样的境况。对许多美洲殖民者来说,他们也许并不那么孝顺,但肯定会更自然而然地动用其年轻而丰饶的资源去养育他们自己缔造的新国家。如果美洲拓殖者中间的分离派对英国或西班牙都吝惜他们的乳汁的话,他们又怎么会随便给予法国、俄国或不断变化的欧洲体系中的其他国家呢?

这种坚定的态度,在门罗主义那里得到充分说明。门罗主义的最初渊

---

① 杰弗里·布莱尼,澳大利亚著名历史学家和评论家,1966 年在墨尔本出版该书。——译者注

② 柏克(1729—1797 年),爱尔兰政治家、政治理论家和哲学家。——译者注

源，可见之于华盛顿和杰斐逊的声明。他们争辩说，旧世界和新世界是两个各不相同的政治活动范围，新世界应当尽可能地避免与旧世界发生政治联系。1823年，当西班牙美洲的独立地位已经相当巩固之时，门罗政府却有两项关切。第一项关切，缘于俄国在阿拉斯加的活动。门罗宣称，美洲大陆"从今以后不再是任何欧洲列强的殖民对象"。反之，美国也不会干涉欧洲事务。第二项关切，与当时英国政府的关切如出一辙：神圣同盟为恢复西班牙王室统治而对美洲实施干涉的危险。坎宁向门罗提出建议，英美就该问题发表一项联合宣言；但是，门罗及其顾问认为，联合英帝国之举将会严重侵蚀美洲立场和原则，因此答复说，美国希望发表一个单方面声明。国务卿约翰·昆西·亚当斯以无可置疑的反殖民语言宣布，美国将不会"像一艘小划艇那样尾随在英国战舰后面"。1845年，门罗主义得到了伸张和强化，当时，美国兼并了得克萨斯，该地不久前脱离墨西哥而短暂独立，在这个背景下，波尔克总统认为有必要反击基佐①公开宣称的一个命题，即欧洲均势同样适用于新世界。19世纪60年代，在拿破仑三世入侵墨西哥时，美国内战有效地阻止了门罗主义的宣示。但到了19世纪70年代，格兰特不止一次地申明了以下原则，即西半球尚存的欧洲殖民地不能从一个欧洲列强转手到另一个列强那里；只有美洲国家才能改变美洲地图。1881年，欧洲协调甚至遭到专门的排斥："欧洲列强用来控制和决定欧洲事态的政治体系扩展到我们美洲沿岸的任何举动，都将被视为对美国的和平与福祉的危险。"门罗主义不断得到宣示的高潮，在委内瑞拉与英属圭亚那之间的领土争端中，见之于美国对英国的傲慢警告：美国不能同意英国有权管辖"任何一块经过调查后我们决定其权利属于委内瑞拉的领土"。

19世纪20年代由美英两国分别但同时提出的原则，即美洲新近独立国家不参与欧洲均势体系、不受欧洲军事干涉、不与欧洲结盟的原则，得到欧洲的普遍接受。美洲尚存的欧洲殖民地（除英俄两国所属外均为加勒比地区的小块领土），并未受到这项原则的影响；但却存在一项不成文的禁忌，即不能把这些殖民地转让给另一个欧洲国家。人们普遍认为，门罗主义之所以能够得到遵守，在于三个因素：美国的决心，英国在大西洋上的无可挑战的制海权，以及拉美国家不卷入欧洲体系的愿望。即使如此，在充满自信而所

---

① 基佐（1787—1874年），法国政治家和历史学家，先后任教育部长、外交部长和总理。——译者注

向披靡的欧洲帝国主义向整个东半球一路扩张的世纪，这个现象多多少少仍是一个未解之谜。

新世界的新国家不想加入旧世界的均势体系。它们试图在政治上和战略上保持不结盟的立场。但是，它们并不是要根本脱离欧洲社会。相反，它们希望保持与欧洲的最紧密的文化联系，尤其是与母国的联系，因为彼此之间拥有共同的血缘、语言、传统和风格，同时也包括与它们所认定的其他文明中心的联系。我们看到，这些国家自觉地而且通常是迫不及待地采用英国或西班牙的标准，以及法国和意大利的标准，来衡量其取得的各种成就。每一艘商船都会运回弥足珍贵的书籍、时髦货以及返程旅客，当然还有更多的日常商品。新国家还谋求并期望在国际关系中发挥一种正当且合法的作用。在国际法和外交惯例方面，它们毫无疑问地接受了欧洲规则和欧洲模式。它们还遵守邮政公约及其他公约，并通过谈判在非政治领域达成了广泛的多边和双边协议，而所有这些条约形成了一个民事领域的国际秩序。在中立、航运之干涉规则、欧洲之干涉美洲事务以及其他直接涉及美洲的问题上，它们想以某种不同的态度表达其懊悔之心。但是，它们希望这些调整能够得到国际社会所有成员的承认，能够成为国际法的一个组成部分，或至少能够成为国际社会的行为规范的一个组成部分。它们促成了美洲范围内的一套特别的外交惯例，例如在美洲国家使馆而不是其他国家使馆内的避难权；它们希望整个国际社会将这些惯例视为特例而加以尊重。总之，它们将其自身视为先前那个欧洲社会的成员，但又不参与欧洲均势和欧洲体系的战略维度，而这个体系也不参与它们的事务。在总体上，欧洲列强接受了这种安排。

四

这幅总体图景表明，整个西半球的新国家均由欧洲殖民制度并根据欧洲模式而不断形成，到18世纪末，它们不仅做好了独立建国的准备，而且有能力建立国家。事实上，在一些殖民地，所有居民都是欧洲血统；在其他地方，欧洲人则是一群有教养的管理精英。独立经由顶层，即拓殖者中最精明能干和最富有教养的人士，进行设计并最终实现。他们及其缔造的国家成为欧洲社会的公认成员，而不是粗野而又偏僻的成员国，但这无关宏旨。17世纪的一般说法是，在伦敦或马德里，美洲人是指印第安人；19世纪，美洲人是指白人。由于这些新国家均出自欧洲殖民地，在它们中间，没有哪个国家在任何程度上恢复了先前的政府制度，或认为其自身在任何形式上充当了前独立国家的合法继承国。对于那些得到经典作品熏陶的人来说，所有这些都是正当而且合适的。古希腊城邦国家曾出于商业和战略目的，通过有计划的移民建立了诸多殖民地。因此，科林斯人建立了叙拉古①，而麦加拉人建立了拜占庭。同样，埃涅阿斯②及其到处流浪的特洛伊人建立了罗马。更具有宗教色彩的是，《出埃及记》描述了以色列的子孙占领了圣地迦南。这些伟大先例的感染力，激发出拓殖者对于其根源和成就的无比自豪感。但是，这种感染力却未触发出对于西库尔人③、萨宾人④或迦南人之主张和命运的关切。

向全球秩序演化的第一个阶段，乃是欧洲国家社会在特殊条件下向西半球新近独立的欧洲殖民地国家的扩展。后来的扩展和变化，其类型基本与此一致。这不仅仅是因为当今的非殖民化与过去的大致相同。最初的扩展，还创造了可以照搬照抄的先例和模式。

首先，我们可以考察反殖民传统和反殖民理论的确立。海外殖民地应当成为独立的国家。道德义务感和个人利益，促使附属领土的领导人去推动这一天的早日到来。然后，新国家应当根据平等原则加入俱乐部。它们应当在国际事务上拥有发言权——有人甚至主张应当拥有平等的发言权。但是，新国家有权利，也有责任不参与列强之间的冲突。在这方面，华盛顿和玻利瓦尔的当代继承人是不结盟运动。在经济上和实践上，至关重要的是摆脱与前帝国的联系，因此，正如卡斯特罗所说，不结盟国家的天然盟友，就是大国均势中的那个最起劲反对前帝国的国家，即使它同样是一个帝国主义国家，而且从长期看是一个令人讨厌的国家。不结盟国家的终极态度，就是梅尔丘提奥所说的"你的两座房子都会遇上瘟疫"。⑤

其次，拓殖者的完全自治目标，即加拿大（以及巴西）通过谈判和象征性的共同王室联系走向独立的低级道路，最终为最重要的老大帝国英国所接

---

① 叙拉古，又译锡拉库萨，意大利西西里岛城镇。——译者注
② 埃涅阿斯，希腊神话中的特洛伊战斗英雄，在特洛伊城陷落后背父携子出逃，后建立罗马。——译者注
③ 西库尔人，希腊人到来以前在西西里岛东部居住的民族，该岛中部为西坎人，西部为伊利米人，后两个民族未留下遗迹。——译者注
④ 萨宾人，意大利亚平宁半岛中部的民族，希腊人占有其地并建立罗马。——译者注
⑤ 梅尔丘提奥，莎士比亚戏剧《罗密欧与朱丽叶》中的人物，游离于两大阵营之间。"你的两座房子都会遇上瘟疫"，是他的一句模糊咒语。——译者注

受。这个概念起初被认为是只适用于白人拓殖者，他们能够建立一个宪政国家，并在国际社会中占据一席之地，而这个国际社会仍是一个明确的欧洲社会。后来，在那些白人拓殖者不多或根本没有白人的地区，这个概念逐渐扩大到包括经由西方教育的非欧洲人的自治。两大拉丁殖民帝国不断形成了浪漫化的反前提，逐步把完全的公民权利赋予全世界范围内的被葡萄牙和法国同化的非欧洲居民。这就是同一个问题的两种答案：如果没有欧洲拓殖者精英集团，怎么办？欧洲将会培养出一个欧洲化的地方精英阶层，他们与白人拓殖者相对应，并且会以相同的方式看待其利益和义务。在过去的25年里，我们已经看到浪漫化的崩溃，取而代之的是规模不大的欧洲化精英（包括根据欧洲标准训练出来的马克思主义精英和美国式精英）统治国家的多种独立模式。今天，不同于1830年的地位，绝大多数以前曾受到欧洲统治的联合国成员国，都经历了通过地方精英与老大帝国之间的谈判而获得独立的低级道路。

这里要指出，有两种非欧洲精英：一种精英出自亚洲古代文明，他们在不同程度上寻求恢复在19世纪欧洲征服者到来之前一直存在的国家和传统；另一种精英来自非洲和其他地区的无文字社会，他们在实践中只能指望欧洲模式。那些来自亚洲世界和伊斯兰社会的精英，与其所统治的人民之间的文化亲和关系，要远远大于非洲以及其他地区的欧洲化精英与其人民之间的文化关系；后一种精英的目标，更接近白人拓殖者，即接过帝国统治的衣钵。在重新塑造国际社会方面，重新恢复的亚洲和伊斯兰国家也许会作出更重要和更独特的贡献。但是，在独立模式以及新近独立国家应当在国际舞台上发挥何种作用方面，所有这些国家都要好好感激美洲的拓殖者，正是他们在1770—1830年期间为自身创造出一种新模式，而且成功地争取到欧洲人对其模式的承认，其时，欧洲对亚非地区的扩张正处于高潮阶段。

第十章　奥斯曼土耳其帝国与欧洲国家体系

托马斯·纳夫[*]

对于一位研究奥斯曼—欧洲关系的历史学家来说，土耳其帝国构成了一个巨大的悖论：从14世纪到19世纪的500年里，土耳其帝国占据、控制和管理着欧洲大陆四分之一到三分之一的领土。通过战争、政治和经济政策，以及作为历史上庞大的穆斯林哈里发帝国之继承者所负有的伊斯兰使命，土耳其帝国愈益卷入欧洲大陆国际政治并发挥重要作用。起初，帝国发挥了主导性作用；但到了18世纪，它成为一个羸弱的角色，素丹统治下的不断缩小的领土，成为欧洲国王和皇帝之间的权势争夺的一个极其重要的对象。从经验主义的角度看，其逻辑结果应当是，土耳其帝国是一个欧洲国家。但悖论是，它恰恰不属于欧洲。即使帝国的一部分在欧洲，它也算不上曾经是欧洲的一个组成部分。

基督教和穆斯林是两个同样坚固的宗教思想和文化传统的堡垒，彼此之间充满无知、偏见和敌视，各自分立为欧洲世界和奥斯曼世界。关于国家、法律和政府观念方面的巨大分歧，阻碍了制度和精神的交流。只有在18世纪和19世纪，当欧洲的世俗主义和权势逾越了奥斯曼帝国的穆斯林障碍之后，政治融合才成为一种可能。1840年以及1856年，土耳其政府两次正式通过条约加入欧洲国家体系。这个纯粹的仪式，在国际法意义上确立了一个历时一个半世纪的先例，开创了一个更加漫长的历史进程，并因为人类社会组织的各种不同理论而复杂化。

中世纪以后的欧洲国家观念，表现为一个拥有明确的领土、统治者或王

---

[*] 托马斯·纳夫（Thomas Naff），伦敦大学东方和非洲研究博士，宾夕法尼亚大学中东研究所所长、亚洲和中近东研究教授，著有《中东的挑战》（1981年）、《中东水资源》（1984年）、《变化中的中东权力格局》（1985年）、《通往中东之路》（1993年）、《国际水资源处理共享数据库：东欧、俄罗斯和独联体国家》（1999年）等。——译者注

朝,以及基于人为规则的组织结构的政治实体。这种观念与穆斯林政治理论格格不入。奥斯曼土耳其人关于国家和政府的理论,均源自穆斯林思想:真主是所有权威和法律的本源,政府的存在是为了真正的信众(穆斯林)共同体能够完成其对真主的义务。共同体而不是国家,构成了穆斯林的基本政治体制;共同体凌驾于所有边界之上。

真主通过先知穆罕默德赋予共同体以法律,这种法律是神圣的、完美的和不可变更的,并且适用于一切紧急事态。在理论上,所有穆斯林共同体或国家,都对其他一切社会拥有道德优势。真主的最高旨意,是建立一个统一在一种法律和一位君主之下的全世界真正信众的共同体,在这个目标实现以前,世界分为两个部分:伊斯兰之地(Dar ul-Islam),这是伊斯兰的家园,实行伊斯兰法;战争之地(Dar ul-Harb),这是异教徒居住的地区,他们不接受真主的法律,因此要对他们开展圣战(jihad),直到穆斯林世界从观念变成现实。

这种世界观必然对土耳其与欧洲的关系产生重大影响。欧洲和土耳其的不同的政治理论建构,反映在各自的国际体系上:欧洲体系主要是世俗主义的,围绕国家而建立;奥斯曼体系则是帝国主义的,以伊斯兰为基础。奥斯曼体系既不承认主权平等和外交交往原则,也不赞同根据国际法去调控国家间关系的观念。而这些要素,却是近现代欧洲所创造的世俗性国际社会的政治基础。土耳其帝国不仅自我隔绝于这个国际社会,而且,其历届政府在根深蒂固的穆斯林传统的驱使下,继续坚持伊斯兰政治秩序,它们顽固地认为,西方的所有东西根本上都是腐朽堕落的,都应当拒之门外或大力反对。尽管它经久地在欧洲保持存在,也尽管有几个素丹作出改革尝试,但从根本上说,19世纪初期的奥斯曼帝国在物质、组织和精神等各个方面,仍是一个中世纪性质的穆斯林国家。

然而,奥斯曼伊斯兰之地与欧洲战争之地一分为二的屏障,并非是全然不可渗透的。在18世纪以前受到实力优势信心的刺激,后来又受到羸弱境地需要的驱使,土耳其政府逐渐地加入了欧洲结盟体系。这个进程迫使素丹将土耳其外交与欧洲国际关系体系建立起联系。到19世纪,这个体系的决定性因素,取决于全球范围内的欧洲殖民争夺。土耳其政府的官员只得相应地扩展其视野和知识。在这个由西方缔造的新世界里,伊斯兰之地的继续生存需要自我认识、态度和观念上的根本变革。土耳其帝国和欧洲之间的文化融合进程(虽然尚不完美)——由于欧洲在所有物质生活领域的主导地位而变得不可阻挡,成为两个体系合二为一的不可分割的组成部分。[①]

土耳其通往融合的漫长进程的每一个阶段，都具有启示意义。实际上，我们可以说，这个进程始于 15 世纪下半叶，即奥斯曼土耳其权势不断扩展的年代，其时，前后几任土耳其素丹都把自己看作是整个穆斯林世界的保护人。土耳其之深深卷入欧洲事务，始于相互征战的意大利城邦国家竞相寻求土耳其援助以对付各自的敌人。素丹巴叶齐德二世（1481—1512 年在位）本来就仇视威尼斯，因为后者与他争夺地中海东部、阿尔巴尼亚和摩里亚半岛[②]，所以，他就站在米兰和那不勒斯一边，去反对法国—威尼斯同盟。在接踵而至的间歇性战争期间（1495—1502 年），土耳其帝国建立起一个主要的海上强国的地位，连同其新近迸发出来的对于西地中海地区的兴趣。

巴叶齐德残忍好斗的继承人赛利姆一世，巩固了土耳其帝国在阿纳托利亚地区的统治，征服了阿拉伯腹地的重要地区，为帝国增加了叙利亚（包括圣城耶路撒冷）、汉志半岛（包括圣城麦加与麦地那）和埃及等领土。凭借这些成就，赛利姆一世完成了奥斯曼土耳其帝国从一个不起眼的加齐[③]边境小国向一个承袭伊斯兰哈里发传统的穆斯林帝国的转变。

穆罕默德二世、其子巴叶齐德二世和赛利姆一世等几任素丹，通过征服以及法律、行政和军事等方面的改革，促使奥斯曼土耳其帝国崛起为一个世界强国。在"崇高者"苏莱曼（1520—1566 年在位）统治时期，帝国主导并决定了整个 16 世纪的欧洲和地中海世界的历史进程。帝国不仅对国际政治问题施加了决定性的影响，而且在这个时代的两个影响深远的运动即新教宗教改革运动和天主教反改革运动中发挥了一定作用，这两个重大事件，连同文艺复兴运动一起，改变了欧洲社会，并最终导致了欧洲版的国际社会的诞生。

苏莱曼处理奥斯曼帝国对外关系的手段非常简单：在战无不胜的军事机

[①] 关于伊斯兰国家、政府和法律问题、圣战、奥斯曼帝国对欧洲的看法和态度等，参见 T. Naff, "Introduction: The Central Administration, the Provinces, and External Relations", and "Ottoman Diplomactic Relations with Europe in the Eighteenth Century: Patterns and Trends", in T. Naff and R. Owen, eds., *Studies in Eighteenth Century Islamic History* (Canbondale, Ⅲ. & London, 1971), pp. 3 – 14, 75 – 87; "Towards a Muslim Theory of History", *Islam and Power*, eds., A. Cudsi and A. E. Hillal Dessouki (London, 1981); "Reform and the Conduct of Ottoman Diplomacy in the Reign of Selim Ⅲ", *Journal of the American Oriental Society*, No. 83 (1963), pp. 295 – 315.

[②] 摩里亚，古代和中世纪地名，即希腊伯罗奔尼撒半岛，14 世纪中叶至 15 世纪中叶曾为拜占庭帝国的一个省，后被奥斯曼土耳其帝国征服。——译者注

[③] 奥斯曼·加齐，即奥斯曼土耳其帝国建立者奥斯曼一世，1299—1326 年在位。——译者注

器的支持下，这位素丹率性行事，为所欲为，或干脆发动战争，连连取胜，只有少数例外。因此，毫不奇怪的是，正如当时的一位作者所指出，欧洲把奥斯曼帝国看作是"当代世界的恐怖"。

奥斯曼帝国与欧洲之间的第一项条约

苏莱曼利用欧洲内部的倾轧，不断扩展领土和帝国权势。在欧洲的所有冲突中，最为突出的一大事件，导致了人们通常所认定的奥斯曼帝国与某一个欧洲列强的第一次结盟，这就是西班牙国王查理一世与法国国王佛朗西斯一世之间的神圣罗马帝国皇帝宝座之争。

苏莱曼一心要完成那个缔造一个世界性穆斯林帝国的大任，由此，他把扩张的野心向西投向欧洲边境地区。王朝冲突、权势斗争和宗教分歧，全都汇集到西班牙的查理一世和法国的佛朗西斯一世对神圣罗马帝国皇帝之位的互不相让的继承权争夺上，从而给予土耳其素丹以充足的活动空间。1521年3月，查理一世当选为神圣罗马帝国皇帝而称查理五世，其与佛朗西斯一世之间的战争宣告爆发。苏莱曼驱动军队向前开进，直逼中欧门户。1521年8月，贝尔格莱德落入土耳其禁卫军之手；第二年，圣约翰骑士团被逐出罗得岛。1529年，苏莱曼使匈牙利沦为藩属，并将维也纳城团团包围。从1531年起，法国人开始鼓动土耳其素丹进攻意大利，并与法国结成同盟；但是，哈布斯堡王室在匈牙利的诡计，以及伊朗萨菲王朝对库尔德斯坦和伊拉克的入侵，让苏莱曼改变了方向。1532年匈牙利战役促成了1533年6月条约的签订，据此，奥地利的费尔迪南一世暂时放弃了其对匈牙利的权力，而奥斯曼帝国在此建立起一个藩属国。在后来的两年里，苏莱曼忙于持续的地中海海战和对萨菲王朝的一次远征。1525年佛朗西斯在帕维亚被俘后，法国人曾接近苏莱曼，请其提供援助一同对付神圣罗马帝国皇帝。素丹不断鼓励法国人和查理五世的其他敌人，但并未与其签订条约。法国特使坚持不懈，以致在1534—1535年卷入了多场针对大维齐尔[①]易卜拉希姆·帕夏的后宫政变。法国大使希望出现一个听话的大维齐尔，此人能够推动素丹更有力地反对哈布斯堡王室，从亚洲边境脱身，走上与法国结盟的道路。易卜拉希姆的被杀，不仅迈出了苏莱曼去世后的后宫统治的第一步，而且宣告了欧洲国家大

[①] 大维齐尔，土耳其帝国首席大臣或宰相，拥有代表素丹的绝对权力。——译者注

使卷入奥斯曼帝国宫廷阴谋的开端。当时的海上战争，是那个时代世界上最有才干的海军将领哈兹鲁丁·巴巴罗萨与安德烈亚·多利亚之间的对决。这场战争之所以至关重要，是因为它最终促使苏莱曼与法国人签订了一项条约。

1536年2月19日，法国大使让·德拉福赫与土耳其政府缔结了一项条约。书面文件被称为商业条约，因为它分成几个章节；这样一个贸易协定，是按照土耳其政府早先给予威尼斯和热内亚的特权条款为底本的。法国获得了商业特权，而且有趣的是，还得到了治外法权。军事和政治条款是秘而不宣的，而且仅仅是口头上的。双方约定，将在意大利地区向查理五世发起进攻：法国从北侧，奥斯曼帝国从南侧和东侧进攻。

军事条款最终成为一纸空文。佛朗西斯一世迫于教皇的压力，于第二年与查理五世达成了和约。不过，友好与合作却从此成为土法关系的特征。继承佛朗西斯一世的亨利二世仍然奉行其父王的奥斯曼政策。对苏莱曼来说，法国是其削弱哈布斯堡权势的钥匙。他竭力鼓动路德教派和卡尔文教派，以加剧欧洲的分裂，借此削弱神圣罗马帝国和罗马教廷的势力，终结西方对奥斯曼帝国的十字军东征。苏莱曼对新教派的支持，对于阻止神圣罗马帝国采取更严厉手段对付德意志新教各邦和卡尔文教派来说，是一个颇为重要的因素。素丹的压力，迫使哈布斯堡向新教徒作出让步，极大地推动后者正式承认新教教会的地位。

1536年法土条约因以下两个原因而值得给予更为深入的考察：其一，它创立了一些先例；其二，它冲击了奥斯曼—欧洲关系。

甲、条约将奥斯曼帝国在欧洲地区的目标转化成一项运用政治和军事合作去造就其分裂和羸弱的总体政策。与此同时，它创立了通过订立商约而获得政治盟友的先例。

乙、条约确立了此后三个世纪里法国的近东政策方向，并使奥斯曼帝国成为法国商业繁荣的一大基地。

丙、条约创造了一个扩容的框架，而欧洲结盟体系正是在其中不断运行。

丁、条约的治外法权原则为未来在伊斯坦布尔常驻的欧洲外交官群体确立了可以参照的法律条款，并使得西方国际法原则的引入成为可能。

戊、条约成为此后所有商约的蓝本。18世纪以降，商约不仅成为规制奥斯曼—欧洲关系的一项重要利器——越来越有利于欧洲，而且成为欧洲政治和经济影响力向奥斯曼帝国不断渗透的一大重要途径。

这项条约具体表明了奥斯曼帝国与欧洲之间的根本观念的差异。法国和其他欧洲国家都把1536年的协议看作是一项同盟条约，但对奥斯曼土耳其人来说，它不过是素丹单方面恩赐的一项合约（ahdname）。这种合约，或欧洲人常说的商约，是一些随便给予的优惠条款，据此，素丹保留一种单方面的权利，以决定何时取消友好保证，何时宣布合约失效。此外，某位素丹恩赐的某项商约，在其去世之时便不再有效，除非其继承者重新确认其有效性。该条约的单边性质，反映了穆斯林奥斯曼土耳其人的关于基督教欧洲低人一等的观念，它并未将欧洲王朝国家的主权平等原则与素丹的观念调和统一起来。

对苏莱曼来说，1536年的合约并非一项正式同盟条约，而是一个单方面制定的、针对哈布斯堡的便宜行事的政策工具。如果与异教徒结成一个正式的军事同盟，那就违背了伊斯兰法律。实际上，苏莱曼并未确认这个书面合约，从而表明他并不十分重视其中的商业条款。因此，严格地说，从来就不存在所谓的1536年商约。给予法国的第一个商约，是赛利姆二世在1569年批准的协议。[1]

---

[1] 关于穆罕默德二世、巴叶齐德二世和赛利姆一世统治时期，参见 Halil Inalcik, "Mehmed II", *Islam Ansiklopedisi* (*IA*) (Istanbul & Ankara, 1940), vii. 506 – 535; *Fatih Devri uzerinde tetkikler ve vesikalar* (Ankara, 1954); *The Ottoman Empire* (New York, 1973), pp. 23 – 40; Selahettin Tansel, *Sultan II. Bayezid' in Syiasi* (Istanbul, 1966); I. H. Uzuncarsili, "II. Bayezid", *IA*, ii. 392 – 398; V. J. Parry, "Bayezid II", *EI* 2 i. 1119 – 1121; S. N. Fisher, *The Foreign Relations of Turkey* 1481 – 1512 (Urbana, Ill. , 1948); Sinasi Altindag, "Selim I", *IA*, x. 423 – 434; S. Tansel, *Yavuz Sultan Selim* (Ankara, 1969); V. J. Parry, "Ottoman Empire (1481 – 1520)", *New Cambridge Modern History* (Cambridge, 1957), i. 395 – 410; G. W. F. Stripling, *The Ottoman Turks and the Arabs*, 1511 – 1574 (Urbana, Ill. , 1942 & 1968); 关于"崇高者"苏莱曼，参见 M. Tayyip Gobilgin, "Suleyman I", *IA*, xi. 99 – 155; H. Inalcik, "The Heydey and Decline of the Ottoman Empire", *Cambridge History of Islam* (Cambridge, 1970), i. 324 – 353; and *Ottoman Empire*, pp. 31 – 40; 关于1536年条约，参见 Inalcik, Ibid. , p. 228; Ismail Soysal, "Turk - Fransiz diplomasi munasebetlerinin ilk devresi", *Tarih Dergisi*, iii (1953), pp. 63 – 94; J. C. Hurewitz, *The Middle East and North Africa*, *A Documentary Record* (New Haven & London, 1975), i. 1 – 5. 关于当时欧洲对奥斯曼帝国的看法，参见 Richard Knolles, *The general historie of the Turkes* (London, 1603), 引自 B. Lewis, *The Muslim Discovery of Europe* (New York & London, 1982), p. 32; 关于奥斯曼帝国对宗教改革运动的影响，参见 S. A. Fisher - Galati, *Ottoman Imperialism and German Protestantism* 1521 – 1555 (Cambridge, Mass. , 1959); Max Kortepeter, *Ottoman Imperialism during the Reformation* (New York, 1972), pp. 126 – 136, 215 – 244, R. S. Schwoebel, *The Shadow of the Crescent*: *The Renaissance Image of the Turk*, 1453 – 1517 (New York, 1967); 关于16世纪伊斯兰和欧洲的地中海边界，参见 F. Braudel, *The Mediterranean and the Mediterranean World in the Age of Philip II*, 2 vols. (New York & London, 1972), and A. Hess, *The Forgotten Frontier* (Chicago & London, 1978); 另参见 O. Okyar, "Ottoman Economic Growth during the 16th Century", *Turkiye nin Sosyal ve Ekonomik Tarihi* (1071 – 1920) (Ankara, 1980), pp. 111 – 116。

奥斯曼权势的巅峰

在 17 世纪揭开序幕之际，奥斯曼帝国达到了它的扩张极限。其军事实力已经衰弱，其霸权地位不仅在亚洲边境、巴尔干地区和西地中海受到各方的挑战，而且还在北方面临着不断兴起的俄国的挑战，后者终将成为其最大的劲敌。帝国统治阶层迫于那些常常滑向狂热主义的保守宗教势力的压力，已将目光转向内部事务。腐败和私利集团打碎了那个曾经造就了历代伟人的制度；与此同时，奥斯曼土耳其人的道德优越感扼杀了对于欧洲及其社会、政府和宗教的好奇心。

在 17 世纪的大部分时间里，奥斯曼帝国仍被看作是一个令人生畏的强国，尽管原因越来越勉强。旨在拉拢奥斯曼帝国的军事同盟、临时结盟和联姻条约，仍是欧洲国际关系的显著特征。土耳其政府方面也愿意利用其与欧洲列强的条约——如 16 世纪末给予英国和 17 世纪给予荷兰的那些商约——进一步实现其政治目标，虽然其规模越来越小，有效性也不那么明显。

17 世纪初期，局势出现了有利于欧洲的转变迹象。1595 年，哈布斯堡再次组织了一个反奥斯曼同盟。这个同盟跳过奥斯曼帝国而将伊朗的阿巴斯国王纳入其中，迫使奥斯曼土耳其人进行一场两线战争。1606 年《西特瓦和约》标志着素丹在历史上第一次未能决定对敌国的条款，而是不得不接受哈布斯堡王室的要求。

17 世纪，欧洲在技术和军事领域取得的进步，造就了对于奥斯曼帝国的巨大战略优势。在海上，欧洲远远胜过奥斯曼帝国：欧洲已经转而采用高桅横帆战舰，而土耳其还固守着单层划桨船。在陆地，部分由于三十年战争（1618—1648 年），欧洲人创造了更有效的武器、战术和军事组织。奥斯曼土耳其人越来越多地依靠毫无训练而又桀骜不驯的禁卫军以及封建骑兵，这些人甚至抵制最温和的创新。这样，在各省的叛乱、统治阶层的腐败和哈布斯堡的永无休止的压力的侵蚀下，奥斯曼帝国的力量终于消耗殆尽。

穆拉德四世（1609—1640 年在位）以及穆罕默德四世（1642—1693 年在位）的大维齐尔穆罕默德·科普鲁卢的注重传统的改革，使得土耳其政府暂时获得了复兴，以致夺取了克里特岛（1669 年），围困住维也纳（1683 年），并控制了黑海海岸地区（1699 年）。虽然法国加入了那个放弃克里特岛的反奥斯曼同盟,但素丹为了维系法国友谊去对付哈布斯堡,还是恢复了对于法国的商约。路易十四利用奥斯曼帝国进攻维也纳的机会,驱动大军开往西班牙帝国的尼德兰属地。

奥斯曼帝国虽然取得了一些战绩,但在17世纪临近结束之际,还是失去了军事优势。随着军事衰弱而失去的,是其在丝绸、香料和纺布等方面的贸易,尤其在英属东印度公司成立之后。欧洲商船不仅走得更远,而且驶得更快,而荷兰、法国和葡萄牙的竞争又使形势雪上加霜。除了手工行业以外,奥斯曼帝国拥有的工业屈指而数。从17世纪末到19世纪,奥斯曼帝国越来越多地向欧洲出口原材料并进口工业制成品,而这种贸易主要控制在黎凡特①人的手中。

从16世纪最后25年开始,由于来自新世界的金银币的流通,土耳其货币一次又一次地贬值。通货膨胀让那些依赖固定的封建收入的阶层一贫如洗。17—18世纪的战争和叛乱,迫使土耳其政府榨取更多的岁赋,而经常性的通货膨胀又使其价值减半;腐败、投机倒把和高利贷,又抽走了剩余的大部分财富。奥斯曼帝国再也不能从这次经济危机中恢复元气,但其统治阶层一如对待政治和军事创新那样,根本无意于推行经济改革。

在这种精神状态下,土耳其政府进入了17世纪的最后十年,并再次卷入了与一个欧洲同盟的冲突之中。1697年,萨伏依的欧根亲王在赞塔对奥斯曼土耳其军队施以最终的灾难性一击。只是因为哈布斯堡统治者利奥波德试图从中脱身,去对付迫在眉睫的与法国国王路易十四的战争,奥斯曼土耳其人才得以侥幸生还。1699年1月16日《卡洛维茨和约》确立了欧洲的永久优势地位,并标志着奥斯曼帝国开始从欧洲后撤。《卡洛维茨和约》之后,土耳其政府再也未能推动欧洲大陆事态发生巨大变化。②

---

① 黎凡特(Levant),地中海东部附近诸岛及沿岸地区。——译者注
② 关于17世纪历届土耳其素丹统治时期的杰出简论,可参见 IA 相关条目: IA, i. 164 - 165; v. 880 - 885; viii. 625 - 647, 692 - 700; ix. 443 - 448; vii. 547 - 557; xi. 155 - 170; 另参见 Paul Rycaul, *Present State of the Ottoman Empire* (London, 1668; New York, 1971), pp. 75 - 96; A. N. Kurat, "The Retreat of the Turks 1683 - 1730", *New Cambridge Modern History*, vi. 608 - 647; A. H. De Groot, *The Ottoman Empire and the Dutch Republic, 1610 - 1630* (Leiden, 1978), pp. 106ff. & 190 - 231; R. A. Abou El - Haj, "Ottoman Diplomacy at Karlowitz", *Journal of the American Oriental Society*, lxxxvii (1967), pp. 498 - 512; B. Lewis, *Islam in History* (New York, 1973), pp. 199 - 216; idem, "Ottoman Obervers of Ottoman Decline", *Islamic Studies*, i (1962), pp. 71 - 87.

加入前的准备

奥斯曼帝国随后的加入欧洲国家体系的进程，始于《卡洛维茨和约》，并贯穿于其后的一系事件，其顶点是1799年土英俄三国条约。在这一个世纪里，改革次第展开，先例陆续确立，从而永久地改变了奥斯曼—欧洲关系，这尤其表现在奥斯曼帝国的外交策略上。

在18世纪的第一个十年里，前后几任大维齐尔①，但主要是乔卢卢·阿里·帕夏和科帕鲁卢·努曼·帕夏，将其注意力投向国内事务，在对外事务上严守和平政策。他们在改革方面取得的小小成就，使得奥斯曼帝国能够在1711年对俄国人的普鲁特战役中取得大捷。在这次胜利的刺激下，土耳其政府开始进攻维也纳，收复了曾在1699年丢失的摩里亚省。哈布斯堡王室随即进行干预，欧根亲王再次大败奥斯曼军队。1718年7月在帕萨罗维茨，奥斯曼帝国虽然保住了摩里亚半岛，但奥地利人却完全依据其优势指定了和约条款，并缔结了有利可图的、成为18世纪后来类似条约之范本的商约。

结果，土耳其政府的欧洲政策变得越来越保守被动——这是奥斯曼帝国权势衰减的一个象征，军事、政治和经济主导权逐渐而平稳地转移到欧洲列强的手中。在1736年俄国发起挑衅以前，奥斯曼帝国再也没有在欧洲打过一仗。18世纪30年代奥斯曼帝国与波斯之间的冲突，进一步削弱了素丹的军事实力，并导致了一场废黜艾哈迈德三世（1703—1730年）的叛乱。

长期的相对和平阶段，如1718—1736、1739—1768、1774—1787年以及1792—1798年，是18世纪奥斯曼—欧洲关系的总体特征，给帝国带来各方面的影响。禁卫军受到进一步削弱，不再是一支有效的作战力量；官僚人员慢慢地充斥政府高级部门。库塔布（kuttab，文书或官僚）控制了大维齐尔和首席国务大臣或外交大臣（从18世纪起称外交大臣）的官衙；外交大臣职务变成跻身为大维齐尔的一条通常途径。在库塔布的影响下，土耳其国家从一个军事帝国变身为一个官僚帝国，但仍然是一个封建帝国。知识阶层虽然跟库塔布相比不那么注重传统，但往往更实用，更容易接受新观念，因此也更倾向于改革。实际上，区别库塔布与知识阶层特别是乌里玛的特征，是他们对于国家的态度：库塔布信奉国家至上的观念，并愿意为恢复素丹的中

---

① 大维齐尔，苏丹以下最高级的大臣。——编者注

央权威而采取行动。

纳夫谢希利·达马德·易卜拉希姆·帕夏（1718—1730年当政）、拉吉布·帕夏（1757—1763年当政）以及哈利勒·哈米德·帕夏（1782—1785年当政）等官僚型大维齐尔，采取了并不十分成功的措施，对奥斯曼帝国的军事、外交和经济制度进行改革。在18世纪最后十年，即赛利姆三世统治时期，改革运动达到了一个无所不包的顶点。因为有欧洲作为改革样板，奥斯曼帝国的最高统治阶层逐渐变得越来越具有欧洲思维。这个事实对于奥斯曼—欧洲关系产生了巨大而长期的影响。与此同时，"西方化"政策招致了乌里玛、禁卫军以及所有那些既得利益受到改革威胁之人的激烈的、时常是暴力形式的抵制。在欧洲的军事优势一再得到证实，如1718年奥地利人在帕萨罗维茨，1774年俄国人在库楚克·凯纳吉，1783年俄国人在克里米亚，以及1798年法国人在埃及的情况下，新一代官僚领导阶层认识到，如若没有欧洲盟国，奥斯曼帝国断难防守。他们越来越频繁地劝说素丹，要依靠有效的对外关系去运筹，去守卫帝国的各个领地。在18世纪最后十年里，外交机构和外交行为随之接受了全面改革。

然而，历史遗留下来的巨大障碍，使得迅速变革困难重重。奥斯曼土耳其人关于其国家是一个以亚洲为基地的、在反对异教徒的战争中不断成长起来的大陆帝国的观念，依然根深蒂固，尽管显得鼠目寸光。另一方面，在先前的两个世纪里，欧洲国家已经通过探险、殖民和商业扩张获取了海外领地，已经形成了一种世俗而理性的、促进科学发明的世界观；已经促成了技术、工业和农业革命，连同一种全新而灵活的经济制度；所有这些成就，都与强大的中央集权王朝的崛起密不可分。这些成就，是欧洲优势的基础，是现代国际政治经济体系的起源。在18世纪，生存命运岌岌可危的奥斯曼帝国，却处在这个由殖民地和联盟组成的体系的门外。

改革的第二大障碍，亦根植于传统的穆斯林政治思想。在18世纪以前，奥斯曼帝国对欧外交的指导原则，是绝不接受伊斯兰之地和战争之地的平等地位。因为圣战是奥斯曼土耳其人与异教徒之关系的唯一法律基础，因此，在理论上，其与欧洲列强的条约，无论在宗教上还是在法律上，都是毫无效力的。唯一允许的另一种对外关系状态，是持续时间不超过10年的临时停战协定。一些穆斯林法学家承认一种中间状态，那就是根据合约来处理与非穆斯林朝贡国家的关系，而这种合约适用于处理范围广泛的事务。

当军事羸弱地位迫使素丹以外交和商业代替圣战而作为对欧关系的基础

之时，穆斯林法学家重新解释圣战概念，以认可事实上（甚至法律上）的和平状态，而这种停战协定的时限常常因为利益需要而不断延长。他们还乞灵于其他概念，如玛斯拉哈（maslaha），即为穆斯林群体的利益而采取的行为。然而，这些改革手段在运用过程中往往遇到困难，因而总是不能取得成功。

因为奥斯曼土耳其人在18世纪未能将穆斯林对外政策理论与时代的政治经济现实调和起来，所以他们大致失去了对那些即将改变其未来命运的诸多力量的控制力。鉴于欧洲的崛起，尤其是俄国的崛起，以及奥斯曼帝国的羸弱（奥斯曼土耳其人在没有盟友援手的情况下而即将在欧洲打赢的最后一场大战是1738—1739年与奥地利的战争），奥斯曼土耳其人愈益依靠欧洲国际关系体系而求得生存。18世纪，欧洲均势体系的决定性因素，愈益系于欧洲地区以外，包括西半球和印度次大陆，在这两个地区，英法之间的争夺，释放出超过了土耳其政府之视野或控制力的政治经济力量。

基于以上这些条件的生存，需要18世纪的奥斯曼帝国对其外交作出改革。人们看到奥斯曼外交使团愈加频繁地出现在欧洲各国的首府，而在伊斯坦布尔和帝国其他各地，欧洲常驻使节和领事代表的人数则大幅增加。奥斯曼帝国各领地的欧洲旅行者和商人，由于商约给予其更大的行动与流动自由而不断增多。

奥斯曼帝国与欧洲的经济关系，也在18世纪经历了深刻变化。商业条约不再是素丹为表达其意愿而给予的一种恩赐。1718年以后，欧洲列强决定了商约的各种条款，而且往往是蛮横无理地滥用特权。奥斯曼帝国成为欧洲列强之商业扩张的一个重要对象，而这其中的大部分扩张企图，集中表现为法俄两国在黑海地区的争夺。这些因素不仅塑造了土耳其政府与这两个大国的关系，而且还通过结盟体系决定了与其他欧洲列强的关系。

融入阶段

虽然奥斯曼帝国的国务活动家可能仍然持有穆斯林高人一等的想法，但他们还是迫于环境而改弦更张，开始融入欧洲国家体系和欧洲对外关系。这个进程的各阶段的重要标志，乃是接受主权平等和双边互惠关系等欧洲原则，采用欧洲外交惯例和通讯手段，承认治外法权和国际公法等西方国际法的基本要素。所有这些"让步"，铺平了最终接受与西方基督教国家结盟的道路。

这些事态的发生，有时是经过深思熟虑的主动政策倡议，有时是某一个西方列强胁迫的产物，有时又是因为形势紧迫而没有意识到已经在这方面确立了先例。但最重要的是，奥斯曼外交上的这些变化的出现，并未伴随着相应的政府制度的调整。官僚机构的组织体制，对于外交政策之执行至关重要的人员招募和训练制度，在18世纪几乎丝毫未有触动，甚至在赛利姆三世的改革努力下也未出现任何变化，可见其改革不仅软弱无力，而且毫无成效。

奥斯曼土耳其人进入欧洲结盟体系的道路，在18世纪充分显现出其轮廓。该世纪中叶以后，土耳其政府勉为其难地与俄国、奥地利和法国等进行了一系列的战争，而它们又促进了这个结盟进程。

在凯瑟琳大帝的侵略性扩张政策的恐吓下，经过法国人的敦促，1768年10月，素丹穆斯塔法三世（1757—1774年在位）宣布开战，以确保俄国撤出波兰，并减轻凯瑟琳对于克里米亚的压力。这场战争对奥斯曼帝国来说完全是一场灾难，最后以1774年7月21日在库楚克·凯纳吉签订一项同样是灾难性的条约而告终。素丹不仅一无所获，而且被迫从其捉襟见肘的国库中支付750万阿克切①赔款，放弃帝国藩属克里米亚从而失去了对付俄国的缓冲区，割让北部领土从而使得圣彼得堡能够控制黑海并向巴尔干地区渗透。他还被迫允许俄国人在伊斯坦布尔建立东正教堂，而这被沙皇解释为有权进行干涉以保护奥斯曼帝国境内的东正教基督徒。《库楚克·凯纳吉条约》给予俄国的战略优势，使得奥地利人、法国人、英国人和普鲁士人大为惊恐。在随后的反对俄国战争成果的政治运作中（具有讽刺意味的是，普鲁士和奥地利以获得波兰领土作为补偿），奥斯曼帝国成为一个至关重要的因素。英国和法国格外希望支撑住这个摇摇欲坠的穆斯林帝国，以其作为反对俄国进一步扩张的屏障。所以，奥斯曼帝国在不知不觉中越来越深地卷入欧洲权势政治之中。

1783年4月，凯瑟琳采取又一个新的外交行动。凯瑟琳利用美国独立战争期间的英法冲突之机，兼并了克里米亚。素丹阿卜杜勒哈米德一世（1774—1782年在位），在没有任何强大的欧洲盟国援助并面临禁卫军叛乱的情况下，只得忍气吞声。这次胜利只不过刺激了凯瑟琳对欧洲的野心。在与奥地利帝国的一项秘密条约中——以奥俄两国合作作为对其他大国的酬劳，她详细说明了她那个复兴拜占庭帝国的计划：将伊斯坦布尔、希腊北部

---

① 阿克切（akcha），土耳其帝国最早的货币单位，银币，1328年铸造，每枚1.2克。——译者注

和西部以及保加利亚纳入其中，由她的孙子康士坦丁统治。甚至法国，奥斯曼帝国在欧洲大陆的首要支持者，也受到了获得叙利亚和埃及作为酬赏的利诱，而这两个地区将使法国商人在黎凡特贸易上获得一个稳固的前哨。

英国和普鲁士因被排除在外，拼命鼓动素丹去抵制俄国的扩张。这些怂恿得到了土耳其政府内部主战派的众口一声的回应。以大维齐尔科卡·尤素福·帕夏为首的主战派，早就惊觉于克里米亚兼并以及俄国在黑海的不断增长的力量，因此利用凯瑟琳的宏大计划，说服素丹于1787年8月14日对俄国宣战。

尽管奥斯曼军队在这次战争中表现较好，但他们还是再次大败于俄奥两个帝国的军队之手，伊斯坦布尔完全暴露在敌军面前。之后，1789年和1790年的欧洲事态，使得素丹的敌人停下了进攻的脚步。瑞典和普鲁士两国在芬兰和波兰的行动，转移了凯瑟琳的注意力；匈牙利和尼德兰两地的起义，又让约瑟夫二世退出战争；而法国大革命则动摇了所有列强的战争意志。新素丹赛利姆三世（1789—1807年在位）试图获得普鲁士和瑞典的援助，但未能如愿。他不得不谈判缔结《雅西和约》，并于1792年1月8日正式签署。

赛利姆被迫接受俄国的克里米亚兼并，并承认俄国统治摩尔达维亚和瓦拉几亚两公国以及黑海。但是，他为帝国赢得了存活的希望，获得了实施军事和外交改革的关键时间。赛利姆的改革一直持续到法国大革命战争波及奥斯曼帝国，其标志是1798年对埃及的入侵。法国的远征行动，促成了1799年土英俄三国条约，而这是奥斯曼帝国加入欧洲结盟体系的世纪旅程的顶点。[①]

改革力量

虽然根深蒂固的伊斯兰价值观受到挑战，传统的穆斯林国家理论还在持续不断地激发忠诚，其拥趸者因此能够组织起反对西方化改革的强大抵制力量。不过，改革力量也并非完全微不足道。在18世纪，传统的束缚力永不

---

① A. K. Kurat, *Prut Seferi ve Barisi*, 2 vols. （Ankara, 1951）, i. 74, 76–77, 136, 139–142, 287; ii. 517, 643; M. L. Shay, *The Ottoman Empire from 1720 to 1734* （Urbana, Ill., 1944）, pp. 93ff., 142–146; H. Inalcik, "Reisulkuttab", *IA*, ix. 672–682; N. Itzkowitz, "Eighteenth Century Ottoman Realities", *Studia Islamica*, xvi （1962）, pp. 73–94; T. Naff, "Reform and Diplomacy", *JAOS*, lxxxiii （1963）, pp. 293–315; A. W. Fisher, *The Russian Annexation of the Crimea*, 1772–1783 （Cambridge, 1970）, pp. 19–28; Destari Salih Efendi, *Tarih*, ed. B. S. Baykal （Ankara, 1956）, pp. 255ff., pt. 2, p. 266; Hurewitz, *Middle East*, i. 92–101; B. Lewis, *Muslim Discovery*, pp. 61–63.

回头地松弛下来，陈旧制度从根本上受到动摇，改革观念本身在奥斯曼统治阶层圈内获得了不可逆转的势头。最富有重大意义的变化之一，是一些颇有影响的奥斯曼土耳其人对欧洲文明持有一种更为赞赏的态度。这种新的世界观，并非要在西方价值观面前放弃优越感；从艾哈迈德三世（1703—1730年在位）统治时期，即所谓郁金香时代①起，它就四处弥漫于素丹宫廷。当奥斯曼帝国境内的欧洲旅行者愈益随处可见，当欧洲人群体不断扩大，以及与此同时，当奥斯曼帝国派往欧洲各国首府的特别外交使团数量不断增多之时，面向西方的奥斯曼帝国官员，虽然人数不多却影响颇大，领导帝国常常在不知不觉之中加入到欧洲国际体系之中。

由于奥斯曼帝国在欧洲并没有常驻外交代表，欧洲便将它的制度带给土耳其政府。伊斯坦布尔的常驻外交使节，绝大多数都充当了西方复杂外交和大陆列强结盟的传播者，坚持不懈地指导土耳其政府学习精致的欧洲礼仪。其中一些精明能干之辈，成功地让奥斯曼土耳其人在东欧地区充当了欧洲列强的外交政策工具。

到18世纪时，奥斯曼帝国当局已不再能够单独采取行动了。整个18世纪，驻伊斯坦布尔的欧洲外交代表，越来越频繁地受到土耳其政府的咨询，其结果是，他们终于开始影响奥斯曼帝国对外政策的制定。土耳其政府因受阻于奥斯曼帝国传统而不能与西方各国开展充分的外交交往，不得不转而求教于伊斯坦布尔的欧洲外交官，以便得知欧洲形势的现状。这些受到咨询的外交使节所提供的情报，鲜有不符合他们本国利益的。由于没有为本国服务的常驻使节，土耳其政府只得依靠欧洲列强的使节，其结果可想而知。

当素丹被迫通过谈判而不是断然决定与欧洲列强订立条约之时（1606年《西特瓦和约》），那个拒不接受伊斯兰之地和战争之地的平等地位的原则，第一次失去了有效性。但在17世纪，奥斯曼帝国依然故我，西特瓦的历史没有产生多大影响。只有到了18世纪，在哈布斯堡王室和罗曼诺夫王朝的炮口下，土耳其政府才被迫根据欧洲主权平等原则而行事。

从此以后，土耳其政府表明其抛弃那个关于欧洲低人一等之观念的途径之一，就是开始运用外交调停。在整个18世纪，在奥斯曼帝国与其敌国之间达成的条约中，鲜有未经过其他列强调停或未提供调停机会而谈判成功的。英国与荷兰对《帕萨罗维茨和约》的努力受到欢迎，法国调停了《卡

---

① 郁金香时代，因艾哈迈德三世喜欢郁金香而得名。——译者注

洛维茨和约》，并在后来的《贝尔格莱德和约》中发挥了更重要的斡旋作用。1745年，土耳其政府提议对奥地利王位继承战争加以调停，在欧洲外交官中引起了一场不大不小的轰动。

土耳其政府谨慎寻求调停并谋求充当调停人，不仅抛弃了传统的宗教原则，而且准许帝国进一步驶入欧洲外交轨道。作为调停人，路易十五曾经保证无论奥斯曼帝国在贝尔格莱德缔结何种条约，只要条款有利于法国的利益就可以。由于这项保证，奥斯曼帝国终于正式地处于一个基督教大国的保护之下。

商业条约

在奥斯曼—欧洲关系的所有方面中，土耳其政府加入欧洲结盟体系的具有重要地位或重大启示意义的步骤中，没有哪一项能够比得上商业条约。这些商约，尤其是18世纪达成的协议，所涉及的内容远远超过商业关系。它们改变了奥斯曼帝国的外交；它们规制了奥斯曼帝国与欧洲的政治关系，并指明了欧洲列强进行争夺的大方向；它们还影响了奥斯曼帝国的经济和社会结构。甚至可以争辩说，这些商约奠定了第一次世界大战以前的奥斯曼—欧洲关系的基础。

在18世纪，奥斯曼帝国的主要目标，是需要拥有欧洲政治盟友，需要获得稀缺商品（如布、锡、钢等），需要增加作为其硬币主要来源的关税收入。尽管在18世纪最后十年以前奥斯曼土耳其人在与欧洲的政治关系上始终推行非互惠性的单边外交，但他们倒是在商业条约中实施了互惠原则。素丹期望用这些互惠好处换取让步，在18世纪以前，如果这些好处未能实现素丹的目标，他们就会废止这些条约。

互惠原则扩展到公海领域。实际上，正是在涉及海洋关系的商业条款上，互惠原则最为明确。奥斯曼土耳其人将爱琴海、黑海、达达尼尔海峡、红海和奥特朗托海峡看作是伊斯兰之地的一部分。商约所给予的任何双边保证，都扩展到这些海域；商约签订国的任何公民，在面对穆斯林船只的威胁时，都可以要求得到安全保证。早先时候，在巴巴里海盗接受奥斯曼帝国统治之时，商约中增加了将安全保证扩大到包括西地中海地区的条款。

在整个18世纪中，欧洲商约国控制了互惠的范围和条件。土耳其政府为了在1787年重开对俄战争而援引的其中一项条款，就是后者未能执行1783年商约中的互惠条款。对于奥斯曼土耳其人来说，互惠原则在国家赢弱时比在国家强大时更重要。鉴于奥斯曼帝国对欧洲的屈从地位以及商约中的政治因素与经济因素的关联性，土耳其政府在18世纪临近结束之际全面接受外交互惠原则，就是一个不可避免的救急之举。

以欧洲属人法为基础的治外法权，也通过商约之途径而抵达奥斯曼帝国。最初，奥斯曼帝国当局只是将派驻土耳其政府的常设大使当作领事，认为他们是米利特（millet）①的代表。在17世纪和18世纪，欧洲各国政府将关于领事地位的欧洲规范强加给土耳其政府，使得领事官员获得了几乎与大使同样广泛的外交特权和豁免权。所有大使和领事都被赋予白拉特（berat，特权），从而让他们拥有了处理其米拉特的商业、个人和法律事务的大权。在涉及外国常驻居民的诉讼中，其母国的法律和习俗得到运用。外交使节在其履行职责时可要求奥斯曼当局提供帮助，因此就有了颁布白拉特的需要。

在17世纪和18世纪期间，通过治外法权的延展，欧洲列强在一系列事务上为其商人争得了许多特权，包括奴隶贸易、搜查和捕获、逃犯和继承等；这些额外的特权，均通过商约中的特定条款予以规定。这些特权，连同那些通过武力胁迫而表现为新条款的没完没了的特权滥用，导致商约在18世纪临近终结之时变得几乎完全有利于欧洲人。此外，17世纪和18世纪欧洲列强对黎凡特贸易的激烈争夺，不仅导致了商约国数量的急剧增多——仅在18世纪至少就有6个国家，而且还造成在所有条约中出现了"最惠国"条款。

到17世纪末，商约进入一个新的政治阶段，从而对18世纪的奥斯曼—欧洲关系产生了显著的影响。从1683年开始，商约特权被不加掩饰地赋予了获取政治援助作为回报的目标。正是因为这个原因，商约成为某个特定国家在土耳其政府那里拥有的政治和经济地位的晴雨表。

如果说商约在18世纪的奥斯曼帝国对欧关系中具有极其重要的地位，那么，它们同样在缔造奥斯曼帝国的外交新时代方面发挥了重要作用。欧洲外交观念和惯例的引入，与西方国际政治体系的多维联系，帝国为了生存需要而持续不断的与欧洲进行谈判，所有这些因素都促使土耳其政府不可逆转地摆脱传统的伊斯兰单边主义而接纳欧洲式的互惠原则，而所有这些因素，也都包含在商业条约之中。此外，商约国连续成功地获得并利用新的商业和政治特权，导致奥斯曼帝国变成欧洲的一个事实上的开放而自由的市场。这

---

① 米利特，奥斯曼帝国境内的宗教团体，原指少数族群，后引为逊尼派以外的所有宗教团体；该制度是宗教多元化的一个表现。——译者注

种情境的发生，适逢欧洲工业革命需要新的制成品输出市场之时。进入 19 世纪最初几十年之后，奥斯曼帝国在经济上变得几乎完全依附于欧洲。

其他的必要条件

其他力量也在同时发挥作用，迫使土耳其政府走向对外关系的互惠状态，进而加入欧洲结盟体系。压倒性的因素，包括奥斯曼帝国的军事无能、俄国权势的增长和欧洲列强之间的大陆霸权之争，其中，殖民战争是一个极其重要的方面。所有这些外部问题，在 1740 年以后都变得至关重要，因而对于奥斯曼帝国作为一个欧洲大国的地位有着极大的关系，甚至对其构成了生存威胁。从 1740 年至 1763 年，欧洲突出的政治问题是，究竟是奥地利还是普鲁士将主宰德意志；俄国是否会以奥斯曼帝国和哈布尔斯堡王室为代价而在黑海地区、波兰和巴尔干半岛占据优势；英法两国中的哪一个会统治北美和印度。后一场冲突影响了奥斯曼帝国，其原因在于，如果法国获胜，它就会取得更强大的地位，从而可以在近东地区通过外交手段和支撑奥斯曼帝国而掣肘俄国的扩张。

此外，法国与奥斯曼帝国的贸易，在欧洲地区首屈一指。英国虽被看作是一个友好国家，但它仅认为近东事务具有二等重要地位。在波拿巴 1798 年入侵埃及以前，英国人奉行着一种模棱两可的地中海政策，往往出于贸易原因而与俄国为伍，并与法国进行争夺。对奥斯曼土耳其人来说，在 1756 年"外交革命"中法国与奥地利结盟而英国与普鲁士联合，使得情况更加复杂。由于 1726 年俄奥同盟仍然有效，尽管其作用不大，但严格地说，法国就此加入了与俄国的合作。这个结盟变化，连同英国在 1763 年取得对法国的决定性胜利及其随后卷入美国独立战争，造成了土耳其政府在库楚克·凯纳吉战争和克里米亚兼并之时的孤立无援的境地。

赛利姆三世统治时期采取的另一项临时措施，促使奥斯曼政府向着欧洲双边外交体系又跨出了一小步。奥斯曼土耳其人在与欧洲人打交道时，开始越来越多地参照国际法。例如，1799 年，大维齐尔告知赛利姆三世说，一支俄国海军舰队未经宣告而进入土耳其海峡。素丹就此评论说：

> 亲爱的维齐尔，外交大臣应当借此机会，通过友好方式提醒俄国代表遵守国际行为规则，并注意在该问题上与俄国签订的条约款项的原

因。一支战列舰队在未预先通告且未明确舰艇数量的情况下进入外国港口,是有违国际法原则的。俄国人的这种做法,招致了不怀好意之人的不安。他们认为这种行径是对我国的羞辱。

这些较早的参照国际法的做法,尽管只是在奥斯曼帝国觉得方便时才加以运用,却是一个重要的迹象,表明奥斯曼外交的伊斯兰理论已被西方思想撕开了一个口子。

赛利姆统治时期的奥斯曼外交中开始发挥作用的另一个新因素,是公共舆论。对于这个时期的奥斯曼土耳其人来说,顺从公共舆论的观念绝对是一个新鲜事物。毫无疑问,公共舆论仍然是原始的和分散的,并且主要局限于首都地区和几个较大的省城。但是,这值得予以简要考察,因为奥斯曼帝国的大臣开始利用民众感情来制定政策。1804年,当土耳其政府终于开始担心法国可能因为素丹拒不承认波拿巴的皇帝称号而可能宣战时,奥斯曼外交大臣劝说俄国大使不再反对承认一事。他争辩说:

> 为什么承认波拿巴的称号一事,就一定会导致(1799年)条约解体呢?奥斯曼政府走向战争的唯一前提,乃是帝国的安全和领土完整受到威胁。如果政府仅仅为了挽救条约而宣战,它怎么向公众作出交代呢?它怎么去告诉人民说,他们仅仅为了一个单词(皇帝)就必须打上一场战争呢?

奥斯曼外交大臣关于土耳其政府不能为了挽救一项条约而打上一仗的声明,是一个饶有兴味的例子,它说明奥斯曼土耳其人如此迅速地变得熟稔于欧洲结盟体系的运作;事实是,帝国政府事前在意的唯一舆论,是素丹、禁卫军和乌里玛的意见。他们把公共舆论作为政策参照的事实,表明了正在进行和即将发生的变革。①

---

① T. Naff, "Reform and Diplomacy", pp. 295ff.; Inalcik, "Imtiyazat", *EI* 2; *Muahedal Mecmuasi*, 5 vols. (Istanbul, 1877 – 1880), 尤其是关于1774年、1779年和1783年特权的部分, iii. 275 – 284; Ahmet Cevdet Pasha, *Cevdet Tarihi*, Tertib – I Cedid, 12 vols. (Istanbul, 1884 – 1885), ii. 135, 144, iii. 125 – 127, vi. 129 – 130, 253 – 257; N. Sousa, *The Capitularoty Regime of Turkey* (Baltimore, 1933), pp. 15 – 42, 70 – 77, 93 – 100; Charles Issawi, ed., *The Economic History of the Middle East*, pp. 30 – 37, 46 – 59; T. Naff, "Ottoman Relations with Europe", *Studies*, pp. 93 – 103; N. Berkes, *The Development of Secularism in Turkey* (Montreal, 1964), pp. 51 – 85.

变革抑或消亡

在整个 18 世纪，有关的奥斯曼国务活动家一再向土耳其政府提出忠告说，帝国必须改变政策，否则就会有亡国之虞。《库楚克·凯纳吉条约》签订之后不久，艾哈迈德·赖斯米①令人信服地提出这个观点，作为大维齐尔的副手，他是参加该条约谈判的其中一员。他批评了传统派无视奥斯曼军队和武器装备的落后而相信伊斯兰一定能战胜基督教的观点。他强调指出，奥斯曼帝国的权势已不复存在，传统立场并不适于对付俄国崛起而构成的威胁。他敦促土耳其政府追求一项对欧和平政策，并在欧洲国家中间寻找盟友，在这方面，奥斯曼帝国当局已经积累了一些经验。

克里米亚兼并和赛利姆三世继位之后，改革出现了真正的突破性进展。克里米亚的兼并，是一个基督教大国占领的第一块伊斯兰领土，因而激起了许多奥斯曼土耳其人的穆斯林愤怒情绪。但是，在没有任何盟友的情况下，土耳其政府必然冒着全面亡国之险而与俄国开战。在这个严酷的现实面前，奥斯曼帝国当局才感到必须找到欧洲盟国。1789 年，赛利姆三世继位，决心寻找盟国。还在储君时期，他就曾与路易十五通信，表达了打算同法国建立正式联系的愿望。他继位之时，帝国正与俄奥两国交战。瑞典的古塔夫三世曾在 1789 年进攻俄国，在他提议缔结一项条约之时，赛利姆三世立即作出反应，在 1789 年 7 月与其结成同盟并签订了一项补充条约。然而，1789 年 7 月，瑞典人采取了完全违背土瑞同盟条约的行动，在保持波罗的海战前现状的基础上，与俄国缔结了一项单方面的和平条约，且根本没有通告奥斯曼土耳其人。赛利姆三世对欧洲事务方面的实力政治毫无经验，他向维齐尔抱怨说："这是一种有害的行为……异教徒是如此不可靠。"

赛利姆没有气馁退缩。1791 年 1 月，他接受了普鲁士提议的一项防御性条约，开始了加入欧洲结盟体系的第二次冒险行动。普鲁士同意作为盟国在 1791 年春季加入反对俄奥的战争，同意帮助奥斯曼帝国恢复在此前战争中失去的克里米亚和其他领土。然后，普鲁士开始了一连串复杂的政治运作，其主要意图在于增进其自身利益；它通过与英国和荷兰联手，进行调停周旋，

---

① 艾哈迈德·赖斯米（Ahmet Resmi, 1700—1783 年），奥斯曼帝国政治家、外交家和作家，曾出任土耳其政府驻普鲁士大使。——译者注

促使土奥两国在1791年8月达成《西斯托沃和约》，以及土俄两国在1792年1月达成《雅西和约》。在这两项和约中，形势都恢复到战前状态。普鲁士的主动行动，加上法国事态形成的压力，确实促成了和平，但奥斯曼土耳其人却感到失望，因为普鲁士根本没有帮助他们恢复克里米亚。

在这些加入欧洲结盟体系的贸然行动中，土耳其政府没有获得多少好处。相反，这些行动却招致了赛利姆的那些保守派敌人的批评和警告。与瑞典和普鲁士结盟的失败之举，导致土耳其政府极度怀疑欧洲列强抛出的诱饵，因为它们随后试图劝说奥斯曼土耳其人加入其中一个交战阵营。1792年以后，对外希望破灭和对内事务专注，导致奥斯曼帝国政府回到不卷入欧洲的老路上来。与此同时，赛利姆发起了改革运动，其在外交上的最大特点，是在巴黎、伦敦、维也纳和柏林设立了常驻使馆。

事实上的加入

1799年1月，土耳其政府最终因为法国入侵埃及而被迫与英国和俄国订立防御性的三国同盟条约。这可是极大地背离了历史先例。在此前长达300年的时间里，奥斯曼—俄国关系的最显著特征，是两国之间根深蒂固的相互冲突。与此相反，法国却是奥斯曼帝国在欧洲最长久的盟友。这项条约将素丹和沙皇绑在一起共同反对法国，因此成为18世纪发生的第二场"外交革命"。

另一个前所未有的特征，是缔约各方相约提供的相互援助的程度。俄英两国约定向奥斯曼帝国提供的保证，比以前任何时候都要多，尽管比先前的大陆同盟要少。但是，对奥斯曼帝国来说，这个同盟可谓绝无仅有。土耳其政府不仅明确地摆脱了过去的政策，而且违背了沙里亚法（伊斯兰法）所确立的伊斯兰国际关系准则。素丹保证提供帝国资源，以满足盟友的一切需求。他同意俄国军舰自由通过海峡（毫无疑问地基于"仅此一次"原则但却成为俄国人不可再得的先例）。他还答应，如果必要的话，大量俄国军队可驻扎在奥斯曼帝国领土上；这个可能的前景，着实让政府内部的绝大部分官员惊恐不已。

这些因素，使得这项条约不同于早先的同盟，后者符合沙里亚法，表现为在条款上更小心谨慎，并且遵守一项原则，即那些同盟条约的有效性仅限于战争期间。这项条约的有效期将达8年之久，而奥斯曼土耳其人在条约到期前两个月的时间内必须遵守条约，尽管有些勉为其难。通过加入一项时效如此之长而远超出埃及战役所预期需要之时限的条约，土耳其政府实际上加入了针对法国的大陆同盟。因此，它实际上成为反拿破仑的欧洲同盟体系的一个事实上的成员——第一个也是唯一的一个非西方成员。

通往正式加入之路

土耳其政府借助这项行动，将奥斯曼外交推上了通往1840年和1856年的道路，那时，帝国通过订立条约，正式加入了西方的国家体系。而指明这个道路的事物，正是1799年的同盟。

三国条约签订之后，土耳其政府永远摆脱了克里米亚兼并之时如此缺少盟友或在政治上如此孤立的境地。直到在1923年解体以前，奥斯曼帝国在欧洲大陆始终保持着正式的政治联系。在整个19世纪，与其中一个欧洲阵营结盟，成为土耳其政府生存战略的不可分割的一部分，而商业条约成为结盟模式中的一个恒久的维系因素。

18世纪的战争，使得所有人（那些目光褊狭的奥斯曼官员和贵族除外）看到，帝国若无实质性的外部援助绝无可能自保。在奥斯曼外交的所有手段中，没有多少强大的资源可以挽救其内在的羸弱，其军事力量是如此腐败和如此衰弱，以致毫无作用。因此，唯一有效的援助，乃是来自欧洲。但是，历届素丹不无痛苦地知悉，为防止这样的同盟变成负担，他们和他们的大臣就不得不全面学习欧洲政治经验。

生存需要全面改革，连同根本改变奥斯曼治国方略的传统基础。赛利姆三世发起的奥斯曼改革运动的政治势头，一直持续到1877年阿卜杜勒哈米德二世下令取消奥斯曼帝国的第一部宪法。在这个进程中，欧洲的观念、机制和制度成为改革的样板。在一个短暂的时期内，帝国的社会上层和政治方面都实现了欧洲化。甚至在阿卜杜勒哈米德二世结束政治改革之后，教育、技术和通讯领域的现代化仍在继续推进。到19世纪中叶前后，当官僚机构和教育领域在语言、观念和方法上实现欧洲化之时，帝国进入欧洲国家体系的最后障碍纷纷土崩瓦解。

然而，改革进程刚刚开始就显露出不祥之兆。法国军队相继入侵埃及和叙利亚，并一直推进到阿卡。赛利姆的欧洲和亚洲各省到处蔓延着起义、暴动和分离运动。塞尔维亚人掀起了一场大起义（1803—1805年）。

有好几次，素丹的权力所及，只能到达首都以外10英里之远。压倒一切的当务之急，是将法国人逐出埃及和叙利亚，但是，奥斯曼帝国的大臣分裂成亲英派和亲法派两个小集团。前者要求实现1799年条约所确立的战争目标，后者则希望立通过谈判结束冲突、恢复与法国的友好关系并终止与俄国的同盟。

赛利姆本人试图摆脱俄国的束缚，在欧洲战争中保持一种中立姿态。他拥有太多不能信任沙皇的理由。俄国援引同盟条款以保持其在东地中海地区的舰队，加强了其对爱奥尼亚诸岛的保护。与此同时，沙皇的代理人不停地煽动塞尔维亚起义的火焰，并向起义者提供援助。但是，帝国如若得不到英国保护，在法国人和俄国人面前就会不堪一击；由此，赛利姆三世不能因为破坏与圣彼得堡的关系而冒险失去英国的支持。在英国的坚持下，他遵守三国条约的条款，努力在敌友之间保持着一条脆弱的平衡路线。

战争的紧迫状态和欧洲的大陆外交又一次拯救了素丹。1802年6月《亚眠和约》签订完毕，战争宣告结束，法国人撤出埃及和叙利亚。英俄外交特使代表土耳其政府通过谈判达成条约。塔列朗通过外交手段获得了波拿巴曾经企图通过战争为法国争得的大部分成果，尤其是为法国商人争得了进入黑海的权利。法国与帝国之间的友谊不仅得以恢复，而且还达成了一旦发生战争之时的相互援助的保证。

这是加入欧洲结盟体系的另一个复杂步骤。显而易见（对于沙发上的法国人来说并非如此），《亚眠和约》根本没有终结法国与英国领导的大陆同盟之间的战争，而与此同时，驻土耳其宫廷的英俄特使坚持要素丹确认其三国同盟义务，因此，赛利姆几乎不能避免置身其中，他无法保持中立。

突发事件不久便告发生。波拿巴态度坚定地援引《亚眠和约》的友好条款，要求赛利姆正式承认其皇帝称号，答应向其提供支持以对付俄国。这场争议主宰了1804—1805年的奥斯曼—欧洲关系。1805年12月，拿破仑断绝了与土耳其政府的关系，赛利姆因此不再能抵制英俄奥三国的压力，他再次确认与俄国的同盟关系，答应与大陆同盟合作，重开与法国的战争。然而，波拿巴在1805年底对奥俄两国取得胜利，又使赛利姆倒向法国阵营，他在1806年2月宣布承认拿破仑为皇帝。

这些事件不仅使奥斯曼帝国处于欧洲战争的漩涡，而且又一次突破了穆斯林传统惯例的约束。1806年10月，俄国正式对奥斯曼帝国宣战。英国投向沙皇一边,进而在1807年初派遣舰队封锁伊斯坦布尔。这时,赛利姆为保卫奥斯曼帝国,主动寻求与法国结成正式的军事同盟。

这是一个前所未有的举动,它远远超出了穆斯林传统国际关系的严格限制;然而,这个先例一旦确立,便成为整个19世纪的通则。素丹提出建议,根据欧洲国际法外交制度订立一项双边条约,从而把奥斯曼帝国的生存置于一个欧洲大国的保护之下。作为奥斯曼—欧洲关系之基础的单边外交、主权不平等和圣战,统统失去了实际效力。素丹本人是一个虔诚的穆斯林和一位时代风云人物,而他的这项现实主义行动,不过是1799年条约的逻辑产物。

赛利姆三世的改革及其打碎传统的政策,最终断送了他的帝位、计划和性命。赛利姆在法国援助(而不是他所要求的条约)的诱惑下,把英国舰队逐出海峡,并准备对俄国开战。在这个关键时刻(1807年5月),他的敌人将其推翻,授予穆斯塔法四世以奥斯曼之剑,并把改革派全部赶出宫廷。英国舰队从伊斯坦布尔驶往埃及,试图在那里建立一个马穆鲁克①政权,但在1807年9月因穆罕默德·阿里阻拦而未果。与此同时,1807年7月,波拿巴和沙皇在提尔西特达成一项条约,据此,拿破仑将迫使素丹与俄国达成条约,作为交换,沙皇进行调停以实现英法和平。如果新素丹予以拒绝,法国将与俄国军队联合进攻奥斯曼帝国。素丹未经犹豫立即答应,但沙皇却期望永远占有两公国,因此一直拖到1812年也未签订和约。这时,波拿巴准备入侵俄国的行动,促成了一次与新素丹马哈茂德二世之间长达8个月的谈判,调停人为英国驻伊斯坦布尔代办、年轻的斯特拉特福德·坎宁。1812年5月《布加勒斯特和约》大致恢复了战前的法律状态,但允许塞尔维亚人自治,俄国获得的唯一领土是比萨拉比亚。对奥斯曼土耳其人来说,其最重要的收获,是暂时的喘息时间。马哈茂德二世虽然已将废黜的赛利姆囚禁在以"笼子"著称的宫廷角落达一年之久,但却一直受到后者的改革思想的折磨。马哈茂德利用这段喘息时间,巩固了他的权力,奠定了一个改革时代的基础,而这次改革,终于促使奥斯曼帝国,连同其组织形式和政权机构,蜕变

---

① 马穆鲁克(Mamluk),阿拉伯语"被占有的人"、"外籍奴隶",后指中世纪组建的埃及奴隶骑兵,曾在埃及和叙利亚等地建立伊斯兰政权(1250—1517年),被称为马穆鲁克王朝,又称奴隶王朝。——译者注

成一个欧洲式的世俗国家。①

最后阶段

　　这个部分是毫无章法的漂流、部分是目标明确的转变的融入进程的最后阶段，终于导致奥斯曼帝国不可逆转地进入欧洲国际政治与社会体系的舞台。这个阶段有一系列明确的标志：穆罕默德·阿里的挑战（1822—1823年）和《温卡尔·伊斯凯莱西条约》；花厅御诏（1839年）②；1840年《伦敦条约》和1856年《巴黎和约》。

　　在法国大革命所促成的民族主义思想情绪的刺激和俄国代理人的鼓动下，新一代希腊人，在一个被称为"友谊社"的集团的领导下，于1821年3月发动起义，以建立一个独立的希腊国家。这场运动逃避全面镇压达3年之久。公民和禁卫军中的急躁情绪，驱使马哈茂德二世向穆罕默德·阿里求援，此人由于在上埃及地区和阿拉伯半岛对瓦哈比派取得胜利而在伊斯坦布尔名声大噪。在允诺得到摩里亚半岛和克里特岛总督的条件下，穆罕默德·阿里派出其子易卜拉希姆·帕夏率领一支军队出征；在1825—1826年行动迅速而破坏一切的战役中，它似乎已经扑灭了起义运动。

　　大约与此同时，在1826年6月，素丹马哈茂德对另一场禁卫军反叛做出反应，肢解了这支部队，剥夺了其盟友乌里玛的权力。不到一个月，禁卫军宣告不复存在。随着禁卫军而消失的，是改革的一个巨大障碍。与他们那些最伟大的前辈相比，19世纪的土耳其素丹在手中积聚了更多的个人权力和中央权威，但对于挽救帝国来说，这为时已晚。

　　沙皇尼古拉比素丹更害怕穆罕默德·阿里出现在摩里亚半岛，因此在1826年3月向马哈茂德发出最后通牒。奥斯曼帝国是如此深陷于拿破仑之后

---

　　① 关于艾哈迈德·赖斯米，参见 *Hulusat - up Itibar*（Istanbul, 1899），pp. 75 - 76；Unat, *Osmanli Sefirleri ve Sefaretnameleri*（Ankara, 1968），pp. 102 - 105；*IA*, "Ahmed Resmi", p. 268；关于赛利姆三世的外交和改革，参见 T. Naff, "Reform and Diplomacy", *JAOS*, pp. 295ff. & idem, "Ottoman Relations with Europe", *Studies*, pp. 102 - 107；S. Shaw, *Between Old and New: The Ottoman Empire under Sultan Selim III, 1789 - 1807*（Cambridge, Mass., 1971），pp. 71 - 210；M. S. Anderson, *The Eastern Question, 1774 - 1923*（London & New York, 1966），pp. 1 - 40；关于1799年《三国同盟条约》及《1802年亚眠和约》，参见 Hurewitz, *Middle East*, i. 126 - 133, 140 - 141, 154 - 155；Ahmed Asim, *Asim Tarihi*, 2 vols.（Istanbul, 1871），i. 67 - 70, ii. 237 - 259；Cevdet, *Tarihi*, vii. 304 - 311ff.

　　② 花厅御诏，因宣读地点而得名。——译者注

的欧洲均势，以致这个行动触发了一系列导致奥斯曼帝国处于灭亡边缘的冲突和政治运作，从而严重考验了欧洲的协调机制；后来，在 1840 年，又导致欧洲协调各大列强不知不觉地将奥斯曼帝国正式引入欧洲国家体系。在后来的 4 年里，英国、法国和俄国的一支联合舰队在纳瓦里诺海域（1827 年 10 月 20 日），摧毁了奥斯曼—埃及海军；穆罕默德·阿里被迫退出希腊和克里特（1828 年 10 月）；俄国获取了对塞尔维亚、希腊和两公国的保护权，取得了与其他欧洲国家同样的商约特权（1827 年）；希腊获得了全面独立（1830 年）；法国征服了阿尔及利亚（1830 年）。

从这些事件中抽身出来后，马哈茂德却在 1831 年面临着穆罕默德·阿里提出的一项要求，即他应当得到叙利亚，以补偿失去的希腊。穆罕默德·阿里的野心早就引起素丹的不满，因此他命令叙利亚总督发起一场针对埃及的战争。易卜拉希姆·帕夏迅即间打垮了素丹的军队，并在 1832 年完全征服了叙利亚。在马哈茂德对埃及军队组织发起另一场战争时，易卜拉希姆挥师进入科尼亚，大败帝国军队，从而使得征服安纳托利亚和废黜素丹成为一个可能的前景。1833 年 2 月，易卜拉希姆准备在布尔萨安扎冬营，此地距伊斯坦布尔仅有 50 英里。

马哈茂德请求英国和法国施以援手，但一无所获，两国仅提出了旨在实现各自利益的建议，并阻止马哈茂德向沙皇求援，而这正是马哈茂德所采取的措施。马哈茂德允许俄国在伊斯坦布尔的外海驻扎一支舰队，并在首都对岸的安纳托利亚的温卡尔·伊斯凯莱西部署军队。让乌里玛和市民万分震怒的是，其他俄国军队竟然在伊斯坦布尔城外安营扎寨。此外，马哈茂德还遵循赛利姆三世的先例，要求与俄国结成一个反对穆罕默德·阿里的防御同盟。

在没有英法援助的情况下，马哈茂德不得不依赖俄国而求得苟延残喘之机，由此，他被迫为了拯救帝国而付出高昂代价。1833 年 3 月，他承认穆罕默德·阿里为克里特和埃及的总督，并给予易卜拉希姆·帕夏以叙利亚和阿拉伯半岛的吉达两地的总督称号，之后，易卜拉希姆撤出安纳托利亚。

1833 年 7 月，开始轮到沙皇帝予取予夺。马哈茂德同意订立《温卡尔·伊斯凯莱西防御同盟条约》，据此，如果签约国之一的领土在未来 8 年内遭到进攻，每一方都将向另一方提供援助。他宣布承认《埃迪尔内条约》（1829 年 9 月 14 日），据此，俄国获得对塞尔维亚、希腊和两公国的保护权。在一项秘密条款中，土耳其政府答应，如果素丹在战时对所有外国军舰关闭海峡的话，俄国则可免除该项军事条款的束缚。法国和英国得知沙皇的目标是要让俄国军舰不受限制，并防止其黑海沿岸设施受到任何欧洲敌国的攻击，因此竭力反对这个协议（1833年8月）。

直至19世纪30年代末，英法两国在耗费相当大的外交精力之后，才推翻了《温卡尔·伊斯凯莱西条约》，削弱了俄国在奥斯曼帝国的影响力。1839—1840年，形势又导致了冲突。马哈茂德二世和穆罕默德·阿里之间再次爆发战争，欧洲大陆同盟体系也发生了一次大变动。法国认定奥斯曼帝国的覆亡指日可待，因而抛弃了对土耳其政府的传统支持政策，转而帮助穆罕默德·阿里，但却招致了英国的对抗。英国外交大臣帕默斯顿勋爵认为，一个羸弱但依附于英国的奥斯曼帝国，要比一个强大而又拥有独立倾向的穆罕默德·阿里更加可取，何况他又投身法国，控制了前往印度的交通要冲。在维持奥斯曼帝国的领土完整方面，他试图通过分担国际责任来达成目标。通过一项分成两步走的巧妙策略，帕默斯顿在1839年12月与沙皇尼古拉一世签订了一项条约，后者放弃了《温卡尔·伊斯凯莱西条约》，作为交换，俄国加入列强的共同行动，以结束奥斯曼帝国与埃及之间的战争。对沙皇来说，俄英之间的和解，不仅阻止了法国在黎凡特地区获得好处，拆散了英法同盟，而且减轻了穆罕默德·阿里对俄国长期利益构成的威胁。就帕默斯顿而言，除推翻了《温卡尔·伊斯凯莱西条约》和遏制了法国的野心以外，这项条约还阻止了俄法两国采取共同行动来对付英国，并确保了奥斯曼帝国的生存。

在这项条约之后，英国、俄国、奥地利和普鲁士于1840年7月15日签订了一项正式条约，据此，签约各国保证给予素丹保护以对付其埃及总督。新素丹阿卜杜勒哈米德一世同意对奥斯曼帝国本身并未宣战的交战国军舰关闭海峡。穆罕默德·阿里获得了对埃及的世袭继承权及其在世期间对叙利亚南部的统治权，如果他承认素丹的宗主权并在其领土范围内实施奥斯曼帝国的法律的话。1840年11月，穆罕默德因为一次起义而被迫退出叙利亚之后，宣布接受对埃及的世袭继承权并结束战争。

1840年9月17日，奥斯曼帝国跨出了其正式加入欧洲国际政治体系的最后的决定性步伐。1840年《伦敦条约》附加了一份《自我约束议定书》。其条款声明：

……在执行上述条约之缔约国所同意的各项约定中，所有国家均不谋求领土扩张、排他性影响以及仅仅针对其本国臣民的商业优势。其他任何国家同样也不应获取这些目标。

上述政府之全权代表均已同意将这项宣言载入当前议定书。

奥斯曼帝国政府之全权代表对联盟各国政府的良好诚意和公正政策深表敬意,已知悉当前议定书所包含的这项宣言,并已将其转呈给本国政府。①

这时,土耳其政府成为这项条约的正式缔约国;奥斯曼帝国开启其融入欧洲的漫长进程时的那个巨大历史悖论,终于烟消云散。雅·科·霍尔维茨②一语中的地指出,素丹和英俄奥普四国君主一起共同签字的1840年《伦敦条约》及《自我约束议定书》,

解释了欧洲共同干涉奥斯曼帝国内部事务的目标,并由此确立了干涉规则。虽然它没有得到当时国务活动家以及后来学者的承认,但1840年的条约标志着奥斯曼帝国无条件地加入了欧洲国家体系。③

国际政治体系的融合扩展到奥斯曼帝国内部的变革进程。改革成为奥斯曼帝国对欧关系的一个政策因素。欧洲列强所呼吁的重大改革措施,均在欧洲协调外交的重要时刻纷纷付诸实施:1839年11月3日花厅御诏,颁布于1840年《伦敦条约》前夜,这项改革敕令宣告了坦齐马特④时代的到来;

---

① Hurewitz, *Middle East*, p. 275. 关于马哈茂德二世统治时期,参见 Cevdet, *Tarihi*, x. 200ff.; I. H. Danismend, *Iyhali Osmanli Tarihi Kronolojisi*, 4 vols. (Istanbul, 1961), iv. 93–120; B. Lewis, *The Emergence of Modern Turkey* (London & New York, 2nd edn., 1968), pp. 75–103; N. Berkes, *Secularism*, pp. 89–135; 关于希腊独立战争、马哈茂德与穆罕默德·阿里的争夺以及克里米亚战争时期欧洲列强之间的争夺,参见 Anderson, *Eastern Question*, pp. 53–148; 关于穆罕默德·阿里,参见 P. J. Vaikiotis, *The Modern History of Egypt* (New York, 1969), pp. 49–125; 关于土耳其的看法,参见 S. Shaw, *History of the Ottoman Empire and Modern Turkey*, 2 vols. (Cambridge, Mass., 1977), ii. 1–83; Danisment, *Kronoloji*, iv. 120–183; 关于经济背景,参见 Issawi, *Economic History*, pp. 17–90; 关于《温卡尔·伊斯凯莱西条约》、1840年《伦敦条约》及《自我约束议定书》和1856年《巴黎和约》,以及1833—1856年期间欧洲列强外交运作的相关文件,参见 Hurewitz, *Middle East*, pp. 252–319。

② 雅各布·科尔曼·赫尔维茨(1914—2008年),哥伦比亚大学政治学教授、著名中东问题专家,著有《通往分裂之路:巴勒斯坦问题》(1950年)、《中东困局》(1953年)、《美苏在中东的争夺》(1969年)、《中东政治的军事维度》(1982年)、《巴勒斯坦之争》(2008年)。——译者注

③ Hurewitz, *Middle East*, p. 275.

④ 坦齐马特,土耳其语,意为改革。——译者注

1856年2月18日改革敕令，颁布于结束克里米亚战争的《巴黎和约》前一个月，它重申了奥斯曼帝国境内非穆斯林社群的特权和豁免权；1876年12月23日公布了第一部奥斯曼宪法，其时，欧洲列强齐聚伊斯坦布尔，召集会议以解决又一次可能把奥斯曼帝国拖进另一场对俄战争的巴尔干危机。

这时，奥斯曼帝国已完全加入了欧洲国家体系，而帝国以外的绝大多数伊斯兰社会，早就成为欧洲殖民扩张的吞并对象。这就意味着，在一定程度上，伊斯兰世界的几乎所有成员都被裹挟进欧洲国际体系。在这个进程中，奥斯曼帝国是最后一个，也是最重要的一个成员。1856年《巴黎和约》不过是在法律上承认了过去的那个事实。

然而，如果认为欧洲社会与穆斯林社会的融合是全面彻底的，那就大错特错了。事实并非如此。真正发生的，是不同体系之间的融合，是现代社会的物质和技术装备之间的融合。尽管现时代发生了教育和通讯革命，但双方之间的价值观、人生观、行为方式和宗教信仰，依然属于完全不同的文化，不能全然地相提并论。

第十一章　中国之加入国际社会

江文汉[*]

中国等非欧洲国家加入国际社会的进程，目前开始受到那些主要兴趣在于国际关系领域的学者的研究。从欧洲中心的角度看见，这个进程经历了欧洲国际社会向全球国际社会的扩展；从非欧洲边缘地带的角度看，这个进程经历了非欧洲国家成为那个不断扩展的国际体系，以及后来的国际社会的成员时所进行的自愿的或被迫的改革、调整和适应。国际体系与国际社会之间的区分标准必然是变化不定的，而中国案例有助于说明前后两种不同的态度：起初保持与那些"至少在一定程度上作为一个整体的组成部分而采取行动"的欧洲各国之间的"充分接触"，最终完全遵守19世纪的那个自认为是"文明的"国际社会的共同利益及价值观念、约束性规则和制度。[①]

整个19世纪期间，在欧洲列强与非欧洲世界之间的正式且持续不断的交往迅速发展之际，它们也面临着挑战和困难，即如何通过有序而人道的方式，尽可能在国际法律指导原则——其本身正在不断发展以应对日渐扩大的国际法领域——的框架内，将非欧洲国家拽入它们自己的国际关系体系。事实上，正如亚历山大罗维茨所指出："合乎逻辑的结论似乎是，当不同的文明和政治传统相互遭遇时，应当找到一条途径，让新来者能够加入国家大家庭，并总有一天在这个大家庭中获得其应有的一席之地。"[②]

尽管欧洲努力寻找合乎逻辑和人道的途径从而把非欧洲新国家拽入它们

---

[*] 江文汉（Gerrit W. Gong），获牛津大学博士学位，曾供职于美国驻华大使馆和国务院，先后任杨伯翰大学助理校长、战略与国际问题研究中心亚洲项目主任，著有《国际社会中的文明标准》（1984年）、《东亚和东南亚的记忆与历史》（2002年）、《重新思考鸿沟：中日关系中的身份、记忆和民族主义》（2010年）等。——译者注

[①] 参见 Hedley Bull, *The Anarchical Society: A Study of Order in World Politics* (London, 1977), pp. 9–16。

[②] C. H. Alexandrowicz, *The European–African Confrontation* (Leiden, 1973), p. 5。

的国际体系，但日益扩展的欧洲国际体系仍对中国构成了威胁，因为中国早就是一个既定的、非欧洲的国际秩序的组成部分。事实上，作为儒教国际大家庭的中央王国，中国竭力反对欧洲挑战其历史文明和传统朝贡关系体系。在随之发生的冲突中，欧洲体系不断扩展，进而取代了远东的儒教秩序。

欧洲与远东的冲突，最终证明远远超出了政治、经济或军事领域。它还是一场文化冲突，涉及根本不可调和的"文明"标准之间的冲突。一般地说，文明标准包括一系列用来区分那些属于某一个特定社会（根据定义指"文明"社会）之人的隐含的和明确的假设。它表达了某个国内社会或国际社会自觉界定其成员特征的方式；它规定了成员之间相互关系的规则、规范和戒律；它界定了自身成员与那些被排除在外的他者之间的区别。由于社会是变动不居的（当然也包括国内社会和国际社会），所以，它们的"文明"标准也是变化发展的：中欧关系改变了中国和欧洲双方的"文明"标准。在19世纪末和20世纪初，中国的"文明"标准，尤其在国际贸易、外交和法律关系领域，最终反映了居于主导地位的欧洲的"文明"标准。与此同时，欧洲的"文明"标准——表现为与非欧洲国家之间的条约，以及后来写进欧洲国际公法学家的著作，从而成为习惯法的组成部分——开始用越来越明确的语言描述那些要求诸如中国这样的非欧洲国家加入国际社会的必要条件。

1839年鸦片战争以后，中国首次被迫签订条约并规定，要按照欧洲的"文明"标准开展持续的贸易、外交和法律关系。尽管这些早期的条约成为条约口岸体系的基础，并促使中国开始接触到欧洲国际体系的规则、规范和习惯，但它不仅在中国而且在西方得到了"不平等条约"的骂名。这至少有三个原因。首先，它们是通过欧洲军事力量强加给中国的；其次，它们指定了不平等的义务，从而侵犯了中国主权；最后，它们最终成为中国的不断形成的屈辱感和不公正感的标志。最初，在中国的历史"文明"标准受到"外夷的""文明"标准的强力侵犯之时，中国蒙受了深刻的文化创伤；后来，当中国寻求按照欧洲标准开始"文明化"并根据西方自由主义的、共产主义的以及泛亚主义的教条判断其所处的国际形势之时，其"不平等条约"的文化屈辱感又增添了国际法律不公正和思想不平等的内容。

本章分三个部分追溯中国之加入国际社会的进程。首先，在鸦片战争以前，中国顽固坚持其文化优越标准，因此拒绝与西方建立平等关系或订立条约。其次，从1842年《南京条约》开始，"不平等条约"成为条约口岸体系的基础，而这个体系不仅充当了西方对中国施加影响的工具，而且成为中国从普世性帝国向主权国家转变的催化剂。最后,简要描述了中国试图遵守欧洲的"文明"标准的进程,其主要途径包括确立公认的外交习惯,采纳国际法,以及逐渐成为国际社会的一个"文明"成员。

中西关系和传统的中国国际秩序

从最早时期,即马可·波罗时代的探险家和冒险者第一次访问中国之时起,中国人就已认定,他们将按照几千年以来统治帝国的一贯模式和原则与欧洲人打交道。虽然中华帝国随着王朝继承的命运或扩张或收缩,虽然统治家族或兴起或衰落,虽然千余年以来各代皇帝或崛起或沉沦,但是,这些王朝变更的周期却强化了中国人的历史统一性,巩固了中国人的传统智慧:早期儒家圣贤无所不知,历史更悠久和经验更丰富的文明更有智慧和美德,以及事实上,只有中国独家为人类提供了文明福音。

传统的中国"文明"标准,圣化为儒教学说。作为"天子",中国皇帝奉承上天旨意统治中央王国,在原则上,它涵盖了全世界,既包括"文明化的"地区(在文化上指华夏地区),也包括尚未"文明化的"地区(在文化上指"蛮夷"或国外地区)。在这个世界秩序之内,普天之下无远弗届,从最平凡的日常活动到最重要的经国大事,都与等级制度密切相连,而后者之维系和标志,就是对于规定性跪拜礼仪的忠实履行。子女跪拜父母,父母跪拜祖辈和祖先,大臣跪拜皇帝,皇帝跪拜上天。儒家经典著作《论语》如此描述了中国式世界秩序的普遍性和不可分割性:"修身;齐家;治国;平天下。"天下太平,始于家宅跪拜礼仪。

儒教原则和传统不仅适用于确立中国国内秩序,同样也决定了其与华夏四邻的关系。作为皇父或兄长,中国接受周边朝贡国家的朝拜和贡奉,赏给它们应得的儒教恩赐以及公平但却是家长式的关系。虽然外表裹着文化优越感的语言,但在关键时刻却依靠中国的军事实力,无论对长城以外的游牧民族来说,还是在朝鲜、安南、暹罗、缅甸以及一度的日本看来[1],中国的世界秩序都被认为是一个普世性的历史事实,所以,它们都普遍接受关于礼仪朝拜和定期朝贡的规定性要求。

事实上,抵达中国的欧洲人很快就发现,他们做不到既违背规定性的跪

---

[1] Immanuel C. Y. Hsu, *China's Entrance into the Family of Nations* (Cambridge, Mass., 1960), p. 3.

拜礼仪而又不与作为其基础的中国的"文明"标准、文化和世界观发生冲突。因此，在一系列中西冲突中，跪拜就成为一个突出的象征，包括1645年礼仪之争（涉及中国基督教徒是否要行使作为儒教祭祖礼仪之组成部分的跪拜礼的问题）；1689年《尼布楚条约》（俄国与中国宫廷彼此同意行使对方礼仪，导致8月27日中国与西方国家签订了第一个条约）；以及英国在19世纪中叶企图打开对华贸易所带来的各种麻烦。

当然，1793年马嘎尔尼勋爵毅然拒绝向自封的中国"文明"标准的优越地位行使跪拜礼，最终成为传统的中国世界秩序即将遭遇厄运的先兆。传统决定了中国在与欧洲人打交道时，并不是依照正在发展中的欧洲哲学，即受尊重的全权特使所代表的国家在开展相互交往时属于平等的主权实体，而是根据儒教的模式和原则，要求所有来者，无论远近，都必须承认中国的"文明"标准。虽然中国人最终允许马噶尔尼以单膝下跪代替跪拜，但他所期望的让步始终未能兑现，直到通过《南京条约》强行夺取。然而，这并非全然因为马噶尔尼的大吵大闹限制了其使团最终取得成功；在王朝周期的转折关头，羸弱的清政府认为，中西贸易不仅毫无必要，而且还对一个气数已尽的王朝构成了潜在威胁。依据西方习惯进行通商贸易，对欧洲国家来说也许是输血打气，但对古老的中国而言，却是敲响了死亡的钟声。

西方的冲击

鸦片战争和《南京条约》作为中西关系的转折点，具有无可争议的重要意义。张馨保认为："中国学者和西方学者，无论激进派还是保守派，都始终如一地把它（鸦片战争）作为近代中国研究的一个起点。"[①]鸦片战争和《南京条约》之签订，标志着西方对华使用武力的开始，中西之间持续但被迫接触的发端，欧洲的"文明"标准之强加于中国，以及普遍认为是源于"不平等条约"的百年不平等关系的肇始。[②]

鸦片战争的爆发，至少有三个原因，而其中的每个原因，都部分地发端于相互冲突的"文明"标准。

第一，西方商人和外交官习惯于欧洲的以平等原则为基础的直接代表制

[①] Hsin-Pao Chang, *Commissioner Lin and the Opium War* (Cambridge, Mass., 1970), p. ix.
[②] Ssu-yu Teng, *Chang His and the Treaty of Nanking* (Chicago, 1944), p. v.

度，抱怨中国的等级制度不仅拒绝给予其常驻北京的直接代表权利，反而要求他们通过垄断性的"公行"商业组织互打交道，而这种中间机构，即使在支付了必要的、有时是十分高昂的贿赂之后，也毫无效率。这些商人和外交官还抱怨，他们受到的极其严格的旅行限制，若无北京同意，根本就无法取消。欧洲人反复提出抗议说，他们没有得到平等待遇而是低人一等，被中国人蔑称为"外夷"。

第二，中国坚持传统的司法律典，致使欧洲人认为他们受到了"不文明的"司法标准的压迫。中国的连坐制度不仅愚昧而且有失公正，如同勒死等中国的酷刑和处死方式同样野蛮落后。

第三，也是最直接的原因，在长达几十年的企图渗透进中国那个本质上自给自足的经济体系的努力屡屡受挫后，英国商人终于发现了鸦片，它容易从印度进口，价格很高，市场完备，以致到19世纪20年代中期，英国与中国之间的白银流通终于发生了逆转。[1] 当钦差大臣林则徐采取严格措施控制鸦片贸易——不仅威胁到中国经济而且摧残中国人民身体健康，紧张局势随之而起。因此，尽管林钦差扣押广州的外国侨民并销毁两万箱鸦片为英国提供了战争借口，但鸦片问题的深层原因，却是英国要求获得外交代表的平等权利、依据英国自身的法律框架和法庭审理案件以及自由贸易，而这些都是所有"文明"国家当然给予的前提条件。

鸦片战争的第一场战役穿鼻洋海战，发生于1839年11月2日，当时，两艘很小的英国军舰摧毁了一支毫无经验而且训练欠佳、由舢板和火船组成的中国水军。英国军队占据的绝对火力优势很快见效，对南京的炮轰威胁加速了内含13项条款的《南京条约》于1842年8月29日签订。紧随《南京条约》之后，西方列强陆续而迅速地与中国订立了《虎门条约》（1843年）、《望厦条约》（1844年）和《黄埔条约》（1844年）。这四项条约构成了西方国家一致处理对华关系的依据，并形成了"一个基础，据此，在中国与12个拥有共同条约关系的外部国家之间，树立起商业和外交关系的上层建筑"。[2]正因为如此，霍·巴·马士将中西之间的第一批条约安排称为"四项条约，一份协议"。[3]

---

[1] Chang, *Commissioner Lin and the Opium War*, p. 40.
[2] H. B. Morse, *The International Relations of the Chinese Empire* (London, 1910), i. 299.
[3] Ibid.

12 年后，在《南京条约》修约期即将来临之际，欧洲国家坚持要获得更加广泛的条约特权。在根本上，它们所提出的要求，就是"通过武力或其他方式把中国纳入现代国家体系，并在此基础上为西方产品和商业打开中国市场"。[①]更具体地说，西方提出了以下要求：在北京常驻外交代表，通过增加条约口岸打开中国市场，在中国内河自由航行，到中国内地旅行，废除跪拜礼仪。在西方再次诉诸军事实力的威胁下，中国在 1858 年签订了《天津条约》。

当中国拖延《天津条约》的实施之时，英法联军开进北京，焚毁了圆明园，并在 1860 年 10 月 24 日强迫恭亲王奕䜣签订了《北京条约》。该条约最终确立了西方国家在中国京城常驻外交代表的权利，提高了中国的赔偿数额，增开天津作为对外贸易和国外人员常驻口岸。英国还获得了香港以外的九龙作为租借地，法国则为其天主教传教士获取了在中国内地置办财产的权利。

到 1860 年，西方终于获得了一种决定其对华关系前提条件的主宰地位。从《南京条约》和《天津条约》开始，西方将逐渐成为正式的"文明"标准的各种条款强加给中国，迫使其开放口岸，基于西方条件进行通商贸易，根据国际法和西方外交惯例开展对外关系。至少在当初，欧洲人也许是指望通过条约建立起一个由外交代表、贸易权利和司法程序组成的国际体系，不仅与所有"文明"国家给予的条件完全一样，而且与所有"文明"国家本身完全平等；而中国人不仅认为这些条约把一种外国的"文明"标准强加给中国，而且构成了愈益频繁的西方渗透的前锋。但最终，中国与西方之间的这些早期条约奠定了西方条约口岸体系的基础，进而逐渐取代了传统的中国朝贡体系。[②]

条约口岸体系之所以得名，是因为在《南京条约》之后，条约口岸的数量越来越多，以致成为西方在中国的一个象征。第一批 5 个条约口岸，厦门、广州、福州、宁波、上海，均位于沿海地区。《天津条约》增开了 10 个口岸，西方军队开进北京后又增加了天津。到 1920 年，中国沿海和内地总

---

① Masataka Banno, *China and the West* 1858 – 1861 (Cambridge, Mass., 1964), p. 10.
② 关于这个进程的一些变量的考察，参见 John K. Fairbank, "Synarchy Under the Treaties", in *Chinese Thought and Institutions*, ed., John K. Fairbank (Chicago, 1957); Rhoads Murphy, "The Treaty Ports and China's Modernization", in *The Chinese City Between Two Worlds*, eds., Mark Elvin & G. William Skinner (Stanford, Calif., 1974).

共有 69 个条约口岸。

条约口岸成为越来越多的西方人常驻地、贸易和商业中心、西方炮舰母港以及领事馆和军事要塞的所在地，而所有这些地方，都是西方保护下的半独立王国，拥有其自身的税务和法律—司法制度，因而免受中国主权的管辖。《南京条约》和《天津条约》给予的让步，通过更多的协议、协定、条约以及补充协议，内容包括贸易、关税、商业、官方交往等方面的规则，加诸并构成了条约口岸体系。这样，条约口岸体系成为一项复杂的、影响深远的制度，包括了在几乎整整一个世纪过程中夺取或申索的相互关联的权利、利益和特权。[①]在他们的飞地范围内，外国国民享有与其"文明"相联系的权利、特权和保护。

条约口岸体系的扩大，经历了一个渐进且和平的发展过程。1900年，这个过程出现了一个重大例外：义和团突然掀起了一场将外国势力"斩草除根"的"灭洋"运动，而且后来还得到了仇外的官员和士绅的支持。"文明"列强采取了一次国际协调行动，动员力量对付义和团，强制推行其共同的"文明"标准。义和团被扑灭之后，条约列强要求采取更严格的措施保证外国人的生命、自由和财产，并加强对外交的以及合法的通讯渠道的保护。具有讽刺意味的是，义和团的极端行为原本试图铲除在华的外国"文明"标准，结果却加剧了外国强制实施此标准的严厉性。

20世纪20—30年代，条约口岸体系达到其影响的顶峰。除领事裁判权这项最初的和基本的条约让步以外，这些特权不断发展到包括以下各项：[②]

第一，主要治外法权国家在上海设立的本国法庭和"混合法庭"，将西方司法权力扩大到远远超出最初在18世纪40年代所给予的范围，从而赋予外国法官一定的司法管辖权，甚至在涉及原告是外国人而被告是中国人的案件时也是如此；

第二，外国人管理中国官僚机构，如中国海关总署、邮政局、盐税司；

第三，条约款项将中国关税限制在一个固定且低度的从价税的水平上；

第四，外国控制的殖民地和租借地位于主要的条约口岸，受到游弋在沿海港口和长江水面上的炮舰的保护，因而成为西方在华势力的主要标志。在

---

① 关于这一系列条约的比较，参见 Godfrey E. P. Herslet, ed., *Hertslet's China Treaties*, 3rd edn. (London, 1908), 2 vols.

② John Carter Vincent, *The Extraterritorial System in China*, Harvard East Asian Monographys No. 30 (Cambridge, Mass., 1970), p. 2.

北京，条约列强在使馆区拥有使馆警卫。西方军队还驻扎在天津以及从北京到海边的铁路沿线的战略据点上。在中国沿海和内河航行的权利，包含在旅行权利之中。传教士不仅得允在内地自由旅行，而且还在中国全境内定居、置办家产和接纳教民。

尽管条约口岸体系的扩大过程循序渐进而且无处不在，但西方经济影响，除了在上海这样的特殊地区以外，仍然局限在一定范围之内。不过，这个体系带来的广泛的社会和政治冲击，却是无法估量的。上海一些公园门外所立的"华人与狗不得入内"的牌子，现在可谓臭名昭著；它们在两个方面展示了中国人的屈辱感和愤怒情绪：其一，因为华人与狗可以相提并论和同等对待；其二，因为令人讨厌的外国存在破坏了传统的中国社会，但又不能将其从原本属于中国的领土上驱逐出去。

然而，欧洲秩序处于统治地位，在中国被外部强力拽入国际社会的过程中，它也逐渐地从一个普世性帝国转变成一个"文明"国家。

"文明"的标准

19世纪末20世纪初，国际社会开始有意识地表明其"文明"身份；作为其普世主义诉求的一大表现，"文明"标准在一个包含两个阶段的过程中成为国际习惯法的组成部分。首先，从19世纪中叶开始，这个标准的前提条件第一次在法律上进入欧洲与非欧洲国家签订的早期条约如《南京条约》，之后又被写进惠顿以及随后的国际公法学家的著作里，因而得到愈益明确的宣示。到世纪之交，这个标准已经能够充分界定必要的法律前提条件，使得中国等非欧洲国家得以获得"文明的"国际社会的正式且"文明的"地位。这些前提条件，包括该保护本国国民生命、自由和财产的能力；展现合适的政府机构组成；遵守公认的外交习惯；坚持国际法原则。

中国接受"文明"标准所要求的基本原则和制度，既归因于西方强迫其"文明化"的压力，也得益于国内愈益高涨的改革要求。持续的欧洲影响和邻近的日本榜样（下一章描述日本的有条不紊的"文明化"进程及其巨大成就），逐渐推动中国反对"不平等条约"，其根据是外国先前坚持的国际法上的主权不可侵犯原则和"文明"国家平等原则。到1880年，中国已开始运用欧洲外交原则及国际法原则，并越来越多地接受其在国际体系中的一席之地。到1912年1月中华民国宣告成立之时，中国首次做出尝试，作为主权国家并依照欧洲国家体系模式处理国家事务，正如陈志让写道，中国建立起一个宪制政府，部分地"运用一个全新的合法性概念，取代此前作为国家基本原则的儒教正统理论"。①而国内和国际变革的源头，则在于经常性外交关系的建立。

经常性外交关系的建立

直到 1858 年第二次鸦片战争以及随后《天津条约》的签订，西方外交官才最终获准常驻北京，从而首开了中国历史先河。到 1862 年，弗雷德里克·布鲁斯爵士、阿尔方斯·德布尔布隆、巴留泽克上校和蒲安臣，分别作为英国、法国、俄国和美国公使常驻北京。

早在 1861 年，中国设立总理衙门，官方称"总理各国事务衙门"，这是处理外交事务的第一个正式的常设机构。总理衙门的设立成为"中国对外关系的一大标志"，②因为它代表了中国处理外交事务的制度变革和不平等国家之间的传统朝贡关系的终结。1862 年，在北京建立了一个外国语言学校，官方称"同文馆"，作为总理衙门的附属机构，负责向那些通过竞争原则选拔出来的中国官员教授外语。

欧洲列强把总理衙门看作是履行条约的一个可能的关键部门。布鲁斯在 1862 年 9 月 8 日的一份外交信件中写道：

> 我们的真正政策，是给予外交部（总理衙门）以地位和权威，迫使它处理外交问题，并在必要情况下惩处那些破坏条约的官员，让他们接受教训，以致在某个领事威胁将某件事呈报给北京的公使时，他们会吓得两腿颤抖。③

19 世纪 60 年代，英国、法国、俄国和美国推行一项"合作政策"，试图采取共同行动，通过向北京政府施加外交压力来确保条约得到履行。各国并不鼓励条约口岸的各个领事使用炮舰去强制履行条约，而是采取一切措施

---

① Jerome Ch'en, "Historical Background", in *Modern China's Search for A Political Form*, ed. Jack Gray (London, 1969), p. 12.

② Banno, *China and the West*, p. 1.

③ Ibid., p. 243.

支持和鼓励恭亲王和改良派去推动中国的现代化。

中国还谋求通过外交手段保护其自身利益。正如玛丽·赖特指出，在《天津条约》批准后的10年里，中国政府"接受并掌握了西方外交的原则和惯例，并成功地将其运用为维护中国主权的主要手段"。[①]中国外交官一再坚持指出，中国严格遵守了条约款项，从而不仅消除了西方可能采取惩罚性行动的借口，而且将西方人的在华活动限制在各项条约所规定的具体领域。

国际法的引入

总理衙门建立后，中国愈益清醒地认识到，为了与西方打交道，学习和掌握一些国际法知识是必要的。美国传教士丁韪良[②]翻译了惠顿的《国际法原理》一书，并在1864年以《万国公法》之书名开始分发。在伍尔西[③]、马滕斯[④]和其他国际公法学家的译著开始陆续面世之后，丁韪良的惠顿译本依然是总理衙门的国际法教材的范本。到世纪之交时，丁韪良已被任命为京师大学堂的国际法教习。中国还派遣学生远赴欧洲和美洲研学国际法。

虽然意识到了其重要地位，但中国对国际法的运用仍然有限。中国最终接受了条约口岸体系及其背后的国际法体系，但更多是将其当作履行条约的防御性手段，以致西方进一步侵蚀中国主权，而不是作为实现有利的条约修订的积极途径。此外，中国还逐渐地把国际法当作一种用来与朝鲜等前朝贡国家打交道的工具。

但是，在中华民国建立以前，中国代表已经出席了1899年和1907年的海牙和平会议；遵守许多国际多边条约，涉及战争法、和平解决国际争端以及其他事务；加入万国邮政联盟和国际农业协会。[⑤]从1878年第六届会议开始，中国还派出代表参加国际法改革和编纂协会，中国驻伦敦第一任公使郭

---

① Mary C. Wright, *The Last Stand of Chinese Conservation* (Stanford, Calif., 1957), p.231.
② 即威廉·马丁（1827—1916年），美国传教士，在华47年，曾任同文馆总教习和京师大学堂总教习，首次正式而全面地将国际法介绍到中国，著有《花甲记忆》、《北京之围》、《中国人之觉醒》等。——译者注
③ 西奥多·德·伍尔西（1801—1889年），美国学者和国际法学家，著有《国际法研究导论》。——译者注
④ G. F. 德·马滕斯（1756—1821年），德国法学家和外交家。——译者注
⑤ Jerome A. Cohen & Hungdah Chiu, *People's China and International Law* (New Jersey, 1974), i. 12.

嵩焘甚至当选为该协会的名誉副主席。

治外法权的终结

中国试图遵守居于主导地位的国际社会的原则和习惯的努力，明显见之于其从中央王国向该国际社会之实习成员的转变过程。虽然这个过程名义上随着中华民国在1912年1月1日的建立而宣告结束，但许多人认为，这场开始于83天前推翻清王朝之辛亥起义的民族革命并未完成大任。虽然中国已宣布成为一个新国家，但它还不是国际社会的"文明"成员。在中华民国正式宣告成立的那一天，临时大总统孙中山宣称："临时政府成立之后，当尽文明国应尽之义务，以期享文明国应享之权利。"①然而，直到10年后孙中山去世之时，"不平等条约"作为问题仍然存在。1925年3月11日，孙中山在政治遗嘱中不得不遗憾万分地宣布，"革命尚未成功"，进而敦促"废除不平等条约，尤须于最短期间，促其实现"。②

在努力修订"不平等条约"和废除治外法权方面，中国有目的地站在同盟国一边参加第一次世界大战，不仅宣告了与德国和奥匈帝国之条约的无效，而且获得了在战胜国谈判桌上的一席之地。在1921年华盛顿会议上，中国将治外法权作为一个国际争论的焦点，迫使会议对中国的"十项原则"作出反应，组成一个治外法权国际委员会以研究有关情况。在国联常设法院制度建立后，中国成为第一个向这个机构提出诉讼的国家，要求依据平等和对等原则修订"不平等条约"。③

中国修订"不平等条约"和废除治外法权的努力，至少因为另外两个因素而愈益复杂化。一是中国国内的羸弱与纷争刺激了宗派主义和权势争夺，甚至在国民党领袖蒋介石于1928年北伐战争还未取得胜利之时及实现中国松散统一之后，中国仍然四分五裂和动荡不安。二是中国所有政治党派的政治领导人，包括孙中山、蒋介石和毛泽东，全都拥有恢复中国领土完整和国

---

① *Important Documents Relating to China's Revolution*, 1912 (Shanghai, 1912), pp. 67 – 68; Hungdah Chiu, "Comparison of the Nationalist and Communist Chinese Views of Unequal Treaties", 转引自 *China's Practice of International Law*, Harvard Studies in East Asian Law 6, ed., Jerome A. Cohen (Cambridge, Mass., 1972), p. 244.

② Sun Yat–sen, *The Three Principles of the People* (San Min Chu 1), trans. Frank W. Price (Taipei, Taiwan, n. d.), p. i.

③ Fariborz Nozari, *Unequal Treaties in International Law* (Stockholm, 1971), p. 112.

家主权的目标。此外，在当时，西方自由派、共产党人和日本人都以他们自己的方式支持中国争取修订条约的斗争，甚至将其当作他们自身的事业。这种不断积聚的支持力量，确保中国最终废除了治外法权，虽然至今尚不清楚，当"不平等条约"最终实现修订目标之时，谁才能宣布获得了胜利。

早在1902年《马凯条约》（或称《中英商约》）签订之时，西方列强就已表示愿意废除治外法权，如果中国有能力改革其司法制度从而与"文明"标准保持一致的话。但是，甚至在进入20世纪20年代之后，中国仍然未能保证外国人的生命、自由和财产，或实施有效的政治控制，以致条约列强不愿放弃其治外法权。20世纪20年代，关于"不平等条约"的修约谈判拖拖停停，并在日本入侵东北三省之后以草约形式宣布无限期中止。日本袭击珍珠港后，中西之间很快宣布缔约。西方终止其在华治外法权的决定，在中国"双十节"那一天公开宣布，并在1942年11月11日正式实施。

结　　论

从1842年西方列强将其强加给目空一切而又闭关自守的中国头上，到1943年最终取消治外法权，"不平等条约"成为中西正式关系第一个百年的标志。在其最初的也是最深刻的情感意义上，"不平等条约"代表着中央王国的一种文化屈辱，因为西方"外夷"列强打破了中国的文化优越传统，它们不仅在军事实力超过中国，而且还隐含地或公开地将其优势的"文明"标准强加在中国头上。在实践上，"不平等条约"成为中国逐渐被外力拽入那个被视为欧洲性国际体系之内的途径。当条约口岸体系无可回头地导致中国与国际社会成员发生更大范围和更持续不断的接触之时，中国意识到别无其他选择，而只能采纳"文明"国家应有的制度和习惯，其范围包括保护外国人的生命和财产，政府机构组成，外交代表，以及国际法。

中国官方对"不平等条约"反对抗议，还逐渐地反映了中国日益接受其在国际社会中的一席之地的态度。中国不再要求维护其历史"文明"标准及其传统的中央王国地位，而是争取修订"不平等条约"，并依据正式的法律平等原则废除治外法权。现代中国运用国际法律术语讨论"不平等条约"问题，即这些条约是在武力胁迫下签订的，或侵蚀了中国主权，而这样一个事实强调了其接受欧洲国际社会的原则和习惯的程度。

因此，在关于中国加入国际社会的案例研究中，"不平等条约"作为不同的"文明"标准的外在表现,当被视为一个持续存在但又不断变化的主题。它们之所以是一个持续存在的主题,是因为它们构成了 1842—1943 年期间中西正式关系中的一个恒定因素;它们之所以是一个不断变化的主题,则是因为中国对"不平等条约"的看法随着中国逐渐成为国际社会的主权成员和"文明"成员而发生了变化。1943 年,这个转变至少在名义上宣告完成;这时,人们还无法预见到中国内战还会导致另一个政府的上台执政,而随着新政府的成立,一种新的意识形态提出了中国与国际社会之关系的新问题。

第十二章　日本之加入国际社会

菅波秀实[*]

1853年美国海军准将佩里之抵达日本，也许被公认为是日本与西方列强发生联系的开端。但是，日本与西方的首次接触，却是始于16世纪中叶葡萄牙海上遭难者之"发现"日本。此后，日本的对外关系经历了三个阶段。

第一阶段，从16世纪中叶一直到17世纪最初几十年，日本与生活在远东地区的外国人保持着广泛联系。第二阶段，到19世纪中叶，德川家族统治下的日本奉行闭关锁国政策。第三阶段，19世纪中叶以降，日本颇不情愿地放弃了锁国政策，之后又谋求在国际社会中获得平等权利和大国地位。这里集中讨论日本在锁国期间以及从放弃锁国政策到第一次世界大战结束之时的日本对外关系。

锁国时期

1603—1868年，是日本历史上著名的江户时期。1868年，江户改名为东京；在这里，武士阶级德川家族结束了封建贵族之间长期的兵戈相见的状态，建立起被称为"幕府"的日本中央政府。幕府的最高统治者是"将军"，在古代，这是天皇的临时军事助手的职衔，但最终成为经天皇正式任命而统治日本的最高封建贵族。在整个江户时期，德川家族的将军职务都是世袭的。天皇家族和宫廷贵族住在古京城京都，但在江户时期最后阶段结束以前，他们在政治上处于大权旁落的境地。

---

[*] 菅波秀实（Hidemi Suganami），获伦敦经济学院博士学位，先后执教于英国基尔大学和阿伯里斯特威思大学，《欧洲国际关系》、《国际研究评论》、《亚太国际关系》编委，著有《国内类比与世界秩序构想》（1989年）、《论战争根源》（1996年）、《国际关系的英国学派》（2006年）等。——译者注

第十二章　日本之加入国际社会　177

　　日本的一部分处在德川家族的直接统治之下，其他地区则被分成由"大名"或封建贵族统治的封建领地。大名分为三种：德川亲族的大名；德川家康夺取大权期间追随其左右的大将后裔；在 1600 年为其赢得"将军"称号之关原战役后臣服于德川家康统治的大名。①德川家族对第三类大名持有怀疑之心。17 世纪初期，主要是为了防止这些大名与外国人结盟而反对德川家族的霸权，或通过对外贸易积聚实力，幕府开始推行锁国政策。

　　根据锁国时期的正式禁令，外国人大致分成三类。荷兰和中国被称为"通商国"，或"进行贸易的国家"。朝鲜和琉球属于"通信国"，即这些国家的特使会受到邀请，作为国宾出席江户的各种仪式，以此表达双方之间的友好关系。世界其他地区则统统受到拒斥。②然而，虽然都被称为"通商国"，日本却并非以相同方式对待荷兰与中国；同样，尽管都有"通信国"之号，朝鲜和琉球的地位在日本那里也不能相提并论。

　　在 17 世纪初期，有四个欧洲国家与日本发生了联系，即葡萄牙、西班牙、英国及荷兰。头两个国家被德川家族的锁国令驱逐出去，第三个国家因为在日本无利可获而暂时退出。1673 年，在英国人试图恢复贸易之时，适逢幕府的锁国令极为严厉，以致不允许他们重返日本，虽然他们手中握有德川家族最初两任将军早先颁发的特权令。这样，日本所接受的唯一的欧洲国家，就只有荷兰了。

　　荷兰人被限制在出岛上，这是位于长崎港的一个人工小岛。荷兰人在这里受到一切限制。不过，他们分担了大名的一项负担，而这个事实显示了他们的特权。这就是，他们必须听从将军的训导。除少数例外，大名必须在江户和藩地之间来回改变住所，而将其家人留在江户作为人质。大名来到江户时，必须经引导前往幕府拜见将军。同样，荷兰工厂必须定期派遣特使前往江户，携带礼物晋见将军。工厂主被带到将军面前，以类似大名的方式引见给将军；虽然他也必须向将军屈膝行礼，而这在欧洲人看来也许有失庄重，但他至少在这方面与任何一个重要的大名都处于平起平坐的地位。

　　中国人所处的地位完全不同。在江户时期，中国和日本之间并无正式的"通信"关系，即通过官方特使保持相互友好关系。15 世纪早期，为促进贸易发展，日本曾与中国明王朝保持"通信"关系；但到了 16 世纪中叶，这

---

① 在日本，江户时期的三种大名分别称为亲藩大名、谱代大名、外样大名。——译者注
② *Tsūkō-ichiran* (Tokyo, 1912), Vol. 1, preface, p. 1.

种交往形式陷入废弃状态。幕府期望借助朝鲜的调停，重建与中国的"通信"关系，但未能如愿。不过，中国商贾仍持续不断地来到日本港口进行私人贸易。1636年，日本宣布长崎是唯一对中国人开放的港口，但中国人并未向江户派遣任何特使，虽然他们的贸易推动了长崎的蓬勃发展。所以，我们发现，日本人与中国人的关系，是一个更单纯的"通商"典型。

在江户时期的朝鲜与日本的关系中，有三个主要角色，即朝鲜王室、幕府和对马藩。对马是位于朝鲜和日本之间的一个中转岛屿。幕府邀请朝鲜特使来日，而对马藩则是日朝关系的中介，它不仅与朝鲜进行通商贸易，还在釜山拥有一个规模不大的日本人居住点。日本与朝鲜之间的这种关系，并不是锁国政策的产物。从15世纪开始，两国之间就有这样的关系。饶有趣味的是，幕府乃是基于正式的外交平等原则处理对朝关系的，并且其礼仪细则是由幕府的官方儒家学者一手制定的。[①]

整个江户时期，朝鲜总共有12个使团来日，每个使团都由很多代表组成。例如，1607年派出的首个使团，有467名成员，包括马戏班子和乐队。[②]当时朝鲜派出的最接近这个规模的特别使团，是为了参加一些重要活动，如国葬，或增进友好的文化使团。然而，有一个重要方面值得注意，即幕府邀请朝鲜使团来日，主要是出于政治目的。幕府试图借助国际承认，提高其声誉，增强其合法性，而这个目的，可以通过朝鲜特使不时访问将军所在的京城而予以实现。

与对朝关系相比，日本与琉球群岛的关系并非根据平等原则，因为琉球国王曾在1609年臣服于萨摩藩——日本最南端的一个藩地。琉球与中国保持着一种朝贡关系，因而促进了贸易；萨摩藩根本不能对这个群岛王国正式称臣于另一国持有异议，反而积极地鼓励这种关系，因为萨摩藩征服该群岛的主要目的，就是与中国建立一种间接的贸易联系。萨摩藩甚至下令琉球当局向中国隐瞒其与日本的关系，因为泄露琉球国王同时效忠两个主子，会惹怒中国人，进而导致贸易丧失殆尽。[③] 1644年，琉球国王开始向江户派遣庆贺使团，由此双双提高了幕府和萨摩藩的声誉。[④] 1871年，日本明治政府宣

---

① Hidetaka Nakamura, *Nissen – kankei – shi no Kenkyu*, 3 vols. (Tokyo, 1969), vol. iii, chapters 3 & 8.
② Nakamura, op. cit., vol. iii, pp. 302 – 303.
③ Eishō Miyagi, *Ryūkyū no Rekishi* (Tokyo, 1977), p. 94ff.
④ Nakamura, op. cit., vol. iii, p. 540.

布对琉球群岛拥有充分主权，最初将其纳入曾经隶属萨摩藩的鹿儿岛县，不久之后又给予其冲绳县之地位。明治政府持有一种国家绝对领土管辖权的现代观念，但不同的是，封建的德川幕府却容得下与一个不管怎么说都是遥不可及的藩地的藩地保持一种不那么排他性的关系。

除了与上述四个国家保持接触以外，日本最北端的松前藩还与阿伊努人发生了一些贸易关系。阿伊努人不仅本身之间互通有无，而且还从北方的千岛群岛和堪察加半岛带来动物毛皮。① 然而，所有这些贸易关系都是例外。在严厉的锁国政策的限制下，所有其他国家都被拒绝与日本进行任何接触。自然，锁国政策的有效性，不仅取决于幕府实施其法律的权力，而且取决于外部国家接受这项政策的意愿。对幕府的锁国政策而言，不幸的局面开始出现：从18世纪初期开始，越来越多的俄国、英国和美国船只开始停靠日本海岸。在很大程度上，对于这些令人讨厌的外国人相继抵达的官方处理方式，反映了幕府为实施其锁国政策而颁布的各项法律。②

第一项法律是1791年法令。该法令巩固了那些用来处理不断抵达日本的外国船只的通用规则。鉴于拒绝外国人前来日本的总原则，1791年法令的口气相对温和，虽然它极其严格地限制那些已经抵达日本的外国人的行动自由。

两名俄国特使——拉克斯曼③在1792年和赖萨诺夫④在1804年——所表现出来的遵守日本法律的意愿，对幕府产生了影响。这导致幕府在1806年改变态度，采取了对俄国人的有利做法。新法令建议，要格外温和地对待俄国人，尽管这只不过是一项要求日本官员尽可能友好地告诉俄国人驶离日本且永不返回的训示。

但是，幕府对俄国人的特殊照顾，很快就因为1806—1807年的科沃斯托夫及达维多夫事件⑤而遭到抛弃。这两人均隶属俄国美洲公司，其中，赖

---

① John Stephan, *The Kuril Islands* (Oxford, 1974), pp. 52ff.
② Kiyoshi Tabohashi, *Kindai Nihon Gaikoku – kankei – shi*, rev. edn. (Tokyo, 1943 & 1976), chapter 13.
③ 亚当·拉克斯曼（1766—1806年），俄国军官，1792年护送日本漂流民返日，向日本提出通商要求，遭拒。——译者注
④ 尼古拉·赖萨诺夫（1764—1807年），俄国贵族和外交官，俄国阿拉斯加殖民计划的始作俑者，1804年被任命为日本大使而赴日提出通商要求，遭拒。——译者注
⑤ 尼古拉·科沃斯托夫（1776—1809年），俄海军官员；加维里尔·达维多夫（1784—1809年），俄海军官员。——译者注

萨诺夫是一个主要人物。当时，他们袭击了萨哈林岛和南千岛群岛上的日本人定居点，而这次行动是赖萨诺夫在盛怒之下擅自下令实施的，因为他历经千辛万苦打开日本贸易的努力已告完全失败。幕府就此下令，所有俄国船只一律驱逐出境：如果拒不服从，就扣留所有船员；如遇他们抵抗，一律格杀勿论。

另一个不幸事件，发生在1824年。其时，几艘英国捕鲸船袭击了萨摩藩的官员，试图偷取一些犍牛以解饥馑之需。这也许算不上是一件重大的政治事件，但它实际上导致幕府于1825年颁布了所有锁国令中的最不妥协的一项法令：所有靠近日本海岸的外国船只，一律无条件地驱逐离境。然而，幕府几乎未采取任何措施去加强其海岸防御，因此，这项法令的执行力度也就毫无效果可言。

与此同时，欧洲海军建设和军事实力获得长足发展。早在1840年，鸦片战争的消息就已通过荷兰工厂传到日本，因此动摇了幕府把中国当作一个大国的信心，更不必说对于其自身执行1825年法令之实力的信心了。此外，幕府的官方儒家学者认为，无条件驱逐的概念不仅是非理性的，而且与对待外国的道义责任是背道而驰的。日本通过荷兰工厂接到一份报告说，根据1825年法令而曾在1837年遭到驱逐的"莫里森"号①，当时除了怀有一些目的以外，其本意却是为了送还日本漂流民，因而触发了一些幕府官员的一种强烈的羞耻感。结果，在1842年宣布废弃无条件驱逐令，转而恢复1806年法令，据此，可以对遇难的船只提供帮助，但登陆上岸却是万万不可的。

幕府法律总体上暗含了不必要的暴力。不过，一定程度上的暴力，对于锁国政策的执行却是十分必要的。这个事实，加上曾被日本囚禁或扣留的漂流民的失之确凿的一些报告，以及无条件驱逐期间发生的不幸事故，导致西方人，尤其是作为最经常性牺牲品的美国人，认为日本人对待外国人的做法是野蛮粗暴的。这也解释了佩里准将对于日本的毫不妥协的态度，以及他所持有的必须把文明强加给日本的看法。佩里坚决拒绝幕府强加给那些来到日本的外国人的通常限制，并抵制幕府官员所有那些试图横加阻挠和故意拖延的一贯伎俩。佩里的办法产生了效果，因为在其显示的优势武力的威慑下，幕府得出结论认为，它并不能采取什么措施去避免接受他的一些要求，至少

---

① 1837年，美国在华商人查尔斯·金携带3名日本漂流民率"莫里森"号抵达日本浦贺湾，试图与日本通商，被拒并遭火攻。——译者注

是暂时地接受。幕府并未打算通过武力去抵制佩里，因为它认为，在打败一场战役之后再去接受美国人的条款，将会愈发地丧尽颜面。

加入国际社会

正如上文所析，在锁国时期，日本操控着一个可称为种族中心主义的体系，它自己是这个体系的中心，周围是朝鲜、琉球、中国及荷兰。此外，它还与俄国、英国和美国有过零星的接触。这样的联系，并未形成一个见之于西方的那种"国际社会"。但是，到19世纪末，日本已将其与西方的不稳定的关系，转变成一种全面的"社会"关系，其传统的种族中心主义体系失去了实际意义。问题在于，日本在何时完成了这种转变？

应当指出，在1853—1858年期间，即幕府末期或幕末时期，日本与西方列强通过谈判缔结了一系列条约，外国向日本派来了领事。所以，在这个时期，日本可以说已经参与了国际社会的一些基本规则和习惯的运作。不过，关于这些规则和习惯或机制，日本人的知识尚属有限。他们并不理解维持这些机制的价值，或真正成为拥有这些机制的国际社会的成员的价值。日本的强大仇外集团仍坚持认为，幕府应当奉行锁国政策，幕府在1854—1858年条约中给予西方列强的让步只是权宜之计，一旦日本重建起堪与西方匹敌的实力，它就会恢复古代的锁国禁令。对西方列强来说，正如上述条约款项所明确载定的，它们并未把日本看作是其国际社会的平等一员。所以，尽管它逐渐放弃锁国政策，但人们有理由怀疑，幕末时期的日本还不能说已经成为国际社会的一个正式成员。

与此同时，德川家族继续显露出无力恢复锁国政策的迹象。日本的反德川势力，利用幕府的这个弱点并将其发挥到极致。德川家族如今被说成没有资格统治日本，因为他们不能坚守其祖宗之法，而且也未能保护日本免受"洋夷"的入侵。德川幕府就此垮台，1868年，政治权力归复天皇；反德川各派组成联盟，团结在"尊王攘夷"（尊奉天皇，驱逐洋夷）的口号下，因而压倒了德川家族。他们争辩说，只有在天皇的统一领导下，日本才能重建实力，逐走所有西方列强。虽然反德川势力中的主要集团要到1864年才认识到驱逐西方列强的图谋实属徒劳无益，但他们仍抱守着这句口号的后一半，因为它让德川幕府的弱点暴露无遗。

但是，锁国政策并不是新生的明治天皇政府的现实选择。日本人期望新政府将采取一项新的锁国政策,但恰恰相反,它却宣布,举国上下的目标将是复兴日本在世界所有国家之林的伟大地位,幕府与西方订立的条约的不平等部分将予以修改,但日本对外关系将根据国际法而予以处理。①

可以说,在这时和世纪之交的某个时候,日本加入了国际社会;到 19 世纪末 20 世纪初,它最终成功地说服西方应当修改那些强加给幕府日本的"不平等"条约。1868 年,日本宣布放弃锁国政策,准备遵守西方的对外交往规则和惯例,从而表明了成为国际社会一员的意向。大约 30 年之后,西方列强终于同意修订"不平等"条约,从而使日本摆脱了一个下等国家的地位。

日本在国际社会中的崛起

从佩里来日到 20 世纪最初几十年,日本对外关系的发展,可以分为三个阶段。

在第一个阶段,从 1853 年佩里初次来访到 1871—1873 年岩仓具视②出使西洋,日本仍在不断学习,以理解西方国家对外关系的理论和方法。③在这个阶段开始之际,日本的态度就像一个很不情愿的小学生,但是现实需要很快就让它变成西方外交的一名如饥似渴的学生。1868 年明治维新之后,这个进程已变得不可逆转。到这个阶段结束时,日本已在认真地努力适应西方主导的国际社会的得体的行为方式,以便得到承认而成为它的一个正式成员。

在佩里来日后的第二个阶段,日本对外关系统领一切的主题,是追求平等地位,而其源头,正是明治政府正式宣布放弃锁国政策。这个阶段从 1871—1873 年岩仓使团到 1911 年。1899 年,日本已经废除了领事裁判权,而早在 1894 年,日本就与西方达成了终止该特权的条约;1911 年,日本终于取消了对其关税独立的种种限制。

日本在这两个阶段的转变,提出了改革其对朝鲜和中国关系的必要性。日本与中国之间并无任何正式的外交关系,其与朝鲜的"通信"关系也在 19 世纪之初宣告终结。明治政府采取的第一轮外交行动之一,乃是试图按照

---

① Sakuzō Yoshino, "Waga - kuni Kindaishi ni okeru Seiji - ishiki no Hassei", in *Sūfu to Naikaku* (Tokyo, 1950), pp. 85 - 86.

② 岩仓具视(1825—1883 年),日本政治家,致力于推动明治维新。——译者注

③ 关于岩仓使团,参见 W. G. Beasley, *The Modern History of Japan*, 2nd edn. (London, 1967), pp. 113 - 114.

欧洲模式与两个国家建立全面正式的关系。

必须指出，明治日本与这两国的关系，无论在形式上还是内容上，都非常类似于德川幕府与西方列强之间的关系：在形式上，这种关系是基于条约义务；在内容上，它是权力政治的一次演习。正如日本处于其接受与西方之"不平等"条约之末期那样，它本身也在1876年将"不平等"条约强加给朝鲜，从而结束了该国的锁国状态；1896年，它又在对华关系上取得了最惠国地位。所以，日本对外关系的第二阶段，就是它在对外关系上运用其从西方学到的东西。显而易见，日本成功地将其所学付诸实践，并成为其在国际社会中崛起的一个主要源泉。

就日本在国际社会中的地位而言，这个阶段的最为重大的事件，包括1894—1895年中日甲午战争，1900—1901年与欧洲列强和美国为伍参加八国联军侵华战争，1902年英日同盟，1904—1905年日俄战争，以及1910年吞并朝鲜。在中日甲午战争、八国联军侵华战争以及日俄战争期间，日本小心谨慎地遵守国际法的做法，也成为一个重要推动因素，使得西方列强将其当作一个文明国家，而英日同盟的缔结，不仅使其赢得了国际声誉，而且还成为它在后来参加反对德国的第一次世界大战的借口。显然，到第二个阶段结束之时，日本在行为上已经开始像一个大国了，而且也将被西方列强所接受，成为国际社会之统治董事会的一个成员。

在佩里之后的日本对外关系的第三个阶段，大约始于20世纪第二个十年，它开始巩固其作为国际社会之亚洲大国的地位，并且力图获得与西方大国的同等重要的平等权利。日本通过在第一次世界大战之后成为国际联盟行政院的一名常任理事国而确保了这样的地位，而它在战争期间提出的对华《二十一条要求》，明显地暴露出日本已经确立了帝国主义道路，在其后的几十年里，日本在这条道路上越走越远。

日本对外关系的西方化

在这里，我们有必要考察日本人是如何接受那些在锁国期间对他们来说完全是格格不入的西方对外关系习惯做法的。西方人在幕末时期来到日本之时，西方来访者与日本统治阶级之间在对外关系目标方面存有根本分歧：日本人对此预期不大，因为与锁国传统相伴随的，不仅是一种含糊不清的仇外情绪的培育，而且还有一种自给自足观念的存在。除了毫无影响的少数人以外，人们普遍认为，外国人运来的都是不必要的奢侈品，而他们所带走的却是日本几乎不能剩余的物产，所以，对外贸易对日本经济与社会来说贻患无穷。这种观念，因为武士道精神而愈发强烈；武士道精神不仅强调勤俭节约，而且轻视商业贸易。

因此，幕末时期颇不情愿地放弃锁国政策，而明治时期迅速摆脱闭关状态，都推动日本接受西方的对外关系目标，而后者反映了西方当时的国际经济理论和实践。①在这个意义上，锁国政策的放弃，这件事本身就可以说是走上了西方化道路。

日本对外关系目标的西方化，是与西方列强将其对外关系的正式手段或机制强加给日本而相伴相随的。这个进程始于佩里抵达日本，他成功地拒不接受日本对待不受欢迎的外国人的传统方式。在西方人引入的新方式或机制中，最为根本的是外交/领事制度和国际法。

向国外传递信件和派遣特使的概念，在锁国以前的日本早已有之，而接受国外使团的做法，则一直持续到江户时期。但是，欧洲的永久性常驻外交使团或领事的概念完全不同，因而对日本人来说完全是陌生的。佩里提议在日本建立一个美国领事馆，遭到日本的强烈反对，因为在幕府看来，作为一种外国民事管理机构，领事馆完全不符合日本主权。

然而，佩里同样地绝不后退。最后的解决办法，看上去似乎是一个有意的误译：1854年美日条约的英语文本确保美国政府在条约从签字之日起期满18个月后自动有权派遣"领事或代表常驻下田"，而日本语文本则指出，两国之间的这个协议在18个月之后的生效，乃是有条件的。

条约中没有任何一项条款表明，在荷兰语、英语、汉语、日本语四个版本中，哪一个才是条约原本。通过这样的一项条约，佩里达到了目的，而日本似乎通过谈判掩盖住了他们的弱点。②

根据英文版条款，1856年，哈里斯③作为美国总领事抵达下田。幕府官员强烈抗议他的到来，并严格限制其行动自由，但最终还是承认了他的存在。到1858年，日本已与西方签订了商业条约，西方列强不仅获得了在日

---

① 关于哈里斯向幕府官员传授国际贸易基本规则的努力，参见 Toshio Ueda, "Nihon no Kaikoku to Chūgoku", in *Kokusaihō Gaikō Zassi*, vol. xlix (1950), nos. 2, 4 & 5, pp. 347ff, esp. pp. 355, 471。

② Tabohashi, op. cit., p. 631.

③ 唐森德·哈里斯（1804—1878年），美国商人和政治家，美国第一任驻日总领事。——译者注

本派设常驻外交和领事代表的权利，而且取得了对其国民的治外法权。这些成就，大都归功于哈里斯的谈判技巧，同时，幕府内部的反锁国集团势力的增强，也发挥了决定性作用。但是，日本自身却未向国外派遣常驻使团，直到明治时期，那时，锁国政策最终被毫无保留地彻底废除。

鉴于其当初坚持常驻外交或领事代表不符合日本主权的历史，因而令人好奇的是，幕府为何又仅仅基于非双边原则而给予外国人以治外法权。我们在这里可以指出三个原因。第一，日本谈判人员并不拥有避免这项条约的充分权力。第二，他们在进行谈判时，仍然在锁国思想的框架内转圈，这就意味着，除了1855年俄日友好条约这个显著的例外，所有条约都有外国人派来日本常驻的预期，但却从未设想向外国派遣日本人。这种利益平衡的单边性，似乎加强了实力平衡的单边性。第三，日本谈判人员根本不了解国际关系的运行情况，以致他们无法预见这项条约所带来的麻烦之处和不公正性。就此而言，必须指出的是，日本人的无知，部分解释了他们何以毫不迟疑地给予佩里最惠国待遇条款，并且又在与哈里斯的谈判中接受了固定税率的要求。[1]

与常驻外交/领事代表一事相比，日本更加平稳地接受了国际法，尽管他们事实上同样对国际法一无所知。这是因为，多少懂得一点国际法，对于幕府应对西方在佩里抵达之后所运用的新概念和新规则来说，是十分重要的。此外，明治政府建立之时，人们普遍期望它会逐走外国人，因为反德川势力利用沙文主义口号向幕府施加压力。但是，在恢复锁国政策方面，新政府既无权力也无意向，因此，它在执掌大权之后，即刻觉得有必要为其对外政策正名。在这方面，国际法概念可谓再合适不过，因为明治政府可能通过下面这个观点来安抚民众，即西方列强遵守国际法，因此不应将其看作是无法无天的野蛮人。绝大多数传入日本的国际法教材都具有自然法色彩的事实，非常适合明治政府的想法，因为西方自然法的语言是借助儒家的基本词汇而翻译成日本语的，从而给新的规则载体增添了一种洋洋自得的气势。[2]

这里还应当指出，明治政府对国际法的利用，不仅是为了保卫日本而反对西方对其内政的干涉，而且还是为了打破中国对朝鲜的宗主权。日本人将

---

[1] Takashi Ishii, *Nihon Kaikoku-shi* (Tokyo, 1972), pp. 230, 276–277; Tabohashi, op. cit., p. 630.

[2] Yoshino, op. cit.

通过武力手段实现这个目标，但他们也企图利用国际法所含有的西方国际关系理论的基本思想工具，如主权平等、独立和不干涉，借此反对中国的宗主权概念。与此同时，日本还试图通过遵守国际法，给西方列强留下一个好印象。在中日本甲午战争期间，日本政府分别向陆军和海军本部派遣了两名著名法学家，充当两军的法律顾问。在日俄战争期间，更多法律顾问参加了战争，一些甚至身处作战前线。①日本精英阶层中的一个趋势是，他们都把尊重国际法作为其西方崇拜的一个组成部分。

日本的有利因素

几个因素有利于日本在西方主导的国际社会中的抗争。如将日本与中国进行一番比较，可能格外富有启示性。

首先，我们可以比较一下两国的自我印象。中国把世界分成文明中心和野蛮边缘。在中心，皇帝的统治十分有效；在边缘，中国人则认为，中国的影响并非在于促进其道德升华和生活进步。重要的是，这种区分是文化上的，而不是领土的或种族的。②

日本人也有一种民族优越感。尤其是，日本的饱读诗书的学者自觉抵制中国文化，而这些人到19世纪之时还大有影响。他们争辩说，日本因为神道教信仰而独一无二且高人一等：日本天皇是天照大神之后，日本列岛和日本民族也源于神性，因此，日本要比世界其他民族优越。因此，与中国人相比，日本人的优越感是与民族的统一性和领土的完整性密切相连的，正是在这种优越感之下，日本民族形成了独特的文化。

两个民族之间的这个差异有利于日本而不是中国，因为，日本政府比中国政府更在意其领土和种族，能够更加敏锐地看待来自外部的威胁。"黑船"促成了日本领导人中间的一种强烈的危机感，而中国人不过是将其看作是另一场麻烦的根源。

第二个对日本而不是中国有利的因素，是两国领导阶层的性质不同。日本的统治阶级是武士阶层。虽然200年的国内和平使得武士阶级作为军人的

---

① J. Shinubo, "Vicissitudes of International Law in the Modern History of Japan", in *Kokusaihō Gaikō Zassi*, vol. 1 (1951), No. 1, p. 217ff.

② Michiari Uete, "Taigaikan no Tenkai", in Bunsō Hashikawa and Sannosuke Matsumoto, *Kindai Nihon Seiji Shisōshi*, 2 vols. (Tokyo, 1971), vol. I, pp. 33 – 74, esp. p. 36.

原本作用显得多余，并使其实际上沦为管理官员，但他们保持了作为军事专家的传统思维模式。这有助于日本领导人在面临西方威胁之时排除了非理性的战略选择，进而促使他们引进优越的西方技术。相比之下，中国文官对军事事务和技术器物毫无兴趣，甚至是鄙视这些器物。

与幕府领导人相比，萨摩藩和长州藩两地的排外集团受到其沙文主义的更大误导；但是，经过1863年和1863年事件，经过与西方海军力量的较量，他们也终于认识到直接面对西方新技术的重要意义，因此，加快了借助外部援助来实现军队现代化的步伐。在这方面，我们还可以指出说，与中国的情况不同，日本的农民起义并未演变成大规模的仇外运动，果真如此，将不仅会招致西方列强对日本的军事干涉，而且还会造成对其政治独立的进一步限制。

第三个因素，是日本准备向外国学习。日本的民族优越感并未强烈到将这个选项排除在外的程度。事实上，即使在锁国时期，在所谓的兰学家①中间形成了强烈的西方崇拜现象，尤其在18世纪中叶以后。尽管人数不多，但他们还是表现出日本准备寻求任何新的知识形式，无论其有着怎样的文化或种族根源。经过学者的努力，在1853年佩里抵达日本这一年，产生了看得见的成果：上述两个藩地的其中一个，竟然制造出现代火炮。不过，在江户时期，技术和军事科学的西方化，仍显得微不足道。明治时期，日本政府和人民开始作出系统化的努力，从西方引进一切必要的人工产品及所有相关器物，从而完全成为一个文明而现代的国家。

第四个因素，是日本独一无二的双元权威结构：在天皇之外，还有一个将军制度。正如上文所析，日本的开国，是与幕府的权力和威望的衰落步调一致的，但对日本来说颇为幸运的是，天皇成为反德川集团的一个团结中心，并且使日本能够避免长期的国内分裂局面。此外，统治阶层的及时变化，也为日本提供了一个根据西方路线实施政治体制改革的机会。相比之下，中国却没有这样一个可能推动这种转变的第二权威。中国在面临西方侵略现实下的复兴需要实现其政治体制的现代化以及引进西方技术的观念，完全败于统治阶层的保守思想观念以及陈旧制度的无动于衷。②

---

① 兰学，日文中的"荷兰学术"，引申为"西洋学术"，指经过与出岛的荷兰人交流并由日本人发展的学术、技术、文化的总称。——译者注
② Shinkichi Etō, *Kindai Chūgoko Kenkyu* (Tokyo, 1968), p. 235ff.

技术和制度层面的西方化，使得 19 世纪的日本完全不同于中国。制度上的西方化有助于日本获得与西方列强平起平坐的地位，因为"不平等"条约的修改，已经促使其按照西方模式去改革其国内法律。此外，封建制度的废除和明治政府中央集权化的土地税制的实施，使得日本由此奠定了国家所主导的工业化的基础。

19 世纪下半叶日本制度的西方化的真实情况，本章将不做讨论。但是，必须指出的是，在道德层面，传统的儒家价值观念，通过国家控制的教育而得到强调；在更深的社会心理层面，日本人的人际关系观念似乎大致保存完好，尽管明治时期流行着一股西方崇拜之风。

第五，必须指出各种地理因素及其含义。日本要比中国小得多，而且从欧洲角度看，它位于中国次大陆以外。这就使得中国成为欧洲资本主义的最有吸引力的中心，并成为远东地区的头一个牺牲品。由此产生的时间差，对于日本来说弥足珍贵。它让幕末时期的一些思想开化的日本领导人，在通过荷兰工厂得知邻国发生的事态之后，试图作出最大努力，避免重蹈中国的覆辙。

再者，日本想方设法在世界之遥远一隅小心谨慎地推行锁国政策之时，适逢为首的几大欧洲列强的扩张势头开始放慢。英国和法国已从中国攫取了足够多的好处，正如其相继卷入太平天国起义和第二次鸦片战争所表明。此外，英国、法国和俄国卷入了克里米亚战争。欧洲扩张势头的减速，使得美国成为打开日本国门的第一人。对日本来说幸运的是，美国总统的更迭，从共和党的菲尔莫尔到民主党的皮尔斯①，减少了美国远东政策的军事色彩。美国在日本所寻求的，主要是港口设施、至关重要的对华贸易及其在北太平洋的捕鲸业，而不是获得殖民领土。②

此外，在新政府开始执掌大权之时，日本由于幅员不大，得以有效地将其统治扩展到全国范围，从而维持一个中央集权化的制度，而这对于中国来说却要困难得多，部分因为其规模是如此巨大。

在上述这个名单上，还可以添上其他许多因素，例如，日本的经济发展水平、幕末时期和明治初期的识字率，等等。然而，上述分析试图表明，日

---

① 米勒德·菲尔莫尔（1800—1874 年）和富兰克林·皮尔斯（1804—1869 年），分别是美国第 13 任（1850—1853 年在位）和第 14 任总统（1853—1857 年在位）。——译者注

② Uede, op. cit., pp. 129ff, 474ff.

本在国际社会中的崛起，部分取决于一系列幸运的环境因素，部分归功于日本有意识地增强自身实力并努力对外部压力作出理性反应。它在对外事务上急于满足西方文明标准的做法，同样至关重要。它符合这些标准的证据，不仅包括接受国际法和外交制度，而且还有对华和对俄战争的相继取胜。马丁·怀特就此指出："正如婆罗洲的猎头族在进入成年时必须获取第一颗首级那样，某个国家成为大国则依靠成功地打赢一场针对另一个大国的战争。"[1]日本也概莫能外。

---

[1] Martin Wight, *Power Politics*, eds., Hedley Bull & Carsten Holbraad (Leicester, 1978), p. 46.

第十三章　委任统治制度时代与非欧洲世界

威廉·罗杰·路易斯[*]

在1899年实行英法共管苏丹时，据克罗默勋爵[①]说，索尔兹伯里勋爵"兴冲冲地同意创建这么一个混合型的国家，其设计之精心，足以让神经敏感的国际公法学家震惊万分"。[②] 1919年，在巴黎和会上，不时的幽默感同样也让国际关系史上的类似设计工作，即关于国际联盟委任统治制度的冗长讨论稍为喘上一口气。在这项讨论的其中一个阶段，克里孟梭对劳合－乔治说，现在应该是听取澳大利亚和新西兰"食人者"的意见的时候了。他所说的"食人者"，是指大洋洲领地的两个总理。这两人成功地提出动议认为，新几内亚的"猎头族"和萨摩亚及西南非洲的"原始人"民族，与中东地区更"先进的"民族并不属于一种类型，他们甚至也不同于热带非洲的民族。[③]

1919年的殖民地解决方案，实际上把人类各民族分成三类：甲类，中东各民族，他们能够在较短时期内"走上独立"；乙类，热带非洲部落民族，他们需要在欧洲指导下经过长期的或几十年的经济与政治发展；丙类，太平洋地区的"原始人"民族和西南非洲地区的"霍屯督人"，他们至少在若干世纪内——如果不是永久的话——继续充当欧洲的臣民。虽然委任总统制度的创建人并未打算作出归纳性的总结，但至少美国代表肆意地将甲、乙、丙

---

[*] 威廉·罗杰·路易斯（Wm. Roger Louis），得克萨斯大学历史系英国历史和文化克尔讲席教授，著有《走投无路的帝国主义》（1978年）、《非洲的权力交接》（1982年）、《英帝国在中东（1945—1951）》、《英帝国的终结》（2006年）等，主编《牛津英帝国史》。——译者注

[①] 伊夫林·巴林（1841—1917年），英国政治家和外交家，1879年任埃及总督，1883—1907年任驻埃及代表和总领事，1892年封克罗默男爵，1901年封克罗默子爵。——译者注

[②] 转引自 David H. Miller, "The Origins of the Mandates System", *Foreign Affairs*（Jan. 1928），p. 277。

[③] 参见 *Foreign Relations of the United States: The Paris Peace Conference 1919*, vol. ii。

的分类扩大到适用于以下国家：甲类，印度、印度支那和印度尼西亚；乙类，热带非洲和加勒比地区的所有国家；丙类，仍然生活在"石器时期"的岛屿部族和其他遥远地区的民族。这种家长式的武断分类，既十分有益于反殖民运动的领导人，也非常适用于帝国的拥趸者。对于那些真正作出决定而建立委任统治制度的人来说，苏丹共管提供了一个如何解决帝国规模不断扩大而又不公然推行赤裸裸的兼并政策的问题的先例。殖民列强的代表毫无疑问地相信他们的文明使命。他们还发现，向国际惯例和托管传统表达敬意，还能成为一项政治权宜之计。

国联盟约第22条确立的原则（委任统治制度"宪章"）只是隐晦地含有普世意义，各大帝国只是同意就那些曾经属于奥斯曼帝国和德意志帝国的特定领土向国联负责。委任统治制度的核心是责任。在两次大战的间歇时期，管理当局向国联常任委任统治委员会递交年度报告，以证明它们完成了对委任统治地的照顾义务，用国联盟约第22条的话说，这是"一项神圣的文明托管责任"，也就是说，是为了"土著人"的福利，而不是为了剥削。巴黎和会达成的领土安排是：

甲类委任统治地：

伊拉克	英国
巴勒斯坦	英国
叙利亚	法国

乙类委任统治地：

多哥	英法分治
喀麦隆	英法分治（法国占十分之九）
坦噶尼喀	英国
卢旺达—布隆迪	比利时

丙类委任统治地：

西南非洲	南非
新几内亚	澳大利亚
萨摩亚	新西兰
马绍尔、卡罗林和马里亚纳群岛	日本

尽管20世纪30年代曾认真讨论过将其前殖民地归还给德国的可能性，但在两次世界大战的间歇时期，委任统治地的管理始终未有任何变化。

对本书来说，委任统治制度代表了一个多棱镜，折射出两次大战间歇时期的"殖民地问题"。为理解这个时期该项殖民制度负责人的思想精神,这里对委任统治制度的前例和遗产以及欧洲倡导人的观点进行分析,乃是有所助益的。委任统治制度的最近前例是1885年《柏林议定书》,其主要遗产则是联合国托管制度。隐含在甲、乙、丙三种分类上的目空一切的种族先入之见,可见之于"非洲大争夺"时期的索尔兹伯里勋爵的孙子、第五代索尔兹伯里侯爵的描述:此人在1945年旧金山会议上提出"殖民阶梯"的概念,认为殖民地人民将以他们自己的时间和节奏爬过这个阶梯。1945年的总体设想显然类似于1919年。只是在第二次世界大战结束之后,独立步伐急剧加快,它才发生了根本变化。英国的政治团体如费边社殖民地研究局,一如威尔逊总统和罗斯福总统等个人那样,要求改革和政治进步;但是,甚至连改革派也预见到,殖民地发展作为一个渐变进程,可能会经过几十年的时间,有的甚至要经过几个世纪的时间,如新几内亚。"渐进主义"是总结1919年和1945年的"开明帝国主义"之信条的最佳词语。

在思想史维度上,委任统治制度的根源也许可以直接追溯到非洲大瓜分时代。在"非洲大争夺"的初期阶段,欧洲列强于1884—1885年谋求通过建立刚果河和尼日尔河两个盆地的贸易自由制度而规制对非洲的开发。在这个基本观点上之所以能够达成协议,是因为没有哪一个欧洲大国愿意受到另一大国贸易壁垒的伤害。利奥波德国王的刚果随后宣告建立,以作为列强在中非进行商业和领土争夺的缓冲区。后来,除了其他事情以外,刚果自由邦因为破坏了《柏林议定书》的自由贸易条款而变得臭名昭著。利奥波德国王的殖民当局对"自由贸易"精神的极大讽刺,导致1919年委任统治制度的创立者在回顾这一荒诞可笑的"国际法"败笔之时,决心使甲类和乙类委任统治地成为真正的自由贸易区,而在这一点上他们大致获得了成功。《柏林议定书》的另一项条款,是保护"土著人"。利奥波德国王的刚果还拙劣地创造了"土著人福利"的词汇,在这里,委任统治制度的发明人决心改进《柏林议定书》。而人们可以争辩说,委任统治领土上的教育、卫生和农业等方面的发展,至少要能赶得上邻近殖民地的成就,因为其统治官员十分清楚,委任统治地就像玻璃陈列柜那样,处在国际社会的众目睽睽之下。

当然,《柏林议定书》并非建立委任统治制度的唯一先例。在中东地区,英国占领埃及的历史似乎与1919年的英国殖民大臣米尔纳勋爵[①]有着特殊的

[①] 艾尔弗雷德·米尔纳(1854—1925年),英国政治家,著名殖民主义者。——译者注

联系。他坚信英国充分履行了一项神圣的托管责任：

> 米尔纳勋爵指出，委任统治原则并不全然是一项创新。我国对埃及长达35年的管理，就是根据这项原则进行的，我们一如既往地履行了无数项义务，以致一度要把我们的这个义无反顾的偏好转让给其他国家。①

既然占领埃及并未触动法国人和美国人的神经，甚至在依据托管责任而为其正名之时也是这样，因此，1919年，英国人决定强调《柏林议定书》的适用性。用劳合－乔治话的说就是，"在委任统治原则和柏林会议所确立的原则之间没有多大的差别"。更直接地说，套用当下的一个短语，委任统治制度被看作是"十足的殖民地，只是名称不同而已"。②温斯顿·丘吉尔在1921年作为殖民地大臣谈到巴勒斯坦和伊拉克时，公开而直率地说道："我们……拥有那些领土。"③

如果全然地无视委任统治历史的这个传统意义上的理想主义版本的话，那就会大错特错。在一定程度上，委任统治制度是一次胜利，是国际主义对民族主义、自由贸易对垄断、人道主义对奴隶制度、自决原则对帝国主义的胜利。委任统治制度的这些理想主义成分，有着深刻的、多种多样的来源：列强通过协调行动履行和平与秩序"责任"而产生的国际管控；与商业机会平等的门户开放政策相联系的自由贸易；由反奴隶传统演变而来的"土著人福利"；以及似乎是源于欧洲民族主义的民族自决。

"自决"，俄国革命领导人以及伍德罗·威尔逊共同提倡的原则，不可磨灭地与委任统治制度和第二次世界大战期间丘吉尔与罗斯福之间的殖民争论联系在一起。英国人和法国人接受这个短语时，是带着极大的警惕性的。在第一次世界大战结束之际，没有哪个人能够言之凿凿地预见说，叙利亚、巴勒斯坦或伊拉克的全民公决会让英国人或法国人感到满意，或者，全民公决的结果会由于当地人对英国人或法国人的憎恨情绪就一定有利于美国人。人们也不能假设说，公民投票将不可避免地最终导致独立，或无可挽回地造成

---

① Imperial War Cabinet Minutes, 20 Dec. 1918, CAB 23/42. 关于 CAB.、PREM、CO 和 FO 的注释，均来自伦敦公共档案馆的文件。
② FRUS: Paris Peace Conference 1919, iii. 750.
③ Parliamentary Debates (Commons), 14 June 1921, c. 266.

当前英帝国或法兰西帝国的崩溃瓦解。例如，威尔逊总统认为，西南非洲问题的最佳解决方案将是其并入南非。南非只是需要正式证明其担得起这项"神圣的托管责任"。

相比之下，史末茨将军对于自决原则可能给南非带来的事与愿违的结果洞若观火，因为这项原则模棱两可。他最终成为委任统治制度的主要创始人之一，但是，他的原本设想，主要是将其作为中欧问题和中东问题的一个解决方案。当时，奥斯曼土耳其领土与德国领土的分配纠缠在一起，史末茨高高举起了他那根委任统治的爆竹。由于西南非是德国的一块殖民地，又由于所有德国殖民地都自然而然地成为委任统治地，史末茨就别无选择。他只能像一个必须照顾私生子女的姑娘一样后悔不迭——西南非洲还只是一个年龄很小的婴儿。[1]

经过了一阵深刻的良心剖析之后，英国战时内阁决定赞同自决原则，其原因，寇松勋爵在1918年12月作了极好的陈述：

> 我倾向于尊重自决理论，因为我深信绝大多数人都将做出有利于我们的决定……如果我们不能通过其他途径解决我们的麻烦，我们就应当打出并竭力利用自决这张牌，依靠这个终极理论来解决问题，而不管我们在何处与法国人、阿拉伯人或其他任何人发生麻烦，因为从内心深处讲，我们将比其他任何人更能从中获得好处。[2]

大约刚刚过了二十年，这样的满满信心就让位于重重疑虑，英国人开始担心美国人会利用自决原则去颠覆大英帝国。

到第二次世界大战时，在英国，至少在保守党的圈子里，自决原则被看作是其中一个逃出第一次世界大战和平条约之潘多拉盒子的最危险的精灵。丘吉尔迫不及待地要将这项原则用于欧洲那些"处于纳粹奴役下"的被征服领土，但他又坚决拒绝将其扩及到殖民地世界。在丘吉尔与罗斯福之间关于《大西洋宪章》之解释的著名殖民争论中，这才是问题的要害。《大西洋宪章》第三条支持所有民族有权"选择他们所赖以生活的政府形式"。罗斯福

---

[1] W. K. Hancock & Jean van der Poel, eds., *Selections from the Smuts Papers* (4 vols., Cambridge, 1966), iv. 55–56.

[2] Eastern Committee Minutes, 5 Dec. 1918, CAB. 27/24.

坚持认为，《大西洋宪章》各项原则的适用范围是全球性的。英国政治左派中的一个颇有影响的分支也持有如此观点。《每日先驱报》在采访克莱门特·艾德礼之后，登出了"《大西洋宪章》也适用于黑色种族"这样的头条新闻。①在这场争论中，利奥·埃默里②等大英帝国的铁杆支持分子争辩说，"他们所赖以生活的政府形式"的自决，只能意味着自治。但是，即使连这样一种看似无害的解释，也让1941年的殖民大臣莫因勋爵③吃惊不已：

> 一些殖民地的规模是如此之小，或在战略上如此重要，以致完全自治似乎毫无可能；例如，我本人无论如何也不能想象，我们将给予亚丁、直布罗陀、冈比亚或英属洪都拉斯等殖民地以自治领地位。④

殖民部官员越是研究这个问题，就越是对自治的深远后果感到震惊：

> 直布罗陀、亚丁、毛里求斯、塞舌尔、斐济、西太平洋诸岛、福克兰群岛、英属洪都拉斯、百慕大、冈比亚、香港，所有这些殖民地，也许还包括其他地方（塞浦路斯、马耳他、婆罗洲的附属地甚至马来亚），它们在规模上都是如此之小，或在战略上如此重要，以致不能让它们成为独立的自治单位。⑤

殖民部官员的担心不幸成为现实。第二次世界大战后，"第三世界"各国纷纷伸张自决原则，从而实质性地推动了民族主权国家的倍增，尤其是非洲大陆的"巴尔干化"。当代世界的碎片化的政治地图，与英国殖民部官员的愿景恰恰相反，根据他们的设想，大规模的地区联合体将不仅在经济上是可行的，而且在政治上也是稳定的。

当欧洲列强在两次世界大战的间歇时期纷纷巩固其统治制度之时，帝国的宣传者和支持者提供了一种殖民主义的思想基础。弗雷德里克·卢格德爵

---

① 16 Aug. 1941.
② 利奥波德·埃默里（1873—1955年），英国保守党政治家和新闻记者。——译者注
③ 沃尔特·爱德华·吉尼斯（1880—1944年），英国政治家和外交家，1932年封莫因男爵，先后任财政大臣、农业大臣、殖民大臣、上议院院长、驻埃及代表等职。——译者注
④ Moyne to Amery, 26 Aug. 1941, CO 323/1858/9057.
⑤ "Constitutional Future of the British Empire", Memorandum by Eastwood to Martin, 1 Sept. 1941, PREM 4/42/9.

士（后来成为勋爵）的《双重委任责任》是一个最重要的例证，他争辩说，欧洲列强有义务不仅为当地居民之福利而且为广大的世界，去促进殖民地的发展。1923—1936 年，卢格德供职于国联常设委任统治委员会。他在英国殖民部变得完全不受欢迎，因为他对英国的年度报告持有谨慎的批评态度。然而，卢格德与殖民部官员在殖民统治的目标上并无分歧，他认为，殖民统治要经过渐进过程而获得经济和社会发展，并在适当时候，通过代议制度而获得政治进步。关于推动这个殖民共识的文官，罗兰·奥利弗写道：

> 1919 年之后，殖民主义相比之下似乎变得特别地温文尔雅，特别地遵纪守法，其道德外表受到委任统治制度的规定，其对非洲属地福利的新关切在许多主旨报告和政策文件中得到表达。20 世纪 20 年代和 30 年代的殖民主义，被看作是沾沾自喜的和家长式的，在当时的状况下，这当然是极其不切实际的；但是，那些负责实施这项制度的人，现如今摇身一变而成为言行高尚和高瞻远瞩之辈，完全不同于"非洲大争夺"时期的那些流氓恶棍和酒囊饭袋。①

在两次世界大战的间歇时期，以及尤其在第二次世界大战期间，殖民制度的批评者愈益将种族冲突当作是殖民地的一大主要问题。他们要求消除"肤色障碍"，这里，至少在理论上，接受委任统治的各块领土和欧洲殖民地，总体上要领先于美国这样的多种族国家。

对于广泛理解委任统治地区的态度来说，种族问题极其重要。那个时代的官员不仅倾向于把"落后种族"划定为甲、乙、丙三种"文明"类型，而且还区分不同的民族人种。例如，英国人就持有根深蒂固的"不列颠人种"的概念，而且多半认为自己要比其他人种优越。他们认为，他们在人种上与拉丁人或条顿人根本不同，正如他们认为中国人与日本人或阿拉伯人与犹太人在人种上完全不同那样。这种区分常常涉及"肤色"和"血统"问题。在这个时代开始之际，英国国务活动家提到第一次世界大战期间的日本"黄种人"时，将其称为勇敢却危险的盟友，但在提及美国人，却把他们说成"亲戚"，这里至少指那些有着古老血统的美国人，当然就是拥有英国祖

---

① "The First World War in African History", *Journal of African History*, vol. ix, No. 2 (1968), pp. 337–338.

先的美国人。在这个时代的后期，纳粹德国推行种族政策，将越来越多的犹太人驱赶到巴勒斯坦，从而激化了犹太人与阿拉伯人两大"种族"之间的关系。下文试图不仅分析"神圣的托管责任"的种族方面，而且考察其伦理和战略维度。

甲类委任统治地

在所有委任统治地中间——实际上在整个"殖民地世界"，巴勒斯坦是一个独一无二的案例。对于本章来说，其复杂的历史，可以归结为与1917年《贝尔福宣言》直接相关：犹太复国主义者将其看作是在巴勒斯坦建立一个犹太人"民族家园"的郑重承诺，而这项义务，必须与英国曾经向阿拉伯民族主义者作出过的自相矛盾的保证的难题联系起来进行研究。[①]从1917年到20世纪30年代末期，英国人奉行了一条既讨好犹太人又巴结阿拉伯人的摇摆不定的路线，而与此同时，他们又企图保住英帝国在东地中海地区的安全利益。这里限于篇幅只能指出这个问题的复杂性，但是，种族冲突、伦理责任和战略安全，却必须给予明确阐述。

1921年，丘吉尔正担任殖民大臣，当时，英国政府试图重申犹太人"民族家园"的承诺，并创建一个独立的阿拉伯国家外约旦，以此对《贝尔福宣言》作出最终的澄清。巴勒斯坦的最终的政府形式，无论是一元的还是联邦的，都将是开放的。丘吉尔联系其他委任统治地而对这个问题的关键进行了陈述。他在1921年说："在巴勒斯坦建立一个犹太人'民族家园'之承诺的麻烦问题，在于它与我们往往征求委任统治地人民之愿望，并在他们有资格时给予其代议制的正常政策相互冲突。"[②]丘吉尔夸大了"正常政策"的事实，但是，一旦在巴勒斯坦问题上形成了这样的政策，人们就有理由期待阿拉伯人和犹太人能够在未来政府形式上达成共识，从而解决自治问题。

直到20世纪30年代末，英国在巴勒斯坦的政策始终是基于两大种族终将解决分歧并在一个国家框架下和谐共处的前提。1939年，自从《贝尔福宣言》发表之日起就卷入巴勒斯坦问题的利奥·埃默里指出："如同加拿大或南非，巴勒斯坦必须成为一个国家，在其中，两个不同的部分必须相互承

---

① Elie Kedourie, *In the Anglo–Arab Labyrinth* (Cambridge, 1976).
② Christopher Sykes, *Crossroads to Israel* (London, 1965), p. 57.

认对方的平等权利。"①著名的《1939年白皮书》被犹太复国主义者以及其他人解释为对《贝尔福宣言》的否定。它限制犹太人移民，因此似乎是要确保阿拉伯人多数和犹太人只占33.33%少数的现实。在面临20世纪30年代末全球危机和巴勒斯坦本地的阿拉伯人实际上已揭竿而起的情况下，英国人试图安抚阿拉伯民族主义。这个插曲，对于巴勒斯坦委任统治地作为一项"神圣托管责任"之问题的重要意义，在于英帝国的铁杆支持分子丘吉尔和埃默里等人认为，《1939年白皮书》破坏了委任统治责任，因此在道德上是对犹太人的一次背信弃义。无论如何，20世纪30年代末期和40年代的形势发展，辜负了阿瑟·贝尔福的以下信念，即一块规模有限和人口不多的领土的民族自决，对英帝国来说绝不会是一件万分紧要之事。

自决问题与英国在东地中海的未来战略利益密切相连。在这方面，理查德·梅纳茨哈根上校②的看法颇有说服力，因为他曾在巴黎会议上担任中东问题顾问。与陆军部和殖民部的那些同事不同，他持有一种强烈的亲犹太人立场。他的观点有助于人们摆脱外交部的总体的亲阿拉伯态度。他争辩说，英国人永远做不到同时与犹太人和阿拉伯人保持良好关系。所以，他认为，最好根据《贝尔福宣言》巩固与犹太人的友好关系，因为除其他原因外，犹太人最终将在中东地区占据最重要的战略地位。他在1919年3月写道：

这一次巴黎和会生产了两只蛋，即犹太民族主义和阿拉伯民族主义，它们将长大成为麻烦不断的鸡……在未来50年里，犹太人和阿拉伯人都将执著于民族主义；这是（威尔逊）总统的自决原则的自然结果。

英国在中东的地位至高无上；民族主义的力量将会挑战我国的地位。我们不能同时与犹太人和阿拉伯人保持友谊。我的建议是，要基于跟那个更可能成为忠实朋友的民族保持友谊，那就是犹太人……③

与参谋部和外交部的亲阿拉伯的战略家——他们希望通过与阿拉伯人结成同盟而构建一条防御战线——相比，梅纳茨哈根相信一个完全相反的解决

---

① *Parliamentary Debates* (Commons), 22 May 1939, c. 2006.
② 理查德·梅纳茨哈根（1878—1967年），英国军人、情报官和鸟类学家，曾长期供职于非洲和中东地区。——译者注
③ Richard Meinertzhagen, *Middle East Diary* (London, 1959), pp. 17–18.

方案：与犹太人结盟。他继续写道："巴勒斯坦是中东地区的支柱"，"它两边环绕着沙漠，一边面向大海"，拥有"东地中海的最佳天然海港"。总之，与犹太人国家结成同盟，将在中东地区为大英帝国提供最好的战略防御地。①

在两次世界大战的间歇时期，英帝国在东地中海的长期和短期战略表明，梅纳茨哈根的分析被证明是正确无误的，至少在一个否定的方面是如此。1939 年，英国试图一边绥靖阿拉伯人一边又继续保持与犹太人为友。但他们两边都未成功。不过，英国的《1939 年白皮书》安抚住了阿拉伯人，以致伊丽莎白·门罗指出说，"它有助于确保阿拉伯人在战争期间完全站在英国一边而同进共退"。②

对于其他甲类委任统治地的战略分析，包括叙利亚（以及黎巴嫩）、伊拉克和外约旦，是基于一个横跨肥沃的新月地带的尽可能完整而统一的哈希姆国家的背景。英国在第一次世界大战后之所以矢志坚守巴勒斯坦，其背后的原因之一，是为了掣肘法国在叙利亚的影响。如同其他甲类委任统治地那样，叙利亚似乎也拥有独特的战略地位。叙利亚是阿拉伯民族主义的发源地，在地理上构成了阿拉伯半岛的北部屏障，在战略上提供了一条前往伊拉克和波斯湾的主要陆上通道。相应地，伊拉克也是英国—巴勒斯坦—外约旦—伊拉克—巴林"纽带"上的一个重要环节。外约旦是英国在 20 世纪 40 年代获得其防御目标的唯一中东国家，用英国参谋部的话来说，它同样"在整个中东地区占据了一个中心地位，而正是因为这个事实，在伊拉克及波斯湾产油地区和我们的主要基地，与巴勒斯坦和埃及供应区之间的那条交通线，也横穿这个国家"。③

旨在统一上述领土的泛哈希姆计划，与汉志国王兼麦加酋长侯赛因一世有所联系。他的这个单一国家的设想未能成功，部分是由于法国将叙利亚作为委任统治地以及其他国际事态，但他的两个王子，阿卜杜拉和费萨尔，最终分别成为外约旦和伊拉克的国王，而这些国家在 20 世纪 50 年代中期以前始终都处在英国的"非正式帝国"的轨道上。对于本章来说，两次大战的间歇时期的最为重要的事件，是 1930 年英国与伊拉克签订的条约。它赋予伊拉克独立地位，从而铺平了其在 1932 年加入国联的道路。英国放弃委任统

---

① Richard Meinertzhagen, *Middle East Diary* (London, 1959), pp. 17 – 18.
② Elizabeth Monroe, *Britain's Moment in the Middle East* 1914 – 1956 (London, 1963), p. 89.
③ JP (46), 27, 18 Feb. 1946; minutes in CO 537 – 1842 – 45 & FO 371/52572.

治制度和伊拉克全票通过加入国际友好大家庭的事实，叙利亚的民族主义者看在眼里，妒在心头；而这个事实，当时被大加宣传，认为英国完成了一项"神圣的托管责任"。

新近解密的英国秘密档案文件，进一步说明了当时一些人的疑虑之心，即英国只是企图给予伊拉克以名义上的独立。1930年条约预示了英国打算把委任统治地和保护国转变成在经济上和军事上与"非正式的"英帝国捆绑在一起的"独立"国家。1939年在下议院，斯塔福德·克里普斯就巴勒斯坦做过的一次发言，可以用来概括20世纪30—40年代的英国中东政策的总体目标：如同英国的其他委任统治地那样，巴勒斯坦将"继续作为英帝国的一块附属地，不过它将通过条约而不是征服而加以兼并。"①

乙类委任统治地

热带非洲的乙类委任统治地是整个委任统治制度的核心。相比之下，甲类和丙类委任统治地不过是权宜之计：甲类将尽快地转变成半独立的国家，丙类将在国际环境许可的情况下尽快地变成（受委任国的）永久性领土。热带非洲则完全不同，对于这个地区，国联常设委任统治委员会的大多数成员国投入了它们的专业人才，要么是管理官员和外交家，要么是学者。在这里，卢格德再次成为一个突出典型，他是热带非洲的探险家、统治官员、代理领事、国际公法专家和哲学家。他的名字实际上是"间接统治"理论的同义词。如同他的绝大多数同事一样，在挑起中东麻烦的新问题上，他表现出相当的谨慎态度；他还认为，太平洋地区的殖民统治应当遵循热带非洲所确立的一般先例。国联常设委任统治委员会涉及非洲的重大争论，包括土地所有权、商业垄断、征税、司法和教育等问题。常设委任统治委员会在这些问题上的决定，不仅为整个殖民地世界，而且为特定委任统治地，都确立了标准。委任统治制度成为反对经济剥削和宗教歧视的利器，而常设委任统治委员会则坚持最低限度的殖民统治标准。在更积极的意义上，委任统治制度还鼓励经济与政治进步，以促进热带非洲的"儿童般的"种族最终爬过殖民阶梯，成为其托管国的完全长大成人的子女。

乙类委任统治地拥有非常重要的军事和战略地位。在军事上，对喀麦

---

① *Parliamentary Debates* (Commons), 22 May 1939, c. 2035.

隆和多哥的委任统治责任，特别明确地交给法国；相较于其他乙类受委任国，法国有权"在发生一场大战的情况下"组建非洲军队。劳合-乔治把这项条款称为法兰西"黑人军队"条款。这导致英国殖民部官员开始推测，法国是否会最终利用非洲军队进攻英国领土。第一次世界大战后担任殖民副大臣的利奥·埃默里坚持认为，法国人"需要黑人军队并不是为了对付我们，而是要控制阿拉伯人和德国人"。①陆军部争辩说，"法国人不仅知道黑人军队所赖以组建的那些领土的相对安定与和平，而且清楚要向从其他更加动荡不安的地区提供巨大援助"。②陆军部还认为，第一次世界大战已经削弱了英国在印度的军事地位，所以，像法国那样，英国应当转而求助于非洲军队。事实上，英国无需获得国联同意即可在远东地区组建部队，然而，关于这个问题的广泛讨论，表明英国官员是如何小心谨慎地权衡委任统治制度的每一项人道及法律条款与军事力量和世界安全的相互关系的。

坦噶尼喀提供了战略权衡的最丰富的理由。史末茨将军在1918年8月指出：

> 英帝国是非洲大陆东部的一个大国，而确保东非地区将使我们获得纵贯整个大陆的交通线。无论在陆上交通角度上，还是在空中交通意义上，这都是一件最最重要的大事。③

"开普—开罗交通线"概念的旧事重提——虽然只是空中航线而非铁路通道，触动了两次大战的间歇时期的那些书斋战略家的兴奋神经；第二次世界大战期间，一些英国官员甚至在图纸上画出了线路，而且与20年前史末茨提出的计划如出一辙。在头脑更清醒的参谋部看来，坦噶尼喀至少具有一种拒止他国的价值。如果将坦噶尼喀据为委任统治地或托管地，德国就无从下手建立一个潜艇基地，因为其巡航距离和鱼雷能力大大增强以后，德国潜艇将遏制英国在印度洋的机动力量。这种考虑，几乎堪与史末茨在第二次世界大战结束之时提出的一个观点相媲美：他认为，为了维持美国和苏联之间

---

① Minute by Amery, 2 Feb. 1920, CO 649/21.
② Memorandum by the General Staff, 22 Dec. 1920, CAB 24/117.
③ Imperial War Cabinet Minutes, 20 Dec. 1918, CAB 23/42.

的战略平衡，英国最好在昔兰尼加①建立一个原子弹基地。②殖民地世界将会持续不断地为那些矢志于战略安全的富有想象力的思想家提供肥沃的土壤。

丙类委任统治地

所有丙类委任统治地，除萨摩亚的一部分以外，都被认为是每一个受委任国在战略上所必不可少的。南非人认为西南非洲是南非的一个"不可分割的组成部分"。他们认为，该地区加入南非联邦，对于抵御德国在南非以及其前殖民地的死灰复燃的军国主义危险来说，是不可或缺的。日本人坚信，各个委任统治岛屿将在爆发一场太平洋战争的情况下成为抵抗美国的一道有力屏障。新西兰人认为德国可能重新进入萨摩亚的危险非常遥远，因此成为唯一考虑该殖民地物归原主的民族，如果萨摩亚不会变成海军基地的话。新西兰托管的总体意义，在于其对民族主义的"马乌"运动③的反应，而不是其托管的战略维度。所有丙类委任统治地都被受委任国当作其不可分割的组成部分而进行统治。殖民列强完全控制了移民、商业和国防政策。除了向国际联盟递交年度报告的要求以外，丙类受委任国将其委任统治地完全当作"十足的殖民地，只是名称不同而已"。

对于本章主题来说，丙类委任统治制度有着特别的关联性，因为日本是一个丙类受委任国，它不仅是国联中的唯一非白人的海上殖民大国，而且是亚洲地区唯一怀有领土扩张野心的国家。日本的扩张主义目标在两个方面对英帝国构成了直接威胁，同时也对美国构成不那么根本但并非不重要的威胁。其一，日本企图把中国削弱成它的一个卫星国。其二，日本谋求建立一个"共荣圈"，以完全铲除东南亚地区的西方殖民主义。当然，日本帝国主义还有第三个重要方面。日本的亚洲霸权，将会撕掉西方列强统治非西方世界的道德伪装。它将颠覆那个心照不宣的假设，即白人的统治天然地高人一等。它将打破按照不同的"文明"标准将人类划分成甲、乙、丙三类的粗暴行径。

---

① 昔兰尼加，指利比亚东部地区，阿拉伯语称拜尔盖，主要城市为班加西。——译者注
② Memorandum by Smuts, "The Italian Colonies, and British Interests in the Mediterranean – Red Sea Route", 25 Sept. 1945, CP (45) 189, CAB 129/2.
③ 马乌运动（the Mau），意指"坚定力量"，是20世纪初萨摩亚人争取独立的非暴力运动，提出"萨摩亚属于萨摩亚人"的口号。——译者注

如果没有日本作为盟国，英国也许不能打赢第一次世界大战；在巴黎和会上，日本期望根据平等原则加入国际联盟。然而，日本未能如愿将一项"种族平等"条款写进《国联盟约》。日本人不断积聚的愤怒情绪，随后转变成太平洋战争的一大根源。[1] 1920 年，一位日本外交官向一名澳大利亚军官道出了怨言：

> 埴原先生[2]请求离席，进而提醒皮埃斯少校[3]说，日本代表团的发言及其在会议上采取的行动，表明日本的目标并不是"取消移民限制"，而是废除种族歧视，这种歧视只是出于肤色而不是其他任何原因，不仅剥夺了人的平等生活权利，而且在通常情况下让他们受到不可容忍的侮辱。[4]

英国外交部的一名远东问题专家在巴黎和会之后不久写道："如果我们深入探究这个问题，我们再也不能掩盖的是，这归根结底主要是而且本质上就是一个种族问题，政治和经济因素固然重要，但与根本的种族问题相比，它们实际上只居于次要地位。"[5]在 20 世纪 30 年代，日本人最终坚信，日本领导下的一次泛亚运动，将会把亚洲从西方帝国主义统治之下解放出来，终结那个劣等种族的不言自明的假设。日本在国联及其组成部分委任统治制度那里遭遇的种族怒气，只是在很小的程度上构成了 1941—1945 年太平洋战争的根源，即使这场战争显而易见地被看作是一场种族抗争。不过，委任统治制度在 1945 年旧金山会议上的"借尸还魂"，当被视为种族冲突的一种反应。联合国的托管制度并不是根据将各个民族分成甲、乙、丙几种类型的种族主义，而是基于种族平等的前提。

---

[1] 关于该主题，参见 James B. Crowley, Japan's Quest for Autonomy (Princeton, 1966)。
[2] 埴原正直（1876—1934 年），日本外交官，曾任外务省次官、驻美大使。——译者注
[3] 埃德蒙·皮埃斯（1880—1947 年），澳大利亚军人和情报分析员，日本问题专家，曾任澳陆军情报局长。——译者注
[4] Alston to Curzon, No. 33, 23 Jan. 1920, *Documents on British Foreign Policy*, First Series, vol. vi, No. 695.
[5] Memorandum by Wellesley, 20 Oct. 1921, FO 371/6660.

第三编

西方统治面临的挑战

第十四章　对西方的造反

赫德利·布尔

19世纪20世纪之交，欧洲或者西方在国际社会中的主宰地位不只表现为优势的经济与军事实力，领先的科技与文化水平，还表现为对国际社会规则制度的制定。这样一个国际社会可被视为主要欧洲国家或基督教国家组成的联盟，外部政治团体只有遵循欧洲创始国订立的游戏规则才有可能得到承认——比如1900年的日本被认为是国际社会一员，而同一时期的中国却享受不到国际社会成员的待遇。国际社会公认的国际法规则大多是由欧洲国家或西方国家制定的，国际法规则基本上源自这些国家共同遵循的习俗或签署的条约。亚洲、非洲和大洋洲上的国家和人民必须遵守他们或许不完全赞同的一套国际规则。国际规则和制度不仅仅是由欧洲国家和西方国家订立，在很大意义上亦是为他们而设立：至少现存的相当大一部分国际法是为维系欧洲或西方国家的统治地位而设（比如，条约法承认胁迫状态下签订条约的合法性，主权法并未考虑民族自决国家的合理诉求，武力使用法规定的武力使用权利明显偏向于特权国家）。

世纪之交，欧洲殖民势力构成了西方主宰体系的主要支柱，首要的殖民国家是英国和法国，紧随其后的是德国和意大利，这种局面一直持续到第二次世界大战前期。美国，英联邦的白人自治领地，拉美共和国家，甚至包括俄罗斯帝国，都成为这个西方主导的国际体系的捍卫者和受益者。随着对西方造反浪潮的强势来袭，其声势一直持续到20世纪晚期，上述国家自然地成为反抗浪潮的主要对象。

美国，一个起初也自视为反殖民的国家，在取得独立战争胜利以后，便开始使用看似浮夸的言辞支持反殖民运动，大肆抨击欧洲帝国主义体系，个中原因可能是其商业贸易受限于这一体系。实际上，从英国殖民帝国解放出来的美国，本身就属于欧洲体系扩展的产物；美国独立后，进一步延续着欧洲体系扩张的进程：在北美大陆拓展疆土，征服土著居民；在加勒比和太平洋地区扩张权益并由此跃升至殖民国家行列；其拒不承认黑人的平等权利与当时欧洲普遍奉行的种族特权政策如出一辙；在亚洲和非洲确立有利的经济地位。伴随着欧洲殖民统治的寿终正寝，新殖民主义毫不例外地成为第三世界的反抗对象，作为新殖民主义集中代表的美国亦自然地成为他们反对的主要敌人。

俄国，一直以来被欧洲国家认为是一个半亚洲性质的国家，它自己也经常彷徨于究竟属于西方还是东方的矛盾纠结之中；始自近代，这个相比西方长久处于落后和欠发达的国家，在彼得一世的改革推动下通过学习西方才得以取得国力的飞速发展，直到后来能够与西方展开直接交锋。俄国的发展模式很快成为其他亚洲和非洲国家效仿的榜样。1917年苏维埃俄国及其带来的国家联盟和意识形态拥护者为抗击西方主导的浪潮注入了巨大能量。一如美国，世纪之交的俄罗斯帝国亦是欧洲体系扩张的产物。正如西方的欧洲国家借助海权实现扩张一样，后起的俄罗斯借助征服原住民，以及迁入城市的人口的陆权方式进行扩张。它通过"不平等条约"获得的巨大疆土，历史上就隶属俄罗斯统治的众多非欧洲人口，都依旧部分地决定着今日苏联的国家特性，这些使其成为第三世界反对的又一潜在对象。

拉美共和国家，如同美国那样，具有反殖民主义与维护民族自由之传统。在19世纪末到20世纪初，或者更确切地说，在美国认为自己成为新兴到来的强权国家之际，拉丁美洲国家却视自己为强权统治及其干涉政策的受害者。它们试图对国际关系中的武力使用施以法律限制和强化不干涉原则成为稍后第三世界广泛呼吁的国家间交往原则。在后殖民时期，拉美国家在国际问题上所持立场与贫穷的、不发达国家基本相同，它们与亚洲和非洲发展中国家一起组建起七十七国集团，共同倡导不结盟运动。即便如此，它们仍然是欧洲体系扩展的产物。拉美国家的建立是基于对原住民征服的基础之上，时至今日，有些原著民依然遭受其压迫；这些国家大都使用西方的语言，信仰西方的宗教，秉承西方的文化传统。如果非要区分拉美国家与美国在反对西方主导浪潮进程中存在的差异，那么一个显著的不同就是前者在经济发展和政治改革上较之后者的巨大失败。

欧洲或西方国家对国际社会的主导力大致在1900年达到顶点。确切地说，彼时西方对世界的影响力在很多方面远不及自那以后，更不要提当下。欧洲殖民扩张直到两次世界大战期间才达到高潮。在殖民时期，非洲和亚洲社会融入世界经济的程度远不及后殖民时期。在技术差距方面，虽然难以做到精确衡量，但现实情形是如今最发达西方国家与大多数亚洲和非洲国家之间的差距远远大于当时。在科技文化方面，当前亚洲和非洲国家被西方的影响渗透度也远远大于 1900 年的时候。

同样是在世纪之交，欧洲或西方国家对于国际社会的统治力开始表现为一种精神层面上的高度自信感，它既体现在国际社会持久的主导地位也代表着国际社会的伦理价值取向，虽然这种伦理取向很快便毁于第一次世界大战。在非西方社会眼中，西方世界的领先地位已然成为客观现实而非可以抑或应该有任何改变的余地。当时的国际社会，西方世界在精神和心理上的优越感达到极致，即便在物质和技术领域的优势地位尚未达到最强。在外人看来，西方国家之间几乎是亲密无隙的铁板一块，1900 年八国联军干涉镇压中国义和团运动便是有力的证明。古老但却依然保持领先的欧洲列强们搁置彼此争议，组建起一支国际性军队，不远万里开赴远东，打败了当时那个最强大的非西方国家。这支国际军队的一个分队在日本却受到了别样的友好对待，预示着国际体系变化的初步显现。日本天皇没有遵照其宗主国清王朝的慈禧太后旨意结成抗击西方的亚洲联盟，而是加入到现代主权国家构成的国际社会维护者的行列。

这一时期，抗击西方主导的斗争大致包含五个阶段，同时具有五种含义。第一种，我们称之为争取主权平等。主要是那些获得形式上独立，却仍处于政治附属、经济劣势地位的国家追求作为主权国家的平等权利。其劣势地位的一大表现便是所谓的"不平等条约"——被迫签署的，包含明显不平等条款，损害非西方国家的主权利益——这尤其要数西方国家在非西方国家领土上享有的治外法权。日本担当领头羊举起了反对西方列强治外法权的旗帜，并于 19 世纪 90 年代推翻了本土的治外法权，由此它不但获得作为主权国家的平等权利，还将自己遭受过的一系列"不平等条约"变本加厉地转加给朝鲜和中国。土耳其通过 1923 年《洛桑条约》取缔了列强在本国享有的治外法权（奥斯曼帝国加入第一次世界大战以后开始单方面拒绝履行条约，但战争结束以后又因被迫签署《色佛尔条约》，不得不重新遵守不平等条约）。埃及通过 1936 年与英国签署的《英埃条约》解除了英国的治外法权。中国于 1943 年分别同美国和英国签订新约摆脱治外法权。在波斯湾地区，特拉比松帝国①在拜占庭帝国崩溃之后幸存下来，旧的国际秩序在退出历史

---

① 特拉比松帝国（Empire of Trebizond），1204—1641 年，拜占庭帝国的附庸国，位于黑海南岸，一度占有克里米亚半岛，亡于奥斯曼土耳其帝国。——译者注

舞台之后还在别的地区苟延残喘了很长一段时间，直到1971年英国被迫撤出该地区时，治外法权才最终被废除。

第二种是争取政治独立的反殖民化革命，主要指亚洲和非洲，加勒比和太平洋地区人民为挣脱欧洲和美国殖民统治而进行的不懈斗争。需要着重指出，朝鲜在1912年到1945年期间不是欧洲而是日本的殖民地；苏丹在1899年到1956年期间处于埃及和英国的共同殖民统治之下，欧洲的塞浦路斯和马耳他直到第二次世界大战结束后的很长时间里仍处于殖民统治之下。虽然布尔什维克革命、1919年巴黎和会的安排以及两次大战期间的英联邦治理都承诺将带给被解放国家以民族自决权，但非西方国家推翻欧洲殖民体系的运动却在1945年后才姗姗来迟：亚洲被殖民国家大多在20世纪40—50年代走向独立，非洲大陆在20世纪60—70年代迎来独立高潮。随着1974—1975年期间葡萄牙殖民帝国的垮台，传统的欧洲殖民统治时代宣告结束，其后反殖运动的矛头进一步扩展到南非的反白人专制斗争和巴勒斯坦的反犹太运动。

第三种是争取种族平等权利，或更为准确地说是非白人的国家和人民反对白人特权。西方主导的旧式国际秩序通常建立在维护白种人特权之上：传统国际社会里最初只是，最后也主要是，由白色人种组成的国家，非白种人要么属白人统治国家里的少数群体，要么是多数非白种人被少数白人统治，要么独立民族受到其他白人国家的控制，长期处于屈辱的劣等境地。那场努力改变国家间不平等地位的斗争延续了几个世纪，影响到一批国家的发展历史以及这些国家彼此间的交往联系。这包括了18世纪欧洲的人权运动（它起初只限于呼吁欧洲人的权利），欧洲和美国反对奴隶制和奴隶贸易运动，黑人国家海地的独立，日本在1904—1905年对俄战争的胜利以及1941—1942年挑战西方的成功，20世纪上半叶非洲的独立运动。不过，决定性胜利阶段开始于1945年以后：1955年亚非国家成功召开万隆会议；越来越多的非白人国家取得民族独立，使得白人国家转眼之间变为国际社会里的少数群体；20世纪50—60年代美国民权运动的胜利对其他西方国家产生了深远影响；南非被英联邦真正开除，并沦为联合国内的一个过街老鼠；联合国支持下的人权保护组织数量激增，力量也逐步壮大，一个尤其重要的标志是1966年《消除种族歧视公约》的成功通过。非白人国家团结一致反对白人特权构成了当时那个"松散的对西方造反的国家联盟"的主要聚合性因素，这种联盟我们称之为第三世界。

第四种是争取公正合理的经济秩序。因从初始阶段就认定经济剥削是帝国主义与生俱来的特性，反殖民运动的应有之义，理应包含追求经济发展和改善民生。第三世界主权国家要求收回自然资源的呼吁可追溯自1951年伊朗—英国石油公司的国有化，20世纪30年代墨西哥收回外国石油公司的开采权，俄国布尔什维克革命的胜利，19世纪末拉美国家反对外国干预经济事务的卡沃尔主义和德拉戈主义[①]。到20世纪60年代，争取经济发展权益已经成为亚洲、非洲和拉丁美洲反殖国家，即后来的第三世界国家，优先呼吁的口号与目标。七十七国集团于1964年召开的"联合国贸易、援助和发展会议"认为在后殖民时期，西方国家对世界经济的主导权逐步取代了原有的殖民主义；西方国家与第三世界国家人民生活水平的差距逐渐拉大的原因不只在于西方国家经济的一面独好，更在于它们在第三世界执行了较低标准的社会福利政策；此外，信息革命的到来进一步拉大了两者间的差距。从20世纪60年代开始，在经济发展领域享有共同利益且具有伙伴关系的富国与穷国之间展开了如何在西方和第三世界国家间进行国际发展援助的讨论：富国负有援助穷国的责任，穷国也负有帮助富国进一步发展的义务。然而，时至20世纪70年代，受到1973—1974年石油危机冲击所带来的全球性经济衰退影响，第三世界国家的激进态度与西方世界的对立反应激发了国际经济讨论议题的重大转变：富国与穷国间原有的伙伴关系让位于对世界原料的争夺，非零和的发展理念让位于零和竞争模式，经济发展援助让位于竞相分割世界财富——反映这一显著变化结果的重要标志就是联合国里第三世界绝大多数成员于1974年签署通过的《建立国际经济新秩序宣言》和《各国经济权利与义务宪章》。

　　第五种通常称为文化解放运动：非西方国家民众摒弃西方世界先进技术和文化观念，取而代之以弘扬精神上的民族自治与文化自由。反对西方文化主导集中于反对西方世界较早宣扬的四种文化主题，或至少表面上看似西方的观念和价值，即便有些时候并不清楚它们究竟是否专属于西方或只是显现出西方特征：国家的主权平等权利，民族自治的权利，不分民族的人权平等权利，人人享有最低经济和社会福利水平的权利。不容否认的是，这些国家倡导的文化自治权在某种程度上仍然属于西方价值取向，或者至少也是西方

[①] 卡尔沃主义，关于国际投资法律争端解决的一种理论，1868年由阿根廷法学家卡洛斯·卡尔沃提出，旨在保护拉美国家资源，反对西方国家采取外交或武力干涉；德拉戈主义，1902年由阿根廷外长路易斯·德拉戈提出，对门罗主义做出新解释，反对包括美国在内的所有外部大国干涉拉美事务。——译者注

国家当今普遍认同的价值观（如1966年签署生效的《经济、社会和文化权利公约》）。亚洲、非洲和其他非西方国家人民大力重倡传统文化和本地文明，像伊斯兰原教旨主义的复兴，印度教与锡克教在印度本土的发展，非洲民族意识的觉醒，这些不得不让我们思考以反对西方价值观念名义抗拒西方主导的体系，其矛头指向果真不是西方价值观念本身吗？

必须清楚，当我们论及第三世界国家拒绝接受西方价值观念时，它们自己的价值观也并非坚如磐石或者一成不变。不同的西方国家，甚至不同政权形式的西方国家追求与代表的价值观念都不尽相同。1945年以后的西方之于许多第三世界国家意味着法兰西第四共和国与战后荷兰的帝国复兴；意味着西班牙和葡萄牙的独裁统治；意味着南非加强而非消除种族隔离的政策。受到反抗西方统治的潮流的冲击，西方社会的主流价值观念发生了剧烈异化；尤其表现在西方民众对于非西方国家争取主权平等的态度上，摆脱殖民统治走向民族解放的要求，种族与民族平等的诉求，贫穷阶层追求合理的经济发展和文化自治权的态度在近些年都发生了巨大变化。具体地说，在第三世界人民的想象臆测与西方民众自认代表着的"西方价值"之间，极易出现一个误区，就是人们总以为西方民众一直毫不动摇地坚信他们的价值观；实际上，他们至多只能算作西方美好理想的蓝图描绘者，而非西方价值实践的见证人。

亚洲、非洲以及其他非西方国家寻求国际社会中更加显著地位的障碍突出地表现为他们与西方国家的观念差异，这种差异尤其表现在民族解放运动和反殖民化斗争的初期。争取被压迫国家、民族、种族和文化平等权利的第三世界领导们，在西方力量占据主导地位的国际环境下经常扮演着恳求者的角色。他们的呼吁之词较多地体现在西方国家制定的一系列权利宪章中（《人权宣言》、《美国独立宣言》、《国联盟约》、《大西洋宪章》、《联合国宪章》）。那些在西方国家内部能够引起共鸣的价值观需要统统剔除。随着亚洲、非洲和其他非西方国家力量的相对增强，在制定新国际规则之时，这些国家得以拥有了越来越多的自由度，以绕开西方价值，充分表明自身诉求，或者干脆给旧的西方价值观以全新诠释。

简单来说，西方主导的旧的国际秩序后来的崩塌，主要归咎于五方面的因素。首先是亚洲、非洲、拉丁美洲和加勒比地区广大民众在心理上和精神上的觉醒，这开始于一小部分受到西方教育后来影响终身的精英人士，他们不再认为西方秩序是不容挑战的历史权威，而认为是可以被改变的，或者至少能在很大程度上扭转他们在国际事务中遭受不公的局面。以下途径成为他们用来实现目标的常用手法，即控制一个国家的主权，继而利用它为本国服务：在国内，建立起国家制度，获取经济控制权，清除内部残余，抵挡外部威胁；在国际上，与外部国家建立交往关系，与友好国家结盟，离间敌对国家，在国际会议上积极宣扬自身的价值理念。

第二个原因，是西方强权继续维持国际统治地位意愿的下降，这或者是他们考虑到国际统治的成本因素。第一次世界大战摧毁了曾经作为旧秩序之最基本特征的西方列强的自我认同，但与此同时，他们却达成了有违于殖民统治合法性原则的民族自决共识。第二次世界大战极大地削弱了欧洲列强的实力，以致它们再也无力维持国际秩序的统治力，只留下美国成为国际事务中的唯一支配力量。第三世界国家渐渐走向政治联合以维护其共有的经济利益，从而在另一方面使得西方国家借助武力途径维持国际地位的代价陡增。同时，西方国家对于殖民地依赖关系能否转化为物质收益产生了新的疑问：古典自由主义理论认为的工业化国家真正利益之所在，是诉诸非干涉主义和规避帝国主义的观点正获得越来越多的拥趸者，突出的例证就是德国与日本经济奇迹的创造并没有建立在军事征服或者海外殖民之上。工业化国家的民众也并非对非西方国家民众合理发展要求持有戒心或全盘否定的态度：欧洲和美国的政治家们认为，那些摆脱其统治的国家在一定程度上恰恰代表了他们自我观念的实现。

如果认为西方列强主动放弃了旧式秩序或是很少抵抗，或者仅仅出于它们自身政策改变结果的想法是错误的。非殖民化进程，一方面，始于西方国家长期以来对殖民地统治的负罪感（英国一些学者认为殖民帝国正是为向自治政府过渡的一种统治形式），另一方面，从殖民主义向新殖民主义的转变、从直接统治向间接统治的转变，是西方国家选择了一种更适用于自己、更适合于时代的统治方式。在民族解放运动的晚期确实存在此类情况，尤其是在非洲和太平洋地区，他们获得民族解放的途径是通过地方政府代表与殖民国家的协商谈判，不过前提是殖民统治的意愿已被如火如荼的反殖民浪潮击垮。其他一些地方，诸如印度尼西亚、印度支那、阿尔及利亚、苏伊士运河、塞浦路斯、越南等地，殖民列强是在遭受重大打击后才最终走到谈判桌旁的。

第三个导致西方统治体系没落的因素，是布尔什维克革命的冲击以及苏联作为主要大国的崛起。不过在一些亚非国家和第三世界民族主义者看来，苏联影响不见得都表现在积极方面。虽然列宁主义支持国际共产主义运动，但经典的马克思主义对民族主义并不持有同情态度，于是出现了马克思和恩格斯的思想遗产有时竟然变成民族解放运动的妨碍因素。斯大林时代的俄国，出于与欧洲帝国主义国家结盟反对德国法西斯的考虑，放弃了对国际反帝运动的资助与扶持。直至第二次世界大战结束，一贯支持共产主义运动的苏联对第三世界民族解放运动仅仅表现出理解的态度，这种状况一直延续到斯大林去世。在向第三世界国家提供经济与科技援助方面，苏联从来没有赶得上美国和西欧国家。得益于欧洲扩张与对非欧洲国家征服而据有的庞大的苏联领土，时常成为引发第三世界国家反抗与冲突的导火索，中苏边界问题就是典型例子。以1979年入侵阿富汗为代表的苏联对第三世界国家的直接军事干涉吸引了越来越多第三世界国家的反抗力量，而此前反对矛头主要指向的是西方殖民国家。

然而，苏联权势的崛起，尤其是在第二次世界大战以后，大致包括20世纪70年代取得几乎与美国旗鼓相当的国际战略地位以致随后其国际干涉能力的增强，却也有助于第三世界人民反抗西方统治的斗争。苏联模式提供了一种新颖的社会设计模式和经济、社会、政治行为的运作方式，这给第三世界国家及其反抗运动以巨大的吸引力。毫不夸张地说，自德国和日本第二次世界大战溃败以后，苏联成为西欧和北美以外全球事务的最主要的权势中心。在西欧和北美被视作亚洲、非洲、拉丁美洲广大第三世界抗击对象已成既定事实的国际背景下，第三世界国家与苏联结成反抗西方的盟友关系，在特定的时空范围内，成为许多年来国际事务的基本特征，这既是情理之中又是难以绕开的历史必然。

第四种推动非西方国家和人民变革国际体系的力量因素，是更宽泛意义上有助于挑战旧秩序的均势的出现，这当然主要得益于苏联崛起的推动力，但也包含其他一些较小的力量。帝国主义列强间的利益分配应该兼顾弱小国家的权益需求，这一情况本身并不是新鲜事物。在西方扩张进程的初期，教皇为了控制并防止西班牙和葡萄牙敌对关系的进一步恶化，曾借用非基督教或欧洲以外国家的力量以保持两国间大致均衡的竞争态势。到了19世纪，国际社会的这种均势状态主要借由欧洲协调得以实现。

我们依然能在1945年以后的国际社会里找到均势发挥显著效用的影子。例如，北大西洋公约国家和苏联形成了一种默契：决不允许战争发生在自己的一边，却容许军事冲突存在于两大联盟的外围区域。这不禁令我们想起

1559年法国与西班牙在《卡托—康布雷奇和约》里达成的默契一样：新世界里的武装冲突可以容忍并且继续进行，但前提条件是不能有损于欧洲和平。显然，在当今国际社会中，发达国家间关系的分化重组力度远远超过西方国家组成以德国为首的八国联军远赴深陷军阀混战的中国维持秩序的时候。欧洲国家间关系变化的特点表现为倾向照顾体系内部的弱势国家。随着双方关系的深刻分化，北约国家和苏联之间也达成了监督对方在第三世界干涉活动的不成文机制。与此同时，五大权势中心的出现——西欧、日本、中国、美国和苏联——给第三世界国家提供了更多的联合一个主要大国而制衡其他的外交选择。

最后，第三世界国家聚集在亚非会议、不结盟运动和七十七国集团框架内的联合自强，营造出一种助推旧秩序变革的法律与正义的国际环境。由于在联合国等国际政治机构中占据优势席位，在世界许多国家与民众心中逐步累积起的威信，又始终声称代表占世界绝大多数民众的利益，联合起来的第三世界国家开始竭力推翻那些陈旧过时的、意在固化其被统治地位的国际法或国际组织。非西方国家呼吁享有与西方国家同样的主权平等、种族平等、民族自决、公正合理的经济秩序、文化尊严与自治等权利——如今这些已经成为受到国际法保护的权利，虽然很多时候它们难以全部付诸实践，加上国际社会对某些国际法条文表述的理解上一直存在偏差。

西方国家对于第三世界国家要求修改国际法或准国际法的行为负隅顽抗，突出地表现在联合国上演的激烈争论并最终通过的几个历史性决议上：1960年《给予殖民地国家和人民独立宣言》，1965年通过的一项承认在民族解放战争有权使用武力的决议，以及1974年《国际经济新秩序宣言》。随着第三世界对旧的国际秩序发起挑战，西方国家与第三世界国家对于国际规则的分歧日渐扩大。联合国等国际机构逐渐演变为第三世界国家争取平等权利的政治工具，使得西方国家本想利用这一机构服务于其支配世界的企图化为泡影。可以推测，因对国际规则分歧的大量存在以及试图借助"软法律"手段从纸面上推翻旧规制的各种尝试，国际法的公信度正在不断遭到质疑、统一性受到冲击，国际法在国际关系中的角色担当，约翰·奥斯丁曾形容为积极的国际正义，将逐步走向衰微。毋庸置疑，第三世界急风骤雨般的反抗浪潮深刻影响着世界政治中规则制度与价值环境的走势，它们也正以这种方式挑战着西方主导的国际社会。

然而，国际"依附"理论家告诉我们，西方国家在当代国际体系中依然处于支配地位。现实情形是,当今世界财富与权力的分配也确实远未达到第三世界人民以及美好预言家们所期盼的正义与公平。但是,如果我们把今天非西方的国家和人民在国际社会中享有的地位与20世初期相比较的话,必能轻易感受到反抗西方统治的运动已经取得了莫大的胜利。

第十五章　第三世界的兴起

彼得·里昂[*]

"第三世界"[①]概念肇始于20世纪50年代初的法国，其时代背景是国际社会里两极体系的加速形成，美国和苏联分别在各自阵营内巩固统治地位并塑造盟友行为。一大批法国学者（最有名的包括克劳德·布尔代，阿尔弗雷德·萨福依，乔治·巴兰迪尔[②]）使用"第三世界"这个短语，不禁让人回想起"第三种状态"的旧概念，又让人想起阿贝·西哀耶士诗集中那句有名的反问："何谓第三等级？"

不过，第三集团或第三"世界"的表述真正获得认同并且风靡全球，开始于团结一致的亚洲和阿拉伯国家（后来扩展到非洲国家）在联合国内外频频召开各种富有影响力的会议，尤其是1955年4月在印度尼西亚召开著名的万隆会议以后。

万隆会议在1953年和1954年由科伦坡倡议国发起——锡兰（今斯里兰卡）、印度、巴基斯坦和印度尼西亚。其成立的主要目标是应对之前已经僵持四年之久的联合国会员问题（其中的印度尼西亚直到1950年1月才最后一个获得联合国会员资格）以及1947—1948年非殖民化运动遭受重大挫折。它也是针对联合国被冷战两大敌对阵营把持，因而实践中并不能履行代表广大会员国普遍利益之原则的现象表达抗议声音。它又是亚洲和非洲政治上觉醒的国家反对白人继续护持霸权的潜在场所。万隆会议并非像许多学者错误

---

[*] 彼得·里昂（Peter Lyon），英国联邦研究学院、伦敦大学荣誉讲师和高级研究员，加拿大—英国专题座谈会英国委员会荣誉副主席，著有《转换与转变过程：新联邦的政治制度》（与詹姆斯·马诺尔合著，1983年），《巴基斯坦纪事》（与詹姆斯·莫里斯合著，1993年）、《印度与巴基斯坦冲突》（2008年）。——译者注

① 参见"何为第三世界？"，*Third World Foundation Monographs* (London, 1981)。

② 参见 John T. Marens, *Neutralism and Nationalism in France* (New York, 1958); Peter Lyon, "Neutrality and the Emergence of the Concept of Neutralism", *Review of Politics* (Apr. 1960)。

地认为是一次倡议不结盟运动的会议：土耳其、巴基斯坦、中国、日本、泰国和菲律宾等会议参加国，稍后分别以不同形式执行了结盟政策。因此，虽然不结盟运动声势浩荡、影响深远，或许可以理解为第三世界国际运动的核心要素，其重要意义大于七十七国集团（包括七十七国集团以后），不过在20世纪中期它还只是个看似新颖的、非正式的、未完全成型的国际政治现象，"不结盟运动"的提法严格地说（包括不结盟运动以后）在70年代以前实际上都是不妥当的。[①]

一

不结盟，指代一种非正式和我行我素的自我认同价值观，早先于不结盟运动的出现。现在，世人皆知南斯拉夫、埃及和印度——主要是铁托、纳赛尔和尼赫鲁——扮演了不结盟运动倡议的先锋角色[②]，向国际社会声称他们国家执行不结盟的外交政策，其号召很快被许多国家奉为典范并纷纷效仿。60年代不结盟运动的宗旨主要体现在其前两次首脑会议上。[③]坦率地说，1970年以前召开的这两次首脑会议只是在告诉世人一个显著的例证，那就是不结盟运动不仅仅是类别杂陈的第三世界国家发表慷慨激昂外交政策的演讲广场。

第一届不结盟运动首脑会议于1961年9月在贝尔格莱德召开（大概因为南斯拉夫是运动倡议的发起者），共有25个国家参加了会议——来自非洲的11个国家，来自亚洲的11个国家，来自欧洲的2个国家（南斯拉夫和塞浦路斯），还有1个来自拉丁美洲的古巴。首脑会议最后宣言采用了大量篇

[①] "不结盟运动"最早在官方会议被提及可能是1973年5月在阿富汗的喀布尔召开的不结盟国家筹备委员会上。参见 O. Jankowitsch & K. P. Sauvant, *The Third World without Superpowers. The Collected Documents of the Non-Aligned Countries* (New York, 1978), ii. 530. 如今，我们习惯将不结盟运动和七十七国集团与第三世界联系在一起，其实第三世界是一个十分抽象的概念，现实社会没有类似不结盟运动和七十七国集团那样的有形组织机构。

[②] 参见 Peter Lyon, *Neutralism* (Leicester, 1963)，尤其是第六章；也可参见 G. H. Jansen, *Afro-Asia and Non-Alignment* (London, 1966); Robert A. Mortimer, *The Third World Coalition in International Politics* (New York, 1980).

[③] 关于1964年10月开罗会议的详情，参见 Peter Lyon, "Non-alignment and the Cairo Conference", in Peace News, Oct. 1964; 关于不结盟运动首脑会议主旨的详细解阐释，参见 Peter Lyon, "Non-Alignment at the Summits. From Belgrade 1961 to Havana 1979. A Perspective View", *The Indian Journal of Political Science*, vol. xli. No. 1 (Mar. 1980).

幅提醒人们东西方关系的日益恶化已严重世界威胁到世界的和平，呼吁各国建立以"和平共处"为基础的国际体系。参会各国倡议它们在今后的国际讨论和条约中，将矢志不渝地坚持不结盟原则。裁军议题也成为宣言的重要组成部分。不出意料，一系列国际热点问题也被列入讨论范围——古巴问题与猪湾事件、核试验、法国比塞大港口海军基地问题、柏林问题等悉被提及，此外，殖民主义、种族隔离和中东问题也被列入讨论范围。

由于参加者政治主张的差异，首脑会议出现了两派分化，一派被西方媒体描述为"温和派"，主要代表是印度的尼赫鲁，倡导推动世界和平以及缓和东西方关系；另一派被称为"激进派"，主要代表为印度尼西亚的苏加诺和加纳的恩克鲁玛，他们聚焦反殖民问题，呼吁不结盟运动应采取对抗式的外交风格。最后，"温和派"的声音盖过"激进派"占据了上方，影响到最后签署宣言的基调。不过，总体而言，首脑会议宣言仍旧是两派协商努力达成的笼统的会议成果。

第二届不结盟首脑会议于1964年10月在开罗举行，参会成员国达到46个（新增的多为非洲国家），得益于铁托和纳赛尔两人间的友好关系。参加会议成员的热情胜过1961年，会议规模进一步扩大。尼赫鲁希望这次会议能以第二次不结盟会议而非第二次亚非会议的形式召开，从而拒绝中国和巴基斯坦与会。因为印度尚未从1962年与中国边界战争失败的痛苦中缓过神来，虽然一直宣称奉行不结盟政策的印度在这次会议上还是得到埃及和南斯拉夫等"不结盟运动"国家的外交声援。较之1961年，随着越来越多非洲获得解放国家的加入，1964年的不结盟首脑会议呈现出显著的层级分化，区分哪些国家真正奉行不结盟政策也成为当务之急，这都成为印度借以削弱敌对国家不利影响的重要手段。国际关系"民主化"的概念辨识由此愈益模糊。由于中苏大论战、越南战争以及第三世界内部的矛盾激化（如1965年印度与巴基斯坦的战争，1967年阿拉伯国家与以色列的战争），外交"共识"，原指大多数国家达成默许与基本一致，现在似乎被界定得更加细致甚至有些苛刻，进而使得在成分繁杂的第三世界国家间达成积极共识的难度愈发增大了。

在整个60年代，也包括50年代后半期，不结盟运动继承并发扬了早期宗旨——独立自主或有限合作——不加入冷战两大阵营中的任何一方。然而，随着两级国际体系的确立和国际紧张局势的缓和，不结盟运动的协商身份逐步失去了早前的锋芒，反殖民主义成为接下来的核心。1964年于开罗召开的第二届不结盟首脑会议依然强调——一如三年前的贝尔格莱德——和平共处的紧迫性以及大国负有维持国际和平的责任。在大会通过的最后宣言和各国代表的大会发言中,反对"帝国主义、殖民主义和新殖民主义"被置于优先的关注重点。这无疑部分地表明不结盟运动内部新独立国家占据着越来越多的分量,同时反映出非殖民化浪潮发展的强劲势头。纳赛尔总统在首脑会议的开幕辞中,憧憬了不结盟运动的未来前途,他称之为一个世界人民生活水平存在的"巨大差异"将被彻底消灭的社会。大会最后宣言的特别条款倡导将致力于"经济互助",给予经济发展议题高度关注,还要求加强不结盟运动与七十七国集团的密切合作——一个新近成立于1964年日内瓦第一次联合国贸易和发展会议(UNCTAD-1)的经济合作组织。

开罗会议不过是一个非正式场合的大会,没有制定未来会议的固定日程,正如不结盟运动没有任何可以延续的外在组织形式一样。事实情况是,在整个60年代的后半期,我们都没有看到不结盟运动制定任何考虑长远的集体计划或建立起富有前途的组织机构。第三世界国家足足等待了6年时间——主要归功于1968—1969年期间铁托的奔走游说与积极推动——第三届不结盟首脑会议才得以继续召开。这些年的经验告诉我们,无论是看似更加温和的七十七国集团组织①,众多其他国际组织内部,甚或1967年于阿尔及尔召开的七十七国部长会议这种特别会议形式,仿佛只有关于经济议题的讨论才能成为吸引第三世界国家齐聚一堂的唯一理由。

二

从70年代末期开始,不结盟运动已经发展壮大为举世瞩目的国际组织集团,虽然很大程度上不可避免地受到联合国和其他各种形式论坛经验和程序的影响,但它在权利主张、成员构成和组织形式方面依然保持着原有的自身特色。

虽然参加第三届不结盟运动首脑会议的成员只比往届增加了微不足道的几个国家(53个相对于6年前开罗会议46个),但就会议程序和成果来看,卢萨卡会议都标志着集团化不结盟运动的新开始。不结盟首脑会议来到非洲南部,一方面显示了非洲国家参加不结盟运动的热情,另一方面其有力地推

---

① 参见 Mortimer (1980),尤其见第三章;也可见 Peter Lyon & Carol Geldart, "The Group of 77: a Perspective View", *International Affairs*, Winter 1980 – 1981。

动了反殖民和反种族隔离运动走向新的高潮。活力十足、善于雄辩、富有技巧的大会主席肯尼思·卡翁达为不结盟运动的进一步组织化和保持某种持续发展势头提供了信誉担保。可以说，正是始于卢萨卡首脑会议，不结盟运动的三项重要创新得以开启并很快获得广泛认可：不结盟运动首脑会议应该有规律地每隔三年举办一次；上一届首脑会议的主办国负责担当起下一届首脑会议召开以前在联合国等国际论坛上阐释不结盟运动观点的主要发言人；东道国和不结盟运动首脑会议主席有义务根据需要适时地召集成员国举行会议，并担任会议上和会议期间的协调服务工作。从最后一点可以看出，不结盟运动应召开经常性的集体活动已经逐渐成为共识，首脑会议秘书处也初具雏形，负责协调的常设机构亟待组建——70年代协调局正式建立。

1971—1974年间代表着国际经济体系的真正分水岭。1971年8月美元开始奉行浮动利率（实际上在当时是美元贬值）标志着国际货币体系中与美元挂钩的固定交易利率宣布终结；世界许多国家商品价格快速上扬（实质上历史证明这是世界贸易历经20年扩大后的最后冲高），伴以阿拉伯与以色列之间赎罪日战争和斋月战争之后欧佩克成员国史无前例地、团结一致地推高国际原油交易价格。毫无疑问，70年代早期的国际形势令第三世界国家的领导人和发言人们开始乐观地认为世界正在朝向他们希冀的方向发展，南北问题正取代东西问题而成为国际议题的焦点，关于国际经济公正秩序的讨论已被赋予优先的地位。

1972年在圭亚那召开的乔治城外长会议，继续推动了不结盟运动的组织化进程，同时强调了对经济问题的关注。会议决定此后每隔两年召开一次关于相互关心的经济问题的外长会议。这次会议在充分考虑地区性代表的基础上选择了4个成员国，规定它们将对不结盟运动国家间的经济协调与合作，以及其他发展中国家共同关注的诸多经济问题负责。1970年卢萨卡首脑会议重点讨论如何提升不结盟国家之间经济合作的信心，主要涉及功能性层面，例如经济发展规划、贸易、工业、矿产和农业生产。两年后的乔治城外长会议，主要由阿尔及尔会议发起，更为具体针对性地讨论了经济发展的"运动"途径：通过采取援助私人公司的对外投资，控制国有关键性的经济项目，包括加大对本国自然资源开发和谴责跨国公司的掠夺行为等。这里，拉丁美洲经济发展的做法和经验尤为值得关注（比如，劳尔·普雷维什享誉全球的经济学理论和威廉·德玛斯成功创建加勒比开发银行的实践）。

毋庸置疑，正是1973年8月在阿尔及尔召开的第四次不结盟运动首脑会议，特别是阿尔及利亚担任大会主席国的 3 年期间积极履职尽责，带给世人一个活力十足、宗旨明确、蓬勃向上的——现在广为流行的称呼——不结盟运动。20 世纪 70 年代注定将是世界经济体系发展史上的一座里程碑：从 1971—1972 年美国"修正"布雷顿森林体系到 1973—1974 年欧佩克引领全球石油价格上涨，从 1973 年在阿尔及尔发起的争取建立国际经济新秩序（NIEO）运动到 1974 年联合国召开关于发展问题的特别会议。在此期间，不结盟运动也逐步由非正式形式发展成为更具常态化、专业化的咨询机构，而且更加倡导国家间的通力合作；实际上，推动这种合作快步走向组织化和机制化。

单从字面上笼统地形容不结盟运动的发展迅速似乎不足以说明问题。越来越多关于发展项目和具体实施步骤的讨论开始出现在首脑会议上，并在接下来一系列看似十分必要而又更为专业的经常性会议上被予以热议，这一切当然离不开筹划严密、议程复杂的 1973 年阿尔及尔会议带来的贡献。而且，得益于非殖民化蓬勃发展的助推，不结盟运动的成员数量显著增多了。从数量构成上看，非洲国家是最大的一组，紧接着是阿拉伯国家，此外，加勒比、南亚和东南亚国家的声音、立场和利益诉求也不时隐现。到 70 年代中期，几乎所有取得独立的前被殖民国家都已加入联合国、七十七国集团和不结盟运动组织，尤其是后两个组织，日益成为配合联合国的第三世界国家在国际舞台争取权益的重要补充。

毫无疑问，1973 年阿尔及尔不结盟首脑会议的成功举办彰显了不结盟运动进一步走向自信与自立，会议形成并巩固了一种总体性的外交战略，由此构成不结盟运动政治集体行动和经济发展诉求的重要基础。一些评论家认为，阿尔及尔首脑会议可视作不结盟运动发展方向转变的里程碑，由以前过分纠结于东西阵营问题转变为关注南北发展问题。诚然，在稍早于阿尔及尔会议的时候，不结盟运动总是毫不隐晦地揭露那些导致第三世界国家贫穷的责任。卢萨卡会议和乔治城会议都引用列宁主义理论，认为"资本主义、殖民主义和帝国主义"是导致国际体系不平等、不公正的根源。阿尔及尔会议在剖析贫困根源时又以一种新的愤怒情绪断然宣称，造成发展中国家与发达国家间经济发展不平衡的罪魁祸首是"自私的殖民主义、新殖民主义和帝国主义"。发达国家被批评为缺乏"政治帮扶意愿"和"合作热情不足"。除了一般谴责外，1973 年《阿尔及尔经济宣言》提议"建立能够切实保护原料生产者利益的牢固组织"。运动决定遵循阿尔及尔会议提出的新概念，即原材料不仅作为本国经济发展的工具，还是借以与发达国家进行竞争的经济武器。在《阿尔及尔宣言》中使用了这些表述："不结盟国家"、"发展中国家"、"第三世界"，它们之间没有严格意义上的界限区分，似乎要证明这样一种共识，那就是它们开始把不结盟国家的利益视为整个发展中国家的利益，反之亦然。现实情况是，1973—1974 年间持续时间虽短但来势凶猛的商品价格上涨，部分硬金属（锡、铝、铜、锌）和一些出口商品（咖啡、可可、茶叶）的价格达到历史峰值，以及世界贸易连续 25 年涨势的终止，着实表明第三世界内部利益的多样性，并开始呈现分化趋势。当前，世界经济通胀居高不下与实体经济增速骤减两种现象交互作用、相互影响，很大程度上抵消了世人对于国际经济新秩序协议带来积极作用的认识——这种状况已经发生，对当前的影响依然在继续。

尽管如此，阿尔及尔首脑会议早先确立的聚焦经济发展议题和矛头指向西方工业化国家及其制度安排（当时尤其表现为以货币汇率快速波动为代表的南北问题）的批判基调赋予了不结盟运动接下来时间里的主旨目标，直到今天这些运动主旨依然未变。由此可见，阿尔及尔首脑会议的重要意义远远超出了一次会议本身，如果把不结盟运动比作一篇文章，自那以后这篇文章始才蜕变为一篇既包括注解又使用修饰、既有血又有肉的佳作。

那些密切关注不结盟运动的学者，需要深入了解 1976 年科伦坡首脑会议[①]、1979 年哈瓦那首脑会议[②]以及 1983 年 3 月新德里首脑会议的发展进程，通过总结分析不结盟运动的主要首脑会议，方能窥探其精华要义，而其中不可或缺的关键，当数 1973 年阿尔及尔首脑会议。

三

在 80 年代早期，甚至比 60 年代表现得还要显著，众多种类杂陈的发展中国家，开始参加不结盟运动首脑会议或者选择性地参加其开展的其他重要活动，而这种积极势头却没能转化为第三世界国家政治机制、价值观念和外交理念的进一步发展与整合。不结盟运动和第三世界国家之间的细微差异取

---

① 据笔者所知，目前尚没有关于这场会议的详细研究成果，虽然在前文脚注三的著作有所论及，Jankowitsch & Sauvant, eds., op. cit., Vol. 4.

② 参见 Peter Willets, *The Non-Aligned in Havana. Documents of the Sixth Summit Conference and an Analysis of their significance for the Global Political System* (London, 1980).

决于多种因素，其中政治因素大过经济因素，特定时期某个政治精英的个人能力经常能够起到决定性影响，同时总体的国际环境以及具体国家之间的热点分歧无疑也扮演了重要的影响角色。

80年代，不结盟运动和七十七国集团，较之十年前，面对的是一个更加复杂、迷惘、悲观甚至内外交困的世界。阿富汗、柬埔寨、福克兰群岛、巴勒斯坦、黎巴嫩、西撒哈拉人民阵线——提及其中的每一个名字都会让人头疼不已。此外，中苏冷战交锋继续，鲜有缓和迹象。核武器扩散的压力与日俱增，常规军力裁减谈判停滞不前。美国里根政府对不结盟运动的诸多诉求反应冷漠或置之不理——不管是国际经济新秩序倡议、南北经济对话，还是联合国海洋法公约谈判。事实上，自1974年不结盟运动提出建立国际经济新秩序主张以后，一直没有获得实质性的进展，直到80年代国际经济运作模式开始呈现出一些新的变化苗头。

随着不结盟运动成员的日益增多，组织愈加复杂，它的两大主要成员构成部分——非洲和阿拉伯国家相继陷入混乱，除在反对共同敌人南非和以色列问题上能达成口头一致以外，实践层面的不结盟运动指望达成共同政策的难度越来越大。

直到今天，不结盟运动没能在成员国之间建立起冲突处理机制——虽然南斯拉夫大声疾呼反复提议创建类似的机制。不结盟运动预防危机与消解冲突的主要外交措施是调解斡旋、善意协助等方式——手段的模糊自然注定了效果的不佳。选择这样的方式，一方面是为避免内部成员间的关系恶化，另一方面也为防止小团体主义滋生。事实表明，不结盟运动发展的后期，越来越避免将分歧矛盾交由联合国解决（它们一贯陈词滥调地宣称那些属于自己的正义事业），以防止重新沦为大国操纵继而徒增更多的不确定性。

第三世界国家间运动迈向组织化进程的脚步开始停滞不前了，典型地表现在言语与行动间的巨大差距，尤其是高调慷慨的演说辞令与取得的相对微小的实践成就之间存在着不可逾越的鸿沟。即便某些时候前进的机器已经启动，路障很快便出现，究其原因，缺乏的不是硬件机制而是执行决议的热情。

如果把第三世界整体性地看作当代国际组织的一个方面，涵盖广泛的经济议题与政治命题、包含各式网状辐射的正式与非正式活动，那么期许它在不远的将来继续发挥影响而不是瞬间瓦解似乎更在情理之中。国际组织的存在绝非永恒，但国际组织的衰微或消亡，要么通常是某场重大战争产生的结果，要么可能是由于国际体系内部的急剧动荡或持久危机。

第十六章　种族平等[*]

约翰·文森特[**]

从欧洲性国际秩序向全球性国际秩序过渡的重要标志之一，是白人在国际社会中的绝对优越地位一去不复返，至少在白色人种国家与非白色人种国家的数量对比上。在主权国家组成的国际社会中，曾几何时，几乎只有白色人种国家，而现在非白色人种国家已经占据了大多数，肤色变化表明关于支配地位的旧观念已经不合时宜了。受到各种理论的群起而攻之，种族歧视（不只受到白种人歧视）成为明日黄花，在当今社会几乎找不到相应的容身之处。种族平等观念与代表欧洲主导时代的典型民族关系特征大相径庭，即存在于不同种族间的生物等级观念使得某一个种族受制于另一个种族具备法理正当性甚至现实必需性。实际上，构成欧洲主导的因素中，最重要的不是宗教信仰、文化传统或者看似理应担当帝国义务的欧洲公民，而只是欧洲种族。以洛思罗普·斯托达德为代表的少数极端派作家认为，人类事务的基本决定要素"不是政治而是种族"。[①]文明这一字眼本身不包含任何意义。它只代表一种结果，其动力是一群超级胚体的创造性需求。如果把文明比作身体，那么种族就是灵魂。[②]国际关系领域里的种族崇拜思潮随之而来。古代罗马治下的和平，中世纪基督教国家的上帝之城，19世纪的欧洲协调外交，都被斯托达德描述为白人种族天生被赋予的善良品质，他称之为"人类历史最伟大的恒量之一"。[③]

---

[*]　笔者感谢丹·基欧汉先生对本文初稿所作的评论。
[**]　约翰·文森特（R. John Vincent），牛津大学纳菲尔德学院研究员，著有《不干涉主义与国际秩序》（1974年）、《外交政策与人权》（1986年）、《人权与国际关系》（1987年）、《西方与第三世界》（与罗伯特·奥尼尔合著）。——译者注
[①]　Lothrop Stoddard, *The Rising Tide of Colour* (London, 1922), p. 5.
[②]　Ibid., p. 300.
[③]　Ibid., pp. 169 – 170, 198.

这种把种族与文明两者间的联系比作原因与结果关系的理论，为不同的先进民族与落后民族提供了生物学视角的划分标准，虽然至今仍未得到任何欧洲帝国的官方认可，也未被任何一个欧洲国家视为正当。尤其是葡萄牙人，以及最近的法国人，认为他们担当的帝国使命，即促进他们统治下的非欧洲人口的基督教化或文明化——或其部分代表所说的"浪漫化"。文明被认为是可以被传播学习的，但祖先必定是葡萄牙人和法国人。英国精英阶层的帝国观集中于托管国际社会里的落后民族,[1]那些种族他们认为能够而且应该被文明化和教化。在这种帝国观下，狭隘的英国民族性格被注入到世界文明的熔炉中。罗斯贝里勋爵认为"我们的职责与遗产要求我们管理这个可塑的世界，盎格鲁—撒克逊民族的性格自然应被接受，而不是其他的民族性格"。[2]法国官方的宣传套路，尤其表现在其帝国繁盛时期，是建立一个拥有几万万人口的伟大民族，帝国公民共享自由、平等权利和手足之情。

不过在大多数人的眼中，民族优越多指融入欧洲帝国或与之相关的那些民族，影响范围包括欧洲定居者与非欧洲"土著人"，帝国列强与非欧洲附属国。一些明智的政治家显然要比罗斯贝里勋爵具有更宽阔的眼界，他们把盎格鲁—撒克逊民族或法兰西民族置于相对次要的地位，而着重强调其与欧洲血统不可分割的紧密联系。直到第二次世界大战，利奥·埃默里认为，注入北欧血统后的印第安人更有助于保持传统文化，而富兰克林·罗斯福怀疑欧洲民族与亚洲民族融合后就果真会产生不那么"失职"的文明胚种。[3]当问题不再是引领某些落后文明的发展方向，而是应对"肤色的涨势"及其在人口统计学和经济学上带给白人世界的巨大冲击时，保护与重构先进文明代表的白色种族的使命显得尤为迫切了。[4]

若要探寻种族因素在欧洲主导时代扮演的角色问题，可从两个方面加以分析。首先，起初许多欧洲人自认为白人种族具有领先世界的天赋品质，这种思想尤其在19世纪晚期帝国主义狂热的高峰时期表现得最为突出，后来极不情愿甚至震惊地发觉先进的东西并非一成不变，当有些事实摆在眼前时，他们的感受就更加强烈了。1905年，日俄战争中日本的胜利在历史上不

---

[1] A. P. Thornton, *The Imperial Idea and Its Enemies* (London, 1959), pp. 73–76.

[2] Ibid., p. 82.

[3] 参见 Christopher Thorne, *Allies of a Kind: The U.S., Great Britain and the War against Japan 1941–1945* (London, 1978), pp. 8, 356。

[4] Stoddard, *Rising Tide*, Passim.

仅仅被理解为一场局部战争的胜利，而是经常被放大到具备世界意义，被视作蒙古人种对欧洲人种的胜利。日俄战争粉碎了白人军队不可战胜的神话，这种神话在 1914—1919 年"欧洲内战"中得到淋漓尽致的展现。①白人种族相互之间史无前例的屠杀使得其自认为拥有天生的礼仪风范的想法幻灭，而且他们利用非白人实施杀戮的做法让人一点儿也看不出先前坚守的种族界限。正如伯罗奔尼撒战争终结了伟大的希腊文明时代，摧毁了希腊种族的大一统情怀，发生于 19 世纪伯利克里时代②之后的第一次世界大战，揭开了白人统治终结的落幕，打破了世界文明理应是欧洲文明的神话。③

第二个方面是作为欧洲主导历史进程重要标志的种族因素，越来越受到新兴力量崛起及其带给传统种族偏好冲击的影响，至今我们依然能够强烈感受到这种变化。从最初的欧洲种族代表世界的理念，以及受其影响传播开来的多元化肤色意识，也是种族意识从欧洲主导迈向全球国际体系的重要印证。

一

一种是怀有种族不平等思想，另一种是主张种族不平等政策可以放大优等民族的优势同时迟滞劣等民族糟糕发展的这两类人，现在统被称为种族主义或种族主义者，还被贴上诸如此类的羞辱性标签。④在 19 世纪的欧洲，种族主义被认为有存在的科学基础；法国种族主义理论家戈比诺从生理学角度将世界种族大致划分为特征明显的三大种族：黑色人种、黄色人种和白色人种。他还给予这三种人种以等级划分：处于最低阶层的是黑色人种，这是一个几近野蛮的种族；黄色人种虽不比黑色人种那样稀奇古怪，在所有方面也都显得中庸平淡；处在最高等级的是白色人种，他们天生具备众多优秀品

---

① 一位亚洲观察家认为，第一次世界大战摧毁而不只削弱了欧洲人拥有的优越感，尽管他把丘吉尔排除在这个结论以外。K. M. Pannikar, *Asia and Western Dominance* (London, 1953), p. 265。

② 伯里克利时代，指古希腊政治家伯里克利（公元前 495—前 429 年）进行改革而导致政治、商业和文化繁荣的时期。这里指 19 世纪欧洲的工业革命和殖民扩张时期。——译者注

③ Stoddard, *Rising Tide*, pp. 173 - 179, 207 - 209.

④ 休·廷克认为，在两次世界大战期间，"种族主义分子"和"种族主义"术语被引入英语词汇，并被那些意欲推翻白人统治的人大加运用。Hugh Tinker, Race, *Conflict and the International Order* (London, 1977), pp. 131 - 132. 更加通常的情况是，这两个术语要么与所谓的某个种族比其他种族优越的论点有关，要么离不开特定的白人种族优越论。

质,如活力十足、智慧超群、坚忍不拔、遵守规则和崇尚自由。①

更能够迎合现代读者、自身体系也更加缜密的是出现于19世纪晚期的社会进化论思想,它主要受到赫伯特·斯宾塞的人类社会学和达尔文关于动物界生存法则的影响。本杰明·基德写道,"人类发展的道路上铺满民族、种族和文明的花瓣"。社会体系亦如个人机体,器官生长发展的前提必须满足一定的健康条件。社会的繁荣发展亦有赖于更为高效的社会组织形式。孱弱民族在同强大民族短兵相接的竞争中败下阵来。但先进民族与落后民族之间并不存在明显的智力差距。生活在澳大利亚的土著人"即便处在零起点,但在那些一向认为我们的思想进步始终向前发展的人类学家看来……"可以像欧洲人一样简单而迅速地学习新东西。人们所谓种族优越论的核心内涵是构成社会效率的种族质量因素,它们不只取决于一个种族的智力要素,更包括持续的道德力量、民族性格、人道精神、刚正不阿、诚实正直以及敢于担当、乐于奉献的优秀品质。②

"劣等种族逐步消失",查尔斯·迪尔克爵士写道"不仅是自然法则,也是上帝给予人类的恩赐"。③社会达尔文主义者秉承的思想在人类社会的某些领域取得过一定时期的暂时领先,特别是其宣称的统治世界的天赋使命观念。20世纪的生物学不再坚持迪尔克的自然法则,回避的内容不只限于不同种族间的等级观念问题,还延伸到对同一种族内部的等级讨论。人口统计成为生物学借用的替代方法。"没有种族之分",我们被这样告知,"只存在生态群——可计量的基因特征变化度"。④传统的种族观念被联合国教科文组织界定为种族文化的多样性;种族与血型间不存在必然联系;据称能够遗传的种群因素实际上是独立传播的或者它们只是在不同程度上存有一定联系;在人类遗传历史进程中,文化繁荣是比基因进化更加重要的因素。⑤

摒除作为科学概念上的"种族"的困难在于它将否定某些显而易见的,如果不是极为表层的,人们之间差异背后的政治动机。基于这个原因,我们

---

① Arthur de Gobineau, *The Inequality of Human Races*, transl. Adrian Collins (London, 1915), pp. 205 – 207.

② Benjamin Kidd, *Social Evolution*, 3rd edn. (London, 1902), pp. 31, 43, 47, 278, 329.

③ Sir Charles Dilke, *Greater Britain* (London, 1870), p. 88.

④ Frank B. Livingstone, 转引自 M. Banton & J. Harwood, *The Race Concept* (London, 1975), pp. 56 – 57.

⑤ 联合国教科文组织莫斯科种族问题宣言, 转引自 John Rex, *Race Relations in Sociological Theory* (London, 1970), pp. 2 – 4。

把种族同时视为一种生物学和社会学概念。种族所代表的不单是纯粹的种类问题，还是人与人之间存在于遗传起源上的共同之处以及由此产生的彼此差异，更是具有不同社会特性群体的主观自我认知。[1]我们希望知道的是在国际社会扩张的宏大背景下，在上述种族含义背后各种因素的关系中，平等抑或不平等观念究竟是对其中的哪一部分起到了重要影响。

二

如果从种族因素的角度来看，欧洲体系向全球国际秩序过渡的首要标志，就是一大批独立民族国家的建立，这些既包括欧洲也包括非欧洲国家将传播与扩展法国大革命的自由思想成果作为重要的建国目标。这场声势浩大的建国运动，在亚当·沃森看来，可分为以海地取得彻底独立为代表的高级道路和以利比里亚、塞拉里昂仅仅获得半独立状态为代表的低级道路。高级道路的主要形式是非欧洲民众拿起武器，赢得反抗欧洲殖民者的彻底胜利。低级道路的成功多是由于白人对所犯罪行的悔悟、不断向前的进取心以及对非白人福利突感兴趣等原因综合在一起作用的结果。

杜桑·卢维图尔是获得高级道路成功的代表人物。他参加圣多明各奴隶起义，稍后成为这场运动的领导者，据说他最初的革命目标并非要迫使法国将其国内革命的成果移植到海地，而不过是争取每周多一天的休息日，以便奴隶们有时间耕作自己分到的土地。[2]但随着反抗起义相继取得重大成功，杜桑的革命目标才具有了更大野心。迫于奴隶解放运动的巨大冲击，法国殖民当局不得不于1794年批准解放奴隶条约，而时至1801年，杜桑已有足够的力量颁布一部等效于宪法的独立宣言。[3]不久，杜桑遭人出卖而锒铛入狱，后英勇就义。1804年废奴运动的另一位首领德萨林正式宣布了海地独立。尽管如此，杜桑依然是海地革命胜利的见证者和遵从高级道路的实践者。

低级道路主要源自欧洲和美洲废黜黑奴制运动过程中，号召结束奴隶贸易的暴动，呼吁建立黑人自己的社会制度，使得奴隶问题逐步成为一个棘手

---

[1] L. G. Dunu, "Race and Biology", in Leo Kuper, ed., *Race, Science and Society* (New York, 1975), p. 41.

[2] Ralph Korngold, *Citizen Toussaint*, pp. 147-148.

[3] Ibid., p. 171.

的"肤色问题"。①田园式的黑人生活,野蛮凶残的黑人贵族,这些经常见诸18世纪的欧洲文学作品里。一群法国废奴主义者称他们是"我们的黑人朋友"。(英国首相)庇特亲切地称呼两位著名的废奴主义者拉姆齐和克拉克森为"威尔伯福斯的白色黑人"。②处于被压迫境地与属于非白色人种间的联系,尤其展现在当代国际政治里的种种现象,其渊源大致开始于那个时代。而正是废奴主义者积极奔走,矢志改变这一切,他们的政治理想不只是结束奴隶贸易,更要为非洲大陆的文明发展做出建设性贡献。出于这种崇高目标,塞拉利昂和利比里亚独立后即成为获得解放后奴隶们的理想归属。废奴主义者的奋斗目标不只局限于塞拉利昂和利比里亚尽早实现国家独立,更是要誓死捍卫黑人的自由权利,这从他们建国宪章的宣言中可见一斑——这些国家建立的最终目的是为"非洲流散儿童提供栖息的家园"。③

对于种族等级关系的双方而言——非欧洲人赢得或者被准予独立,欧洲人从主观上希望解放奴隶——道德与法律平等观念在其中起到重要作用。废奴主义者大声疾呼奴隶和我们同属于一类生物。在圣多明各的起义中,种族平等精神主要通过多数与少数白色种族、肤色与基因关系、黑人奴隶问题等一系列争议讨论中得以强化和展现。在海地起义和利比里亚反抗运动中,黑人种族对平等权利的声张扩展到要求获得早在先前一个世纪欧洲国家就已在众多国际公约中规定的国家主权。这种要求本身蕴含着巨大意义,不仅对于奴隶解放运动,也对于要求独立的国家。杜桑说道:

> 我们一直追求种族自由的权利,却也因此被孤立,此事并非偶然,但是一个人的肤色究竟是红色、黑色或是白色,这不应该成为其他人借以获得优势的理由……在马提尼克岛的第一执政政府保留了奴隶制,这意味着只要他们觉得自己足够强大,就可以将我们视为奴隶。④

正如至理名言所说,革命在遍地开花以前找不到一块安全的地方。欧洲人很快便深谙这句话的内涵。以拿破仑为代表的欧洲政治统领认为除非杜桑

---

① *The Cambridge History of the British Empire*, vol. ii (Cambridge, 1940), p. 202.
② Ibid., p. 200.
③ Ibid., p. 91.
④ 转引自 Korngold, *Citizen Toussaint*, pp. 147 – 148.

起义被推翻，否则"新世界的未来命运终将掌握在黑人手中"。①

也许将海地、塞拉利昂和利比里亚视作迈向种族平等的第一轮过渡似乎有些夸大其词。杜桑领导的起义经常被认为是卑鄙行径而非富有激励表率的意义，海地更多只是一个受到欧洲鄙视的国家而非有多高的民族自尊精神。很大一部分塞拉利昂人以英国公民自居，塞拉利昂的罗德·尼尔森和滑铁卢还滑稽可笑地称自己为维多利亚时代的作家。②时至 20 世纪，身着长袍、头戴高帽的利比里亚总统塔布曼很难获得西方观察家的正视。正是一贯的轻蔑态度使西方人错过了平息冲突的重要时刻，杜桑趁机获得胜利，汲取了欧洲人历经反复实践才修炼而成的普世政治理论。公民和国家的权利应该是世界上所有公民和所有国家都能享受的。法国大革命带来的民族自决思想成为一个半世纪以后新非洲独立国家和美利坚合众国摇旗呐喊的政治口号。历史表明，杜桑革命在海地国内持续了很长时间，不过保守派对其扩展蔓延的担心有些言过其实。然而，国际社会中的欧洲统治的高墙已被打开了一个缺口。

三

在 19 世纪欧洲人眼中，日本与其他东方国家一样，是一个不可信而又缺乏道德约束的国家，具体地说，日本明显的缺乏宗教信仰传统，使其行为看似飘忽不定，难以琢磨。③日本人被认为至多达到半文明的程度。日本决意改变其在西方人眼中的看法，提高民族的国际地位，向那些曾经把他们带入国际社会体系内的欧洲人展示，他们已经达到同样的文明水平，他们是除了肤色以外的不折不扣的欧洲人。④这种展示集中表现在军事领域：1895 年，日本取得对中国的作战胜利，尤其重要的是，这一次它以学徒身份打败了先前竭力模仿的宗主国；1905 年对俄战争胜利；积极加入欧洲列强联合镇压义和团运动；1902 年日本与英帝国结盟并在稍后的第一次世界大战期间派遣一支舰队远赴地中海执行护航运输任务。日本与英国结盟，以及第一次世界大战期间与西方列强结盟，其反抗的矛头已不再是亚洲羸弱国家而是欧洲强权；南非的移民部在很早以前就赞扬日本人称得上是值得尊敬的白人强国。

---

① 转引自 Korngold，*Citizen Joussaznt*，p. 7。
② Winwood Reade，转引自 V. G. Kiernan，*The Lords of Human Kind*（London，1969），p. 280。
③ Kiernan，*Lords of Human Kind*，p. 180；Edward Said，*Qrientalism*（London，1978），p. 38。
④ Panikkar，*Asia and Western Dominance*，pp. 206 – 208。

不止于此，在第一次世界大战初期，当日本军队与英国派遣分队联合登陆中国时，那次行动的指挥官竟然是日本人而非英国人。这不免让人回想起19世纪列强侵占中国时一名英国海军指挥官大声惊叫地说道："一支由绅士组建的部队竟然听从于野蛮的亚洲人指挥，这件事简直是荒谬之极。"①

在第一次世界大战结束后的巴黎和会上，日本的军事成就却没能转化为外交成果。日本人提议修改《国际联盟盟约》的宗教平等条款，将其扩大到不同种族也应享有平等权利。人人平等的权利应该让每一个人切实享有，不管他是黄色人种、黑色人种还是白色人种，但是国际法规定的种族平等权利在很多国家内部却没有得到贯彻——例如，美国黑人遭受到歧视待遇，澳大利亚出台的"白色澳大利亚人政策"。澳大利亚的比利·休斯抨击种族平等理论为无稽之谈，威尔逊总统认为种族平等原则将不利于会议一致通过表决权的贯彻执行。②

日本人的军事胜利也没有改变西方人眼中的历史偏见：相对于欧洲的竞争对手来说，日本的实力与威胁着实可以忽略不计。丘吉尔绝不是持有亚洲民族劣等观点的孤家寡人，克里斯多弗·索恩列举了一些事例意在描述日本人在第二次世界大战初期以及第二次世界大战期间对远东那些试图继续维持西方人统治地位的自满和轻蔑态度。③有个关于香港守卫部队的故事，西方人习惯把它拿来嘲讽日本人的愚钝：西方人很难想象训练中使用日本飞机射出的精确火力果真出自日本人的技术工艺，或者说不是出自德国人的技术，这又令人不舒服地联想起越南战争笨手笨脚的"越南鬼子"和阿以战争期间打短工的阿拉伯人，这其中，俄国人在背后所起的影响因素才是真正令我们头疼之处。④

索恩继续指出："就其重要性而言，1941—1945年间的太平洋战争同时也是一场种族战争。"⑤它揭开了两个种族长期潜伏的紧张关系终于破裂的序幕：一方面，西方国家担忧其在国际社会的统治地位受到动摇，继而竭力转移分散战后亚洲民族在抗战中结成的团结势头；另一方面，亚洲新兴国家将

---

① Kiernan, *Lords of Human Kind*, p. 156.
② 参见 Harrold Nicolson, *Peacemaking* 1919 (London, 1933), pp. 145 – 146。
③ Thorne, *Allies of a Kind*, p. 4.
④ 关于西方国家在战争中的所处优势，可见迈克尔·赫尔关于越南战争的论著。"那种认为一个美国陆战队员胜过10个越南兵的信念，自我膨胀到一个美国班能够胜过一个北越排，一个美国排胜过一个北越连，以此逻辑不断往下类推，到头来整营整营的美国大兵陷入重重包围并被打垮。这种信念始终阴魂不散……" Michael Herr, *Dispatches* (London, 1978), p. 86。
⑤ Thorne, *Allies of a Kind*, pp. 7 – 10, 727 – 728.

反抗的矛头指向西方主导的国际秩序。索恩认为，美国和英国在第二次世界大战期间结成"亲戚同盟"关系，其中一个重大的意义，在于它们拥有一项共同保卫白人种族地位的事业。①

西方列强与中国亦保持着这种类似的关系。保持一个欧洲团结阵线一致对抗亚洲人的政策在中国的执行效果显然好过在日本的情况。这个先进民族对落后民族的阵线尤其显著地表现在1840年以后西方国家对中国的态度上。历史上欧洲人对中国文化的理解是奇异荒诞又具有进攻性。某些怀有敌意的西方观察家们指出：中国人民族特性的最大短板是不诚实，甚至有学者将这种民族个性与汉语的缺点联系起来，认为汉语的表述缺乏逻辑清晰的句式结构，容易导致歧义。② 陈志让指出，这个时期对中国人的总体印象是，"被一群专横腐败的统治阶级统治下的堕落的民族"。③ 摆在西方国家面前的有三种选择：让这个民族从地球表面上消失（上海商界西方人的观点）；轻蔑对待（西方外交官员的观点）；或进行改革（传教士的使命）。④ 西方人对于中华民族的偏见一直存在，直到西方种族观念开始改变，主要反映在埃德加·斯诺的《红星照耀中国》（又译《西行漫记》）一书中，才带来了改变看法的可能。不过，从另外的视角考察，其实也是因为西方自身衰落以及由此带来的自信缺乏，导致欧洲左派和苏联大声欢呼胜利。

统一指代亚洲民族威胁的"黄祸论"，实则针对中国而非日本民族。它有着军事的、经济的和社会的多重背景。在军事上，人们有一种担忧，从德皇威廉二世到第二次世界大战的盟国领导人以及战后一段时期，认为下一场重大灾难将是黄种人对白人的威胁。这种担忧气氛在当今的俄罗斯依然浓烈。新的蒙古游牧民族是一种低级文明对高级文明构成的威胁，而其历史踪迹，可追溯到哥特人、汪达尔人和鞑靼人的行为。⑤

西方世界的一些人对这种前景杯弓蛇影，采取了一系列针对黄种人威胁的行动，并表现在随后的"苦力"贸易和"猪仔"贸易。美国独立后，殖民庄园的开垦需要大批廉价劳动力催生了劳工贸易，而加利福尼亚、维多利亚、德兰士瓦的淘金潮将大批华工掳至美国、澳大利亚和南非。中国人在一

---

① Thorne, *Allies of a Kind*, p. 730.
② Jerorne Ch'en, *China and the West* (London, 1979), pp. 44, 46.
③ Ibid., p. 45.
④ Ibid.
⑤ Ibid., p. 58.

个方面要强过盎格鲁—撒克逊人，那就是他们的劳动能力。他们比白人更能吃苦耐劳，因此又出现了一种新担忧，这就是"低贱的种族将使高贵的种族丢掉饭碗"。[1]经济方面的担忧、对外来民族的怀疑以及华工相对封闭的文化习俗，叠加起来形成了对中国人的种族仇视。"在美国，如同在澳大利亚一样"，迪尔克写道，"对'中国佬约翰'存有一股强烈的偏见思潮。我们被告知，他们偷盗，他们撒谎成性，他们肮脏不堪，他们吸大烟，他们身上充满着野兽般的种种恶习——不折不扣的异教徒，但更重要的是，他们是黄种人！"[2]

在美国，结果就是始于1882年并持续到1943年的一系列排华法案的颁布。日本移民潮在世纪之交停止后，1907—1908年日美《君子协定》规定，日本政府允诺不再给前往美国的劳工移民发放签证。在澳大利亚，结果是1901年《联邦移民限制法案》获准通过，继承了先前借以隔离澳大利亚殖民地，以保持澳大利亚白人种族纯洁性的"白澳政策"。

保持白人种族纯洁性当然不能成为这些政策核心的正当理由，虽然"白澳政策"的防卫目的更多地体现了西方人对白色种族优越性膜拜的一种特殊表达方式，这种理念在当时的世界，尤其是英语世界最为普遍。[3]也有一种经济学视角的解释，即维持白人在劳动力资本中所占比例。[4]但是，这些论点过于含有倾向性，因此往往落入种族怪论的窠臼：刻意针对某个特定种族的移民限制政策；保护某个种族的经济开发机会，不过是"一位创造者宣称他拥有和享受他所创造的一切"的看法，而几个世纪以来，美国西部和澳大利亚的开发机会，一直是向亚洲人开放的；[5]以及欧洲人带来资本并提出整个国家的生活水平而亚洲苦力攒下积蓄寄回老家吸干了国家的说法。[6]

四

国际社会扩张的最迅速阶段包含我们现今身处的时代，只不过已经是强

---

[1] Dilke, *Greater Britain*, p. 192.
[2] Dilke, *Greater Britain*, p. 190.
[3] Russell Ward, *Australia* (Sydney, 1969), p. 121.
[4] Dilke, *Greater Britain*, pp. 339–340.
[5] Richard Jebb, *The Empire in Eclipse* (London, 1926), p. 334.
[6] Ibid., p. 335.

弩之末，这是因为在第二次世界大战后，大量新兴民族国家挣脱旧的欧洲帝国统治而纷纷建立。种族平等理论在这一历史时期有着特殊的重要意义，至少，我们下面即将讨论的印度和非洲，因为它们对帝国主义持有的独特态度。

一位印度作家认为，他们经受的赤裸裸的种族主义，是 19 世纪英国统治东方的最为突出的特点。[1]对英国人而言，他们认为上帝赋予其统治印度的使命，意味着必须满足一些标准，履行一些有益于当地人的社会礼仪，制定和维持一套复杂但有序的社会等级制度。正统态度是教化土著人，而那些不能开化的人，则被认为是行为不端，或比这更糟糕。[2]对盎格鲁—撒克逊人的种族身份的威胁，源自他们与外来文化的交流，尤其对于孩子，他们尚未掌握本民族的文化习俗与制度规范，极易与当地人混在一起，因此这种危机感始终挥之不去。吉卜林笔下的警察斯特里克兰[3]，7 岁时被送回英国，"在哈罗公学，他们用湿毛巾不停地抽打我"。[4]

对大多数印度人来说，英国殖民统治的风格中不包含任何进步性的变化，除在军事或社会等少数领域。尼赫鲁指出，英国把印度看作是一个巨大无比的乡下后院。[5]英国人属于上等人，拥有豪华的房屋，高高在上，作威作福，而印度人始终处于下层阶级，时刻清楚自己所处的劣等地位，与英国人有着不可逾越的社会鸿沟和政治界限。令人吃惊的是，尼赫鲁继续写道，不是英国人坐享优遇的态度，而是印度人打心里默认了这种等级差别，盼望着英国人的统治可以兴旺不竭，这样他们就可以幸运地留在体制内部。这种使奴隶坚信自己就应该天生是奴隶的心理策略的巨大成效，在尼赫鲁看来，正是英国对印度统治的成功之处。

然而，尼赫鲁争取印度独立，留给世人的印象不是追求种族独立，倒更像是一种古典欧洲式的民族主义者的所作所为：印度好比是亚洲的意大利。"我的所有偏好（政治理想除外）都倾向于英国和英国人的风格，如果要变

---

[1] Panikkar, *Asia and Western Dominance*, pp. 149–162.
[2] Kiernan, *Lords of Human Kind*, pp. 42–45.
[3] 拉迪亚德·吉卜林（1865—1936 年），英国作家、诗人，诺贝尔文学奖获得者，出生在印度，曾在拉合尔的英印殖民机构供职。斯特里克兰是他的一篇同名小说中的人物。——译者注
[4] Louis L. Connell, *Kipling in India* (London, 1966), p. 5.
[5] Jawarharlal Nehru, *An Autobiography* (London, 1936), p. 417.

成英国在印度统治不容妥协的反对者,那几乎是不可想象的。"①

欧洲人在印度的统治模式更加适用于非洲大陆。19世纪中叶广为流传的观点,正如我们稍后见到的那样,黑人奴隶是最迫切需要文明开化的种群,因为他们属于最低级的人类。欧洲的侵入将黑人从野蛮和非理性的牢笼中解放出来。②根据近年来种族进化论者的观点,热带大陆的气候特点不适合欧洲人殖民,但是当地富饶的自然资源却不能为原始土著人有效开发,因此如何整体开发利用这些资源成为关乎人类文明的大事。那种认为欧洲的行政体系代表着人与人间的相互信任点,被柏克驳斥为仿佛只是一件虚华的外衣,"所有建立在对他人统治基础上的政治权力……都是对人生来平等思想的诋毁,都是在此处或别处盯着某种利益追求"。③这种观点到处都被人们用来维护帝国制度,而贝尔福最直接地讲明了"双重使命":"我们到埃及去,不仅仅是为了埃及人的利益,尽管我们也是为了他们的利益前往那里;我们去往那里,还是为了更大意义上的欧洲的利益。"④

优越性的假定包含了裹着华丽外衣的帝国私利打算,因而遭到各方批判,从而扫清了关于种族平等争论的基础。玛丽·金斯利的出发点,在于把文明与西化剥离开来。⑤黑色人种不应该被视为必然落后于白色人种,只不过不同的种族有其自身的发展图谱。我们作为帝国主义者的职责,是让他们跟随我们,而不是照搬照抄。这种看法并没有摒弃种族优越假定,即便是玛丽·金斯利也认为,黑色人种落后其他种族的地方是在先进的种类而不是程度,为此她引入了假设种族平等的相对主义。约翰·霍布森引用科布登⑥式的论断,认为钟爱使用高级文明标准来守护欧洲帝国优势的观点好比一件掩盖文明价值真相的外衣,它除了能够展现欧洲人的骄傲自大以外,跟事实真相没有半点关系。⑦不存在所谓的差距,也就丧失了歧视的根据。

一个长期存在的反对种族歧视的争议,是人权问题,虽然与人类学的精

---

① Jawarharlal Nehru, *An Autobiography* (London, 1936), p. 419. 尼赫鲁在其非种族思想中以甘地作为例子。关于英国人,他认为问题在于他们的他人特性而非种族。p. 533。
② James S. Coleman, *Nigeria: Background to Nationalism* (Berkeley and Los Angeles, 1958), p. 97.
③ Bernard Porter, *Critics of Empire* (London, 1968), p. 20.
④ 参见贝尔福1910年7月13日在英国下议院的演讲。
⑤ Porter, *Critics*, pp. 151–154.
⑥ 理查德·科布顿(1804—1865年),英国商人、自由派政治家,竭力鼓吹自由贸易。——译者注
⑦ Porter, *Critics*, p. 181.

确表述无关。英帝国面向开普敦当地居民的解放政策,主要由传教士倡导,指向布尔人的种族隔离政策,信奉基督教义是值得将个人灵魂得以托付的,目标是将自由的欧洲公民意识延伸至文明尚未开化的地区。[1]在建立南非联邦之前,在英国国内的辩论中,人道主义者主张订立一个全面的欧洲人与非欧洲人的平等宣言。[2]种族平等权利最终应被实现,由于布尔人的固执己见造成宣言当时无法签署,成为当时参与辩论者们的普遍共识。[3]不过也存在着另外一种共识,就是平等权不可能在当地和当时建立。欧洲人与非欧洲人处在文明的不同发展阶段,指望从根本上抹平发达阶段与欠发达阶段、先进者与落后者的差距几乎是不可能的。就连基尔·哈迪在英国众议院上也宣称,"我们在座的人,没有哪一个认为殖民地的土著人可以享有选举权";[4]莫利也一直主张议会制政府不适合非洲民众。[5]

不过,种族平等这个"精灵还是跳出了魔瓶"。"印度领导人经常引述洛克、德拉姆和 J. S. 穆勒等人的观点,正如法裔加拿大人和荷裔南非人那样。"[6]西印度群岛人和西非洲人紧随其后。种族平等思想在非殖民化进程中格外起到了三方面的主要作用。第一,它鼓励非欧洲人深信,继而展示他们具有和欧洲人一样的平等地位。在谈及旨在争取独立的黄金海岸立法大会时,夸梅·恩克鲁玛指出,加纳帝国文明的历史早在现代殖民帝国时代出现以前就已存在很久了。第二,种族平等思想,加上对不平等历史的深刻记忆,鼓舞了文明的多样性而非刺激了盲目效仿。欧洲人施加给亚洲人的间断性影响推动后者逐步达成一种亚洲人的共识,因而源于民族差异的种族特色被认为是构成世界政治的一个重要因素。[7]同样地,在非洲出现了非洲文化认同和对追求非洲个性的呐喊。"从最初的希望我们同你们(西方)一样棒",转变成"我们与你们不同,以及我们没有必要保持与你们相同的价值观"。第三,种族相对主义是防御性的,经常混杂多种内容,总体借鉴了欧洲民族自觉思想。依此原则,按照非洲人的理解,每个种族,都有权利决定自己保

---

[1] *The Cambridge History of the British Empire*, vol. viii. (Cambridge, 1963), pp. 262 – 265, 281 – 282.

[2] *CHBE*, vol. iii (Cambridge, 1967), p. 371.

[3] *CHBE*, iii. 374 – 375.

[4] 基尔·哈迪 1909 年 8 月 16 日在英国下议院的演讲。

[5] *CHBE*, iii. 374 – 375.

[6] Ibid..

[7] Panikkar, *Asia and Western Dominance*, pp. 494 – 495.

持独立还是投诚于某个值得信赖的组织机构。种族平等，这里的含义是，保持任何一个种族的完整属性，一种主观意愿依附于某个自命优等的民族而拒绝由劣等民族提供保护的理论。

五

对 19 世纪帝国主义者大肆宣扬的狂热种族主义的反对之声，一方面可以理解为源自欧洲扩张初期人们普遍淡薄的肤色意识，另一方面也是因为对流行于维多利亚时代种族优越论产生了怀疑。[1]本杰明·基德关于社会进化论的理论，早先曾被广为引用，可以作为当时种族狂热主义之冰山一角的例证：对待不同种族，应该坚持的原则是，"用最健美的理念教育最强壮的臣民，用最正确的方法引导最具胆识的群体，用刀枪大炮武装最卓越的优秀民族"。[2]

如果我们可能，按此情形，以犹豫怀疑之态度对待种族差异，并假定确有种族等级，作为帝国存在的原因之一，我们或许能够由此发现其合理的部分。从人类学的一种观点出发，种族主义者宣扬的那套理论是为欧洲统治披上一件合法外衣，是为文化优越论提供理论支撑。欧洲统治不仅仅是传递上帝的旨意，更代表着他们在土著人眼中上帝式的尊崇地位。[3] 欧洲人在土著人面前即使没有上帝那样高尚的地位，至少也类似一种主人与仆人的关系，或者听起来更加舒服一些，类似父母与孩子的关系。后一种比喻看似非常不符合种族化，因为它象征着家庭式的相近性而非种群差异，孩子总有长大成人的那一天。但是处于统治其他种族地位的家长们，在孩子们眼中却是另外一种形象。在任何情况下，考虑到文化与种族优越的因素，父母与孩子之间的角色实际上早已被牢牢固定化：欧洲人传达统治意愿，一副高高在上的模样；非欧洲人民处于被统治境地，一副毕恭毕敬的形象。

这些帝国理论之所以很有市场，正如我们所见，在很大程度上缘起于种族特性。亚洲与非洲民众的种族启蒙，部分来自居于统治地位的欧洲白人的种族意识："黑人奴隶，在被白人统治之前从来不曾拥有过如此强烈的黑人

---

[1] See *CHBE*, ii. 191－192; Jebb, *The Empire in Eclipse*, Passim.

[2] *CHBE*, iii. 348.

[3] Kiernan, *The Lords of Human Kind*, p. 55.

思想，当他决定证明自己也拥有文化而且言谈举止也可以像个有文化涵养的人的时候，却意识到历史已经为他们指明了一条设计上佳的道路：他必须向世人展示黑人文化确实存在。"①这对于国际政治的现实影响也许微乎其微。马里、孟加拉国、斯里兰卡和津巴布韦殖民地头衔的摘除便是获得种族自主意识的突出事例，它们在完成正常的外交程序之前就已开始庆祝国家的独立了。

关于种族平等与国家独立之间究竟存在何种联系，也还是一个问题。当然，正如上文所争辩说，白人殖民者的说教与实践的差异，他们给予被殖民者领略大都市现实风貌的种种机会，非欧洲民众在此过程中必然逐步形成了自身的民族意识，最后不可能不怀疑白人种族宣扬的普世优越论。②我们也反过来思考，是否因为殖民者编织的神秘面纱不经意间被揭开，导致种族等级差别突然间消失，并在此基础上准予殖民地国家获得了独立的机会。在《国联盟约》第 16 条中，种族平等思想饱受冷遇，"在现代世界有些条件艰苦的环境下，那里的人们不可能脱离他人而全靠一己之力渡过难关"。在《联合国宪章》中，按照第 73 条规定，这些人又被定性为"尚未获得全面地位的自治政府"，而尊重和遵守没有种族、性别、语言和宗教差异的人权与基本自由权利，已经成为现代社会的一项公认的基本原则。与《国联盟约》相比较，《联合国宪章》可谓是种族平等与民族自治的宣言书。

隐藏在这种变化背后的原因，不是白人世界认为他们与非白人世界保持了太长时间的不平等的种族关系，而是西方世界内部日渐滋生的对种族优越论的憎恨情绪。根据这个观点，非白人世界受益于西方社会大课堂，不过授课的对象是纳粹而不是非白人世界。另外一方面的原因也来自两个新兴的反殖民主义强权，即美国和苏联，虽然它们的反殖动力不是源于对自种族平等的追求。不管西方国家接受的原因为何，种族平等原则和反殖民主义现已成为国际社会里各国的官方呼吁。在南非联邦和世界其他地方有关正统思想的辩论中，曾经反对正统思想的人们，如今自己竟也异化为正统观念的坚守者。

然而声称自己为正统观念的宣言，既没有从外表上使种族平等思想广播于国际社会，也没有带来政治实践上的重大成就。它们的言行不一实在令人

---

① Frantz Fanon, *The Wretched of the Earth*, (Harmondsworth, 1967), pp. 170–171.

② Coleman, *Nigeria*, p. 107.

惊奇。帝国主义者宣扬的种族主义思想一直顺着时空的变化而变化。例如，法国殖民者起初倡导的整体融合思想，随着国际形势的变化后来演化为类似英国的间接统治模式。帝国统治形式的改变也间接导致种族概念的内容发生变更：尼赫鲁认为印度人民的斗争更具有民族特质而不是所谓的种族特性，与此同时，种族言辞却在非洲独立运动进程中扮演了更为重要的角色——对非洲个性的探寻反映出一个种族对其尊严的孜孜以求，这种尊严长期以来只是欧洲社会"菜单底部的一碟毫不起眼的小菜"。

只有在联系到非洲事务时，种族关系问题才能成为当代国际政治中的一项显著议题。唯有在这片大陆才能看到，某个国家仍然坚守着源于17世纪荷兰殖民者订立的种族隔离制度，其他一些国家看似决意驱逐内部少数族群，完成向种族平等目标过渡的距离，在这里仿佛是世界上最漫长的。在联合国，由黑非洲国家领头发起的对正统种族平等观念的袒护，鼓动反对南非的殖民残余，实属异常的国际现象。在鼓动声音之外，种族主权理论和生硬僵化的种族自治口号相继涌现：追求独立主权，它是基于种族主义者提倡的统治者和被统治者应具有相同的血统。[①]这是建立在多数人基础之上的统治原则，不过由同一种族的多数而不是多数民主派统治，似乎又重新回归到了西方自由的思想范畴。因此上述原则提供了步入国际社会的一条新路径（至少将杜桑的政治实践上升到理论层面），这条道路只为新来者而准备。

从更深层意义上说，向种族平等的过渡并未完成。争论在于，虽然很多国家反对种族主义是因为国内反殖运动取得了非凡的胜利，但放眼国际社会，在世界很多地区种姓制度依然有如顽疾。[②]事实还不止于此，或许纯属巧合，那就是富人的世界几乎都是白人，穷人的世界几乎都是有色种族，而且他们之间的差距还在进一步扩大，有学者认为这就是建立在种族隔离、劳动分工和等级差距基础上的种姓制度存在的确凿证据。种族隔离不可能做到密不透风，但是风靡全球的移民法规保护了工业国家的受益公众。相互交流却也存在，辩解者指出，白人婆罗门也在第三世界欣然自得地担任监工，黑人贱民也能顺利地在第一世界国家找到体力活儿。我们十分熟悉白人从事高技术的制造业与有色人种担当初级工人的劳动分工样式。两者收入的不平等预示着种族等级制度在现实社会中确实存在，制造业者获取了更多的剩余价

---

① Ali Mazrui, *Towards a Pax Africana* (Chicago, 1967), chaps. 1 & 2.
② Mazrui, *Africa's International Relations* (London, 1977), chap. 1.

第十六章 种族平等

值，转而又强化了其优势的社会地位。

如果有必要，我们也能断言国际社会向种族平等的过渡几乎没有取得进展。关于自由思想的共识，条约的智慧才刚刚开始发挥作用，然而现实世界的情形离《联合国宪章》规定的原则目标依然相去甚远。如果要说没有惊奇，那便是，种族因素在国际政治中可知性的断裂，损害了自由讨论其他议题的意愿，如生态渐变、阶层和文化。但是，这么说显得言过其实。在全球影响深远的种姓制度正在嘲笑世界主义者，亦可称作国际外交界的精英。更进一步说，19 世纪以及 20 世纪初的非白人国家曾经遭受了各种屈辱性条约和治外法权的不公正对待，这些国家如今在国际社会里不仅享有与曾经的剥削者的同等地位，更有一些国家已经跨入国际社会头等国家的行列。第二次世界大战结束后，一些东亚国家取得经济发展的奇迹，现在无论如何也不能再说它们仍然受到种族问题的羁绊。如果说"欠发达国家"与"受欧洲影响最深国家"都属非白人群体，这不是什么偶然，但若执意认为他们是全球种姓制度体系下的苦力，那么这种看法绝对是个错误。出于某种宣传价值，那种宣称富足国家与饥饿国家分居种族肤色界限两边的论断，在一定程度上仍有其合理成分。

第十七章　中国与国际秩序

科拉尔·贝尔[*]

　　仿佛童话剧里迅捷、突然、神奇的场景转换那样，西方人眼里的中国在短短几年时间里发生了翻天覆地的变化：从对现存国际秩序最坚定的、最不可调和的敌人（大致在1967年前后"文化大革命"顶峰时期）到国际维持现状大国阵营的一名好战的帮手、北约的有益的战略盟友、美国武器的前景看好的买主（大致时间为1972年）。作为一个在短短5年时间里发生外交大逆转的国家，看来有必要在历史著作中找到与之相适应的过往经验才能解释这种现象。从研究国际政治的角度解释，某个国家对外立场和形象变化的主要原因可能在于外交政策中的权力计算与意识形态发生本质改变，对于革命家更是如此。但自相矛盾的是，这种现状却是作为一种延续性的而非断裂性的历史案例出现的，因为在较长时间跨度里我们可以找到它的历史原型。1978年，邓小平访问美国时称苏联为"社会帝国主义"，他在卡特的华盛顿决策者面前没有掩饰对美国的希望与怀疑，这与20世纪40年代蒋介石政府称苏联为帝国主义、在杜鲁门等华盛顿决策者面前尽显希望与怀疑是何等惊人的相似。因此，30年之后，历史的车轮仿佛走了一个轮回。从地缘政治的视角来看，有人或许将要辩解作为在主权国家社会中一个主权实体的中国的国家利益已被证明：中国的天然敌人就是掠夺成性的邻国俄罗斯（苏联完全是历史沙俄的化身），所以它眼下的潜在盟友也将变为这个敌人的最大敌人美国。总之，传统主义者一定十分愿意将中国发生的故事作为那句古老国际政治格言的有力证据，"邻居结怨意"。

---

[*] 科拉尔·贝尔（Coral Bell），澳大利亚国立大学国际关系学院教授，著有《危机与澳大利亚外交》（1973年）、《少数民族与澳大利亚外交政策》（1983年）、《依附性同盟：澳大利亚对外政策研究》（1988年）、《与巨人共舞：在更复杂的世界里寻找澳大利亚的自身地位》（2005年）。——译者注

但实际情况远非那样简单,中国对于国际秩序的态度极为特殊,自 1949 年,那个原先完全不顾亲情而进行革命的共产主义运动决策层,瞬间掌权并转变为人民利益和社会福祉的维护者。正是当代中国主权所包含的这两种特性及其相互作用,成为 30 年来中国发生剧烈动荡的主因。

如果要更详细地考察中国发生的一切,我们须将时间退后至 1949 年。从 1949 年 10 月 1 日北京宣称共产主义政权建立到 20 世纪 80 年代中期,中国的外交政策大致经历了 6 个阶段。我分别称其为"团结阵营"阶段(1949—1954 年),"独立自主"的转变阶段(1954—1957 年),"隐蔽的战略分歧"阶段(1958—1962 年),"公开与论战"阶段(1963—1969 年),"外交复兴"阶段(1969—1974 年),以及自 1974 年到现在的"反帝浪潮"阶段。稍后我们还将进一步讨论关于这其中的每一个阶段都蕴含着中国外交政策的自我修正,包括对于现存国际秩序的理解,对于理想中的国际秩序的设想,或两者皆有。

第一个阶段,或"团结阵营"阶段,以理论上的无产阶级国际主义为特征:其理论在本质上是强调中国与其他共产主义国家,尤其与苏联,在总体对待非共产主义世界问题上拥有天然的团结性和绝对的利益一致性。这方面的主要理论成就可见诸毛泽东《论人民民主专政》等一系列论述文章,特别是他关于"一边倒"外交原则的著名理论阐述,被西方人理解为中国外交政策的核心部分。关于新中国的对外政策,毛泽东曾说,要"联合苏联,联合东欧新民主国家,联合全世界的所有无产者与人民群众"。"一边倒"外交选择在以后的中国虽受到过批判,但是孙中山 40 年的奋斗历程和共产党 28 年的斗争经验告诉中国人民,要想赢得胜利并保住胜利,他们就必须倒向一边。"要么走资本主义道路,要么走社会主义道路。骑墙是不行的,第三条道路是没有的。"[①]

1950 年 2 月,中苏条约的签署实际上是对新中国的利益身份与当时苏联领导的共产主义世界关系的官方界定。但即便是在 1949 年,中国人对于苏联老大哥的兄弟情义仍充满矛盾之情。毛泽东本人对于遭受到斯大林的不友

---

① 相关的详细阐释,参见 Brandt, Schwartz & Fairbank, eds., *A Documentary History of Chinese Communism* (Harvard, 1952), pp. 449–461. 出于外交原因,文中的斜体字句部分是根据北京版的毛泽东著作而编辑。

好对待的往事可谓记忆犹新。①因此看似和蔼的共产主义表述，以及双方官方宣称的长达 30 年、外交目标指向一致的国家间友谊，终难粉饰一张脆弱的纸质空文条约无法掩盖住两国在国家利益深处的巨大鸿沟，尤其是在外交蜜月期过去之后。

鉴于稍后的中苏论战，特别是朝鲜战争（苏联不直接参与这场战争，后来却卖给中国价值达 7 亿元人民币的武器）②明显激发了中国一方的政策制定者，比如周恩来和毛泽东，对于新政权在世界政治舞台开辟"属于自己领地"必要性的思考。当然，这样强烈的印象，突然来自于周恩来在 1954 年日内瓦会议上就印度支那问题和朝鲜战争采取了明显独立于苏联的处事态度，以及更强烈地，来自于他在 1955 年万隆会议上熟练运用外交技巧，在会议上，他与第三世界展开接触，为新中国赢得了广泛支持。

50 年代中期标志着中国与苏联在意识形态上和外交政策上的竞争的开始，两个政权都没能规避野心勃勃的年轻激进分子们的不利影响（政策制定者们究竟是否有意而为，这里还尚难轻下定论），并将各自的革命思想向第三世界国家进行传播，赋予其可能的替代"模式"。中国在这场共产主义革命输出竞争的初期显现出优势，因为中国在当时仍是一个十分贫穷的自给自足的小农经济国家，与绝大多数第三世界国家的情形类似，所以它们在国情和经历上具有更多的共同点。苏联，正好相反，是一个工业化的超级大国，较之第三世界的标准已属富裕国家，俄罗斯的政治中心莫斯科属于具有不光彩的帝国主义历史的欧洲国家，其沙皇侵略的锋芒依然时常显现。而且，中国革命的成功在当时是个新生事物，毛泽东的形象比起斯大林或者赫鲁晓夫更具有号召力。第三世界国家的领袖们可能视中国模式和"毛泽东思想"比苏联模式更加贴切和实用，而俄国的政策制定者明确地将其政治思想描述为正统的马克思—列宁主义还要到 1955 年之时。

这一年还发生了中国与苏联在传统利益领域发生的外交冲突，此即印度问题。1955 年，布尔加宁与赫鲁晓夫（当时苏联决策的"两架马车"）一起

---

① 赫鲁晓夫的回忆可以大致回放这段历史。他明确指出，斯大林并没有放弃对毛泽东的一贯怀疑偏执态度。中国共产党作为一个集体，至少从 1927 年上海流血事件以来，就对苏联共产党怀有怨恨，主要是因为听取了苏联建议才导致这件事的发生。从这个时期到 1973 年的分析，参见 Alfred O. Low, *The Sino - Soviet Dispute* (Brunswick, N.J., 1976). 还可参见 N.S. Khrushchev, *Khrushchev Remembers: the last testament*, ed., Talbott (1974).

② 根据时任国防部长陈毅的访谈，*Chen Yi, Evening Standard*, 31 May 1966。

访问了印度，获得了举世瞩目的外交胜利，答应帮助印度政府升级武器系统，包括后来出售给印度的米格战斗机。自那时起，苏联开始了与诸多国家的武器供应关系，这被苏联人视为开展对外交往的价值所在。但在1955年的时候，中国与印度在阿克赛钦公路与边界问题的摩擦和潜在冲突已经逐步升级（这种摩擦最后酿成两国1962年爆发的一场小规模边境战争）。因此苏联罔顾与中国嫌隙初现的两国关系，持续向印度提供武器（包括向印度出售比卖给中国还要先进的战斗机），必然使得两国间的关系进一步受损，猜疑进一步加深，共产主义的兄弟情义进一步滑向危机。在我看来，这些是造成1958年以后中苏关系走向恶化以致爆发冲突的主要原因。

第三个阶段，我称之为隐蔽的战略分歧，其标志是中国与俄国在一系列外交危机处理上争论激烈但又被小心翼翼地隐藏起来，开始于1958年夏天伊拉克—约旦—黎巴嫩危机，以及1958年稍晚时候的金门—马祖危机。对于双方不久后发生的政治论战，一些政治评论家可能认为这是俄国正常执行的危机处理战略，而中国则像个莽撞暴躁的武夫。也有一些历史学家认为俄国的外交谨慎是建立在对当时东西方实力均势的现实分析之上，而中国方面主张的向西方进攻的战略则出自毛泽东沉迷于他"东风压倒西风"的宣传口号。这也是中国国内政治的一道重要分水岭（"大跃进"政策的推行），后来（毛泽东逝世后）的接班人揭露这场运动导致了严重灾难：自然资源的极大浪费与饿殍遍野的全国性大饥荒。在外交政策领域，特别是与美国相比，苏联因为代表共产主义阵营掌握了原子弹技术，因此可以在任何场合否决其盟友提出的"大跃进"式的战略口号。但时间到了50年代后期（大约1957年），苏联的决策高层做出了或许只能用"团结阵营"信仰来加以解释的惊人决定，或者这也代表了共产主义兄弟政府间的天然情谊。他们向中国提供原子弹制造技术，使得中国走上了核武器的研发道路。

不过，苏联在核武器制造领域对中国的帮助只持续了短短的18个月：按照中国的说法，苏联在1959年赫鲁晓夫访问华盛顿期间背信弃义地撤回了先前与中国签署的援助协议。他们将苏联人决定的改变视为"赠给艾森豪威尔总统的礼物"。但那段短暂的合作，包括早先派遣中国物理学家赴美国科研机构培训，像麻省理工学院和加州理工学院，实际上帮助中国在几年后掌握了能给俄罗斯远东地区的几个少数城市造成致命的核反击能力。中国在1964年成功实验了第一颗原子弹。1962年底发生古巴导弹危机，而俄国对于危机的失当处理（在中国人看来），给中国北京提供了一个将其与苏联的矛盾从幕后全面推向国际政治舞台的绝佳机会。那种认为中国此举是与苏联争夺对其他共产主义国家和运动影响力的论断,看起来是符合逻辑的。那场危机也给中国提供了批评俄国外交政策的戏剧性机遇,一些看似正确的评价,将导弹运往古巴犯了"冒险主义"的错误,稍遇阻力便将导弹撤回又犯了"投降主义"的错误。其实,这两起事件都是发生在列宁主义国家之间的莫大悲哀。

在古巴导弹危机结束及其以后的一段时间里,中国的领导层继续坚持对国际秩序"两大阵营"的形势判断,即便是一方面它对苏联与西方关系越来越表现出视觉与听觉的极不信任,另一方面它也准备挑战苏联在"社会主义与和平阵营"的领袖地位。不过,接下来,开始于60年代中期,一场新的激进势力和内部动荡在短期内主导了中国人的政治生活。这场伴随着巨大国内动荡的新的运动,便是"文化大革命"。按照80年代初期的评判观点,"文化大革命"被毛泽东的继任者定性为一场政治浩劫,将知识分子和文化因素生拉硬扯到中国的外交政策领域,现在看来是存在问题的。它们实际上不过是中国一段时间国内政治狂热的副产品而已。这场运动留下一批影响极坏的典型事件,包括焚烧英国驻北京大使馆的国旗,对外国的外交人员的人身侵犯,将中国驻外高级外交官召唤回国并由一群青年红卫兵对其进行慷慨激昂的训斥和"再教育",强迫来华游客诵读《毛主席语录》,等等,听起来恍如梦魇的不可思议的政治事件。参与其中的中国政治领导人(一定程度上也包括周恩来总理)和官员无不人人自危,朝不保夕。

发起这场在政治外交和国防政策领域针对知识分子的"文化大革命"的主要责任者是林彪,曾经是毛的"亲密战友"、指定的权力继承人和国防部长。林彪于1971年随着坠机事件身败名裂,可能因为当时在外交战略转向美国问题上与毛泽东意见相悖,但是中国官方对他的罪名指控仍然是阴谋暗杀毛泽东,并发动军事政变,在试图逃往苏联的途中飞机坠毁。因此与他有关的官方理论都被删除,中国的领导层至今也没有恢复林彪的政治声誉。不过1965年9月北京出版的一本林彪小册子①,记录下当时中国对于国际秩序的一致看法,以及中国希望促使国际秩序变革的战略。这篇文章使我们能够

---

① 林彪:《人民战争万岁》。全文被转载于 Samuel B. Griffith, *Peking and People's Wars* (London, 1966):"赫鲁晓夫机会主义者在美帝国主义被人民战争搅和的恐慌无助时向其伸出了援手。苏联与美帝国主义者是戴着同一副手套的敌人,他们声嘶力竭、千方百计地反对人民战争理论,采用暴露的或者隐蔽的手段进行破坏活动……"

有趣地窥见当年乌托邦式的中国革命，即使大家认可"文化大革命"是毛泽东所犯的灾难性错误，并接受林彪是卖国贼的官方立场（始于 1971 年）。①

时至 60 年代末期（主要以中苏在新疆和乌苏里江的边界冲突为标志），随着对苏联与日俱增的仇恨心理，中国早先看待现存世界秩序的"两大阵营"理论被"三个世界"所取代。第一世界包括两个超级大国，"帝国主义"与"社会帝国主义"（分别指美国与苏联）起初被认为是两个同样臭名昭著和危险恐怖的国家。接下来是处于"第二个中间地带的世界"：西方工业化强国，被认作是暂时性与超级大国处于结盟状态，但其现实国家利益也经常性地与两个超级大国发生矛盾。最后，剩下的国家都属于第三世界国家：中国属于这个国家行列，而且是其天然的领导国，尤其在于它的"反对霸权主义"和"永不称霸"的政治立场，虽然它已经拥有核武器。

第三世界国家也被认为处于"世界农村"，而所有的工业发达国家，不管是东方的还是西方的，都属于"世界城市"。同时，与毛泽东赢得国内持久人民战争胜利的经验总结具有相近性的是，革命取胜的道路是"世界农村"包围"世界城市"，就是通过包围战术切断城市的补给，从而获得最终的胜利。整个现存的国家体系都被视为不公正的，应当被扔进历史的垃圾堆。

中国完全是以一个革命者的国际形象出现在世人面前，不顾危险与毫无理智地试图摧毁现存的整个国际秩序，这种形象在"文化大革命"期间（1966—1967 年）达到了疯狂状态，尤以整个社会对林彪革命乌托邦主义的著作的误读，以及在此期间发生的一系列冲突事件为标志。林彪晦涩的理论著作还包含了对可能到来的苏联军事进攻采取防御性战略的国防思想，如果他们敢于进攻中国，"就将侵略者淹死在人民战争的汪洋大海中"。

对于西方少数左翼极端主义而言，"文化大革命"甚至可被视为新中国的第二次革命：为此我们能够找到不少思想偏激的学术著作、期刊文章以及其他论述。但对于大多数第三世界国家来说，这种社会图景是令人毛骨悚然的：足以给革命造成糟糕的口碑。对于正统的共产主义者来说，俄国对于中国形势的判断是正确的。也有人说这场革命对于毛泽东本人而言，无疑是个加分之举（因为他重新掌握实权，并且一直稳固地维系到 1976 年去世），革

---

① 关于林彪所持政治立场的详细论述，参见 Philip Bridgham, "*The Fall of Lin Piao*", *China Quarterly*, Jul. – Sept. 1973。

命的马基雅维利主义的胜利给中国造成了不可估量的损失,他的继任者在近年如此断言。对中国国内造成的灾难当然最为深重,但也同样波及了国际关系领域,几乎使周恩来总理早年建立起的国际声望和与他国的友好联系丧失殆尽。到1968年,中国在国际社会里几乎找不到一个朋友,除了阿尔巴尼亚。如果中国的决策者们果真相信林彪的论述,执行中国隐藏其后的"世界农村"包围"世界城市"的革命道路,这种盲目乐观主义或许早就不会令人担忧地延续这么长的时间。

因此,由毛泽东发动的"文化大革命"给中国造成的孤立局面使得中国外交政策接下来的转变看似理所当然。这一转变,自然地,转向了华盛顿。

基辛格博士的报告①清楚地说明了接下来可能将要发生的一切,我们知道早先被誉为美国的"中国观察家"的他被派往北京商讨两国恢复外交关系事宜,甚至尼克松先生在尚未就任前就有过打破美中关系的考虑。推动中国走向转变的决定性因素,已被证明是决策高层(毛泽东和周恩来)认为苏联已经变为,而且很有可能始终是,比起美国对中国更危险的敌人。由此,依照毛泽东思想的战略,华盛顿应被看作是对抗制衡莫斯科潜在的外交甚至军事的盟友。

虽然这种战略判断与列宁主义者提倡的理论看似相去甚远,而中国在20年前就已做出了此种分析,这与1968年发生的一系列事件及其对北京政府的影响密切相关。一方面,历经5年的越战泥潭之后,约翰逊总统不情愿或者看不到在第二任期取得更大突破的前景,致使美国政府卷入海外事务的意志变得相对脆弱。对于毛泽东这样意志坚强的革命家来说,刚刚将国内革命斗志激发起来继而重新掌握了对共产党和政府的控制权,有必要暂时破除美国是个令人不安的敌对国家形象。苏联展现给世人的外在政治信号恰好相反:在勃列日涅夫的领导下,苏联坦克血腥镇压了捷克这个共产主义政党的兄弟国家(也发生在1968年),此时的苏联已经走向了信仰的异端。这种强烈反差几乎无需用更多的言辞加以描述。中国人不相信俄国人会将勃列日涅夫主义强加于自己,但很显然的一点是,苏联对东欧和其他社会主义国家的控制在这里被理解为缺乏更明智的手段,而不是缺乏意志。

此外,曾被反复提及的是(从未得到官方证实),在1969年初中苏发生珍宝岛边界冲突期间,俄国人曾经威胁北京决策高层将发射一波苏联导弹穿

---

① *White House Years* (London, 1979), p. 163f.

越中国的几个大城市进行演习,明确地向北京传递信号这批导弹还会再次来袭,如果有必要,可能会是原子弹。据称当时苏联曾向美国发出准备对中国的核设施进行打击的强烈暗示,遭到后者的严厉斥责,美国机敏地将消息告知了中国人。

如果说这其中包含一些实质性意义的话,那便是足以解释中国外交的活力之处,也就是我先前称之为"外交复兴"的阶段。如果林彪确实主张更好的战略选择是先对俄国人做出适当让步,以更好地明辨苏联是两个超级大国中更危险的一个,这或许能更好地解释他为何突然失宠于毛泽东,为何在当时遭到那般严厉无情的批判,以及为何毛泽东逝世后的其他继任者们依旧不给他洗脱罪名。不像刘少奇和其他在"文化大革命"时遭受打压的政治人物,林彪至今在中国仍未被平反。

在与美国关系解冻的初期,中国政府对于两个超级大国的评判极其类似,认为无论"帝国主义"还是"社会帝国主义"都一样的声名狼藉,都对世界和平带来威胁负有同样的责任。例如,周恩来在1973年说道:

> 美苏争霸是导致世界不安宁的主要原因。它们已经招致第三世界国家的强烈反抗,也引起了日本和西欧国家的不满。[①]

4年后,随着毛泽东与周恩来的相继去世,俄国毫无悬念地上升为更加令人憎恶的恶棍:

> 苏联还是两个超级大国之间的更凶恶、更冒险、更奸诈的帝国主义,是最危险的世界战争策源地。[②]

一年以后,正如我在上文所说,反霸运动成为中国外交政策的优先事项:

> 所有国家民众的紧迫任务是团结一切可以团结的力量,反对霸权主义、阻止苏联进攻、打乱苏联的战略部署、竭力推迟世界大战的到

[①] 见于中国共产党第十届代表大会报告(北京,1973)。
[②] 《人民日报》,1977年11月1日。

来……反霸权主义的国际统一战线正在迅速增强和不断扩大。①

自那以后，这种外交辞令成为北京政府在各种场合时的官方表述，仿佛暗示它找到了一种避免战争的有效模式：

> 我们坚信如果世界上所有爱好和平的国家和人民团结起来，立场坚定地反对霸权主义的侵略与扩张，世界大战的推迟到来甚至避免发生是有可能的。②

虽然"三个世界"的世界秩序划分原则没被刻意否认，反霸运动的压力迫使其对世界秩序的看法，主要出于现实目的，调整为两大阵营：一边是霸权主义阵营以及受其控制的国家和代理人（像苏联、华约国家、越南、古巴，也许还包含安哥拉和莫桑比克），另一边是，世界上的其他国家，潜在的反霸联盟以及其他。

于是，颇具讽刺意味的，在30年间，中国经历了与苏联建立统一阵线反对资本主义世界到与美国建立统一阵线反对苏联，这个统一阵线包括资本主义世界的国家和任何可以说服加入的国家。我们或许可以对毛泽东的格言做出些许改动，这么说："要么走苏联霸权主义的道路，要么反对它。骑墙是行不通的，中间道路是没有的。"

中国外交政策车轮的改道（比如1969年开始转向华盛顿），显然是出于对现实国际形势的分析研判，而非指导思想的根本性改变。1975年美国接受了越战失败的耻辱现实，停止战事，并在接下来的几年里从东南亚撤出军队。与此同时，俄国加强了与越南的盟友关系，而越南又强化了对柬埔寨和老挝的控制。更为糟糕的情况是，苏联海军不时游弋在日本海，苏联的海空军力量开始部署于越南的金南湾和岘港。因此，北京的决策高层认为自己正在逐步掉进霸权国家和地区霸权主义国家（越南）的包围圈。而且，美国在波斯湾的影响力日渐衰退，伊朗政权的更迭（北京认为这是因为美国抵抗不力），以及由此导致苏联势力介入阿富汗（自然地威胁到中国的南亚盟友，巴基斯坦），加上苏联在安哥拉、莫桑比克、埃塞俄比亚和南也门扩张势力

---

① 《红旗》，1978年10月。
② 胡耀邦（中国共产党中央总书记）与日本首相的会谈，新华社，1980年12月3日电。

的影响，使中国认为苏联开始寻求外交影响和战略扩张的国际形势判断看似合理，一种令中国人比西方决策者还为惶恐的全球战略态势。

说到卡特总统，虽然他当政期间已与中国恢复了正常关系，但实际上在北京看来，却不适合充当作为潜在反霸盟友的主要决策者的角色。里根总统虽然就任前表现出亲台湾的政策立场，在任期间反复强调台湾主权，但在北京来看他仍然是世界冲突面前与中国站在同一阵线里的盟友。他任内对苏联奉行的强硬路线，拒绝苏联缓和紧张关系的态度，对武器裁减与控制秉持怀疑主义，摒弃基辛格在莫斯科与北京间采取的"等距离"外交战略，乐意出售武器给中国，这些都显示出一种更为亲密的两国关系，接近于邓小平及其政治集团坚持的观点，美国的上述态度也抵消了里根任内右翼共和党关于台湾归属问题的刺耳言论。

所以，毫不奇怪的是，在1981年5月北京召开的政治局会议期间，中国的决策层特别就里根政府政策做了专题研究，最后决定重申坚持与美国、日本、西欧的统一阵线（如若不是真实的同盟）。一小股持有异议的政治团体提议在莫斯科与华盛顿间保持"等距离"立场的提议被否决，当时他们看来，继续提倡代表"第三种力量"不能给中国带来任何益处。那时在中国境内安装了两台由美国提供的大型监视设备，用以监视苏联境内的战略目标。（先前这批设备被安装在伊朗境内）。中国对于第三世界爆发革命的信念逐渐减弱，所以对于资源配置要求也极其微小。早先希望通过对外援建大规模的庞大且昂贵工程，如坦赞铁路的修建，以在第三世界政府建立影响的雄心勃勃的计划，再也见不到在未来延续的可能。其实，这也不完全是件令中国后悔的事，因为有证据显示它从来没有全部支付参与铁路建设的当地人或本国人的工钱。中国对叛乱行动的支持，例如支持泰国内部暴乱，也在逐步减少，不过早先支持津巴布韦总统罗伯特·穆加贝的外交行动被认为是个巨大成功。

总之，80年代的北京政府持有的政治立场与假如依旧是国民党政府执政所持立场竟是出奇的相似：与苏联的友好关系终将落得不欢而散的结果，接下来就是双方的极度不信任；与华盛顿政府和东京政府保持谨慎的友好关系，虽然对彼此的外交政策可能都不太满意；暂时性容忍香港的现状，不过很快就发现它是一个重要的对外贸易交流资源，所以决定一旦机会出现立刻宣示主权；重申对台湾拥有主权，但可以等待时机成熟时再加以解决；坚定地执行全面控制西藏的政策，即使与印度关系交恶也毫不退让；与越南关系恶化，将长期保持与河内争夺对柬埔寨控制权的竞争状态；在联合国与第三世界集团打成一片，但很快便发现西方工业化国家和日本对于中国具有更大价值，既表现在外交领域也展现在战略层面。最后，也是最重要的方面，中国希望世界能够保持和平，以尽快实现经济发展的目标（四个"现代化"建设）。

这些在1967年那场疯狂革命运动的时候就被提出的口号，或者更早至1949年新中国成立之时。毋庸多说，中国政府已然放弃了一直以来坚持的推动世界秩序革命性改变的外交目标。他们的外交宣传口号和实际做法逐步回归到适应现实的国际秩序以及可以预见的未来。中国最主要的外交联系转回到那些能够借以保持和平现状的大国（美国、西欧和日本），以及其伙伴国家，如澳大利亚。

中国政府理解的国际秩序包含两层含义，首先是这个世界是什么样和这个世界应该是什么样的，其次是在这两种世界的联系之间如何进行战略规划，以达到从现实到预期的转变。中国领导人对于世界秩序应该是什么样的判断包含了马克思主义的国家最终走向消亡的预言，一种国家社会终将被废弃的政治理论观。在中国憧憬的那个不太可能实现的世界秩序里，国内秩序将会始终处于和谐状态，先前的公民政府将被管理机构取代。

尽管吸收了共产党政府将近70年的智慧经验，那个走向永远幸福美满的模糊不清的人类童话越来越引起听众们的怀疑，即便对于那些沐浴在共产主义体系光芒内的国家也面临同样的疑惑，包括中国。它们屏住呼吸期盼这一天到来的时刻看似日益渺茫。现实情形是，被共产主义社会理论抨击的这些西方国家组织非但没有显现出丝毫的衰竭，反倒是日渐兴旺发达，这些西方国家可以对其他国家永不妥协，却只会对自己国家的公民让步。共产主义政权国家间的纷争吵嚷（苏联与南斯拉夫和中国，中国与越南，越南与柬埔寨），考虑到长久历史进程的短暂阶段，但对于这些国家或许已经足够，至少在不抱持共产主义的信仰者看来，表明在马克思主义国家社会里充斥着的矛盾冲突一点也不比资本主义国家里要少。

中国的决策者们无疑继续将国家间矛盾冲突的根源归结为马克思修正主义、丧失信仰、背信弃义和走向霸权主义的苏联及其代理人，而不从根本上反思无产阶级国际主义的理论缺陷，他们担心如果对毛泽东思想过分轻描淡写的话（如今已深入中国社会生活的方方面面），则将很可能催生挑战毛泽东思想的世界秩序观的出现。

第十七章 中国与国际秩序 253

背离传统可谓经典的中国人的思维习惯，不仅仅表现在将世界秩序与世界国家的概念混为一谈上。历史上中国人的经验，一直维系到 19 世纪西方影响侵入以前，它是世界文明的中心和主轴，周围环绕着一群未开化的民族，这些民族受益于并分享着中华文明的思想启蒙，对于遥远的野蛮文明它向来漠不关心。作为一个世界国家，中华帝国不仅在时间上比罗马帝国持续得更为久远而且比后者更加独断专制，因为罗马帝国的决策者们还需要仔细考量其他同时存在的先进的独立国家体系，像亚历山大帝国、希腊城邦国家或古埃及文明，而中华帝国在其所处的世界环境里则是独一无二和无与伦比的。

中国漫长的历史进程孕育出独特的世界观，以儒家思想为特征的文明价值观：

> 儒家思想认为外国人是应上天在尘世的权威代表天子之命来到中国。上天赋予天子至高无上的权威，包括统领一切文明世界，因而不再需要其他政治实体的存在或出现……因此一旦某个野蛮民族通过学习吸收中华文化后变得更加文明，它就符合了成为帝国成员的全部资格。附属国家表示认可中华帝国权威的方式是定时朝见君主并进献贡品，这一方面是为显示帝国威严，另一方面也表明对其权力称号的一致认可。[①]

直到近些年，人们还在犯的一个异乎荒谬的错误是，他们唯独只把毛泽东思想视作中国参与世界秩序概念建构的独特之处。或许现在，人们还会冒险坚持这一观点，就是传统的、经典的思想观念才会更具生命力。乍看起来，这与西方认为一个开放的、多元的国家体系才可能或应该成为世界秩序的可预见未来的理念格格不入。然而，当今中国的战略（建立针对苏联的反霸联盟），与当前西方的战略（建立针对苏联的力量均势同盟）可谓相互补充、相得益彰，所以没人再愿意深究那些潜在概念方面的差异。至少人们不会很快选择这么做。

[①] Michael Loewe, *Imperial China: The Historical Background to the Modern Age* (New York, 1963).

第十八章　印度与国际秩序

——从理想主义后撤

戈帕尔·克里希纳[*]

一

第二次世界大战结束之际，欧洲列强在先前两个世纪里建立的世界秩序正在经历重大变革。全球主导性力量的重心已由欧洲转向北美和苏联，曾经影响全球的欧洲帝国时代寿终正寝，虽在当时的表征并没现在看起来那样明显，新近独立的亚洲和非洲国家日益成为影响国际事务的一股新生力量，拉丁美洲国家继而加入，新型国际秩序的雏形已然显现。1947年8月，印度作为一个自由国家获得独立，这是战后"第三世界"受压迫民众解放运动进程中的第一个标志性重大事件。印度人将自己的独立视为蕴含世界历史意义的大事。它主要包含两层意义：首先，它标志着欧洲帝国及其主宰世界时代终结的肇始，预示着新力量中心的出现以及国际体系重组的开端；尤其重要的是，亚洲和非洲被剥夺公民权利的普通大众将跃升为世界公民，人们强烈地感受到，他们将为构建一个新的更加公正的世界文明贡献自己的力量。

紧随印度独立之后的标志性事件是，中国共产党军队在内战中取得胜利，并于1949年10月1日宣布中华人民共和国诞生。印度历史学家、外交家和行政官员K. M. 潘尼迦及其同时代的印度人，有幸分别见证了欧洲列强1947年撤出印度以及1949年撤出中国的重要时刻。潘尼迦的名著《亚洲与

---

[*] 戈帕尔·克里希纳（Gopal Krishna），政治社会学家，印度德里发展中国家研究中心研究员。——译者注

西方统治》①，主要完稿于1949年中国内战尾声阶段的南京，目睹了欧洲军舰撤出中国大陆军事基地，以及欧洲国家的外交人员在北京宣布建立人民共和国后离开上海的历史情景。②对于潘尼迦这一代人而言，欧洲殖民者在亚洲的最后时光是个值得欢庆的难忘时刻。在刚刚过去的两个世纪里，印度和大部分亚洲和非洲国家一样，遭遇了欧洲殖民国家最后的不公正统治——政治压迫，现在这一时期的终结预示着被解放人民的新生活即将到来，前方等待他们的将是一个更加平等的世界秩序。

在设计独立后印度在国际体系的位置和印度在世界事务中应该扮演何种角色的时候，人们思考问题的出发点回归到印度的本质内涵。印度人一开始并不寻求在权势领域发挥出惊人能量——至少在恢复其落后的经济和科技水平以前不会这么做——但印度是世界文明的重要组成部分，因而在国际秩序中独享着一份特别的荣耀。然而，人们清楚印度成为世界重要政治角色的前景绝不取决于当下的环境限制，大部分印度民众认为凭借其辽阔的国土、智慧的人民、富饶的资源以及在现代科技领域里的巨大潜力，印度成为世界大国只是个时间问题。不过，对于权力的追逐没有表现为印度国内政策和外交战略的重要构成元素。为印度的国家形象塑造和体制完整性做出不可磨灭贡献的印度民族解放运动领导人贾瓦哈拉尔·尼赫鲁，表现出不管在国内事务还是国际政治领域对于权力追慕的天然厌恶情绪。过去曾为超级大国的受害者，当下又刚刚得以摆脱殖民枷锁，尼赫鲁统治下的印度政府竭力削弱当代世界秩序中的权力因素角色，其目标是铲除国际体系中的权势等级而非在国际政治中按照权势规则重新洗牌。

总体上，战后的世界具有以下三项基本特征：国际社会依然处于无政府状态，③虽然成立联合国的目的在于试图限制主权国家体系的无政府状态；不同国家间的权力和资源分配（依然）极不均衡；世界和平始终遭到来自大西洋阵营与苏联阵营之间的矛盾冲突的威胁。自由的印度外交政策考量正是基于此种国际背景。贾瓦哈拉尔·尼赫鲁面临的主要任务是，将他主张的务实

---

① K. M. Panikkar, *Asian and Western Dominance* (London, 1953).
② Ibid., p. 11.
③ 参见 H. Bull, *The Anarchical Society* (London, 1977), p. 62. 该书对无政府社会进行了全面分析。无政府社会毫无疑问是一个不平等的社会。布尔教授认为无政府社会的一大主要特征，是没有政府，"政治能力强大的政治集团可能为保卫其自身权利而合法地使用武力，而个人或其他集团必须寻求那些拥有特权、政治能力强大的集团的保护，而不是自身也诉诸武力"。

的政治理想主义与印度的国家利益相结合。尼赫鲁外交政策的基本原则是：与所有国家保持友好关系，支持民族解放运动以加快非殖民化的进程，亚洲范围内的区域合作（稍后扩展到与非洲国家和第三世界国家），与改革后的英联邦国家保持合作关系，支持联合国工作，不结盟运动与维持和平政策。印度极为有限的实力似乎没有成为妨碍其追求既有利于印度又有利于世界对外政策的绊脚石。集中有限的国家力量于国际舞台，在当时对于一个经济和科技落后的不发达国家来说，既成功地保持了国家尊严又不失时机地向世人展示了追求强国理想的远大抱负，因为它是在执行一种合理的国家政策。[1]

二

印度民族主义的突出特征，是具有密切联系世界的全球性视野，以及积极要求脱离帝国主义的独立倾向。早在 1929 年，尼赫鲁就表达了这样的观点：一个自由的印度"欢迎迈向世界合作与联盟政府的任何尝试，甚至同意让渡部分独立主权给予某个更高级别的印度在其享有平等地位的国际组织"。[2] 10 年以后，也就是 1939 年，他又重申印度的独立自主必须与"世界潮流和世界合作"相适应。[3] 早在 1933 年，他就注意到了南北国家的财富分配不公的问题。[4]他坚信"帝国主义和无政府的主权国家体系是当时资本主义发展无可回避的阶段"，[5]因此，就像世界其他地区思想远见者洞察到的一样，"这个充斥着仇恨、恐惧和冲突的无政府社会"必将消亡，新的世界秩序应当重新建立在社会主义者的政治信仰之上。[6] 一旦印度获得独立，其视野广阔的、具有国际主义指向的国家治理观将给世界带来深远影响。

印度外交政策得以顺利展开的前提，是战后活跃在世界政治舞台的大部分力量是"第三世界"的民族主义，正因为如此，有别于战前欧洲高涨的民族主义构成了要求重建迄今为止仍由西方国家主导的国际秩序的基本力量，

---

[1] 关于印度外交政策的一项概论，参见 Charles H. Heimsath and Surjit Mansingh, *A Diplomatic History of Modern Indian* (New Delhi, 1971); 亦参见 Bimal Prasad, ed., *India's Foreign Policy* (New Delhi, 1979).

[2] Jawaharlal Nehru, *India and the World* (London, 1936), p. 23.

[3] S. Gopal, ed., *Jawaharal Nehru, an Anthology* (Delhi, 1980), p. 346.

[4] Nehru, *India and the World*, p. 46.

[5] Ibid., p. 178.

[6] Ibid., p. 177.

这个新的国际秩序代表着世界大多数人民的利益，呼吁消除贫困与落后，适当优先考虑大国间的利益与冲突，放弃研发和使用威胁全人类文明的核武器，这个国际秩序是温和有加而易于控制的。大西洋同盟与苏联集团之间的矛盾冲突，虽然表面看似是意识形态的对抗，实际是权势实力的较量，而双方的核均势是限制战争手段成为政策选项的一个重要保证；不过这种维持和平的局面是极不稳定的，可能其间始终掺杂着核战争危险，大国间前所未有地需要相互调和矛盾，保持地区和平。基于呼吁和平的国际背景，使得世界政治资源得以转向落后的第三世界，因为这里拥有每天与冲突息息相关的数量众多的国家；新独立国家最迫切的任务便是维护并加强政治独立和经济发展权益。

尼赫鲁强调限制国际关系中武力使用的出发点是确保新独立国家的自由发展环境。他允许的可以使用武力的少数特殊情形包括：国家的正当防卫，抗击侵略，另外，在所有和平手段穷尽以后，消除殖民统治；印度自己就经历了长期的反殖民斗争。

印度外交政策的基本出发点，是在大西洋集团和苏联阵营主导的两极世界秩序里维护和发展印度的自治权利。印度探寻自治权的途径是不结盟运动。虽然置身于冷战的国际大背景下，但不结盟运动政策并非只为冷战条件而准备。它不是为弥补印度实力影响不足而有意摆出的一副战略姿态，正如亨利·基辛格所指出，[1]也不是印度为超越与其利益不大的各种冲突的而被迫制定的方案，更不是印度在两极争夺的全球秩序里想出的一招明智谋略，而这些是冷战期间美国学术界的普遍观点。尼赫鲁倡导的不结盟运动的最显著特点或者优点，在于其引人注目的政治抱负。通过宣扬印度将在两大权势集团间保持不结盟姿态，以及按照事情的是非曲直做出决策，尼赫鲁不仅成功地维护了印度利益并且为印度在世界事务中发挥更大作用寻找到一种适合的方式。不同于消极的中立政策，不结盟运动体现出一种积极的政治参与态度，其政策设计直接面对世界里的大小冲突和纷杂矛盾，其长远目标是推动国际秩序的根本性变革。

在尼赫鲁看来，二战后世界四处弥漫的意识形态和权势冲突，根源于"欧洲的自身原因"，而"欧洲的自身原因也不完全代表印度的或世界的原

---

[1] Henry Kissinger, *The White House Years* (London, 1979), p. 845.

因",因而印度没有理由一定要在两大利益集团之间做出非此即彼的选择。①尼赫鲁认为,共产主义和资本主义都是落后的政治意识形态,所以如果遵循其思想模式将会是无益的,甚至是危险的。在这个由多样性民族组成的世界里,推行整齐划一的意识形态既不受欢迎,也不可行,强国图谋的结果只能导致对弱小国家的侵略,分散迫切的发展任务,引发内部矛盾分化,损害独立权利。军事结盟无论对于强国还是弱国都无益处;因为前者不需要它,后者加入的结果只能是招惹了更强大的敌人,进而危及自身的安全与稳定。尼赫鲁认为,对于一个刚刚从漫长殖民枷锁中解放出来的独立国家,如果再选择与超级大国结盟,这将是令人十分厌恶的。

印度的不结盟运动植根于这个国家的非侵略传统却又拥有坚定的民族主义特性。尼赫鲁认为在当前绝大多数国家已经驱除外国干涉势力的国际形势下,一个新的世界秩序应该允许各个国家享有上天赋予的自由与相互合作的权利。他对法国作家蒂伯·门德说:"我不喜欢只谋求自己的私利……但是,如果我反对别人的行为,很可能会招致别人也反对我的所作所为。现在我不想别人干涉我的做法,而我也不打算干涉别人的做法,或干涉其他国家。"②尼赫鲁认为,外部国家的干涉是导致新独立国家内部动荡的主要原因,并在实践上刺激了大国之间的紧张关系。

不结盟运动的拥护者赞扬该运动兼顾考虑到当前国际社会的方方面面,尤其包括第三世界国家所关心的战争与和平、非殖民化运动、世界资源的重新分配等议题,因而是一个稳健的政治运动。其次,它又以不结盟为突出特征,虽然从来得到特别强调,因其成员多数为弱小国家,所以决定了它们是世界和平的天然保卫者。

尼赫鲁相信,印度具备实行不结盟运动政策的条件,首先,它没有致命的安全隐患,不像其邻邦巴基斯坦保持高度的军事战备状态。其次,它没有威胁其他国家的野心,自然地,其他国家也就不会威胁它。他认为,在当时的国际环境下,不结盟运动避免了一个多极世界走向两大利益集团的对立,因而对于维持国际和平是一个重要的积极因素。这一运动又加强了印度的独立地位,提供了安全保障,维护了印度的国家利益;两大利益集团都在保护印度不结盟运动的过程中实现各自利益,因为它是实现力量均势不可或缺的

---

① J. Nehru, *Independence and After* (New Delhi, 1949), p. 241.

② Tibor Mende, *Conversations with Nehru* (London, 1956), p. 98.

一份要素，这十分有利于印度降低国防开支，集中精力进行经济建设。在印度国内，尼赫鲁对于民众接受不结盟运动的态度非常关心。1949年3月22日，他在印度世界事务理事会上的发言说，"我们的任何一种尝试……过分倾向两极阵营中的任何一方都将给我们的国家带来困难。稍有闪失，就会在国内外激起愤怒，进而在国内引发冲突，在国外造成不良后果"。①国家利益似乎规定印度绝不能卷入冷战纷争而只能致力于国际紧张局势的缓解工作。

印度外交政策思想的完整表述，体现在招致后人诟病的1954年印中条约——《中华人民共和国、印度共和国关于中国西藏地方和印度之间的通商与交通协定》。②对尼赫鲁来说，该条约是在不同意识形态下和不同政治制度国家间推行和平与相互理解政策的巨大成功。这个条约包含了著名的五项原则——互相尊重主权和领土完整、互不侵犯、互不干涉内政、平等互利、和平共处，因此，尼赫鲁在国会上发言时说，"……完整的原则表述，我深信，如果这些原则得到世界上所有国家的遵守，当今世界存在的绝大部分麻烦都将消失"。③ 五项原则是尼赫鲁主张的战后世界应该遵守的国际关系行为准则。

三

印度在国际舞台致力于加强的几种联系，主要包括英联邦（起初是英国宗主国，再后来是整个英联邦国家）、不结盟运动和联合国。这些是印度扩大独立权、互相合作以及世界和平理念最适宜的场所。英联邦国家和联合国也是新独立和弱小民族借以伸张权益的两个重要国际组织，因为它们在其中享有数量优势。

（一）英联邦

尼赫鲁务实的理想主义特别地表现在对印度自由与英联邦关系的创造性表述上。实现从英帝国向来自不同地区、不同文化区域国家组成多种族的自由国家联邦的过渡，相当程度上归功于尼赫鲁非凡的政治家才能，当然也与

---

① Nehru, *Independence and After*, pp. 178 – 274.
② 关于1954年4月29日中印两国《关于中国西藏地方与印度之间的通商与交通协定》的相关内容，参见 *Foreign Policy of India*, *Text of Document 1947 – 1964*（New Delhi, 1966）, pp. 198 – 206。
③ *Jawaharlal Nehru Speeches*, 1953 – 1957（Delhi, 1958）, pp. 262 – 263.

英国明智的领导方式不无联系。印度出于国家利益考虑决定加入英联邦,与此同时,联邦内的老成员国愿意接受印度共和国为正式成员,代表了不同种族国家间的成功协调范例。同时,印度的加入也在一定程度上影响改变着英联邦的性质。

与英联邦包括英国及其自治领(一些据称具有种族主义倾向)建立官方关系的设想,在印度独立之初并未得到广泛接纳。印度国内激进反对派批评加入英联邦将会限制印度的自由,使其外交政策不得不尾随大西洋集团。但是,尼赫鲁看到的却是一个改善与对手关系的机会,以及与英国、白人自治领的南非、新亚洲、非洲和加勒比集团组织成员国建立互利关系的契机。他对制宪大会说,印度将要加入的英联邦不会也不打算成为超国家的政治实体,不会将自己投身于无谓的成员国纷争。英联邦内部没有硬性的军事义务条款规定,成员国之间完全基于美好愿望和切实利益,印度更多的出自于现实考虑,源于长期的历史联系和睦邻友好关系。[①]尼赫鲁的解释理由很快获得了制宪大会和国内公众的接受与理解。

在印度独立的前8个年头,加入英联邦被证明是印度在外交危急时刻施展对美国外交政策的温和外交影响起到了不容置疑的作用,这些危机包括1951年朝鲜半岛问题和1954年印支问题大国协商解决。印度对中国的形势判断直接影响英国外交决策,使其准备无视美国和其他联邦成员的反对之声而承认中华人民共和国的合法地位。然而,英联邦内的一些成员国,包括属于西方阵营的部分国家,在缓和国际对立上具有更多共识,以致一段时间内他们的政策风格更接近于印度倡导的不结盟运动。这在加拿大和英国身上表现得尤为突出。在50年代上半期,英联邦国家毫无异议地一致支持印度在国际事务中扮演重要角色,既出自个体利益,也可能真正出于更宏大的世界整体利益考虑。遗憾的是,这种幸运的利益结合没能维持太长时间。

英联邦体系扩大的基本条件是,在接纳了一批南亚国家以后,成员国对奉行多民族政策、非殖民化运动、尊重新国家的独立权利、在发展事业中相互合作以及维护世界和平的共同承诺。这些都是印度对外政策的基本信条。英国承诺的非殖民化运动立场坚定地持续了20多年,直到英帝国的终结。反种族歧视的政治立场起初虽然微弱,但随着大批黑非洲国家的独立变得日益强大,最终导致1961年南非联邦从英联邦的完全脱离。虽然科伦坡计划

---

① Nehru, *Independence and After*, pp. 274–278.

不可谓英联邦国家走向一体化且降低发展差异对于贫穷国家冲击的有益尝试，不过英联邦实体终归是一个政治联合体，1956年英法联合入侵打击埃及运河国有化倡议的行动重创了这一政治体。入侵行动遭到印度的强烈反对。此前，印度政府已经与埃及就运河使用权问题达成友好协议，因而在入侵行动发生以后，尼赫鲁立场坚定地反对英国和法国，担心使用武力将威胁到亚洲和非洲弱小国家的自由权利。[1]艾登政府恼羞成怒地回击了尼赫鲁的批评，并且在安理会通过了关于克什米尔问题的反印度决议。英国此举的严重后果就是导致维持将近十年的英印特殊关系荡然无存。苏伊士运河事件标志着英联邦体制走向政治衰落的开始。其后，英国将政治关注焦点从英联邦转向欧洲经济一体化。多年以后，英国与印度的政治与经济关系持续降温。英国稍后奉行的限制南亚移民法案进一步恶化了与印度的民族关系，使得印度起初对英联邦的理想主义转瞬破灭。不可避免地，这既是印度也是英国外交政策史上的一个分水岭。[2]

（二）亚洲主义与不结盟运动

尼赫鲁外交政策的不结盟思想具体表现在推行不结盟运动上。这场运动的历史渊源，在于印度人民曾经拥有的浪漫信念，即摆脱欧洲殖民统治，在世界事务中发挥重要的促进和平作用。[3]对于印度的尼赫鲁一代政治人物来说，亚洲与欧洲关系的重要方面体现在智力与政治利益关系。长期以来，这种利益关系处于不平等甚至是暴力冲突的状态。印度的独立和新中国的成立必将开启人类事务的崭新时代。尼赫鲁的政治判断源自对现代欧洲特性考察的结果，即认为欧洲代表着相对年轻、鲁莽、侵略成性的文化，而亚洲拥有的是古老、智慧、和平的文化传统。亚洲人，刚刚从欧洲控制下解放出来，倾向于在他们之间以及与世界各国间保持合作，是为了他们自己利益也是为全人类的利益。尼赫鲁经常在各种场合阐述这种理念，在1947—1955年期间，他还曾尝试建立亚洲共同体的打算。

---

[1] *Jawaharlal Nehru's speeches*, 1953 – 1957, pp. 329 – 331；亦参见 J. D. P. Miller, *The Commonwealth Affairs*, 1953 – 1969 (London, 1974), pp. 42 – 43。

[2] 参见 Michael Lipton and John Finn, *The Erosion of a Relationship, India and Britain since 1960* (London, 1975).

[3] 参见 Stephen N. Hay, *Asian Ideas of East and West* (Cambridge, Mass., 1970)，关于亚洲印度与欧洲关系的全面系统考察的先驱是罗宾德拉纳特·泰戈尔，后来尼赫鲁和拉达克里希南也做出过详细分析。亚洲都属于和平国家，而欧洲充满着动荡和冲突，这是50年代中期印度较为盛行的观点。

在印度独立前夕，具体地说，在 1947 年 3 月，尼赫鲁在新德里主持召开首届亚洲关系会议，以凝聚亚洲所有国家争取独立和推进相互合作的共识。他告诉与会者，亚洲人民彼此间的隔绝孤立，都是被殖民者强加所致，现在该结束这一切了，"所有亚洲国家都应在平等尊重的基础上坐在一起，为了共同任务与远大事业携手奋斗"。①

作为二战后第一个获得独立的亚洲大国，尼赫鲁领导的印度几乎顺理成章地担负起新独立国家领导者的角色，它的亚洲雄心与领导角色之间有着极为紧密的关系。在当时，不论中国、日本或者西亚的伊斯兰国家，都未显示出挑战印度领导者的欲望。基于历史上的文化联系，尼赫鲁对东南亚国家始终保持某种特殊的关照，但他对域内的非共产主义民族主义运动却保持警惕。1949 年底共产主义中国的诞生，亚洲的政治图景发生了剧烈变化。1950 年初，印度开始果断采取措施，加强保护其中北部和东北部的领土利益。自那以后，倡导亚洲主义的表述提法便很少出现在尼赫鲁的公开报告里。②

1955 年 4 月，亚洲与非洲国家在印度尼西亚召开万隆会议，成为印度追求政治亚洲主义的最后努力。时至万隆会议，亚洲的政治格局已经发生了翻天覆地的变化。朝鲜战争的结束提升了中国在区域内的政治地位，成为与印度争夺亚非国家影响力的有力竞争对手。当时许多亚洲国家，包括印度，都深陷地区冲突，也正是万隆会议让尼赫鲁第一次清醒地认识到亚洲国家的复杂多样性以及实现合作目标的巨大难度。他对世界和平的政治关怀与倡导不结盟政策在此遇到了强大的阻力，反对者给出的现实理由是唯有通过战略结盟才能更好地维护印度的安全利益。他的怒火终于喷发而出：

> 这是否等于说，你们这些领导人都认为世界所有包括宗教或者其他事物都必须加入这个组织或另外一些组织，都必须加入这个政党或其他一些政党，然后通过这些组织对外展示意愿或时而表达看法？对于一个拥有尊严的国家和民族来说，这真是个莫大的倒退和羞辱。在我看来，这是无法容忍的，伟大亚洲和非洲国家历经艰辛才摆脱奴役，获得自由，但到头来，竟然以这种方式自甘堕落和自取其辱。③

---

① Gopal, *Jawaharlal Nehru, an Anthology*, p. 361.
② 尼赫鲁演讲集中关于第十届太平洋关系学会的有关内容，参见 *Jawaharlal Nehru's Speeches*, 1949–1953 (Delhi, 1954), p. 160.
③ Gopal, *Jawaharlal Nehru, an Anthology*, p. 399.

心情可以理解，但却没有理性地正视现实情况。万隆会议以后，"亚洲"这个以前惯用的词语很少再出现在他的演讲中。1955年12月，尼赫鲁对蒂伯·门德意味深长地说，亚洲确实太大了，"非要把它看作一个政治实体，等于自欺欺人"。他还说道，"把欧洲、亚洲和美洲分别当成独立的政治实体看待其实也是一种误导，在将来任何时候都是这样"。①毫不奇怪的是，亚非会议自此往后再也没有召开过。

若干年后，亚洲不出意外地分离为几个相互敌对的政治集团。对于这样一个成分复杂的大洲来说，实在不可避免。在一个现实的亚洲与一个理想的亚洲之间，大部分亚洲国家随着时间的推移都选择背离了后者，印度仿佛只能看到它在所处的狭隘的次大陆利益，甚至不惜同最重要的邻居巴基斯坦兵戈相向。

起初由尼赫鲁及其同伴国家印度尼西亚、缅甸、斯里兰卡、埃及和加纳共同倡议发起的亚非运动，后来演变成为1961年由铁托、纳赛尔和尼赫鲁在贝尔格莱德正式组建的不结盟运动。在过去的20多年间，不结盟运动蓬勃发展，如今它几乎吸引了绝大部分第三世界国家的参与。②成员国加入运动的初衷——建立在和平、相互承认和不结盟基础上的独立外交政策——展现了新独立国家对独立自主外交权利的渴望，但与此同时，又限制了超级大国权力控制的范围。但不结盟运动始终难以占据道德的制高点，因为它只是由代表亚洲利益扩展放大为代表第三世界利益的一种局部主张的政治运动。

尼赫鲁时期的不结盟运动的主张，是呼吁政治权利——世界和平受到威胁、非殖民化运动、种族歧视问题和外国干涉问题等。到60年代末，运动转向对经济问题的关注。这一转变部分得益于欧洲帝国的终结、超级大国之间的均势所导致的世界和平以及全球范围内的反种族主义共识，也因为不结盟运动自身构成和领导人的变化。1970年卢萨卡会议以后，不结盟运动将关注的焦点转向发达国家与发展中国家间的结构性失衡，以及调动更多资源支援后者以帮助其加快经济发展。印度完全赞同这些主张，而且积极响应第三世界的呼声，主张建立国际经济新秩序。

---

① Mende, *Conversations with Nehru*, p. 138.

② 参见 J. Bandyopadhyaya, "The Non-Aligned Movement and International Relations", *Indian Quarterly*, Apr. – June 1977, pp. 137 – 164。

关于不结盟运动取得的成就，可大致评价如下：加快了非殖民化进程，扩展了国际体系并使其更具全球性，大大降低了超级大国对国际体系的控制程度，避免了多极世界走向绝对的两极对立，降低了毁灭性的世界大战爆发的危险。不结盟运动后期引入了对经济发展前沿问题和对世界资源均衡分配的广泛关注。

不结盟运动的关注重点及时做出变化，尽管这样，它还是付出了沉重代价。第三世界现在经常以令人寒心的政治畸形和贫穷苦难形象示之于众。虽然落后国家的存在使得世界贫困问题上升为一个积极的国际议题，但与此同时，新独立国家在当今世界秩序建构进程中本应扮演的角色却也消逝了。尼赫鲁如果能够看到这一切，恐怕将心痛不已，因为他认为在获得民族独立后的国家建设中，重塑国际秩序应该是其中最重要的内容。尼赫鲁从不赞成在国内或国际事务中，将单个国家的经济发展考量凌驾于政治要素之上，他必将为第三世界国家丧失了在国际事务中的政治角色而深感不幸。

（三）联合国

印度是最早签署《联合国宪章》的会员国之一，因而印度参与联合国行为的重要标志就是对这一组织的持续支持。印度欣赏联合国是世界绝大多数国家发表意见的场所，代表所有国家的政治立场，是实现全人类利益的国际组织机构。联合国的主旨虽然与印度的理想主义政治主张仍有一段差距，不过鉴于国际社会无政府状态的现状，目前它依然是世界最好的多边主义合作舞台。所有加入联合国的平等国家在联合国大会里都享有"一国一票"的权利，宪章和安理会赋予现存国际权势等级以合法性，尤其是常任理事国独享的一票否决权。印度认识到在当前国际形势下，联合国只能是各方妥协的结果，保持和加强这一组织的有效运转是各国的普遍利益，不过建议未来该组织应该秉承更加平等的投票权。"联合国的主要目的"，尼赫鲁深信，"是建立一个消除战争困扰的世界，建立一个世界各个国家和民众相互合作基础上的世界"。①

印度相信联合国是一个世界性机构，所以认为其首要任务应是履行全球领导职责。在联合国成立的前十个年头，关于新加入国家的准入权问题，必须提请安理会讨论通过，而美国或苏联经常使用否决票，成为经常引起争议

---

① *Jawaharlal Nehru's Speeches*, 1957–1963（Delhi, 1964），p. 317.

的问题。印度强烈坚持联合国的全球会员代表制，认为出于政治目的限制其他国家加入的做法将造成毁灭性的后果。基于同样原因，印度建议让共产党中国加入联合国机构，并在安理会中担任合适的位置。印度政府的理由是，将中国偌大一个国家排除在联合国之外绝非明智之举，其立场即使在1962年中印边界冲突爆发后也未曾改变。

联合国成员国问题实际上又是一个涉及权力平衡的问题。随着亚洲和非洲新加入国家的增多，联合国再也不是大西洋集团随意操纵的政治工具，此前拉丁美洲国家的加入使美国获得了短短几年的票数主导权。随着大量亚非国家加入联合国，主要在印度等大国的领导下，他们开始有效利用联合国机构加快非殖民化的进程，改变联合国内的权势结构。1960年，尼赫鲁抱怨联合国诞生于旧金山"对亚洲和非洲国家极不公平"，"在现今的机构架构下，它们没有机会发挥更大的作用……"[①] 1963年联合国改革在某种程度上正是对这种批评声音的回应。安全理事会非常任理事国的数量由11个增加到15个，经济社会理事会代表的数量由18个增加到27个，使得第三世界国家在两个机构中的代表数量分别有所增加。随着在联合国大会和两个理事会代表数的增加，第三世界国家能够将最为关心的议题，首先是脱离殖民统治，稍后是经济发展诉求和世界资源的均衡分配问题，提交到联合国议题讨论的最前端。

如果说在成员国问题上印度是个激进分子的话，那么在主张改变联合国组织架构与反对改变以致损害大西洋集团和苏联阵营之间均势的这两种呼声之间，印度的态度表达一贯是极为小心谨慎的。尽管印度不喜欢《联合国宪章》规定的安理会常任理事国享有否决权，然而尼赫鲁和克里希南·梅农（后者曾是印度驻联合国首席代表），都认为根本废除否决权将危及联合国本身。否决权的机制设立有助于世界大国在未获得联合国大会多数成员支持的情况下维护自身利益。基于此，印度反对美国提出的恢复对苏联安理会否决权的障碍设置，即通过1950年的"团结求和平"决议引入凌驾于联大之上的行政权。《联合国宪章》展望了大国在重要国际问题上一致性行动的前景，虽然这原本不是在冷战背景下制定的，印度人认为联合国机构的顺利运转和世界和平的维护有赖于两大力量阵营的和解与合作。在当今形势下，最谨慎

[①] T. Ramakrishna Reddy, *India's Policy in the United Nations* (Rutherford, New Jersey, 1968), pp. 24–25.

稳妥的做法是严格执行宪章的各项规定，尊重每一个阵营的意见以及行使最严格的限制性条款。印度反对试图改变宪章的任何尝试性预案，因担心它将使某个阵营的权利优势过于突出以致可能控制联合国大会里的多数投票权，同时又损害了另一阵营的利益，这些必将引发联合国组织的内部混乱。对于宪章的任何改变必须获得联合国每一个机构和每一个成员国的一致性同意，这就是印度人的立场。

印度对于联合国的态度可以很好地用理想主义与现实利益的有序结合来加以诠释。联合国是维持国际和平的必要机构，因此保护其存在是必要的，但这不应以损害成员国的主权利益为前提。因此，虽然印度支持联合国维持和平行动，并积极向1956年苏伊士运河危机爆发后的联合国中东应急部队和1961年联合国驻刚果维和部队提供军事支援，但它反对建立永久性的联合国部队，以及反对任何在未经当事国要求的情况下派驻联合国部队的行为。另一方面，印度出于对联合国在《宪章》内通过决议有效性的担心，反对苏联提出的"三驾马车"以取代单一的秘书处形式的改革提案。

印度人眼中的联合国，伴随着它在这一组织工作经验的累积而不断变迁，从一开始的超国家权力机构或世界政府到各国意见交流的世界论坛和冲突危机和平解决的仲裁机构。不过，即便是后来的这种看法也处在不断修正之中。随着时间的推移，联合国日益成为在存在分歧争论的成员国间判定某一方提议合法（或不合法）的场所，也就是说，它演变为一个外交机构，因其决定虽对成员国不具有强制约束力，但仍有着不容小觑的政治分量，一直受到印度政府褒扬的联合国的角色，正变得不可或缺。印度向联合国提出过两项重大议题，一个是有关南非印度人的地位问题，另外一个就是关于克什米尔地区与巴基斯坦领土的争议问题。这两个提议在联合国都未能收到预期的结果，一度使印度对该组织无比失望，而在克什米尔问题上的挫折更使印度国内有呼声主张撤回在联合国的机构与人员。但尼赫鲁及时说服国会，"即便联合国存在这样或那样的弊端，即使有时候它偏离初衷"，联合国依然是"当今世界的一个协商基础的和基本的国际机构。抛弃它抑或绕过它都将是世界的悲剧。因此我不希望我们的国家做出任何削弱或妨碍这个世界机构缓慢发展的举动……"[①]

虽然尼赫鲁仍然坚持立场，但他对向联合国提案一事逐渐趋于谨慎了，

---

① *Jawaharlal Nehru's Speeches*, 1949 – 1953, pp. 348 – 349.

比如 1956 年他建议纳赛尔勿将苏伊士运河分歧提交联合国，除非在埃及主权独立受到威胁的情况下。①印度国防部长克里希南·梅农清楚地发现，将葡萄牙驱逐出果阿是在 24 个小时内结束的事件，最后使得安理会没有时间提请讨论该事件。梅农对米歇尔·布雷彻说：

>……如果我们不能够在 24 小时内结束（在果阿的）行动，就将陷入安理会的争吵泥潭。违抗安理会决议将使我们身处更大的困境。在安理会介入之前我们有机会阻止它。我们已经学到经验。大家知道克什米尔事件最后是怎么解决的？我们有一些政治人物像麦克诺顿、欧文·迪克森和其他人，一直主张利用国际事务机构解决，最后反倒坏了大事。守规矩的国家总是没有好下场。②

对联合国介入印度或其他国家事务的反感，一直是后尼赫鲁时代印度外交政策特征的重要方面。在后尼赫鲁时代只要不是至关紧迫的危机（曾经出现过几次危机），印度政府均没有将其提交到联合国处置。在 1965 年与巴基斯坦在库奇兰恩边界冲突问题期间，印度选择了英国的仲裁处置，而没有邀请联合国介入解决这年秋天与巴基斯坦的边界战争。在 1971 年的孟加拉国危机期间，当巴基斯坦的西方盟国竭力寻求联合国介入以支援巴基斯坦时，印度政府坚决拒绝该组织发挥任何作用，拒绝遵守联合国在克什米尔地区划定的新停火线，最后还是通过 1972 年与巴基斯坦达成《西姆拉条约》使事态得以平息。③如今，印度倾向于通过双边途径解决分歧冲突，反对其他外部力量的介入，不管是联合国还是第三方国家。

四

印度独立头 10 年的外交政策，以自信大胆和富于建设性而著称。尼赫鲁将印度国家利益的实现融入到参与解决当时重大而又棘手的国际热点问题

---

① Gopal, *Jawaharlal Nehru*, vol. ii. 1947–1956 (London, 1979), p. 288.
② Michael Brecher, *India and World Politics*, *Krishna Menon's View of the World* (London, 1968), p. 133.
③ 有关 1972 年 7 月印度与巴基斯坦签署《西姆拉条约》的详细情况，参见 *Asian Recorder*, vol. xviii, No. 29 (1973), p. 10876。

上，比如朝鲜半岛与印度支那问题。印度在这些问题解决上发挥的建设性作用也体现出不结盟运动领导者的优势。在英联邦国家的响应下，尤其在英国支持下，印度提出了朝鲜半岛停火计划，并终结了法国在印度支那半岛的殖民统治。这对于提升印度的国际社会地位是不无裨益的。它在朝鲜战争期间的外交努力，使其与中国和苏联的关系显著改善；它反对联合国军穿过38度线的坚定立场，表明了印度外交不同于西方阵营的独立性，即便它自己那时候还是英联邦成员，印度对解决战俘问题的提议在起初遭到美国反对，不过后来还是得到西方国家的理解与认可。印度一系列卓有创建的外交努力，为其赢得了活跃于两大阵营间的忠实中间人的特殊身份，从而提升加强了其自主地位。这似乎证实了尼赫鲁全面外交战略的正确性；印度因此可以保持较低的国防开支，却能够在世界事务中发挥较大的作用。

追求没有权力基础的外交独立是需要前提的。首先，大西洋阵营与苏联集团势均力敌的国际背景，为印度推行不结盟外交创造了必需的条件。其次，印度极力保持与主要大国，尤其是美国、苏联和中国的良好关系。第一个前提是现实存在的国际形势，为满足第二个前提条件，尼赫鲁采取了互惠的外交原则，当然其前提是印度与主要大国间没有重大利益冲突。意识形态差别不会成为实现良好国家间关系的障碍，只要它们都遵循和平共处的外交原则。[1]

对和平外交政策的强调反映在印度相对温和的国防预算以及立场坚定地不主张拥有核能力方面。在1950—1961年期间，与中国发生边境冲突时期，印度的国防预算一直维持在低于国民生产总值2%的水平。[2]当在下议院被问及与中国的边境冲突反映出印度军事实力薄弱时，尼赫鲁告诉国会他的政府已经接受了他早年提出的国家收入"十分之一"用于军事建设的建议，接着他又重申了对战争的厌恶以及和平的好处。[3]

五

在尼赫鲁思想的指导下，印度核政策制定的目标是确保印度发展使用这

---

[1] Nehru, *Independence and After*, p. 278; Mende, *Conversations with Nehru*, p. 76.

[2] 参见 Onkar Marwah, "India's Military Power and Policy", in O. Marwah and J. D. Pollack, eds., *Military Power and Policy in Asian States: China, India, Japan* (Boulder, Colorado, 1980), p. 129。

[3] *Jawaharlal Nehru's Speeches*, 1963–1964 (Delhi, 1968), p. 190.

种能源资源的自主能力，而不是要获得核武器的能力。他早在 1948 年就表达出类似观点，认为如果印度"想要跟上世界潮流，甚或领先于其他国家"，就必须发展原子能，"以充分利用其和平功能"。① 出于此种目的，印度政府建立起门类齐全的综合性核能工业，侧重于对能源的转化利用以及在无线电同位素工业、医药、农业和其他领域的使用，目标倾向于获得核技能、核材料和维持项目运转的相关技术。尼赫鲁对于限制原子能和平利用的承诺是绝对的，但他同时也强调，印度应享有核领域研发的独立地位。当艾森豪威尔提议建立国际原子能机构以管控全球核能资源使用时，尼赫鲁郑重地质问这一机构的管控类型、管控国家以及该机构是否拥有否决他国研发使用核能的权利。

> 我觉得确实应该建立国际管控与监察，但事情并没有看起来那么简单……我们也在展开准备工作，包括限制方面，与其他国家共同努力，我们为世界人民福祉考虑的独立行动……有个前提条件，即它应该以世界人民的共同利益为出发点，而不应该只包含个别国家的想法，不应该被个别国家左右，即使它也许是出于好意。②

印度拒绝签署 1968 年《核不扩散条约》，理由是它带有歧视性条款，与尼赫鲁外交原则不相符。

印度当时反对《核不扩散条约》的依据，是断定该条约具有歧视性条款。印度认为《条约》没有如实反映当代国际社会的权势等级现状，"这是一个赤裸裸的、冠冕堂皇的不平等条约"。③它明显区分了两种不同类型签署国应承担的不同义务：无核国家要承诺不研发或拥有核武器；有核国家禁止援助无核国家获取核能力，但它们自己却无需放弃核武器。无核国家被要求向国际原子能机构开放其核设施进行定期核查，以确保其核材料没有被用来制造核武器，但有核国家却无需履行同样的义务。核材料与核技术的提供国有权力限制这些材料或技术的使用，从而极易导致它们与受援国形成某种包含范围更广的依附关系。这一公然践踏与侮辱民族国家平等原则的条约与印

---

① The Constituent Assembly of India (Legislative), *Debates*, vol. v (1984), p. 3334.
② *Jawaharlal Nehru's Speeches* 1953 – 1957, p. 257.
③ Michael Mandelbaum, *The Nuclear Question: The United States and Nuclear Weapons, 1946 – 1976* (Cambridge, 1979), pp. 193 – 194.

度独立以来坚持的外交政策基本原则产生了极大冲突。印度政府的立场始终是反对核扩散与反对拥有核武器，但印度政府拒绝其在核领域受到不平等对待。1974年印度第一次核试验，迈向了拥有核武器的第一个阶段，虽然其当初目的并非如此。正如印度核政策的首席专家阿肖克·卡普尔指出，"一次简单的实验是为了透露某种政治信号而非表明对于军事领域使用原子能的兴趣"。[1]在卡普尔看来，一个像印度这样的国家拥有很多理由不获取核武器，它们包括印度使用军事的兴趣不高，尤其是其曾经呼吁非暴力的明确表态，以及高昂的军事科技研发费用；不过出于安全战略打算获取核武器又是另外一码事。[2]

六

印度追求不建立在权势基础上的独立外交政策，很快遭遇到国际体系权力现状的强烈冲击。因为缺乏权力基础的不结盟运动，若要顺利开展，必须得到两大阵营集团与两大邻邦中国与巴基斯坦的有力支持。这一前提条件很快就丧失了。它与中国边境冲突的失利极大地改变了印度的周边安全环境，也极大地纠正了印度对于权力政治的既往态度，促使印度探索国际秩序改变的可能性，以及提升不结盟运动的质量。

因查谟和克什米尔归属问题，印度与巴基斯坦两国间爆发了严重的边境冲突，又直接导致了两国之间接下来的三场战争和大国力量介入南亚次大陆，从而损害了印度的国家根本利益。1950年印度与中国就西藏问题产生过一次小摩擦。虽然尼赫鲁很快重新恢复了与中国的关系，但西藏因素，连同边界问题交织在一起，后来导致了两国关系的决裂。印度与苏联关系起初是相互厌恶，但后来逐渐转为友善，甚至后来发展为友好关系，而印度与美国的关系则经历了由模糊不清到憎恶敌视的发展过程。

印度对于经济援助的需求迫使尼赫鲁政府与美国的南亚政策保持长期对立，也包括在更广阔的国际舞台上保持沉默。在尼赫鲁去世以后，两国外交政策的分歧愈加难以弥合，随着美国支持印度的两大劲敌中国与巴基斯坦，

---

[1] Ashok Kapur, *International Nuclear Proliferation, Multilateral Diplomacy and Regional Aspects* (New York/London, 1979), p. 10.

[2] Ibid.

推动印度开始部分修正不结盟运动以竭力同苏联发展更加亲密的安全关系。苏联成了为印度输送武器的军火商，在 1966—1977 年间，苏联海外军火价值总额的 81.2% 都卖给了印度。[①]在孟加拉国危机期间，印度在 1971 年与苏联签署了为期 20 年《印苏友好关系条约》，进一步提升加强了两国关系。因为印度发现需要签署安全条约以应对巴基斯坦—美国—中国同盟，加上担心一年以后次大陆可能爆发全面战争。该条约标志着不结盟运动政策的寿终正寝。当印度面临多个敌对威胁，包括一个超级大国、一个大国同时也是一个敌对邻国以及另一个由超级大国武装起来的邻国的时候，至少需要得到另一个超级大国的支持。在孟加拉国危机解决之后，印度外交重新回归不结盟战略，但与尼赫鲁最初提出的不结盟政策早已大相径庭。

尼赫鲁的外交遗产从某种程度上已被证明为印度的一个负担。因为充满理想化冲动，尼赫鲁的对外政策设计最后以失败告终，或许也由于其不堪一击的形势设想。他的继任者很快发现"五项基本原则"没能帮助印度免除"麻烦、冲突和战争"；外交互惠准则在国家利益处于生死攸关之际被证明只是些内容空洞的华丽言辞。印度不能免除权力规则的影响，即使它认为权力原则是"不文明"的政治现象。尼赫鲁对世界战争与和平问题的迷恋现在看起来异常奇怪。尼赫鲁憎恨战争，认为加入政治集团是不理智与不值得的，他对和平的无限向往，被证明不是因为受到甘地影响而是源自英国激进的理性主义政治传统。这种传统不是姑息纵容，对于和平的关切也不像甘地那样出自宗教根源。它对权力与自由的不相关本质的理解是片面的，一方面，它不证自明地宣称消灭权力将为实现自由创造必然条件；另一方面，它又宣称只要权力是国际关系运作的关键因素，获取权力仍将是实现自由的必要条件。这种不受欢迎的权力现实在尼赫鲁的外交政策中不会得到任何认可。尼赫鲁大胆尝试由他自己选择的违反现实主流的政治准则，在理想与现实之间保持了一定的延续性，但他要保护没有权力利益索求的印度民族利益决然不是最好的政策设计；不幸的结局是，他的政策终被证明是不切实际的。

尼赫鲁对于两大阵营之间核僵持不下的看法也是有误的。放弃战争作为政策选择手段只限于超级大国间的总体战争；并不排除超级大国代理人进行的或由超级大国幕后支持的小型战争。实际上，消除总体战争就像竞争性共

[①] M. Rajan Menon, "The Military and Security Dimensions of Indo–Soviet Relations", in Robert H. Donaldson, ed., *The Soviet Union and The Third World* (London, 1981), p. 237.

处关系可能导致紧张与武装冲突一样,尤其在第三世界国家里,超级大国的势均力敌尚未完全形成。印度和第三世界尚不具有足够的力量以驱逐超级大国的侵扰,而超级大国没有道义或现实动力去遵守"五项原则"。只要印度本身不受制于大的安全威胁,它就可以实践不结盟外交的"弱版本",即外交中立,或在两大阵营间保持一个忠诚的中间经纪人的形象,或与两大阵营保持同等距离,但只要安全威胁出现,印度的外交政策就必须做出根本性转变。实践证明,印度根本没有办法实现尼赫鲁的"强版本"的不结盟外交,即一种不依靠外界援助的保卫国家安全的能力。弱版本的不结盟政策从长期来看亦是不切实际的,它后来也被迫适应于其他国家的外交政策变化。结果是,在后尼赫鲁时代,尼赫鲁外交政策的灵魂思想都被彻底改变。甘地夫人曾明确承认,决定一国外交政策的不是国家间的互惠原则而是国家利益,[1]所以印度当需要寻求保持与他国的友好关系时,它必须做好各种准备,如果判定将要发生的情势对印度不利,就当毫不犹豫地放弃对友好关系的追求。外交政策的根本出发点应该是创造条件,尽可能地防止损害印度利益的事情发生。在甘地夫人的领导下,印度转而开始寻求创造一种有效果、有结果的自主外交,将不结盟外交修正为目标指向明确的国家间关系,比如与苏联的务实关系。与中国发生边境冲突后,印度迅速开启了系统性的国防能力建设,并主要依赖苏联提供帮助支持。1963年其军费开支攀升到占国民收入国民生产总值的3.9%,且自那以后始终保持在3%多一点的水平。这就确保能够满足印度最基本的防御能力和对军事装备自主化的探索。尼赫鲁的独立自主思想依然是印度外交政策的中心,只是如今舍去了对世界角色的追求。在当代国际社会中的许多重要政治议题上,印度的声音变得软弱无力,如果不是沉默不语的话。

---

[1] Indira Gandhi, *India – Speeches and Reminiscences* (London, 1975), p. 137.

第十九章 深陷困境的非洲
——徘徊于新教伦理与威斯特伐利亚遗产之间

阿里·马兹鲁伊[*]

西方以非洲为代价而制造的最为残酷的笑话,就是砌建了两座自相矛盾的牢房:一座是无可改变的、顽固不化的国家性的牢房,另一座是不可抵挡的超国家性的牢房。第一座是主权国家的牢房,这是政治和军事主权的堡垒。另一座是资本主义的牢房,这是强制性和跨国家的,无休止地嘲弄国家主权原则。

西方文明是如何成功地在非洲建造出这两座令人匪夷所思而又收缩自如,一座是主权堡垒而另一座是无所不包的资本主义市场牢房的呢?民族国家的政治—军事牢房,如今构成了整个全球体系的基础——令人难以置信的是,在一个半世纪稍多一点时间以前,这个全球体系几乎还是纯粹欧洲性的。

这个世纪还是资本主义风靡全球的时期。即使是社会主义这个当今时代最为狂热的国家形态,也无法避开资本主义国际贸易陷阱的诱捕。利益的幽灵经常光顾社会主义国家的大宗商品。国际交易中的硬通货是主要资本主义国家间资本交流的载体。第三世界国家开始发现其国内政治安排的社会主义模式并非彻底走出资本主义体系的有效签证。许多第三世界的社会主义国家政权很快便发现它们依然高度依赖于资本主义体系,即使在国内推行了社会

---

[*] 阿里·马兹鲁伊(Ali Mazrui),先后任宾厄姆顿大学世界文化研究所所长和艾伯特·史怀哲讲座教授、圭亚那大学和乔治敦大学沃尔特·罗德尼讲座教授,著有《民族主义与新非洲国家》(1984年)、《非洲国家的三项遗产》(1986年)、《国际政治中的文化力量》(1990年)、《非洲人的离散:论非洲的起源与新世界身份认同》(1999年)、《非洲与其他文明:征服与反抗》(2002年)、《全球化与文明》(2008年)、《伊斯兰的非洲历程》(2008年)、《战争的政治与冲突的文化》(2008年)。——译者注

主义或新社会主义制度。这些政权继续竭力在国际市场竞争推销它们的咖啡、可可或黄铜，竭力赚取以美元、英镑、德国马克或日元为主要形式的外汇。资本主义牢房的栅栏无处不在。

以地理范围为主要界定形式的主权国家原则在前殖民时代的非洲并不多见。在政治视角上，非洲大陆是一座五光十色的政治大舞台：从成熟的君权制到无政府社会，从精心设计的王权国家到蛮荒的狩猎群体，从复杂的近代文明到几近原始的乡村野俗。然而，在本章里，我们将把叙述重点放在非洲国家的形成。我们将这种现象归结为非洲大陆的三重政治和文化遗产：土著遗产、伊斯兰遗产与西方遗产。

一

首先让我们探究一些与国家有关的主要因素。第一个是相对中央集权化的权威。当路易十四说出"朕即国家"这句话时，证明他已将中央集权制原则发挥到极致，以致他只关注矗立于权力顶峰上的那个人。在现实社会，集权制是一个相对而非绝对的概念。不过，尽管美国对"国家"一词使用了复数形式，但这不能说明它已跳出1648年《威斯特伐利亚条约》的主权国家传统。联邦制政府仅仅是中央集权化权威的核心和机制。

这种中央集权的相关原则，是马克斯·韦伯所定义的"对物质力量之使用的合法垄断"。韦伯认为这一原则是国家定义的最核心部分。我们同时也接受中央集权化权威与中央集权化权力的双重原则是国家的明确特征。我们还必须牢记与国家相关的那些其他附属特性，虽然它们不是构成国家含义的必要成分。

国家概念的附属特性之一就是财政体系。这主要指古代从组成国家的单元部分收缴岁赋，以及目前仍在演进之中的税收体系。中央集权化的税务征收体系是与某种机构相对应的事物。国家概念的另外一个附属特性，是接受中央监督的司法体系。司法体系在一国内部实际表现出多元形式，包括各种宗教法法院和习惯法法院，但中央集权制是所有司法体系的原则之一，比如国家需要且经常修改习惯法以保持与中央原则的一致。国家在任何时候都得监督司法体系，以决定由谁来解释制定宗教法或习惯法，又由谁来执行这些法律。

非洲国家形成的过程与广泛意义上的三重非洲历史与文化遗产密切相

连，这三重遗产包括了土著的、伊斯兰的和西方的传统。一些非洲国家主要是纯粹的土著力量的产物；一些是土著元素与伊斯兰元素相互作用的产物；另外一些则是土著观念与西方思想融合的产物。当然也存在上述三种遗产同时作用的情形，展现出非洲、伊斯兰和西方的一个历史交汇点。然而，本章考察采用的是比较式方法，集中于同时比较至少两种历史遗产，而非孤立的国家模式。毕竟，非洲确实可以称作一个政治文化大熔炉，一个混合了多种政治试验模式的陈列馆。

二

非洲与伊斯兰的交流史比欧洲殖民历史要早一千年之久。早在公元7世纪，伊斯兰势力就征服了埃及，开启了对北非进行渗透的历史进程。伊斯兰影响稍后顺着尼罗河南下，并扩展至西北非。这些政治社会共同体对伊斯兰的影响作出回应，其中一些社会开始创造出一些反映了伊斯兰与土著回应之间的基本交流的制度。

非洲国家形成过程中深受伊斯兰影响的一个重要标志，是商业与战争、经济与军事的精确平衡。远自穆罕默德时期的伊斯兰历史，就开始强调商品交易与军事力量间的平衡。先知穆罕默德在成为一名战士以前的早年，曾是一位以安拉名义而出现的商人。伊斯兰本身就将世界在理论上划分为战争之地（战争世界）和伊斯兰之地（伊斯兰世界），前者是战争不断的地区，而后者是伊斯兰的家园。在伊斯兰世界，政治合作与经济贸易得到发展。在伊斯兰之地与战争之地两者之间，类别界限和保护战略逐渐形成。[1]

伊斯兰对非洲大陆的渗透过程包含了经济与军事的对立统一。当伊斯兰成为一个帝国之时，埃及一度成为穆斯林国际经济体系的一个枢轴。曾几何时，埃及的商人阶层势力影响微乎其微，如今他们被称为"塑造了穆斯林国家的政策走向，发展了伊斯兰国家的法律和习俗，继承了伊斯兰文化的极其强调节俭和审慎的布尔乔亚品德，避免浪费或炫耀，尊重学识……"[2]

然后，伊斯兰在西非的传播表现为另一种经济发展进程。跨撒哈拉贸易为传教士开辟了诸多市场。穆斯林店主同时也是兼职牧师。伊斯兰成为这一

---

[1] 关于这个主题的分析，参可见本书原版第319页。
[2] Basil Davidson, *The African Genius* (Boston, 1969), pp. 211–212.

伟大贸易样式中的附带商品。与此同时,西非地区出现了一些特殊的王国和酋长国,这是一些新的国家形式。在伊斯兰治国方略中,存在一种霍布斯思想:鼓励服从掌权者,如果他们绝不违反穆罕默德教导的以及上帝传谕的原则。伊斯兰的这种国家观念,与服从宿命论密切相关。

然而,伊斯兰还是防御宿命论的产物。服从宿命论鼓励逆来顺受与和平顺从,防御宿命论却鼓励起来造反。先知穆罕默德一生的经历就是个很好的例证。为反对建立政治阿拉伯,穆罕默德认为他的使命要么是主动发起反抗,要么就是等待放逐。压力之下,他选择了背井离乡。如今的伊斯兰历法就是为纪念其流放之日——因为它既不是穆罕默德的生日或诞辰日,也不是他感悟到上帝启示的时刻。相反,伊斯兰历法源自逃亡日,是穆罕默德决定逃脱迫害,寻求避难于另一座城市麦地那的日子。

当伊斯兰来到西非以后,自然地展示出服从宿命论与防御宿命论之间的对立统一。伊斯兰成为动员人们抵抗欧洲帝国主义的思想来源。在事实上,西部非洲抗击欧洲殖民统治的很大一部分思想动力来自穆斯林的鼓动。

> 在19世纪欧洲征服非洲的过程中,好战的伊斯兰提出了最大的挑战,动员了最激烈的抵抗。各个穆斯林政府,凭借其书面语言、国家缔造的遗产以及那个宣扬所有穆斯林信徒皆兄弟的普世性宗教的团结力量,在总体上能比其他政治单元组织起更大规模的抵抗运动,而后者的动员程度仅仅限制在共同的血缘联系上。穆斯林同时还拥有一种阻挡基督教势力不断扩张的强烈倾向。[1]

在19世纪的尼日利亚,当索科托哈里发国家的领导人觉得欧洲人的强大压力无法抵挡之时,他们想到了"逃亡"——"摆脱异教徒的必要逃亡"。欧洲人占领索科托以后,素丹阿塔希鲁·艾哈马杜领导了"逃亡",不断向东迁徙。正如一位历史学家指出:

> 英国人最终在布尔米抓到他并将其杀害。尽管如此,他的许多追随者继续前往苏丹,在那里繁衍生息直到今天,现在的酋长,是他的曾孙

---

[1] A. S. Kanya-Forstner, "Mali-Tukulor", in Michacl Crowder, ed., *West African Resistance* (New York, 1971), p. 53.

穆罕马杜·丹·马伊·武尔诺。①

在非洲的另外一边，伊斯兰也表现出其原本的防御宿命论，反对欧洲列强的入侵和殖民政策。"疯子毛拉"穆罕默德·阿布杜拉·哈桑，透露了他在 19 世纪 90 年代抵抗英国人的不为人知的故事。正如稍后一位英国历史学家描述的那样，穆罕默德·阿布杜拉·哈桑几乎就是"非洲的拿破仑，除憎恨英语以外，其他方面都像那个伟大的科西嘉人"。

穆罕默德·艾哈迈德·马赫迪则向世人展示了他在防御宿命论方面的巨大潜质。他是苏丹民族主义的先驱者，将宗教精神引入民族主义事业，拥有无比虔诚的爱国精神。但伊斯兰还有其他方面：在防御宿命论上，它显示出随时准备接受不可避免的厄运的降临。同样是曾经激烈抗击欧洲殖民势力的伊斯兰，最后迫于无奈只能接受不可阻挡的西方霸权。没有人比英国的非洲研究者迈克尔·克劳德讲得更为明确：

> 伊斯兰曾经表现出对于臣服于异教徒的一切仇恨，但是，正如在 1889—1893 年短暂时期内那样，在苏丹西部，那个团结一致抵抗英国殖民者的主题，竟然也蕴含了接受不可避免之后果的宿命论的种子。②

因为长期强调对前殖民国家制度的保护，尤其在北尼日利亚，这使得在后殖民时期巩固国家制度的努力面临巨大困难。很明显地，英国人采取了间接统治的方式以尊重非洲的习俗制度，而法国人试图采取同化的直接统治政策，结果遇到了巨大阻力。法国的同化政策否定土著人的国家制度和价值观的合法性，强行灌输一种所谓优越而独特的法国文化，宣称实行法国霸权统治的法国特殊使命。英国实施的间接统治方式，相反，秉持宽容不同社会里的文化相对主义，是建立在世界文化多样性的价值观基础上的治理模式。英国人不愿意干涉非洲当地人的习俗制度，同时，英国人希望利用非洲土著居民的传统制度而不是创设新的制度。不过，在尼日利亚，政治统治成本相当高昂，因为稍后发生了前殖民时代国家对抗后殖民时代国家的事件。作为前殖民时代的遗产，幸存下来的北尼日利亚的那些酋长（埃米尔）和布干达的

---

① Crowder, *West African Resistance*, p. 15.
② Ibid.

那些国王（卡巴卡），到头来采取行动掣肘独立后的尼日利亚和乌干达国家建设。

东部非洲的素丹国桑给巴尔虽然没有改变前殖民时代与后殖民时代非洲国家间的紧张关系，却也存在自己的独特问题。在欧洲殖民者闯入桑给巴尔以前，这里就是一个种族与价值多元的社会。到18世纪末期，阿拉伯人的统治优势已经清楚显现。素丹赛义达·萨义得·本的崛起，巩固了这个局面。后来，素丹巴尔加什实现了从欧洲人到来前的阿拉伯统治向欧洲人监管下的阿拉伯寡头统治的过渡。英国人可能出于对英国自身君主立宪制的回忆，承认了桑给巴尔的君主立宪制度，再次让君主立宪制发挥一定程度的有效作用，利用它作为间接统治的工具。在某种意义上，桑给巴尔的阿拉伯人与北尼日利亚的豪萨—富拉尼人的境遇完全一样。在这两个地方，他们对自己前殖民时期政治制度的极力维持，必然预示着在后殖民时代将遭遇水土不服。在桑给巴尔，拥有特权的种族群体与其他种族之间的紧张关系不能够通过共同反对某个敌人得以缓和。在北尼日利亚，豪萨—富拉尼人与其他种族之间的紧张关系容易得到缓和，因为所有的北部民族都同样具有抗击南部民族的防卫意识。桑给巴尔只是一个规模太小的社会，无法组建起反抗同盟。结果，1964年1月，仅仅在英国人撤出一个月后，就爆发了一场灾难性的革命。英国人过去精心保护的阿拉伯制度，变为独立后走向现代政体的新非洲国家的致命缺陷。

但是为何前殖民时代的国家结构不能自然地适用于后殖民时代？为何对尼日利亚的间接统治，在相当大的程度上维护了其传统的国家治理模式，使得现代尼日利亚的建设面临重重困难？为何尊重布干达的国王制度反倒损害了乌干达国家建设的任务？

三

这里有必要牢记另一项三重遗产：城邦国家、帝国和民族国家的遗产。在一定程度上，桑给巴尔只是一个城邦国家，虽然后来它在今天的肯尼亚和坦桑尼亚两国沿海的一些地区逐渐确立起霸权。在桑给巴尔，正在形成的帝国是一个王朝帝国，顶端有一个阿拉伯素丹。

在非洲历史上，人们很难把城市起源与帝国建构两相剥离。西非的一些酋长国一度是城邦国家，同时还是一个更大帝国的组成部分。结果，一些最大的非洲帝国的名称，成为后来取得独立的新国家的名称。加纳和马里这两个帝国，将其历史名称传承给了两个现代国家。我们对古代津巴布韦的了解，远不如古代加纳和古代马里，但津巴布韦原先是一个帝国，并将其古代名称传承给现代国家。还有一种不同的理论，认为历史上的津巴布韦是一个城邦国家，但它仍然将其古代名称传承给现代国家。没有哪个现代非洲国家选择桑海作为国名，但那却是另一个寻求现代复兴的古代帝国。

持续时间最为长久的非洲帝国，当属埃塞俄比亚，其最后一任皇帝是海尔·塞拉西。他和（布干达）国王穆特萨二世都是前殖民时代国家的化身，迟早会与后殖民时代的国家发生关于历史真相的冲突。1966年，穆特萨与米尔顿·奥博特总统发生争执，他们间的权力争夺，部分代表着古代政体与现代国家的碰撞，一个地区性国王与一个国家元首之间的权力争斗。奥博特最后获胜，部分因为阿明的武装力量支持，穆特萨国王逃往英国，并于1969年去世。

埃塞俄比亚革命开始于1974年2月，并逐步发展壮大。此时，王朝帝国似乎再也不能冒充现代国家了。埃塞俄比亚军队，一度在学生游行和农民暴动的推动下，推翻了古老的帝国，建立起具有现代政治思想、以"消除国家本身"为目标的新国家。

我们或许可以得出结论认为，从前殖民国家向后殖民国家过渡遇到的其中一个困难，正是在于两者之间的规范的和价值观的鸿沟。价值观念已彻底改变，责任义务已重新被界定，发展前景也被重新聚焦，政策制度需要重新制定。一个重要的妨碍因素，是平等原则的演变。在非洲的无政府社会里，对平等观念的认可远远好过那些城邦国家或帝国。许多尼罗河沿岸的土著部落，或像尼日利亚的提夫人、肯尼亚的马赛人以及坦桑尼亚等社会，其控制结构较为松散，平等主义获得较为宽松的发展空间。相反地，像布干达、北尼日利亚、阿散蒂和其他西非王朝帝国，都是等级制度森严，基本没有平等可言。

新国家呈现出一个基本矛盾。一方面，它们推翻了先前几近原始的、无国家的社会形态，既没有国王，也没有明确的统治者。另一方面，新国家公开希望拥有明确的统治者，正如马克斯·韦伯所称的国家"对物质力量之使用的合法垄断"。新的后殖民国家被认为应该像马赛人与提夫人那样奉行平等主义，又像布干达、阿散蒂和豪萨—富拉尼人那样拥有中央集权。新国家在道德上应该像非洲的无国家社会那样奉行平等主义，但在政治上又拥有欧洲民族国家那样的制度结构。源于非洲无政府社会的道德平等与源于非洲王朝国家的政治等级制度之间的基本冲突，成为后殖民时代非洲历史的其中一个主要的分裂性因素。在卢旺达和布隆迪等地区，这种对立统一表现为等级制度森严的图西人反对主张平等主义的胡图人；在尼日利亚，表现为强调等级的豪萨人反对强调个人主义的伊博人；在乌干达，表现为君主制度的布干达人对抗新共和主义的尼罗蒂人。

前殖民非洲国家与后殖民非洲国家之间的另一大冲突，是关于领土的态度。大多数非洲国家具有高度的土地崇拜情节。另一方面，现代民族国家原则也包含着高度敏感的领土意识。在传统非洲的土地崇拜神话与现代国家领土原则之间，必须找到一条中间道路。非洲人对土地的神秘崇拜可能与人的生存、死亡与不能重生有关。他们认为埋葬祖先的地方保存着家族的灵魂，能够保佑下一代的健康与平安。无论是对于无国家的非洲社会、帝国还是对城邦国家，土地都有着根本的意义。

另一方面，领土在欧洲变得愈益重要，在1648年《威斯特伐利亚和约》的遗产中，它几乎被奉为圭臬。主权国家新理论指导下的政治社会，在国家之间的边界问题上，愈益变得寸步不让。国家主权服从于领土；权力完全受制于土地。

前殖民时代的非洲国家保持着土地崇拜传统：

> 我们的黑人特质不在于高塔与教堂
> 而是深深根植于鲜红的大地土壤。[1]

前殖民时代的非洲国家沉迷于土地崇拜，源于农业耕作和祖先安葬之需；后殖民时代非洲国家沉迷于领土崇拜，则在于权势和主权，而不是为了农业和祖先。古代非洲国家的土地崇拜与后殖民时期非洲国家的领土崇拜之间的对立难以调和。正如我们所知，从殖民秩序的最后遗产过渡到非殖民化，可能就是这个非洲国家与那个非洲国家之间的领土划界。那时的殖民地边界，如今已成为不同非洲政治实体之间彼此划定边界的参照系。每个国家都十分小心地维护着其继承下来的边界。肯尼亚对抗索马里，埃塞俄比亚对抗索马里，尼日尔对抗尼日利亚，摩洛哥对抗毛里塔尼亚，绝大多数前殖民

---

[1] Aime Cesaire, *Return to My Native Land* (Paris, 1939).

非洲国家都反对任何领土变更。祖先的幽灵和土地崇拜，完全笼罩在主权绝对律令和领土控制权的框架之下。

四

第二次世界大战是非洲历史的分水岭。存在一种广泛共识，即这场战争促进了非洲的政治解放。它助推了非洲国家的现代化诉求。但在经济方面，情况又如何呢？这场战争收紧了依附镣铐还是放松了束缚？它为经济独立奠定了基础还是为外部资本主义对非洲经济的更强大控制铺平了道路？

这场战争促进了非洲政治向现代国家的转变，部分在于它冲垮了欧洲国家对非洲各个帝国的控制能力。英国在战争中元气大伤，到战争结束时经济陷入绝境。法国受到德国的羞辱和打击。与欧洲国家相互厮杀后的经济困顿相伴而来的是，殖民地国家普通大众眼中的欧洲神话宣告破灭。突然之间，孟买老百姓发现，皇帝的现代科技外衣其实只是一个谎言——英国殖民统治是"一丝不挂"的。当印度人首先伸出手指戳穿英帝国谎言的外衣，其他世界各地的民众也都听到了消息。这就是为什么印度人最先反抗英国殖民统治的义举助推了非洲民族主义的觉醒。

在一个具体层面上，这场战争还降低了非洲人眼中的白人种族的地位。殖民地形势呈现出呼声震天的两大人性化的发展进程。殖民地非洲人原有的人的形象得以改善，之前他们的形象被认为一半是魔鬼一半是猴子。当他们往往被等同于孩子之时，他们原本就是成年人的事实被大打折扣。

另一方面，欧洲人曾经被刻画成超级长官或实际上的超人的形象。战争反过来使白人成为在非洲人眼中的普通人，因为黑人与白人在非洲之角、北非、马来亚和其他地区并肩作战。许多非洲人亲眼目睹了原本神圣的白人战死后被火化的场景，这改变了黑人眼中白人之前颐指气使的殖民精英形象。因此，非洲人作为人的印象，通过战争得以提升，不再仅仅是以前的魔鬼、猴子和孩子形象；白人作为人的地位相对降低，不再是以往的超人、雄鹰和上帝的形象。

这场战争的第三个影响，是拓展了非洲人的社会和政治视野，不仅对于参与战争者，对许多战争服务者亦是如此。收听有关海外战争新闻的广播，成为二战期间非洲人的时髦事儿。对于非洲大陆成千百万民众而言，二战可谓一次难得的走向国际化的经历。战争结束时，许多非洲人蓄势待发，准备发动自由和独立运动。

第二次世界大战还在政治上解放了非洲，因为战争结束以后，矗立在世界权力顶峰上的国家已经不是西欧而是华盛顿与莫斯科。这两个超级大国在某种程度上都具有反帝国主义传统，虽然两个超级大国都推行着另外形式的帝国主义。显而易见，二战以后苏联的崛起和美国的强有力地位，迫使欧洲国家向非洲独立运动妥协。西方国家对苏联的担忧时常滞缓非洲国家的解放进程，不过后来还是起到加速作用，因为西方人相信让温和的非洲人获得独立大有益处，尤其是有助于延缓和转移激进非洲派的威胁以及防止其落入苏联之手。

然而，尽管我们在提到非洲人时往往说，第二次世界大战实际上在政治上解放了非洲，但同样是这场战争，成为将非洲纳入世界资本主义体系的重要阶段。部分地出于战争需要，非洲农业被要求适应战时需要改而生产战时紧缺物资。在一些非洲地区，当战争所需的非洲生产的物资减少时，出现了经济萧条，非洲农业结构也由此进入一个遭遇出口歧视的新阶段。当今对于战争扭曲了非洲农业生产的争论依然不减。但发展非洲农业生产以满足欧洲需求的世界经济平衡原则，自此牢固地确立起来。战争进一步强化了这种状况。

这场战争通过另一种方式造就的进一步经济依附的基础，在于推动殖民政策发生了变化，即从维护非洲法律和秩序（不列颠治下的和平）的道义，转变为一种新的旨在加快殖民地发展和追求殖民地人民福利的帝国道义。为此，英国建立了殖民地发展与福利基金，以适应新帝国治理形式的需要。仅仅阻止非洲国家之间相互打仗，是不够的；仅仅控制不同团体和部落的群体冲突，是不够的；仅仅树立政治鼓动家榜样从而维持不列颠治下的和平的神话，是不够的；仅仅使用法律和秩序的口号，也是不够的。帝国权力是一种信任，一种服务于被统治的芸芸众生的使命。

欧洲人在非洲统治重心的转变，当然远远早于第二次世界大战。它是如此明确地表现在拉迪亚德·吉卜林1899年2月4日第一次发表在《泰晤士报》的那首臭名昭著的诗作《白人的负担》之中。[①]

[①] 吉卜林《白人的负担》原作共7段56行。作者原在本处引用第一段、第三段前半部分、第四段共20行。为说明本文主题，译者又增加了第二段和第三段后半部分。——译者注

挑起白人的负担吧
把你们最优秀的后代,送上征程
捆起你们的子弟,放逐远方
去满足你们那些奴隶的愿望;
等着!带上沉重的鞍辔,
去伺候那些慌张而又粗狂
你们刚刚抓到,还怒气喷张,
一半是魔鬼一半是孩子的土著老乡。

挑起白人的负担吧
坚守着耐心,
掩饰住恐惧
收敛起骄狂;
用公开而简单的语言,
不厌其烦地表白
我们在,替别人谋福利
帮别人争利益。

挑起白人的负担吧
为了和平,奔赴那野蛮的战场
向饥荒开战
终结病魔苦难;
当你的目标近在咫尺
别人的幸福俯首可拾,
小心那些愚蠢的懒鬼和异教徒
会让你的满心期望一无所得。

挑起白人的负担吧
打碎那庸俗而花哨的国王统治,
不再让农奴和清洁工一般的艰辛劳作
成为每日的巷议街谈。
那些你从未进入的港口,

> 那些你从未走过的道路，
> 用你的生命去开拓，
> 留下你的躯体作为踪迹。

迫切的发展需求，在这首诗词中暴露无遗。但在平衡问题上，直到第二次世界大战，作为殖民政策的一项迫切需求的发展，才成为一项真心实意的努力。农业发展领域的新项目得到更系统的实施，教育政策方面的新趋势很快也依稀可辨。实际上，黑非洲的主要大学都是在第二次世界大战以后建立起来的，它们中的很多是为适应殖民政策的新发展。

但是，这些发展势头本身，也进一步促进了非洲融入西方资本主义体系。殖民地发展与救济基金，经其自身方式既进一步加深了非洲经济对西方的依附，又有力地促进了非洲对西方的文化模仿。在发展方向上存在许多歧视，第一种歧视，就是上文刚刚提到的出口歧视。用于出口的经济作物生产，要优先于满足当地人生存的粮食作物生产。在非洲土地肥沃地区，大概有四分之一到三分之一的适宜耕地被用于生产这些作物，比如加纳的可可、乌干达的咖啡豆、塞内加尔的花生、坦噶尼喀的除虫菊以及肯尼亚的红茶。

经济发展过程中的另一种扭曲现象，是城市对农村的歧视。许多国家内部经济改革都是以牺牲农村利益而满足城市需求为出发点的。这就造成一个结果，即农村人口向城市大量转移。居住危机始终困扰着大批农村人口。年轻人奋斗一阵子，不久就扔掉农具，踏上高速公路，前往首都，寻找前途不明的命运。

第三种歧视存在于每一个国家，即次区域发展的不平衡。在一国内部，一些区域发展速度快于其他地区。这种发展不平衡的负担，本身就充满紧张和矛盾。例如，乌干达国内的布干达因为比其他地区发展更快，所以，不仅要求政府具备政策调控能力，还需要探求如何克服其他地区民众的嫉妒与不信任心理。布干达地区的人口不到乌干达人口总数的五分之一，却对整个国家的经济杠杆和政治前途具有统治性影响。现在，布干达这样一个地区的存在给乌干达的统治带来巨大麻烦，而乌干达若缺少布干达的支持，又将更难以维系统治。乌干达持续不稳定的原因一部分是因为种族冲突，另外一部分则是因为国内不同区域和团体的发展不平衡。

非洲历史发展进程中的第四个歧视或不平衡，出现在那些白人拓殖者定居或其一度控制的非洲大陆的某些地区。1938年，对非洲大陆投资总额

12.22 亿英镑中，有 5.5 亿英镑用在南非，另外 1.02 亿英镑投资在罗得西亚。这些国家在白人统治者的治理下在各自区域获得经济发展的较大成就，形成较之其邻国的发展优势。罗得西亚经济的发展影响到赞比亚、马拉维、博茨瓦纳和莫桑比克。

当肯尼亚还是一个殖民地国家的时候，其经济发展就已对邻国坦噶尼喀、乌干达以及桑给巴尔产生了巨大影响。南非现在已经成为非洲大陆南部的一个经济巨人，从而具备了收买朋友或压制敌手的多种能力。

非洲发展过程中的第五种歧视，源于资本主义。这方面可以通过研究非洲近期经济发展历史得以考证——融入国际贸易与资本市场，相信市场规律，崇尚经济利益，大兴私人企业，不信任国家干涉，倚重外国投资在经济发展中的重要价值。

五

非洲大陆经济变革历史上的上述五大歧视，部分地导致这个大陆处于缓慢发展的悖论之中：这是一个拥有丰富矿产资源和巨大农业潜力的大陆，但同时又是联合国公布的世界最贫穷国家最密集的大陆。直到 20 世纪 70 年代，"贫穷国家"与"不发达国家"这两种概念才可以互换。比如像南也门和坦桑尼亚这两个国家即贫穷又不发达。不过随着发展中国家相继勘探出大量石油资源，这一贫穷落后的方程式很快得以解开。实际上，所有第三世界国家都存在技术落后的现实，但只是它们中的少数处于贫困水平。

20 世纪 80 年代，人们很难想象沙特阿拉伯是一个贫穷国家。恰恰相反，这是一个石油储藏和美元储备极其充裕的国家，但与此同时，它还是一个最不发达的国家。沙特阿拉伯作为一个国家典型，代表着非洲作为一个大洲的情形。就资源储藏而言，非洲是世界上最富饶的地区之一，但当地居民的经济生活水平始终处于落后水平。其病理根源就是技术落后。一个相关的悖论是，平均到每一个人头上，最富有的非洲居民本身却不是非洲人。以人均收入计算，世界上最贫穷的人当属非洲本地人。当然，非洲大陆上既有白人百万富翁也有黑人百万富翁。但我们发现，在同样基数的人口里，白人百万富翁的数量远多于黑人百万富翁。这里的病理根源是分配不均。

第三个相关的悖论，非洲大陆一方面拥有极其丰富的资源，但另一方面又是如此碎片化，以致集中了世界上最多的贫穷国家。这里的悖论在于，一个富饶的大洲却包含数量如此众多的贫困国家。这里的病理根源是经济碎片化。

非洲资源的估量,总体上还是暂时的。世界其他地区储存的资源也有可能尚未发掘。但以下事实当属毋庸置疑:非洲拥有世界上非共产主义国家中96%的钻石,60%的黄金,42%的钴矿,34%的铝土矿,28%的铀矿。非洲的铁矿储量估计是美国的两倍,它的铬矿储量是苏联以外最为丰富的。20世纪70年代,美国锰矿需求的98%依赖国外进口,而其中将近一半来自非洲。

西方国家对非洲石油也产生了极大兴趣,部分原因可能是中东频发的政治动乱。如果尼日利亚在1973年加入针对美国的阿拉伯石油禁运组织,那么美国将陷入严重困境。截至1974年——对美国禁运的第二年——美国对尼日利亚的偿还赤字已达到30亿美元。两年以后攀升至50亿美元。现今美国对尼日利亚的石油进口依赖仍然明显。

其次是非洲的农业潜力。苏丹共和国是非洲面积最大的国家[①],在20世纪末之前有望发展成为非洲和中东的"最大面包篮子"。如果引入更加先进的灌溉技术将能全面开发这片本就肥沃的大陆。

再次是非洲的水资源,这里有世界上几条最大的河流。建设大坝和利用水力发电的计划才刚刚起步。在国内和公共场所利用太阳能发电,在这里还处于摇篮状态。不过必须清楚的是,非洲大部分地区终年都沐浴着充足的阳光。赤道线正好从非洲大陆中间穿过。非洲是唯一一个被北回归线和南回归线同时穿越的大陆。开发非洲的太阳能,曾经存在的技术困难已不复存在,因而可以成为重要的能源补充途径。如果把铀矿考虑进去,非洲的能源潜力将比现在更大。一个最近具备利用铀能的国家,就是法国的前殖民地尼日尔。

与丰富的矿藏储备、农业潜力和其他资源相对应的,却是一个令人困惑的事实:非洲是世界上贫穷国家数量最多的大洲。联合国公布的"最贫穷"国家,大多数也分布在这里,从上沃尔特到卢旺达和布隆迪,从索马里到坦桑尼亚。非洲拥有富饶的资源,与此不相对称的是,非洲人口中的相当大一部分每日都处于营养不良和毫无基本人权的处境。资源丰富与民众穷困,是一种极为异常的欠发展状况。一个主要的解释,在于非洲与西方世界跨越时

[①] 2011年7月9日,南苏丹宣布独立,苏丹领土面积减少到190万平方公里,少于阿尔及利亚和刚果(金)而位居非洲第三。——译者注

空的经济关系性质。而这种关系的一个主要阶段，正是第二次世界大战期间及其带来的扭曲性后果。

六

那么，非洲国家获得主权独立地位，有没有使得这一状况有所改观呢？非洲国家与前殖民国家之间的联系，以及非洲经济与国际资本市场间的联系，不时表现出严重错乱。那些对国际市场仓促打开国门的非洲国家，很快便苦恼地发现它们始终处在经济出血的局面。

有些联系是与某个非洲国家而不是前殖民地国家。莫桑比克与南非共和国的历史联系就是一例。每年都有成千上万的莫桑比克工人受雇于南非，前者换来大量黄金回报与外汇储备积累。另外一种经济联系的例子，比如马普托的马克思主义政权与比勒陀利亚的种族主义者政权间的经济交往，直到莫桑比克独立前才暂时中断，而几年以后便得以恢复。此后，鼓励南非对莫桑比克投资的可能性，与同样地增加与南非贸易往来带给莫桑比克政府的尴尬处境，都是历史延续性的组成部分。

因此，问题在于，一些非洲国家天真地认为选择社会主义道路就可以摆脱世界资本主义体系的束缚，但很快它们发现自己仍旧深陷资本主义体系，即使它们国内实施了社会主义或新社会主义政策改革。

一个原因，在于以下这个简单的事实：全球资本主义体系比批评家预想的还要顽固不化和伸缩自如。即使最大的社会主义国家苏联和中华人民共和国，也日益感受到世界市场的冲击力，到头来它们又不得不受控于资本主义及其经济交往规则。国际贸易多数发生于资本主义规则下的交流互动。世界交流的主要国际货币都是资本主义国家的流通货币。新的科技发明创造的中心大多集中于资本主义国家。世界经济的神经中枢同时也就是世界资本主义经济的神经中枢。决定推行社会主义政策的非洲小国，很快便发现它们仍旧是国际货币体系的奴隶，世界可可市场和黄铜市场的供应者，国际信用体系的遵守者，以及国际供需波动的适应者。奉行社会主义政策的加纳的恩克鲁玛，或坦桑尼亚的尼雷尔，亦没能跳出资本主义世界的影响。非洲的经济基础尤其脆弱，身处资本主义全球包围背景下的部分非洲社会主义国家从成立之初就处于风雨飘摇之中。这或许能够解释没有一个社会主义制度在非洲获得成功的原因，而相比之下，肯尼亚和科特迪瓦的资本主义模式却大放异彩。

　　非洲推行社会主义面临的一大困难，在于受到依附型资本主义与当地资本主义的双重影响。这实际上是一个程度问题而非一分为二的问题。依附型资本主义是这样一种类型，即便像科特迪瓦，也对资本、人员和专家有着不同程度的依附。因此法国对于科特迪瓦经济发展的重要意义，比最公正的观察家眼中的地位还要关键。所以科特迪瓦的资本主义比尼日利亚的资本主义更具依附性。

　　肯尼亚的情形介于两者之间。激进的非洲问题分析家过去认为肯尼亚的经济模式与科特迪瓦并无任何区别。但现在他们越来越意识到，肯尼亚的地方企业比起科特迪瓦的更加积极主动，更富有进取心，也更加独立。从社会主义的角度加以审视，问题将上升为哪一种模式更有可能坚定地走向激进的经济类型。

　　英国一位政治经济学家科林·利斯，几年前写了一本关于肯尼亚"新殖民主义"政治经济的颇具影响的书。①该书的核心观点是，肯尼亚资本主义属于"买办"形式。但不到三四年，利斯便开始忙于修正早期观点，他转而总结肯尼亚的资本主义比他最初分析的更具独立性。

　　非洲马克思主义的经典讨论是，与依附性资本主义的科特迪瓦变种相比，在内生型资本主义的肯尼亚变种和尼日利亚模式之间，哪一个更可能是通往社会主义的有效途径？西方历史经验告诉我们，当资本主义发展到成熟阶段后，若想驱逐它将是十分困难的。马克思主义者从19世纪就开始预言，英国等西方国家将会爆发社会主义革命，但马克思主义者至今还在等待。

　　另一方面，在资本主义刚刚起步并高度依赖外部因素时，最有可能成长转变为孕育激进主义的温床。像苏联和朝鲜，以及古巴和南也门，这些国家的政治演变历史告诉我们，依附型资本主义最后几乎无疑都走上了社会主义道路而不是本土（根深蒂固的）资本主义。

　　不过历史经验是一回事，理论又是另外一回事。马克思主义理论的经典论述也强调资本主义阶段是走向社会主义革命的必经阶段与前提条件。正如恩格斯所言：

---

① Colin Leys, *Underdevelopment in Kenya: The Political Economy of Neo-Colonialism* (London, 1975).

资本主义是……与无产阶级同样都是社会主义革命的前提条件。若有人敢说这种革命可以在没有无产阶级和资产阶级的国家里轻易发生，那么他就应当从头学习社会主义的基本知识。①

在这方面，肯尼亚显然比坦桑尼亚更接近于社会主义，因为较之于坦桑尼亚，肯尼亚的资本主义更发达，工人阶级更强大。同样地，南非共和国也比莫桑比克更适宜发展社会主义，因为南非处于相对更加高级的资本主义发展阶段，并且培养出更为强大的工人阶级力量，肯定比莫桑比克自我宣称的工人阶级构成更加纯正。

虽然争论者各执己见，这场论争还是影响了非洲的政治气候，特别像思想活跃的达累斯萨拉姆大学。人们开始讨论阶级构成的进程在非洲可不可以自动生成，或者这是否只反映了帝国主义力量的逐渐扩张？有一点毋庸置疑，即非洲无法撼动国际资本主义阵线，不管某个政权决定走不走社会主义道路。

七

西方国家给非洲设置的最大陷阱，是在这片大陆上牢固确立起国家体系，筑起一个个作为威斯特伐利亚遗产的政治和军事的主权城堡；新教伦理遗产则是无法阻挡的跨国资本主义，它不停地嘲弄国家主权原则。然而，国家遗产本身，在非洲可谓更加源远流长。

我们试图在本章探究从前殖民时期到后殖民时期的过渡历史的国家建构方面的三重遗产的两个层次。在第一个层次，国家建构的三重遗产包含土著遗产、非洲—伊斯兰遗产和西方遗产。土著遗产是以布干达人在欧洲影响到来之前的情况为例证。尼日利亚给人留下深刻印象的多元文化，从一个侧面代表了非洲—伊斯兰遗产的影响，而另一个侧面代表了土著遗产影响，还代表了与欧洲接触影响的开始。然而非洲—伊斯兰成分在非洲国家建构历史进程中发挥作用时并不一定同时伴随欧洲促进的因素。埃塞俄比亚人强烈反对欧洲基督教势力的入侵，殊不知它本身受到基督教影响的历史甚至早过很多欧洲地区，可以追溯到基督教产生不久后的公元4世纪。埃塞俄比亚的建国

---

① F. Engels, "Russia and the Social Revolution", *Volksstaat* (Leipzig, 21 Apr. 1875).

时间与基督教在其国内的传播时间是难以清楚区分的，就如尼日利亚这个国家，特别在北部，与尼日利亚国内的伊斯兰教难以区分是同样道理。不过，这些都在总体上受到 1648 年威斯特伐利亚体系的深远影响，该体系确立于欧洲三十年战争以后，显然是欧洲宗教战争和全球体系里主权国家大量涌现综合作用的结果。

我们同时试图展示这个三重遗产的另外一个层次——城邦国家、帝国与新的现代民族国家。卡诺和桑给巴尔等地，部分属于城邦国家类型。但是，桑海、加纳、马里和豪萨—富拉尼帝国、阿散蒂，或许还包括津巴布韦，代表了第二种帝国传统。第三种国家建构属于主权国家，它既是欧洲历史发展的产物，也是 1648 年《威斯特伐利亚和约》留下的遗产。

本章还试图指明前殖民时期非洲国家与后殖民时期非洲国家之间的不连续性。英国人一直努力充当"成年礼"主持者的角色，从前殖民时期向后殖民时期过渡的仪式。这个过渡的礼仪就是英国人在非洲实施的间接统治，它想利用当地人组建的政府机构作为殖民控制的工具，同时作为非洲人融入全球国家体系的中间过渡阶段。

但是，在最后分析从前殖民时期国家向后殖民时期国家过渡的时候，我们受到两个因素的困扰——规范性平等主义危机和领土所有权危机。规范性平等主义危机始于非洲的城邦国家和帝国，一方面，它们比非洲的无国家社会更不平等；另一方面，它们又不比那些新的、正在形成的民族国家更平等。布干达王国不可能比英国更平等；塞内加尔宗教领袖的地位肯定不及哪怕是 1789 年资产阶级大革命以后法国宗教首领的地位。

不过，区分前殖民时期国家与后殖民时期国家间的差异，不仅仅在于规范性差异和道德差异，还在于它们对土地作出什么样的反应。后殖民国家对土地有着一种神秘的顺从感，一种执迷于土地的美学和虔诚。这种虔诚存在于祖先、生者以及尚未出生的后人对土地共同心存虔诚的契约之中。土地是种植庄稼的地方，因此活着的人可以继续生存，未来出生的婴儿得以存活。土地又是坟墓，是祖先的安息之地，是生命肉体最后安眠与新肉体被激发的神奇地方。

然而，区分前殖民与后殖民国家的主要特征，并不是土地而是价值观。它是不同价值观与准则的冲突，以及价值偏好之间的差异。前殖民国家多数是不平等的，其思想渊源来自等级制、特权制和权力政治。前殖民国家时常开始建立于城邦国家，然后经过足够扩张以后变为帝国。

欧洲时代在非洲制造的其中一个最大讽刺，是欧洲人首先殖民化了非洲帝国，然后又通过这个过程解构了这些帝国。布干达确实被英国殖民，不久以后布干达控制其他东非国家的能力急速下降。英国人对非洲帝国的殖民，降低了对这些帝国的帝国统治能力。

类似情况广泛存于非洲其他地区。英国通过殖民豪萨—富拉尼帝国，消除了其帝国扩张的能力。英国通过殖民桑给巴尔，消除了桑给巴尔继续向坦桑尼亚和肯尼亚扩张帝制的能力。

独立以后，非洲社会的最大内部张力存在于平等主义原则与等级制度观念之间。平等主义原则具有双重渊源，即非洲无国家社会的价值观传统与欧洲解放主义和欧洲社会主义的价值观传统。非洲等级制度可以一方面追溯到前殖民时期的城邦国家与帝国，另一方面，又源自欧洲帝国主义与欧洲资本主义的不平等遗产。

国家体系不管其起源如何，也许没有理由不让位于一个更加仁慈与平等的全球体系。但与国家体系始终存在的同时，我们需要清楚非洲政治事实上包含了三重性和两个基本层次。它首先涵盖了土著文化、伊斯兰和西方主义三者之间的基本互动，而这基本互动又包含了令人苦恼的非洲政治进程中的城邦国家、帝国、民族国家之间的相伴相随的三重联系。

我们还尝试展示非洲困境中的经济层面，尤其是第二次世界大战后资本主义大举渗透的结果。它构成了非洲的经济牢笼。威斯特伐利亚国家体系特别强调国家化与主权化。而资本主义，在另一方面，绝对是跨国主义与整体融合的倡导者。非洲仿佛正陷入主权国家的领土属性与资本主义要求超领土属性的困境。

绝大多数非洲国家的经济已经全面融入由西方控制的全球经济体系。即便是少数选择社会主义发展模式的非洲国家，最后还是要面对无法跳出世界资本主义体系的现实。这一体系运作的规则源自资本主义发展历史进程中创造的一系列行为准则。在国际贸易中，每个国家都追求回报与收益的最大化。国际商业与贸易规则，加快国际经济交流的银行体系，用于货币市场与满足支付平衡的流通货币，这些都是资本主义经济发展的产物。像越南、安哥拉甚至古巴这类国家很快就深谙其经济发展的出路是在国际社会遵守并获得西方准则的合法性认可。越南与古巴目前尚未获得那种认可，但它们也在努力接受西方的善举，积极寻求通往西方商品市场与货币市场的出口路径。

这些事例再次表明，第三世界国家既可以在国内推行社会主义的政策安排，同时又能深度融合于国际资本主义体系。同样值得讨论的案例是，今日的坦桑尼亚不得不承认更加依附于世界资本主义体系，而不是1967年《阿鲁沙公约》宣称的新社会主义的改革试验。

独立后的非洲国家已经发现，它们仍需为非殖民化付出的最后一种努力，就是后殖民时代主权国家源自于殖民时期的边界问题；同时它们也发现，最后一件真正值得推进的可信的社会革新，就是义无反顾地加入世界资本主义体系。

第二十章 国际秩序中的伊斯兰

詹姆斯·皮斯卡托里[*]

毫无疑问，当今世界各地的穆斯林无不在重申伊斯兰教在其社会和政治生活中的重要作用。他们中的一些人不同意把那种过分强调伊斯兰的现象称作一种"回归"、"复苏"或"复兴"，因为对他们来说，这里的每一种说法，都是把已经不存在的东西错误地归为宗教信仰。他们更愿意宣扬伊斯兰是穆斯林精神的经久动力，不过他们也承认伊斯兰只是在近来才初具明确的政治意义。为何伊斯兰在过去短短的几年内变得如此重要？

一位西方作家对20世纪70年代"石油发展高潮"给予了很高评价。他认为这一新发现的人类财富催生了新的权力中心，主要如沙特和利比亚；开启了一位富有魅力领袖的政治进程，即霍梅尼领导伊斯兰世界的开始；赢得了为穆斯林注入生机与活力的机会。[①]上述观点看似合理，但其实有过于拔高之嫌，过分突出了在我看来不过是一个次要的因素。拥有大量财富无疑与激发活力是紧密联动的一对关系，不过伊斯兰复兴之原因却有着更深远和更长远的渊源。也许有四个方面的广泛原因。

第一，在1967年与以色列的战争中，埃及、叙利亚和约旦的失利，不仅大大挫伤了阿拉伯人的士气，也从根本上重创了整个穆斯林世界的士气。与外敌较量中接二连三的失败，深化并扩大了穆斯林的劣势感，尤其是与西

---

[*] 詹姆斯·皮斯卡托里（James Piscatori），著名伊斯兰问题专家，英国杜勒姆大学政府与国际关系学院院长、国际关系教授，先后任教于威尔士大学、牛津大学、阿伯里斯特维斯大学、澳大利亚国立大学和约翰斯·霍普金斯大学，著有《政治进程中的伊斯兰》（1983年）、《亚洲穆斯林国家的国际关系》（1986年）、《民族国家世界中的伊斯兰》（1986年）、《伊斯兰原教旨主义与海湾危机》（1991年）、《中东的伊斯兰、伊斯兰主义者和选举规则》（2000年）、《穆斯林政治》（与戴尔·埃克尔曼合著，2004年）。——译者注

① Daniel Pipes, "This World is Political!!" The Islamic Revival of the Seventies, *Orbis*, xxiv (Spring, 1980), pp. 9 – 41.

方的技术差距。战败也显示出纳赛尔主义的空洞无力，而它曾经被奉为阿拉伯问题的万应良药，激发人们探索更加有效的指导思想与发展路径；迫使人们开始反思他们所信奉的基本原则。许多穆斯林得出结论认为，他们应该拥有更好的现状，如果上帝免除他们的苦难，如果他们能重新夺回圣城耶路撒冷的话。耶路撒冷的陷落，点燃了伊斯兰人的怒火，促使世界各地的穆斯林加快寻找现代身份认同。

第二，现代化在这些伊斯兰发展中国家处境艰难，因此导致民众转而诉诸古代象征和仪式，以求得心理慰藉和部分归宿感。伊斯兰社会，像所有发展中国家一样，与农村居民迁往城市以及过度城市化的影响发生冲突。新兴中产阶级厌烦于遵守旧式的老套思想，急于寻求更有效率的政治治理模式；西方的建议和模式被想象成是更高效、更有前途的仿效对象。

人们当然首先想到伊朗国王的例子。他开启的急速现代化进程自然地打破了原有的社会均衡，并且促使人们感觉伊斯兰世界的乱象。人们在迷茫之际，觉得真正安全的停泊港湾还是伊斯兰的价值观；人们熟悉旧有的传统，而伊朗国王新近推行的政策，诸如解放妇女、重新分配土地、依靠美国技术以及限制毛拉的权力，所有这些在穆斯林民众眼里都是稀奇古怪的，甚至充满威胁。新的改革政策究竟能否使民众受益，这根本不重要，虽然一些改革收到成效；真正重要的是，这种改革扰乱了民众传统的生活方式，却没有相应地迅速带来好的转变。改革的结果不会受到大土地所有者的支持，因为他们本来的优越地位正在削弱；技术专家也不欢迎，因为他们认为自己没有获得应有的财富与地位；农村穷人也不喜欢，因为满怀对美好未来的憧憬奔向城市，最后几经周折却发现根本不存在改变命运的机会。然而，伊斯兰的反击并未如我们所想的那样如期而至，因为穆斯林不能接受的是现代化本身，而非不能接受现代化改革的成效。

虽然现代化面临的问题在富油国伊朗可能过于极端，但类似情况不同程度地普遍存在于其他伊斯兰世界的国家中。伊斯兰并非与生俱来地抵制现代化的发生，虽然大批信徒对西方持怀疑态度。穆斯林获得的坏名声——这种提法也非完全不恰当，是由于公元10世纪以来居于统治地位的教规对于传统的仿效或因循（泰格利德，taqlid）的强调。根据这个概念，穆斯林信徒必须严格遵守伊斯兰信条，所有类型的创新举措都被视为违反上帝的旨意。这显然妨碍了穆斯林进行独立判断或教法创制（伊智提哈德，ijtihad）的权力，从而不能通过将宗教信仰与不断变化的环境进行结合而思考问题。但自

19 世纪以来，在穆斯林中间达成了一种日益明晰的共识，即人们有可能进行教法创制和质疑先例的适用性。这意味着伊斯兰教规并不是许多人所认为的冰封不化；虽然它的基本教义不能改变，因为它属于启示性教规，但却可以做出解释和调整，使得法律可以与时俱进。

正是由于存在上述灵活性，许多穆斯林知识分子呼吁制定一项伊斯兰发展战略，以抵制他们所认为的不合时宜的西方化发展模式。虽然没有多少穆斯林赞同所谓的伊斯兰战略的含义，或事实上是指"伊斯兰"的真正含义，但几乎所有人都认为经济和社会应当"国家化"或"重归传统"，也就是说，正确的伊斯兰价值观应该包含发展计划。寻找总体共识的努力注定不会成功，即便这种总体思想始终不乏吸引力。但是为克服经济社会发展后的道德沦丧与秩序紊乱，穆斯林也在积极寻找他们的解决办法，他们竟令人吃惊地达成了这样一种共识：西方模式事实上是问题产生的主要根源，而伊斯兰教义是解决问题的有效办法。

第三，重视伊斯兰教的原因还在于伊斯兰社会深陷现代化危机。对于绝大多数穆斯林来说，不管身处发达国家还是发展中国家，都对这个世界越来越不强调家庭忠诚观念，并认为清真寺与生活毫不相干而感到极其困惑。在过去的一个世纪里，见证了个人地位在文化传统里的显著转变——个人对家庭的依赖程度降低了，父母在孩子面前的权威降低了，妇女获得解放，神职人员的权威日渐遭受质疑。但现代化更是以损失个人价值信仰为代价的："在经历过去 50 年的令人头晕目眩的历史发展以后，世界变得越来越奇怪，人们变得越来越轻浮。"[1]确实，人的生命之中缺少了某种东西的提法成为"世俗不满者"的主要怨言。[2]而更多人开始试图从宗教里寻求"我是一个现代人吗"的答案，但是，"究竟什么样的人才算是一个现代人呢？"

关于身份认同的概念，公认的主流观点是个人倾向于融入而不是压制某个群体的状态。就如丹尼尔·贝尔所言，"我认为认同的深层意思是经由特定的融入仪式，达成过去和未来成员彼此间稳定的团体关联"。[3]因此，皈依宗教就是自然而然的，因为它向信徒提供了道德联系和共同世界观。在这个

---

[1] V. S. Naipaul, *Among the Believers: An Islamic Journey* (London, 1981), p. 285.
[2] James Finn, "Secular Discontents", *Worldview*, vol. 24, No. 3 (Mar. 1981), pp. 5–8.
[3] Daniel Bell, *The Cultural Contradictions of Capitalism* (London, 1976), p. 170.

方面，信仰来世的基督教徒或头戴面纱的穆斯林，实际上反映的是同样的社会现象。然而，伊斯兰提供了一种更强有力的融合仪式，因为它培养出其信徒对乌玛（信徒群体）的狂热的奉献精神，它宣扬先知和哈里发团体为"开放社会"的范例，[①]以及它形象地宣扬修行成功者能够具备死后超度时间与空间的超凡力量。

第四，这些社会的政治发展条件倾向于放大伊斯兰的重要作用。因为大部分伊斯兰社会的组织机构相当滞后，并且受控于未经选举的统治者，所以这些人自然希望找到一种让自己的统治看似合法化的说教。伊斯兰很轻易地具备了这种功能，因为其教义内容的模糊性易于操纵，民众更多时候是把伊斯兰教当作一种鲜明的标志。随着社会发展计划目标的破灭或遭遇挫折，领导阶层庆幸地发现伊斯兰教对于民众精神的巨大吸引力。这正是马来西亚不久前发生的事情，其政府日复一日地强调其宗教特性。

不过，正如伊斯兰可以用来证明合法性那样，它同样也能用作表达反对声音的途径。种种迹象表明，对伊斯兰的这方面利用也在呈上升势头。部分原因出自伊朗的带头作用，但也因为在许多国家缺少正规的政治表达途径，从而使伊斯兰成为展示政治立场的便捷渠道。政府对于以伊斯兰名义表达政治主张的团体不敢轻易进行镇压，因为他们需要显示自己的宗教正统形象，或者需要从某个伊斯兰"资助人"——如沙特阿拉伯——那里获得援助。不管出于何种原因，许多伊斯兰组织可以批评其政府行为，即使是以谨慎小心的方式。这正是阿尔及利亚现在发生的，那里的伊斯兰团体充当了影响政府政策而非取代政权的施压机构。

伊斯兰本身拥有极易引起争议的政治中心，有产者与无产者之间、压迫者与非继承者之间存在明显界限，前者包括大土地所有者与城市中产阶级，后者包括农村穷人与城市移民。政治不仅变得日益多元化，而且充满缺陷，因为所有人都卷入了一场双重的期待"革命"：农民渴望拥有城里精彩炫目的生活，专业人员和知识分子则追求更高水平的城市生活。下层失意阶层的革命期待引人注目，因为有很多城里人和农村人，在节奏快速、分配不均的社会里找不到任何慰藉和希望。对于生活在农村的穷人而言，守护传统的忍受煎熬信念，成为抵挡纷杂又无意义价值观的自然反应；对于生活在城市的

[①] Dante L. Germino 以及其他学者对此进行了广泛研究。其中一个，参见 Germino, *Political Philosophy and the Open Society* (Baton Rouge, 1982)。

穷人而言，强调伊斯兰成为缓解生活在边缘地带的苦痛与耻辱的一剂天然良药。对于这两个群体，他们有充分理由相信，就像在伊朗和埃及，专业人士、达官贵人和技术人员属于处在新兴中产阶级地位的压迫者，这些人利用伊斯兰作为赢得民众支持的战术手段，而自己却沉迷于国外的生活方式与价值观念。不满声音甚至也来自伊斯兰的现代主义者，他们声称试图促使伊斯兰与现代世界相适应，摒除杂陈或者至少不违背世俗统治的基本原则。在此情形下，现代主义者将会丧失对传统主义者的主动，印度尼西亚马斯友美党败给了伊斯兰教师联合会就是典型的现实例子。①

我们很难进一步做出更深入的归纳，因为伊斯兰活跃的原因就像伊斯兰国家本身那样纷繁多样而又各具特点。以上我所总结的四大原因，足以提供基本的依据，使我们思考是否将有可能发生重要的革命性变化，以及这些可能的变化经过日积月累，是否会在现实和思想两个方面对我们今日所知道的国际秩序构成威胁。

国际关系面临的挑战

自从伊朗发生伊斯兰革命以后，对伊朗这个国家新闻评论的标准面貌便是它的反西方立场。看似极端，实则正常，当每日听到伊斯兰世界强烈谴责西方的邪恶，看到国际会议协调机制被嘲笑愚弄之时，我们很容易联想到中世纪式的春天。所有伊斯兰世界展现给世人的画面都是令人厌恶的，当今的"穆罕默德"对世界着实是个威胁：它在商品交易中的作用胜过没药树，使用的武器力量强过半月弯刀。

不过国际关系领域的精明观察家会说并不存在铁板一块的伊斯兰，更不要说反对西方的伊斯兰整体。伊斯兰已经成为国教，催生了许多穆斯林，正如穆斯林占多数的国家那样。在这种情势下，伊斯兰思想掺杂着具体的国家利益，因此我们不再可能见到某个穆斯林政治家的优先目标是推翻西方基督教的入侵。卡扎菲的政策，许多人怀疑其坚定的伊斯兰好战派形象，但就本质而言，他可能根本就不是伊斯兰的，而是纯粹好战的。

---

① 参见 Mohammad Kamal Hassan, "Contemporary Muslim Religio - Political Thought in Indonesia: The Response to 'New Order Modernization'"，未刊博士学位论文，哥伦比亚大学，1975 年。

不稳定状态

如果说伊斯兰对当代国际秩序构成挑战的话，那就表现在导致关键国家的政治秩序的不稳定。这方面的一个例子，就如伊朗，它推翻了旧政权，却没有代之以有效地组织起具有广泛群众基础的社会秩序。埃及与苏丹也是另外两个潜在的例子。人们对这些国家内部政治动乱深感担忧的是，它们特殊的战略位置、领土辽阔和自然资源，不论对于东方还是西方，都具有重要的战略意义。既然上述三国最近都已加入西方阵营，难以理解西方的政策制定者为何依然对伊斯兰运动可能导致政治天平倾斜至苏联保持高度警觉。

伊斯兰可能扰乱政治秩序的另一种方式是打破多民族的社会形态。我们再次以伊朗为例。库尔德人长久以来希望建立自治的——如果不是独立的——政府，它们主要是逊尼派，与绝大多数什叶派伊朗人的政治立场不同。一个更为突出的事例是苏联，其国内加上中亚共和国，总共拥有四千三百万穆斯林和前穆斯林。但没有迹象表明多民族的苏联帝国行将乱作一团，而更多观察家开始思考伊朗霍梅尼革命可能只是加速了业已存在的内部解体进程。确实，我们可以轻易找出几个原因说明为何伊斯兰扮演了解体的角色。比如，苏联境内的穆斯林越来越意识到伊斯兰世界发生的变化，正因为如此，（官方伊斯兰机构的）穆夫提与国外的伊斯兰组织开始频繁接触。当然还有其他一些接触：身在阿富汗的苏联穆斯林战士与当地的伊斯兰自由斗士（圣战者）爆发了严重冲突。另一方面原因，自从1917年十月革命以后，逊尼派与什叶派之间出现了融合趋势，主要通过缩小苏联伊斯兰阶层与其他伊斯兰国家处境的差距得以实现。此外，苏联穆斯林在经济发展和社会地位上逐渐落后于苏联俄罗斯人，与此相伴的却是穆斯林人口的快速增长；因此，这部分人的心存不满便可想而知。

更重要的是，还有一些非常活跃的"平行"伊斯兰教派，包括苏非教派、兄弟会等，它们也在以惊人的速度招纳信徒。据一份报告显示，在车臣印古什和达吉斯坦，这类教派人数达50万之众，有位专家称其为"生活在地下社会的被苏联法律禁止的一群奇异的人"。至于苏非教派壮大的另一个标志，同一位专家指出，"现在，秩序结构严密的苏非教派成员，不只包含革命前的那些山区农民或穷困工匠，而且还包括人数不断增加的产业劳动者和专业技工。"①兄弟会的功能作用也在增强，它们如今积极参与《古兰经》和阿拉伯语的教授，将保留下来的一些清真寺转升为官方认可的寺院，进行一些与现行宗教宣传机构相对立的教义思想的宣传，如部长会议的宗教事务委员会及其四个地方直属宗教机构。

尽管如此，其他观察家们也有充分理由指出其他一些导致潜在社会动乱的因素。首先，有人可能争辩说，苏联肯定不会——而有些人则怀疑——有意在伊朗这样的政治秩序不稳定的国家最大程度地增强其影响；这几乎不可能是一场零和游戏。也没有证据显示如果某一个伊斯兰团体一跃而成为政治主导力量，结果会符合某一个共产党国家的利益。其次，我们不应低估苏联中央权力机构镇压异己以及吸收潜在反对派的双重能力。有人还会争辩说，呼吁国家统一可能收到良好反应，尤其是以国家公敌为由的宣传策略，中国正是通过这样将宣传口径指向国内相对少数的民族。然而，癫狂的现实表明，一切皆有可能发生。至少对伊斯兰教而言，有一点是确凿无疑的，其独特的意识形态和运作方式，保留了充分破坏世界政治交汇点的政治秩序的巨大潜力。

重组

我们仍然在思考穆斯林世界里的骚乱是否会直接指向当代国际关系的重组。尤其是，如果听从传统派的一面之词，我们将断定穆斯林开始向现存秩序的基础民族国家发起了大规模进攻。在共同目标的吸引之下，穆斯林希望革新宗教团体，实现先知追随者曾经在麦加和麦地那建立的宗教制度模式。反对者将矛头指向古兰经提到的镇压信徒中的异议者，以及批评缺少净化那些离群而居的穆斯林社群的有效方法，以响应上帝要求建立一个伊斯兰共同体的旨意。②这将进一步整合宗教团体关系，按照他们的说法，使得一个类似伍麦叶王朝、阿巴斯王朝和奥斯曼帝国时期的大联盟成为可能，可惜它被帝国主义干涉和殖民制度设计所破坏。其实，正是西方人首先将混乱强加于穆斯林世界，并且强行植入纯属人为的政治和民族分离。这种分裂是如此深

---

① Alexander Benningsen, "Muslim Religious Establishment and Muslim Religion in Soviet Union", 英国外交部《苏联统治下的中亚问题研讨会》未刊论文（London, Apr. 9-10), p. 12.

② 参见 Koran, iii. 106; viii. 47.

刻,早先几代人受到如此明显的操纵,以致连当代穆斯林政治学家也只知道遵从民族国家范式。[1]这种特殊的传统主义思想也反映在伊朗革命中,开启新时代的持枪起义者们除了伊斯兰没有其他的效忠对象,除了穆斯林也不存在其他的身份认同。他们中的大多数人,脑海中只有一个模糊的关于未来社会结构的图景,不过唯一清晰的就是未来将诞生一个跨国联盟。

不过鲜有迹象表明这种转变已经发生。首先,当前没有哪一个伊斯兰组织是以取代民族国家为奋斗目标的。这其中最重要的组织之一伊斯兰会议组织(OIC),以"增进伊斯兰民众之间的友好与团结"(序言)为目标章程,但没有提出促进成员国间的"相互合作",而是将"不干涉成员国内部事务"和"尊重成员国的主权、独立和领土完整"(第二章)奉为基本准则。即使有国家试图改变章程,加入增进团结的条款,伊斯兰会议组织的短暂历史必将面对在严肃议题面前的激烈的反对局面。

事实上,这里包含四个方面的问题。第一,存在一个最重要且永恒的身份认同问题,即何谓伊斯兰。不同国家对伊斯兰的理解存有巨大差异,例如,突尼斯人与摩洛哥人对伊斯兰的不同解读,塞内加尔人与阿曼人对伊斯兰的不同解读,同样地,土耳其人与其他所有国家对伊斯兰的解读都不同。第二,不同国家对世界政治的定位存有差异。例如,阿尔及利亚人倾向参与不结盟运动,而利比亚人的兴趣刚好相反,它强调应将伊斯兰运动放在首位。伊斯兰国家对两个超级大国的态度也发生了变化,尤其在苏联入侵阿富汗后,第三世界对美国的态度也不再如先前那样步调一致。第三,在涉及"伊斯兰"议题的政策制定时经常问题浮现,比如在是否支持菲律宾的穆斯林分裂主义者的立场分歧。在此问题上,利比亚鼓动做出坚定支持的承诺,而马来西亚担心那么做会令自己在东南亚国家联盟里树立一个劲敌。早年在伊斯兰激进派与保守派之间存在对巴勒斯坦民族解放组织支持程度的分歧,在阿拉伯国家与非阿拉伯国家之间存在是否维持与以色列外交关系的争议。第四,在基本的和严肃的政治问题上,态度差异明显的国家对于合作的不同看法。埃及人与叙利亚人的互相敌视只会让伊斯兰会议组织的各场讨论付诸东流,当然,伊拉克与伊朗的分裂连同它们各自的支持者对伊斯兰会议组织的效率肯定不会产生积极影响。

除了机制发展过程中存在的问题以外,跨国伊斯兰集团之所以不能出

---

[1] Kalim Siddiqui, *Beyond the Muslim Nation States* (London, 1980), pp. 10–11.

现，还有第二种原因。当然，大部分穆斯林都已接受民族国家的现实。但保守主义或传统主义的批评家则认为这是扭曲的教育和混乱的价值观影响的结果，一个事实就是即便是发生在伊斯兰文明内部的价值改变都是极其困难的，推动变革只能是妄想，分辨陈旧的土著文化与新鲜的外来文化倒是可能的。这个文化适应进程之所以如此，恰恰是因为它搅浑了思想的清水潭，导致现实世界发生的所有事情都难以分辨，穆斯林的思想变得懒散懈怠。

伊斯兰文化改变开始的最初动力来自19世纪西方列强的全面入侵，接踵而来的是它们第一次败于非穆斯林之手。大败于西方的冲击，深刻改变了穆斯林的世界观，足以让很多人怀疑伊斯兰在这个奇异的技术世界里的适应能力，部分人开始对征服者宣扬的自由思想理念大感兴趣。一部分人模仿欧洲人，逐渐异化为世俗主义者，但更多一部分人选择坚守伊斯兰教义的基本准则。这部分人群，我们称之为现代主义者，他们强调伊斯兰义务，倚重分析原因而非刻板地依赖僵化的信条，强调依靠独立判断改变处境而非盲目照搬古人的做法。在上述创新思想的指引下，他们最终接受了民族国家理念，尽管只是大致接受和被动接受，但却是不得已而为之，因而失去了对更高层次的伊斯兰联盟的追求冲动。毕竟，《古兰经》教导信徒"全身心投入到你的国家和部落中去，以便增进相互了解"[①]，还教导信徒"勿要彼此分裂不和"。[②]对于多数现代主义者，《古兰经》的教诲更像是信徒必须保持团结（塔达穆恩，tadamun）的训令而没有结合成联盟（伊提哈德，ittihad）的旨意；遵循这种教诲是减缓始终存在的多元化冲击的有效途径，对他们来说，国际体系不过是关于当前世界的一种表述。

当今的时局动荡是多种复杂原因造成的结果。特别是，我们不能忽视那些穆斯林很早以前认为现代主义者毁坏了伊斯兰，同时认为民族国家的发展结果将是不可避免也是众望所归。对某一观点做出精确衡量几乎不可能，让人确信的在目前这个复兴阶段持有上述观点的人不在少数。但其他一些复杂因素也得考虑进去。在当前的混乱形势下，要想区分现代主义者和传统主义者不是件易事；实际上，也不能断言所有主张将伊斯兰基本教义作为当代生活中心的传统派秉承同样的政治立场。今日所有的伊斯兰都持有与过去不同的立场，这反倒使现代派与传统派的思想更为接近；甚至霍梅尼这等人物，

[①] Koran, xlix. 13.

[②] Koran, iii. 103.

虽然他在若干场合表现出号召伊斯兰统一的政治立场，但大部分情况下他的行为和言论还是表明其民族领袖的角色。再者，让人费解的是，即便那些批评民族主义的穆斯林也拥有着近似于民族主义的立场。他们指的是建立一种包罗一切的国家，还是指一些伊斯兰国家，或是建立一种结构松散、概念模糊的伊斯兰秩序呢？①总之，怎样才能满足某一个伊斯兰国家的宪制要求呢？

在可预见的未来，大部分的穆斯林可能都不会同意其他变革，除了改变他们已知的民族国家结构。不管最终的目标怎样，当前争论集中于如何重新建构国家模式而非取代民族国家。很可能的情况是，甚至绝大多数对这些事务怀有兴趣的传统派，都会适应民族国家的概念和现实：他们要么认为这并不是一个错误的概念，要么是为了反殖民斗争的逻辑，要么纯粹是出于惰性。在这个意义上，可能会出现这种情形：绝大多数相关的穆斯林都会要求放弃他们那些效仿美欧政体模式的政治制度，但他们不会抨击民族国家本身。伊斯兰化的问题，是真正指向内部而非外部的，其核心是社会公正，而不是体系重组。

游戏规则

即使我们承认大多数穆斯林知识分子并不赞成将乌玛社会作为可预见未来社会形态的一种替代，但我们仍然怀疑穆斯林国家是否情愿参与当今国际秩序。这个疑问早就存在于伊斯兰的国际关系理论之中。②

阿巴斯王朝时期的法学家为我们清晰地描绘出伊斯兰视野下的两分世界。世界分为异教徒地区（战争之地）和信徒家园（伊斯兰之地）；前者是战争的世界，后者是和平的世界。有些学者认为，在这两者之间，还有一个中间地带，它与伊斯兰世界也保持着和平关系；但总体来说，中世纪的伊斯兰世界观是一个直接的两分世界，伊斯兰世界勇往直前地不断扩张，直到最终完全解放另一个世界。扩张的手段还包括鼓动、劝说、帮助和打击非穆斯林。

因此，不时打击异教徒成为每个穆斯林的义务，但伊斯兰"圣战"（吉

---

① 参见 G. H. Janson, *Militant Islam* (London, 1979), esp. pp. 172–187。

② 参见 Bernard Lewis, *The Middle East and the West* (New York, 1964), pp. 115–140；并参见 AddaBozeman, *The Future of Lam in a Multicultural World* (Princeton, 1979), pp. 50–85。

哈德，jihad）的含义远非十字军东征或神圣战争那么简单。"圣战"源于"奋斗"一词，它表现为两种形式。"广义的"圣战包含行善与规避邪恶，实现安拉的道德训令；"狭义的"圣战主要指与异教徒作战。同时，"狭义的"圣战始终包含防御与进攻两个方面。《古兰经》告诫处于斗争中人必须进行战斗①，但也劝诫穆斯林信徒"如果没有骚乱和压迫就应当停止战斗"。②此外，一个事实是，圣战往往针对"《圣经》的信奉者"（有经人，ahl al-kitab），主要是指犹太教徒和基督教徒；同时，伊斯兰还以极大的狂热对多神教徒、叛教人和异见者进行圣战。向非穆斯林的一神论者开战并非不可避免，只要后者遵照规定向伊斯兰社群纳税，并同意遵守歧视性条款；这样，他们就成为受保护的异教徒（迪赫米，dhimmis）或受保护民。

虽然伊斯兰的目标是实现超级和平，③但也存在暂时性的规定，即在穆斯林没有消灭战争地区以前，存在各种形式的和平状态。最后的和平状态之所以可能，在于穆斯林寻求停止战争，因为他们暂时处于力量劣势，正如他们在麦加—麦地那战争初期寻求缔结《胡代比亚和约》一样。他们也可能在敌人请求和平时，暂时缔结和约，④但是，这个战争的间歇期能维持多久，却没有明确的训示。另一个争议是关于伊斯兰是否可以保持中立，⑤但有人指出一种事实上的中立法律，形成于穆斯林与塞俄比亚、塞浦路斯和努比亚的特殊关系之中。⑥

然而，伊斯兰社会根深蒂固的思想与当代国际秩序理论只有微不足道的共同特征，因为在它那里并无条款明确规定非宗派领土划界标准、所有政治单元一律平等原则以及重要的国际和平规范。我们能否得出结论认为，由于背负着沉重的思想包袱，穆斯林将不能顺利地找到通往现代国际关系迷宫的道路？这是许多人的结论，他们觉得，用另一个比喻说，穆斯林怎么也不言语，只是整日背诵经文俱乐部成员的誓词而不交纳会费："这些关于伊斯兰的刺耳言论，虽然承认人类平等原则和国际关系对等互惠原则，但不过是毫

---

① *Koran*, ii. 190.
② *Koran*, ii. 193.
③ *Koran*, xiv. 23.
④ *Koran*, viii. 61.
⑤ 大部分争论集中在关于《古兰经》第四章第 90 页的不同理解。
⑥ 参见 Majid Khadduri, *War and Peace in the Law of Islam*, (Baltimore, 1955), pp. 251 – 267。

无理由与不负责任的口号。"①然而，这个结论是不公正的。有两点理由。

第一，它高估了文化对国务家的思想和行为的影响力。穆斯林国务家，与所有国务家一样，其行为只受控于冰冷的国家利益得失计算而非对思想观念的激情承诺。表现在某些事例上，像海洋法，伊斯兰不提供命令指导，所以对他们的思想毫无影响。但即便某些伊斯兰国务家突然决定凭主观直觉行事，比如对共产党国家态度的转变，穆斯林绝对像其他任何人一样根据事情本身来考虑其决定。环境因素的力量，换句话说，穆斯林由于处在"后威斯特伐利亚秩序"之中，就不得不与其他国家友好相处。伊斯兰优秀的思想遗产让人没有理由怀疑他们这方面的应对能力，或主观臆断伊斯兰缺少像其他国家那样能在国际舞台大谈国家交往应遵循平等互利原则的政治领导者。突发于伊朗的绑架美国外交官事件，实际上是一场革命政治而非伊斯兰引导的结果。

第二，有人提出所谓穆斯林不按公认游戏规则行事的观点，对伊斯兰也是不公平的，因为这低估了文化的适应力。正如绝大部分穆斯林接受了民族国家的思想那样，绝大部分也接受（并关心）作为现代国际法之基础的各种思想。当然，穆斯林必须适应并缩小其行为与思想之间的鸿沟和冲突，不过，不同于人们通常所认为的那样，他们业已展示，他们其实可以相对容易地做出改变。这个过程主要通过发现和声明国际法原则与古兰经思想之间的天然联系。"有约必守"原则（pacta sunt servanda）正是伊斯兰教尊重合同之义务的一种翻版。他们有时还会使用隐喻联系：如果说"情势变更"原则（rebus sic stantibus）与广义上的伊斯兰商业交易方面的公平原则不完全一致的话，那么至少它们是相似的，因而也是可以接受的。他们最终欣然接受和平共处思想，因为他们认为经典著作所讨论的和平，显而易见是超越时空而存在的，所以不能不将其纳入当今价值标准之中；经常人为地拿自己与外人进行比较，对伊斯兰信徒来说似乎是自然而然的。所以，我们不能得出结论说，穆斯林领导人会立刻反对当代国际秩序的绝大多数原则，认为这些原则是外部强加的，或在思想上是不纯洁的；恰恰相反，他们已经消化了这些原则。

但是，这并不等于说，穆斯林接受了当代世界秩序的全部，或者说，伊

---

① Rudolph Peters, *Islam and Colonialism: The Doctrine of Jihad in Modern History* (The Hague, 1979), p.140.

斯兰没有提出改革秩序的任何要求。许多穆斯林国家在接受人权法案时存在相当大的困难，尤其反对《世界人权宣言》及其后续文件的某些条款，因为它们没有考虑伊斯兰教关于妇女地位和改变宗教信仰之自由的敏感性。这些方面的不可剥夺之权利的语言，扰乱了穆斯林所崇信的所有不容置疑之权利均属于安拉的观念；无论如何，安拉关于妇女和宗教神圣性的教导，比一部国际公约的任何条款都更有说服力和令人满意。他们还认为，伊斯兰可以作为寻求建立一个更加公正的国际经济秩序的道德指导，因为它将保护个人财产与尊重所有公民财富有机的联系起来。[1]有些人觉得，伊斯兰完全能够在建立新的世界共同体的过程中发挥关键作用，[2]但是，这种积极的贡献，一如其发挥的不稳定作用那样，仍有待观察。与此同时，伊斯兰正以一种相对轻易的方式与当前的主导秩序发生着互动。

---

[1] 参见 *Islam and a New International Economic Order: the Social Dimension* (Geneva, 1980)。

[2] 参见 Marcel A. Boisard, *L' Humanisme de l' Islam* (Paris, 1979)。

第二十一章 苏联与第三世界
——从反对帝国主义到对抗帝国主义[*]

理查德·洛温塔尔[**]

沙俄是旧的欧洲体系之内的一个公认的强国，也是其中最东边的、最"落后"的成员；俄国斯拉夫派思想家在反驳"西方化"对手时，常常强调他们所认为的俄国作为欧洲和亚洲之间的中间国家的地位，无论在文化上还是在地理上。此外，在政治和思想领域，列昂·托洛茨基曾这样评价道，"我们处在伦敦和印度的中间"。[①] 因此，似乎自然而然地，1905 年俄国革命以及此前日本大败沙皇政权的战争，直接激发了许多国家的民族主义革命和现代化革命的爆发，如 1906 年的波斯革命，1910 年的中国革命，以及印度民族主义的觉醒。

列宁很早就认为，亚洲蓬勃发展的新民族主义革命运动，即使他认为其中一些属于"资产阶级民主革命"，可以成为俄国及欧洲无产阶级在反对各大列强统治阶级的斗争的同盟。在其写于第一次世界大战期间的名著《帝国主义是资本主义的最高阶段》一书中，列宁指出了这个未来同盟将要面对的共同敌人：欧洲与美国的垄断资本家，这些人交织渗透于工业和银行业，他们不只控制自己国内的工人阶级，而且唆使资本家们盘剥压榨殖民地与半殖民地人民，并且通过持续不断的战争扩大殖民掠夺范围。列宁在书中得出的结论指出，欧洲及俄国无产阶级革命胜利之日，便是殖民主义丧钟敲响

---

[*] 本章的一些观点，源自本人早期的一本著作 Richard Löwenthal, *Model or Ally? The Communist Powers and the Developing Countries*, 尤参见"导论"及"跋"两个部分。

[**] 理查德·洛温塔尔（Richard Löwenthal, 1908—1991 年），德国资深记者和政治学家，曾任教于柏林大学和海德堡大学，著有《世界共产主义：一种世俗观念的崩溃》（1964 年）、《模范还是盟友：共产党国家与发展中国家》（1977 年）、《社会变革与文化危机》（1984）等。——译者注

[①] 转引自俄文版《托洛茨基文集》（*Sochineniya*, xii. 104）, in E. H. Carr, *The Bolshevik Revolution*, vol. iii (London, 1953), p. 231, n. 1.

之时。

当布尔什维克夺得俄国政权时,他们立刻对外宣布希望所有被压迫民族都能获得独立,包括非欧洲民族和欠发达地区民众;宣布放弃对中国的半殖民统治权利,后者源自沙皇与中国签订的一系列"不平等条约"。在这个信号带来的新鲜气象下,在苏联对格鲁吉亚的军事占领以及苏联力图继续保留对中国东北部铁路控制权两件事冲淡其早先的承诺以前,在1920年7月第二届共产国际代表大会上,列宁和印度的曼纳本德拉·罗伊[①]分别将上述两个问题作为"民族问题和殖民地问题"加以讨论:最后宣布殖民地与半殖民地民众开展的民族主义革命,即使最初不具有无产阶级性质以及列宁认为可以由"民族资产阶级"领导,能够实现作为共产党领导的无产阶级世界革命的一部分的解放目标。罗伊实际上反对这个意见,他的最初手稿表明,无产阶级革命能够在发达资本主义国家取得胜利的前提是发生在殖民地外围的革命使得帝国主义者不能继续从殖民地榨取利益;在他的这些思想得到接受以前,他的构想就已得到"修正",从而保持与列宁思想的合拍。1920年,红军在波兰大举反攻和若干欧洲国家共产主义运动的蓬勃发展促进了无产阶级革命的上升趋势,然而殖民地国家同盟的革命运动在国际共产主义运动的世界分工中依然处于辅助角色,尽管其所起的作用日渐增加,但这种作用主要还是表现在革命的数量上。

新理论出现后,很快风靡于俄国以及一些亚洲的相邻国家,如成立于1920年的巴库"东方民族代表大会"。新理论的宣传努力没有立刻在其真正想要影响的地区收到立竿见影的效果。然而,在1923年3月,即"新经济政策"实施两年之后、距离他逝世不到一年之时,病重的列宁完成他最后一篇公开刊登的文章,这时,欧洲无产阶级革命提前到来的希望愈发渺茫,在他眼中原本殖民地的辅助角色可能转变为潜在的决定性力量。他"在最后的分析"中写道,"革命斗争的结果将取决于俄国、印度和中国,等等,因为它们占据着世界人口的大多数"。[②]

人们将会看到,在最初的岁月里,布尔什维克的领袖们经常谈到"东方民族"并且经常援引亚洲国家作为例证;事实上他们宣传的"民族解放"

[①] 曼纳本德拉·罗伊(1887—1954年),印度民族主义革命家、政治理论家,共产国际领导人,建立了墨西哥共产党和印度共产党。——译者注

[②] Lenin, "Better Fewer but Better" (Mar. 1923), *Collected Works* (English edn., Moscow, 1966), p. 500.

主题只是在内战频发的那个年代产生了一些影响。印度国内爆发了一场大规模独立运动和一场小规模共产主义运动；印度尼西亚和印支半岛相继发生了零星的共产主义起义；尤其重要的是，中国出现了要求实现国家统一和独立的国民党运动，而苏联政治和军事顾问以及共产党活跃分子加入国民党队伍并在起初阶段发挥了重要作用。随着1926—1927年期间国民党"北伐"的巨大成功以及其后共产党控制的群众组织的急剧增长，在中国共产党和莫斯科中心之间引发了激烈的争论，即关于作为资产阶级代言人的蒋介石政府还能被忍受多久以及何时共产党可以与之决裂，直到1927年蒋介石首先走向分裂，大肆屠杀共产党。很快，斯大林公开宣布蒋介石背叛了民族革命并公然倒向帝国主义；但蒋介石紧接着用自己的方式统一了中国，他的成功没有遭到苏联遥控指挥的共产主义游击势力的阻挠。斯大林拒绝认可一个非共产主义或者反共政权能够赢得真正的民族独立，这后来成为导致他与其他国家关系发展出现严重错误的重要原因。在20世纪30年代的中国，日本愈益猖狂的军事侵略以及1937年7月前蒋介石始终无力领导全民抗战的危急关头，给予斯大林和中国共产党第二次机会作为中国真正国家利益捍卫者的形象以推进双方关系的发展，结果就是帮助中国共产党在抗日战争期间赢得广泛的民众支持基础，从而最终赢得了内战的胜利。

除了中国——在那里，毛泽东领导下的共产主义者开展的战争活动基本上没有听从苏联的直接领导，虽然受到号召反帝斗争的列宁主义的持续指导，在整个二战期间苏联对殖民地和半殖民地民族主义发展能够施加的影响微乎其微：自从1941年希特勒突然进攻俄国开始，斯大林便决意不再过多削弱英国盟友，结果就是眼睁睁看着英国推动印度卷入战争，即使印度国大党坚决反对。亚洲殖民地国家在战争期间树立新的民族自信的原因，一部分源于亲眼目睹日本对其宗主国的军事胜利（不久后一些东南亚民族解放运动的领导人展开了与日合作），另一部分源自英国和美国对战后非殖民化运动的支持，后来导致和平准予菲律宾和印度次大陆获得独立政策的出台。苏联除了口头鼓励中国进行抗日战争以外，没有参与到这一时期民族运动的发展进程；即便是胡志明领导下的战后越南抗击法国运动——在尝试谈判的努力徒劳以后——起初也没有得到斯大林的支持，那时的斯大林仍然执迷于阻止法国与英美的战后结盟。

直到1947年冷战对峙的铁幕落下之时，斯大林才转而投身到全面的反帝国主义运动之中。但这时，斯大林固执己见地坚持其旧路线，即采取20

年前蒋介石"叛变"革命时的政策,认为殖民地和半殖民地国家只有在共产党的领导下才能获得真正独立解放,造成他晚年与第一批新独立国家之间的无谓的冲突对立:他顽固地拒绝承认这些国家真正获得独立,认为尼赫鲁和吴努等人都是"帝国主义的帮凶",即使尼赫鲁千方百计地在朝鲜战争期间担当调停人并极力阻止美国军队越过中国边界的方案。斯大林在世的时候,在他眼中,"第三世界"中最早一批获得民族独立的国家与战后向西方一边倒的联合国并无两样。

苏联对正在兴起的第三世界的真正而重大的政策影响,可以追溯到大批新国家的纷纷独立的时期,即1954—1964年赫鲁晓夫执政时期。正是在1954年,即旨在解决印度支那问题和朝鲜问题的日内瓦亚洲会议以及西方一手操纵的"东南亚条约组织"成立前夕,新的苏联领导层不仅承认新独立国家的重要地位,即使在非共产党人领导下——唯一的例外是北越,而且与其发展基于尊重中立政策的友好关系,而这些国家期望摆脱西方与苏联阵营的冷战争夺,从而维护新近获得的独立地位。很可能是部分地受到周恩来的影响,后者赞赏印度在朝鲜战争期间的调停努力并决定将中印关系发展为和平共处的国家关系典范,赫鲁晓夫领导集团启动了发展援助政策和对亚洲中立国家的国事访问,欢迎周恩来在万隆召开的亚非会议上发挥重要作用,发展了在苏共二十大——非斯大林化会议——上提出的"和平区"新理论,包括我们熟知的共产党与非共产党的"和平阵营"、新独立国家的中立阵营。这是新独立国家试图代替自苏联在斯大林时代强加给它们的自我孤立到突破西方阵营的孤立政策,后者表现在美国国务卿杜勒斯针对地区形势创立的"东南亚条约组织"和"巴格达条约组织"两大集团,以及英法在苏伊士运河危机期间的联合行动。在短短几年内,随着政治和经济竞争力的增强,新独立第三世界国家的国际地位获得显著提高,例如,虽然有些中立国家不能从苏联那里得到想要的支援,但反过来,它们依旧可以从西方获得不含任何政治条件的大批援助。此外,联合国内部的政治气候也发生了翻天覆地的变化,虽然西方国家及其盟友的主导地位尚未被推翻。

然而,苏伊士运河危机标志着赫鲁晓夫逐步超出他起初对中立国家的尊重态度,转而利用第三世界国家与西方国家间的潜在冲突主动发起进攻。他秘密开展与纳赛尔的军火交易,在这之前他公开宣称英国和法国对地区局势构成威胁,直到美国介入迫使两国放弃原先计划。这种利用新独立国家与西方国家间后殖民冲突的现象不只限于亚洲,很快世界其他地区的独立运动相继被唤醒，如1958年伊拉克卡西姆革命，1960年新近独立不久的前比利时殖民地刚果——后来的扎伊尔——爆发内战，以及菲德尔·卡斯特罗领导古巴革命取得成功并奉行激进路线。

尽管如此，后殖民时代的革命带来的不仅是机遇，也给苏联的第三世界政策带来了麻烦。赫鲁晓夫政策在开始时期之所以能够取得成功，在于其愿意同新独立的共产主义国家保持友好关系，不寻求它们内部发生共产主义转变。意识形态的自我否定注定将会变得愈益困难，因为苏联开始面临新的国际形势，不只外部的后殖民时期革命面临西方帝国主义的干涉，就连内部的后殖民时期革命也日益高涨：苏联虽无意挑起后者，但也几乎不可能不重新审视其第三世界政策，中苏冲突的肇始引发了意识形态对立以及同一年开启的两国对第三世界影响力的竞赛。在1959—1961年期间，苏联推出新的"社会主义革命"指导理论，要求共产党必须掌握权力，但当时并没有被提上新独立国家的议事日程，因此这些国家取得政治独立后尚未完成"民族民主"革命；其最迫切的任务是从帝国主义列强和垄断资产阶级手中获取经济独立，并在国内推行激进的"民主"改革，包括土地分配、关键部门国有化以及在可能的情况下让共产党人参与政府治理。实现途径是创立首先由德高望重的民族主义者领导的"民族民主阵线"，共产党人必须在其中充当重要的合作伙伴的角色并逐步增强在"民族民主国家"建立过程中的影响。这个新战略的榜样，似乎在印度尼西亚得到实现，当时，苏加诺组建的激进民族主义政府中包括了影响很大的共产党伙伴。

总体上，"民族民主"战略试图实现并不一定互相对立的两大目标：苏联想要成为或继续保持作为第三世界国家的朋友或盟友，并成为这些国家内部发展的楷模。那时，关于列宁帝国主义理论的宣传已经在第三世界取得广泛响应，远远超过共产主义追随者所信奉的共产主义意识形态的其他部分的影响；许多新民族主义领导者，绝不是"资产阶级民主主义者"，主要是掌权或渴望获取权力的知识分子与官员，实际上不只同情苏联的"反对帝国主义"主张，还仰慕苏联在追赶西方现代化上的成功楷模。但第三世界国家民族主义者对苏联的仰慕之情通常是具有选择性的：他们倾向于效仿公众决定基本投资任务的国家计划原则，而非苏联采取的命令或强制性的农业集体化式样的详细行政计划；他们中的许多人仰慕苏联的一党统治体制，因其最大限度地规避了不同利益集团的争斗，同时教育训练本国民众适应产业工作以及具有民族忠诚意识，而非想要实现共产主义意识形态组成部分中的平等主义和国际主义。

不到几年，苏联领导人发现他们采取的"选择性效仿"思想成为其在第三世界国家推行"民族民主"战略的巨大阻碍：不是与共产党人建立盟友关系，相反他们一边接受苏联援助，另一边也接受西方援助，结果就是压制本国共产党或者根本拒绝共产党建立组织。只有很少国家，主要在非洲和阿拉伯世界，形成了将本国民族主义与"社会主义"或马克思主义要素相混合的政权模式，其理由是在现有条件下这种混合模式优于正统的、莫斯科指导下的共产主义。出乎苏联意料的是，如果不是更受欢迎，菲德尔·卡斯特罗借助模糊的民族主义革命思想和松散的游击队组织夺取了政权，并在革命成功后将其与共产主义思想相融合，原因是他与美国之间的冲突不可调和，对苏联的支持日益依赖，以及在其最早的追随者中缺乏能够担当国家重建任务的训练有素的干部；他最终宣称自己是"马克思—列宁主义者"并准允共产党人成立统一的专制政党，前提是他们必须宣誓效忠自己为最高领袖。这里经历的双重困难，一方面是促使民族主义者建立的一党制国家接受共产党人作为独立伙伴的困难，另一方面是通过共产党人在各个行业的忠诚合作赢得民族主义执政党领袖的机会，最后促使赫鲁晓夫在1963年，即其不久终止共产党总书记职务之前，要求一些友好的一党制政权允许共产党人不再以独立政党代表的身份，而是以民族主义执政党的个人党员身份进行合作；我将这个方案称为"许可性渗透"，它在阿尔及利亚的本·贝拉领导下实行过一段时间，在那里，共产党人极大地影响了民族解放阵线政府的新发展计划；埃及的纳赛尔也在一定程度上受此影响。尽管如此，大部分非洲和阿拉伯的一党制政权，更多是在其他方面同情苏联人，但拒绝效仿类似的建设道路，阿尔及利亚和埃及模式没有得到广泛采用：没有哪个民族主义政党愿意仿效卡斯特罗在苏联顾问引导下的"马克思—列宁主义"发展路线，进而在国家社会生活的各个方面依赖于苏联。

当赫鲁晓夫被苏共中央委员会架空后，他之前在第三世界推行的冒险政策变得越发混乱无序。一方面，他积极与新生第三世界国家合作，推动这些国家成为世界事务中的重要的"第三种力量"。更重要的是，苏联的国际威望及其外交政策对"不结盟运动"组织的广大国家的影响与日俱增，其结果之一，就是在联合国内反对西方的国家的数量上升为大多数。另一方面，他对第三世界国家扩展一种间接形式的苏联共产主义控制的愿望未能实现：前殖民地国家越南在共产党的帮助下从殖民主义的枷锁中获得独立，古巴还是唯一的原本由一场非共产主义革命而建立起来的政权，其领导人和执政党稍后都将摇身一变。总体上，苏联的第三世界外交大获成功，但其共产主义意识形态战略却失败了。

勃列日涅夫—柯西金领导集体取代了赫鲁晓夫，并在执政的前两年见证了苏联第三世界战略赤字酿成的后果。一些最激进的"制造革命的"第三世界政权瞬间垮塌：1965年印度尼西亚政变后苏加诺的地位一落千丈，1966年夸梅·恩克鲁玛在加纳的统治被推翻，紧接着厄运降临到马里的莫迪博·凯塔头上，这充分表明苏联对第三世界国家的价值观影响极为脆弱。同样，中国外交政策出现败笔，如1965年阿尔及尔"第二届亚非会议"宣告失败，北京原先打算利用这次会议建立第三世界一致反对美国与苏联的统一阵线；又如中国与印度尼西亚苏加诺政权合作的愿望破灭，北京原来想与其合作建立一个与联合国抗衡的反对组织；再如北京既未能在印巴冲突中给予巴基斯坦必要的援助，也未能阻止莫斯科在1966年初成为仲裁者；所有这些，肯定会促使苏联领导人确信他们无需担心北京的意识形态问题，只要其军事和经济实力处于绝对优势。与此同时，他们似乎感觉到赫鲁晓夫放弃苏联先前在遥远的侧翼实施针对西方的"拒斥战略"，以阻止西方国家在中美洲、非洲中部和中东建立一个势力范围大联盟，其实并不符合苏联这样一个洲际大国的政治与军事利益，认为苏联更应专注于在其毗邻区域和南部边疆周围的辐射影响力，如中亚、南亚和中东。

新战略的最早政治表述，来自1966年柯西金在开罗的国民议会上的演讲，他提出建立一个由那些倒向"社会主义"阵营的"进步"阿拉伯国家组成一个集团；1969年，他还提议苏联与阿富汗、巴基斯坦、印度和伊朗签订一个地区合作条约。实际上，在中东建立亲苏同盟的最初倡议高估了苏联在该地区的真实实力，这在稍后的1967年六天战争中暴露无遗；第二个建议，在于借助一座大陆桥建立起苏联与印度洋和波斯湾的联系，而这显然忽视了以下的明显事实，即一场激烈冲突已使巴基斯坦与其两个邻国阿富汗和印度分道扬镳。虽然政治计划脱离了现实，但苏联与两类组织国家间的经济联系行动在1966年大刀阔斧地展开；尤其，苏联在这个时期对"中央条约组织"那些根本不是所谓的"进步"国家的经济援助，像对巴基斯坦、伊朗抑或土耳其，达到了惊人的程度，而那个时期苏联新增的对外援助额急速下降，以争取时间兑现先前承诺。

苏联对外摆出的友好态势主要基于经济和政治考虑。一方面，苏联与其毗连的原料生产国之间有着长期的补偿协定，特别是在石油、天然气和矿产资源方面，苏联承担对这些国家投资开发的技术与资金，换回它们以既定的原料价格出口给苏联：这在当时似乎是个很有吸引力的交易，因为邻国的多数国有企业愿意保持这种经济关系，而国际市场原料价格波动剧烈，对于苏联来说是个莫大良机，用柯西金在 1971 年苏联共产党二十四大上的讲话，可以建立"一种稳定的劳动分工关系，能够有效地抵抗帝国主义体系的剥削压榨"，同时给予苏联一个"充分满足自己经济发展的需要"的机会。另一方面，在政治上，苏联期望通过增强与迄今仍然亲西方的国家以及第三世界革命国家的经济联系，如伊朗、巴基斯坦和土耳其，后者相对地建立起一个大致上的"国家资本主义"基础，从而能够将这些国家逐步纳入苏联的势力范围，不论其内部拥有何种的政治或社会结构。

自 1964 年"联合国贸易与发展大会"第一次会议召开以后，这个愿望似乎变得更加强烈了；因为在这时，第三世界国家普遍抱怨和谴责"不平等交换"，它们的原料出口价格相对于西方发达国家出口的现代化机器价格被大大低估了，它们的原材料出口在西方市场上遭到"歧视"，它们背负起西方国家强加给的日益繁重的债务。显而易见，苏联的计划经济可以给第三世界国家提供两大稳定的优势：以既定与稳定的价格出售原材料，同时从不拥挤的（也是缺乏选择的）市场上获得工业制成品。事实上，在 1971 年苏联共产党召开的二十四大上，苏联阵营的"经济互助委员会"通过了一个新的"全面计划"，旗帜鲜明地鼓励非共产主义国家和第三世界国家参与到资本主义世界市场以外的国际劳动分工，或参与部分的"地区一体化"计划。

苏联对第三世界国家争取"国际经济新秩序"的"替代"要求是如此自信，以致它们不假思考地宣称后者与其没有任何关系：第三世界国家对于西方帝国主义国家的不满，对它们本身来说当然是完全合情合理的，而苏联及其盟友确实没有犯过任何殖民主义罪行，也无需被谴责同第三世界国家进行不平等贸易或者歧视它们的原材料，相反它们已经为发展中国家提供了绝对公平的交易方式。遗憾的是，"社会主义世界的市场"很快被证明对第三世界国家的吸引力极其有限，因为这个市场相较于"资本主义市场"过于狭小，而且没有用于流通交换的货币。与此同时，西方帝国主义者经过若干年的辩论反思，开始采取行动，如果还不是很充分的话，以解决第三世界对于原料价格的抱怨，同时积极采取措施为第三世界国家提供优越的市场交易环境，最著名的当数欧洲共同体倡议签署的《洛美协定》。即使在石油危机引发西方国家严重的经济困难的背景下，20世纪70年代中期的苏联依然坚持西方国家应对第三世界做出让步，而从不正视自己的政策所遭致的抱怨，进而越来越不愿意倾听第三世界的声音。

苏联在对外政策中希望通过建立日益依赖的经济关系，逐步实现对第三世界的一些"有选择的"地区的国家的政治控制，实际上成为它与这些国家之间的一种新帝国主义关系的起点：这个蜕变过程的第一步，就是从传统的"反对帝国主义"转变到一种接近西方传统的"对抗帝国主义"。在经济上对抗帝国主义的策略遭到失败，因为苏联阵营的经济基础极其脆弱以致无法实现目标；第二个步骤就是苏联式的对抗帝国主义日益呈现出军事化的形式，以实现其背后的政治与经济目标。第二个步骤在许多内部持续动荡的第三世界国家找到了机会，由于不断上涨的能源价格对其经济的冲击，西方国家总体实力受到削弱，也因为美国在越南战争和水门事件后出现了短期的外交瘫痪，以致在此后的多年里，西方世界的这个领头大国不能就以下问题达成广泛的共识，即采取何种有效的反制措施才能遏制苏联及其代理人在第三世界敏感地区的军事行动。

结果是，1975年以后，苏联在第三世界的干涉出现了本质变化。事实上，苏联人始终宣称，他们所说的"和平共处"并非指"意识形态共处"，尤其是没有排除对"民族解放运动"的支持。但即便在20世纪60年代初期赫鲁晓夫与中国共产党的大论战期间，他们仍然坚持要排除"国家间战争"，哪怕是局部战争，因此限制了对解放运动的支持方式。此时，安哥拉从葡萄牙殖民统治下获得解放以后，内战在较弱的一方与较强的两方之间一触即发，较弱的一方是安哥拉民族解放运动，较强的两方都是非共产主义运动；苏联实施公开干涉，派遣古巴军队前往安哥拉。此后，苏联支持的类似干涉行动，还见之于埃塞俄比亚和南也门，两个国家都靠近苏联在中东的战略利益攸关地；支持越南人入侵柬埔寨；最后，苏联军队直接开进阿富汗作战：苏联的强行介入，使得先前宁静的势力范围如今变为叛乱冲突的重灾区，从合理的苏联国家利益和1978年阿富汗共产党的执政少数派地位两个角度看，这场干涉完全是不必要的；但是，苏联人显然认为，他们必须派出军队以防止一个相邻的第三世界国家转而敌视自己，而这个现象在几十年以来还是头一回发生。最后结果是，在第三世界大部分地区，尤其在伊斯兰世界，苏联俨然已蜕变成一个凶狠残暴的帝国主义强权。

当然，在过去的30年里，苏联人早就对其东欧帝国的弱小国家的起义采取了军事行动，如在东德、匈牙利、捷克；但那些只是发生在欧洲，第三世界国家对此毫不关心。后来，随着20世纪70年代欧洲形势的相对稳定，俄国终于走上了经典帝国主义的老路，在第三世界显示军事实力。在1968年苏联入侵捷克斯洛伐克后，中国共产党开始向第三世界发出警告，并号召它们反对"新沙皇"的"霸权主义"，在当时，人们感到十分震惊，同时也满腹狐疑，但总体上是非常惊愕。后来的一系列事件，尤其是入侵阿富汗，产生了完全不同的持续影响：人们普遍相信，在超级大国俄国与第三世界传统的帝国主义受害者之间存在的那种本质上的反帝国主义联盟关系，将不复存在。

第二十二章　法国：适应变革

克里斯托弗·安德鲁[*]

在英国历史上，非殖民化和帝国衰落无可救药地相互纠缠在一起。在法国历史上，这两大因素却是各行其道。法国进行殖民扩张之日，并非其国力崛起而是走向衰落之时。相应地，非殖民化进程开始后，紧随而来的却是法国的民族复兴。戴高乐十分正确地指出，20 世纪 60 年代中期，在非殖民化进程几乎行将结束之时，法国在世界事务中发挥的作用却要大于 20 世纪 50 年代初期，那时，非殖民化运动才刚刚开始。法兰西失去了一个帝国，却找到了一种新角色。

法国不同于英国。它历经了两次非殖民化的过程。在 18 世纪与英国进行战争后，法国丢失了在新世界和印度的法兰西帝国，只剩下其中的几块零星领土。然而，法国在现代史时期获得最大权势和声望之时，即法国大革命和拿破仑时代，恰逢帝国处于最不起眼的谷底。在滑铁卢之后的一个世纪里，法国建立了一个庞大的新帝国，这是世界历史上第二大帝国，可恰恰在这个时期，法国的大陆权势持续衰退。从滑铁卢到斯大林格勒，西欧均势——本质上是法德两国之间的均势——的天平，不可逆转地从法国倒向了德国。转折点是 1870 年的普法战争：当时，至少就物质力量而言（两国拥有相近的人口和钢铁产量），比起现代时期任何一场重大战争，双方都可以

---

[*] 克里斯托弗·M. 安德鲁（Christopher M. Andrew），著名情报史学家，先后任剑桥大学历史系主任、英国情报局（军情五处）官方历史学家、《情报与国家安全》杂志主编，著有《迷失方向的领域：21 世纪的政府和情报界》（与戴维·迪尔克斯合著，1984 年）、《秘密情报局：英国情报界的诞生》（1985 年）、《密码破译与信号情报》（1986 年）、《情报与国际关系（1900—1945）》（与杰里米·诺克斯合著，1987 年）、《来自中心的指示：克格勃对外行动顶级机密（1975—1985）》（与奥列格·戈尔迪耶夫斯基合著，1991 年）、《秘密情报与美国总统》（1995 年）、《中央情报局五十年》（与罗德里·杰弗里斯 - 琼斯合著，1995 年）、《米特罗钦档案》（两卷，与瓦西里·米特罗钦合著，1999 年和 2005 年）、《保卫王国：军情五处官方史》（2009 年）。——译者注

说更显得旗鼓相当。但是,在第三共和国存在的 70 年期间,德国人口翻了一番,而法国人口几乎未有任何增长。德国国民生产总值增长了五倍,而法国增长还不到两倍。在第一次世界大战后的大约 15 年里,法国实力衰落的事实,部分地被《凡尔赛条约》的苛刻条款所掩盖,继而又被《洛迦诺公约》的蜜月幻觉所掩盖,最后被德国比法国受到两次世界大战间歇期之大萧条的更早和更具破坏性的影响所掩盖。直到 20 世纪 30 年代中期,法国的衰落迹象才暴露无遗。1936 年,德国工业生产已超出大萧条前的水平,而法国还要等上 15 年才能恢复到同样的水平。莱茵兰危机表明,法国已经失去了抵抗纳粹德国之崛起的军事和政治意志。

虽然帝国扩张与本土衰落同步发生,但第三共和国时期的帝国拥趸者始终认为,欧洲以外的扩张是推动欧洲内部复兴的关键所在。对费里和甘必大这两个第三共和国初期的首要帝国主义分子来说,帝国扩张是——用甘必大的话说——通往"再次成为一个强国"的必由之路。这正是几乎一个世纪以后戴高乐用来解释现代法兰西帝国之建立的理由:"(我国)在殖民辉煌时期找到了些许安慰,先是在 18 世纪失去了遥远领地,后来在 1815 年和 1870 年先后两次战败。"[①]但总体上,法国实际上并未如此行事。第一次世界大战前的帝国拥趸者,虽然影响不容小觑,但数量少得可怜。直到第一战世界大战,那种海外帝国也许能在一定程度上弥补本土羸弱的想法,才开始表现出一些抓住了大众想象力的迹象。在 1917—1918 年人力资源危机期间,帝国提供了将近一百万士兵和工厂工人的事实给人们留下了深刻印象,即使连其敌人德国也印象深刻。公众轻易地认为,如果有运输能力的话,帝国也完全可以解决食物和工业原料的短缺问题。然而,在两次世界大战期间,帝国的狂热再次给帝国冷漠让路。第一本系统研究帝国的战争贡献的著作,在 1927 年公开出版。该书悲观地得出结论认为:"'普通法国民众'轻易地凭想象认为,殖民地不过是一个供官僚享受生活的好去处,而且它们还成为本土财政的沉重负担。"[②]

然而,法国在 1940 年的沦陷,最终给始于第一次世界大战的过程画上了句号:说服民众和政治家相信甘必大的那个论断,即帝国提供了法国"再次成为一个强国"的必由之路。对于维希政府来说,帝国成为民族复兴的唯

---

① Charles de Gaulle, *Mémoires d'espoir*, vol. i (Paris, 1970), p. 41.

② G. M. Andrew and A. S. Kanya-Forstener, *France Overseas: The First World War and the Climax of French Imperial Expansion* (London, 1981).

一希望，是"法国手里可以打出的最后一张牌"："法国的欧洲部分已失去了在旧大陆棋盘上的位置……但由于海外帝国，她依然拥有一次成为其中一个大国的机会。"在遭遇欧洲失败后，戴高乐也寻求通过依靠依然完好无损的"巨大帝国资源"来团结法国民众："我们最后失败了吗？没有……法国并不是在单打独斗！她不是一个人在战斗！她背后还有一个广大的帝国。"同样的主题，在解放以后不停地显现。1945 年，加斯东·莫内维尔对战后第一届国民议会说："如果没有帝国，今天的法国只能算是一个获得解放的国家。由于法兰西帝国，法国成为其中一个战胜国。"莱奥波德·桑戈尔写道，法国人终于有了一种帝国意识："自从 1945 年以后，'帝国'一词获得了近乎魔法般的声誉。"

伴随战后法兰西联邦的建立，帝国狂热的浪潮很快就偃旗息鼓。除危急时刻以外，有时甚至在危机期间，议会中的殖民地辩论多半会遭到冷遇，就像两次大战期间那样。在 1956 年法国议会选举期间，阿尔及利亚的叛乱已成气候，而大多数竞选者的竞选宣言中都没有特别提及阿尔及利亚的事态。晚至 1957 年 9 月，参议院优先讨论的议题是农业价格而不是阿尔及利亚战争。不过，虽然共产党人和卡蒂埃派①坚决反对，但可能大部分法国人还是认为非洲帝国对于法国继续作为强国的生存至关重要。1956 年非洲发现了很快被几个部长称为"我们撒哈拉的石油"，此时，苏伊士运河危机已威胁到法国的石油供给，但依然没有削弱法国人的上述信念。"放弃阿尔及利亚"，雅克·苏斯戴勒在 1957 年直言说，"等同于谴责法国的堕落"。即便左翼人士也认同这个看法。弗朗索瓦·密特朗写道，"没有非洲，21 世纪的法国将不再有什么历史可言"。这个普遍的看法成为法国接受新的后帝国世界秩序的一个巨大障碍。②

---

① 拉蒙·卡蒂埃（1904—1975 年），法国新闻记者和著名作家，持反殖民主义立场，著有《没有谎言的阿尔及利亚》（1960 年）、《第二次世界大战》（1965 年）等书。——译者注

② C. R. Ageron, *France coloniale ou parti colonial?* (Paris, 1978), chap. 8; R. Girardet, *L' Idée coloniale en France de 1871 à 1962* (Paris, 1972), chaps. 10, 11; X. Yacono, *Les étapes de la décolonisation francaise* (Paris, 1971), chap. 4, 6; Tony Smith, *The French Stake in Algeria*, 1945 – 1962 (London, 1978), chaps 2, 7; C. M. Andrew and A. S. Kanya-Forstner, *France Overseas*, chap. 10. 1956 年，所有共产党人和所有布热德派（皮埃尔·布热德，1920—2003 年，法国左翼政治家，建立"保卫小商人和手工业者联盟"，称"布热德运动"）议员都使用鲜明的政党宣言；共产党人提出阿尔及利亚问题，但布热德分子不这么做。在剩下的议员中，只有 29% 的人专门提出阿尔及利亚。Christopher Harrison, *French Political Attitudes to the Algerian War: the Election Manifestoes of 1956 and 1958*（剑桥大学博士学位论文，1980 年），第二部分。

第二个巨大障碍，是民族中心论。法国的民族中心论完全不同于英国。正如1955年莫里斯·迪韦尔热写道："英国人对于一个外国人想要成为英国人的想法会感到十分震惊。法国人则对于一个外国人不想成为法国人的想法感到十分震惊。"①法国文明具有普世性的托词，使得法国人在思想上比英国人更难适应"一种全球性的国际秩序"。英国人总是怀疑外国人能否学会英国的方式，而法国人则不同：法国民族主义者从来不怀疑法国文明价值观的普世性。朱尔·米什莱骄傲的称他的国家为"法国：我们无比荣耀的母亲！"即使他的革命战友布朗和布朗基，虽然发出全世界产业工人皆兄弟的呼吁，但还是坚持认为巴黎是光明之城和文明之都。路易·布朗说，法国是一个"富有灵性的民族"，而英国却不是："利己主义是英国人的性格化身，奉献精神则是法国人的性格特征。英国人踏上新的国度肯定会买地购房。法国人所到之处则会留下精神的芳香。"②

根据法国大革命时期提出的"同化"理论，土著人应当为自己得到法国统治而感到非常庆幸，这样他们就可能成为法国人，进而命中注定要融入法国文明的普世价值观，不论其肤色、宗教或文化传统。到第一次世界大战，"同化"理念让位于更灵活的"联合"思想，后者强调统治者与被统治者之间的合作，其前提是在一定程度上尊重当地的风俗习惯、宗教和社会结构。土著人仍然命中注定要融入那种只有法国人才能够教导的普世价值观。法国头号政治学家安德烈·齐格弗里德在1951年专门写给一位美国人的文章中这样解释道，法国人"拥有一种思想光芒，正是这种拉丁天赋使其有别于盎格鲁—撒克逊人"，"同样是法国人，他们表现出比其他人种的更大的理想主义和普世主义……"法国拥有这方面的经验，即"教导世界的经验，而这个经验在其他国家是学不到的"。③

因此，法属非洲殖民地的那些受到良好教育的精英发现，他们在保持文化认同上，要比相邻的英属非洲殖民地困难得多。不同于他们的英语同行，那些说法语的非洲领导人发现，他们在争取政治独立以前，首先必须争取文

---

① 转引自 P. C. Sorum, *Intellectuals and Decolonisation in France* (Chapel Hill, N.C., 1977), p. 211。

② A. Loubére, "Les Idée de Louis Blanc sur le nationalisme, le colonialisme et la guerre", *Revue d'histoire moderne et contemporaine*, vol, iv (1957), pp. 50ff.

③ A. Siegfried, "Approach to an Understanding of Modern France", in E. M. Earle, ed., *Modern France* (Princeton, 1951), pp. 6, 15.

化独立。20 世纪 40 年代，当乔莫·肯雅塔、夸梅·恩克鲁玛以及其他操英语的非洲领导人正在制订政治计划之时，桑戈尔、雅克·拉伯迈南贾拉（后任马达加斯加副总统）和埃梅·塞泽尔（后任马提尼克众议员）却在只能集中精力忙于黑人文化的认同的计划。他们的优先考虑，集中表现为阿里昂·迪奥普在 1947 年决定放弃政治生涯，转而担任《当代非洲》总编辑，以开展黑人文化认同运动。①黑人文化认同是抵挡法国文化普世主义主张的一道防御系统。正如桑戈尔在 1950 年写道："我知道，在表达对人类的热爱方面，没有人比法国更为专横。它主张所有人都有面包，所有人都有文化，所有人都有自由，但这种面包、这种文化和这种自由，都必须是法兰西的。"在法国的政治舞台上，左翼是如此，右派也是如此。1963 年，桑戈尔在写给为他撰写传记的美国作者的信中说："……法国左翼……仍未放弃殖民主张。其内心的秘密，兼有'雅各宾'精神和使命意识，这是典型的法国思想。左翼企图把它的思想指南强加在我们头上；说到底，它想拒绝让我们独立思考。"②

不过，至少在一定程度上，桑戈尔本人就是被他经常遭到批判的法国普世主义的受害者。他对法语的无比热爱，也许格外地说明了这一点："自文艺复兴运动蓬勃兴起以来，法语始终沿着世界性的高速公路快速一路向前。"人们难以想象，正如一位说英语的非洲人完全痴迷于英语元音那样，桑戈尔同样执著于法语元音："和谐元音的运用方法，让许多戏剧台词变得押韵：长元音或短元音、口头元音或者鼻元音，用在开头或结尾或句读；说话时，人们则使用半元音、双元音或三元音。"法语深深地植根于法国种族中心主义者和普世主义者的心底。齐格弗里德写道："法语以其明晰的表述而著称，是一种精确的表述工具……不管哪种思想，只要注入法语精神，就会达到语言明晰和逻辑顺畅的效果。此外，它还是一种世界性语言；它具备传递性，是一种人人都接受、人人都使用的交流中介。"③这种笃信，至少部分地解释了在法兰西联邦垮台以后，何以有那么多人致力于建立一个替代性的法语国

---

① Davidson Nicol, "Alionne Diop and the African Renaissance", *African Affairs*, vol. lxxviii, No. 310 (Jan. 1979), pp. 3 – 4.

② Léopold Senghor, *Liberté* (Paris, 1964 – 1977), i. 98; J. L. Hymans, *Léopold Sedar Senghor: An Intellectual Biography* (Edinburgh, 1971), p. 263.

③ Senghor, *Liberté*, iii. 187, 184; Siegfried, "*Approaches*", p. 15; Sorum, *Intellectuals*, p. 211.

家共同体。①

对于文明使命的普世效用的笃信，有助于解释为何法国人最终发现他们比英国人更难以接受那些反对其统治的真正的民族主义运动。在第一次世界大战期间，英国完成了在今天看来的傲人成就，即同时将阿拉伯民族主义和犹太民族主义（或犹太复国主义）作为己用从而实现了帝国目标。在这两者中间，法国一个也没抓住，直到后来醒悟已为时太晚。②甚至到了1945年，绝大部分法国人还是不能相信反对法国在叙利亚存在的抵抗运动，其实来自叙利亚内部。根据一项民调显示，65%的法国人坚持认为英国人应为叙利亚起义负责，只有3%的法国人认为应归咎于法国自身。另一项关于印度支那问题的民调显示，36%的法国公众将责任归咎于日本，12%归咎于英国，9%归咎于中国，6%归咎于美国，只有5%归咎于法国自身。连法国共产党也谴责那些要求独立的民族是"另一种帝国主义的有意识或无意识的代理人"。毫无疑问，既然反对法国文化普世价值的抵抗运动不可能有什么指导原则，那就需要用充足的阴谋理论来解释这种反对法国统治的民族主义运动。但是，阴谋的性质已经发生变化。1945年，阿拉伯联盟被认为是一个英国的傀儡。10年后，有人又认为它已蜕变成苏联帝国主义的工具。连加缪③这样的自由派知识分子也相信，阿尔及利亚的独立是一个圈套和骗局；它永远不会实现真正的独立，而只会屈服于另一个虎视眈眈的帝国主义。④

法国接受后帝国世界的第三个障碍，来源于既得的殖民利益，而这集中在北非地区，尤其是阿尔及利亚。对于文明教化使命的普世要求来说，大多数殖民地只不过是停留在口头上，如果有什么口惠之用的话。1918年，伟大的法国总督利奥泰⑤元帅曾谴责当时的殖民观："一切行为都像德国佬一样，怀着同样的劣等民族命注定应该受到剥削的看法。"⑥在接下来的一代人的时间里，阿尔及利亚的拓殖者经过游说，成功地阉割了宗主国的严肃认真的改革尝试。1830年阿尔及利亚远征过去一个世纪之后，只有不到2500名阿尔

---

① 法兰西帝国垮台后，1946年宣布建立法兰西联邦，1959年又建立法兰西共同体取而代之。——译者注

② Andrew and Kanya-Forstner, *France Overseas*, passim.

③ 阿尔贝·加缪（1913—1960年），法国著名哲学家。——译者注

④ Sorum, *Intellectuals*, pp. 35, 44, 78.

⑤ 于贝尔·利奥泰（1854—1934年），法国陆军元帅，1907—1925年任摩洛哥总督。——译者注

⑥ Ageron, *France coloniale*, p. 214.

及利亚穆斯林成为法国公民。朱尔·鲁瓦成长于阿尔及利亚，如同大多数同代人那样，他笃信："阿拉伯人是另一个人种，要比我们法国人低劣。"他后来承认说，作为阿尔及利亚战争期间的一名上校军官，"他十分吃惊地、一步一步地认识到，阿尔及利亚人其实跟我们一模一样……"尽管殖民地种族主义与法国文明普世主义两者之间存有矛盾，阿尔及利亚拓殖者还是拥有一种巨大的情感力量，认为他们注定要成为宗主国的统治者。这种观点可以归纳为萨兰将军①的一个主张："地中海穿过法国，犹如塞纳河流过巴黎。"两次世界大战期间，这个神话不断发酵成长，以致第三共和国的教科书正式宣称，法国将建立一个横跨地中海南北两岸的"新罗马"。即使对于那些已经接受了失去印度支那之事实的本土法国人来说，在1958年第四共和国崩溃之际，阿尔及利亚的非殖民地化似乎是一个不可接受的牺牲，主要是因为他们根本没有想过阿尔及利亚会走向非殖民化的道路。阿尔及利亚并不是一个殖民地，而是法国本身的一部分。无论对社会党领导人居伊·摩勒来说，还是在激进派总理孟戴斯－佛朗斯看来，"没有阿尔及利亚的法国，将不再成其为法国"。②

然而，令人吃惊的是，4年之后，阿尔及利亚终于永远失去，法国非殖民化进程宣告结束。在20世纪60年代初期，法国极其迅速地作出巨大调整，以适应正在形成的世界新秩序。到1962年，那种认为阿尔及利亚和非洲大陆腹地对法国维持大国地位至关重要的殖民地共识，那个对于戴高乐在1958年重掌大权至关重要的共识，终于销声匿迹。在1962年7月的公投中，90%的多数投票接受法国与阿尔及利亚民族解放阵线签订的《埃维昂协议》。

法国人迅速接受帝国终结的事实，第一个也是最主要的原因，在于阿尔及利亚的失败，或至少是获胜无望。但是，还有另外三个原因。第一个原因是戴高乐。戴高乐用了不到4年的时间，建立起一个世纪以来的法国第一个真正稳定的政府体制：大多数法国人显然非常赞同这个体制，而不喜欢第三共和国与第四共和国的政治安乐椅。在国内推行政治变革的同时，戴高乐在外交上致力于促使法国人民相信，法国在帝国终结之后仍将在世界上发挥影响。正如戴高乐在回忆录中宣称："……同样是那些报纸和广播，在1958年

---

① 拉乌尔·萨兰（1899—1984年），法国陆军将领，领导和组织1961年阿尔及利亚政变。——译者注

② A. Horne, *A Savage War of Peace*, Paperback edn. （London, 1979）, pp. 55, 545; Andrew and Kanya-Forstner, *France Overseas*, chaps. 9, 10.

以前很少提及法国，除了偶尔对其表达哀叹同情；现在，它们无时无刻不在关注法国。法国的一言一行，特别是其国家元首的言行，他的立场，以及他的可能的态度，所有这些，都引起了数不胜数的评论，也许可能是挖苦和讽刺，也许可能信任与赞颂，但却从来不是熟视无睹。"①

第二个原因，帝国的终结虽属突变，但却没有造成像在英国那样的一场国家认同危机。不同于英国，对法国来说，帝国历史对于国家生活的影响不过是暂时的。绝大多数法国人只是在即将失去帝国之时才开始重视帝国。法属阿尔及利亚戏剧的最后一幕，并未持续足够长的时间，以致消磨先前存在的帝国冷漠传统。不同于英国，法国始终把欧洲大陆看作是压倒一切的重要利益所在。不同于英国，随着帝国的终结，法国重新拥有了一种可以回归的大陆传统。

第三个原因，阿尔及利亚战争恰逢对法国种族中心主义的头一次认真严肃的思想抨击。非殖民化至少迫使部分法国知识分子开始质疑法国价值观的普世性。最有影响的是人类学家克劳德·列维－斯特劳斯。他发起一场对西方种族中心主义的持续抨击运动，其始于1952年《种族和历史》，并以10年后的《野性的思维》为标志而到达顶点。虽然这场抨击始于阿尔及利亚战争之前，但却是在战争期间才首次成为一个真正影响巨大的运动。列维－斯特劳斯对于究竟何为人类精神之普世性的不断探寻，还是留下了典型的法国印记，虽然他反对法国文化的普世主张，但可能又对美化那些原始社会的做法感到负疚。在爱德蒙·利奇看来，"他把原始民族看作是对于整个人类都至关重要的'简约模式'，但是，最终的卢梭式的高贵野蛮人居住在一个远离肮脏和污秽的世界里，而这个世界却是人类学家的正常的考古挖掘地。"不过，他对文明教化的挑战，还是极其巨大的。②

不可避免地，法国在20世纪60年代初期适应世界新秩序的过程尚未完全结束。1964年，法国驻联合国代表宣称："很少有哪些传统能像种族平等思想那样，已完全成为我国历史的组成部分……所有地方，只要奉行法国法律和习惯，都不会存在歧视。它也从未遭到过禁止，因为此举毫无必要。"事实上，非殖民化的短期后果，也许反而加剧了法国自身的种族歧视状况。

---

① De Gaulle, *Mémoires d'espoir*, i. 218.
② Sorum, *Intellectuals*, p. 224 ff; E. Leach, *Levi-Strauss*, rev. edn. (London, 1974), p. 18. 根据最近一次民意调查，列维－斯特劳斯是法国健在的最有影响的知识分子。同一次民调还显示，唯一健在的政治家，同时也被视为很有影响的知识分子，是桑格尔。*Encounter*, Aug. 1981, p. 29。

在20世纪60年代以前,法国的黑人数量很小,他们大多属于受过良好教育的精英,并且像桑戈尔那样,轻易地融入了巴黎左岸的大都市社会。市郊贫民窟和体力劳动行业的大量黑人移民到20世纪60年代才开始出现。阿尔及利亚的移民增长最快,从阿尔及利亚战争前的20万人增加到1974年的84.5万人。根据1966年的一项民调,65%的巴黎人"对阿拉伯人持有种族主义态度"。法国承认种族偏见——迄今为止始终否认——确实存在,实际上标志着法国跨出了适应世界新秩序的一大步。从1959年开始,几乎每年都要就一项旨在宣布住房和就业歧视为非法的议案进行辩论。在长达13年的时间里,这项议案屡遭否决,理由是法国不存在种族主义。1972年,这项议案终于成为法律。[1]

在外交上,法国突然转而适应一种后帝国秩序的努力,也不可避免地拖泥带水。戴高乐与那些非洲法语领导人保持了一种新封建主义的关系,主要渠道是个人外交和爱丽舍宫秘书长雅克·福卡尔,而不是法国外交部。戴高乐与非洲领导人的会见,几乎处在一种君王驾临的气氛中。他在《希望回忆录》对此满意地指出:"这些年轻的国家没有忘记征求和遵循我们的建议,逐渐担负起它们自己的责任。"但是,有一位非洲领导人竟然成了忘恩负义之徒。戴高乐根本听不进塞古·杜尔[2]的抱怨,表现出明显的不屑一顾:"我明确而坚决地回答说,法国已经为几内亚付出了很多;我有充分证据,例如,我刚刚听到这位演说家用法语讲话……'(法国)对你的回顾式的责备言辞毫不在意……在历史上,在没有几内亚的情况下,她生存了很长时间;在将来,如果几内亚执意分道扬镳,她同样能生存很长时间。'"[3]但比起戴高乐的君王方式还要明显的,是非洲法语领导人跟从法国的意愿。所有人都清楚,戴高乐与罗得西亚进行商业贸易,向南非出售武器。没有人敢对他提出批评。戴高乐黑非洲政策的新封建主义,在其葬礼上表现得淋漓尽致。东西方国家的领导人满足于在巴黎参加安魂弥撒仪式,而非洲国家领导人却能亲临科隆贝双教堂的墓地,在那里,他们在庄严肃穆的气氛中,受到戴高乐夫人的一一接见。

在20世纪70年代,戴高乐式的新封建主义缓慢消退,尽管蓬皮杜和吉

---

[1] W. B. Cohen, *The French Encounter with Africans* (Bloomington, Ind., 1980), pp. 248 - 249; idem, "Legacy of Empire: The Algerian Connection", *Journal of Contemporary History*, vol. xv (1980).
[2] 塞古·杜尔(1922—1984年),非洲民族解放运动的先驱,几内亚第一任总统。——译者注
[3] De Gaulle, *Mémoires d'espoir*, i. 69, 60.

斯卡尔·德斯坦还会保留其中一些成分。戴高乐辞职后的过渡期间，福卡尔被波厄[①]解职；蓬皮杜上台后，再次起用福卡尔。最终，他被迫无数次地执行一次又一次的"直接行动"；但后来，吉斯卡尔任命他的助手勒内·儒尔尼亚取而代之。蓬皮杜和吉斯卡尔两人都继承了戴高乐的国事互访仪式，甚至援助、教唆和间接资助中非皇帝博卡萨的帝国闹剧。不过，非洲领导人却丢掉了 20 世纪 60 年代的那种敬重态度。1977 年，吉斯卡尔最终才迫于非洲压力而宣布停止向南非出售武器。

然而，至少在三个方面，法国仍然对后帝国时代的非洲保持着一种准帝国式的影响。首先是经济影响。黑非洲法语国家使用一种共同货币，它在国际贸易中已不再流通，除非在兑换成法国法郎以后。其他外国投资者很难进入非洲法语国家市场，而法国投资者却大受欢迎，在近些年，这尤其表现在矿业领域。吉斯卡尔时期流行的"欧非主义"，实际上是 20 世纪 30 年代非洲主义计划的改头换面。但是，对欧洲企业和非洲资源的传统部分来说，20 世纪 70 年代后期的新项目注入了阿拉伯资金。除经济影响以外，法国还在黑非洲维持了强大的军事存在。它在塞内加尔、象牙海岸和加蓬等国拥有军事基地，并与马里和几内亚以外的所有法语国家签订了军事协议。在 70 年代后期，法国对乍得、毛里塔尼亚、扎伊尔和中非帝国（或中非共和国）进行了干涉。[②]

最后，也是最为重要的，法国在非洲法语国家保持着强大的文化存在。"总之，对我们来说"，桑戈尔写道，"法语就是文化"。[③]在法国大学的 10 万外国学生中，大约 60% 来自法国前殖民地。按照格吉斯卡尔时期的海外领地部部长扎维埃·德尼欧的说法，法语持续扩张的势头，仍然是"外交政策的一个关键要素"。[④]帝国瓦解后，法国人改变而不是取消了法国文明的使命意识。法国的国家地位仍需仰仗法国文化的输出。也许，这正是戴高乐及其继任者永远不能像苛刻对待阿尔及利亚那样要求几内亚的主要原因。即使阿尔及利亚 1971 年将法国石油公司实施国有化之后，沙邦－戴尔马（当时的总理）

[①] 阿兰·波厄（1909—1996 年），法国中间派政治家，1968—1992 年任参议院议长。——译者注

[②] A. Rondos, "France/Africa : A Widening Role", *Africa Report*, Sept. – Oct. 1979; C. R. Ageron, "L'Idée d'Eurafrique et le débat franco-allemand dans L'Entredeux-guerres", *Revue d'histoire moderne et contemporaine*, vol, xxii (1975).

[③] Senghor, *Liberté*, iii. 80.

[④] Cohen, "Legacy of Empire : The Algerian Connection", pp. 118 – 119.

也不能说服自己取消法国援助,"我们的语言在当地人的思维形成和文化教育方面发挥的作用是如此关键性的,以至我们彼此之间的合作不可能走向终结。"①用桑戈尔的话说,"如果法国的语言和文化不能照耀五大洲,法国的伟大将不值一文;在情感上,我们属于法国语言和文化,在唤醒和丰富我们的传统文明上,我们指望法国语言和文化"。不过,有一次,桑戈尔曾慨叹道:"我们经常忘却的是,文化霸权主义,是一种最危险的殖民主义"。②在文化层面上,传统的法国中央王国的某种形式,并未随着非殖民化而烟消云散。

在1981年的大选中,社会党承诺将要完成法国对后帝国世界秩序的适应过程,进而开启法国与非洲关系的新纪元,其前提是基于经济发展而非军事援助开展合作,因为后者被批评加剧了"内部紧张"。然而,作为第五共和国的第一位社会党总统,密特朗肩负着如此艰巨的任务:既要努力摆脱吉斯卡尔的新家长作风,又要让非洲法语领导人相信他们能够继续"指望我们"。现在,左翼联合政府已经走过了5年执政期的一半时间,它不仅深陷乍得军事干涉和黎巴嫩维和行动的泥潭,而且发现难以同时兼顾上述两大政策目标。

---

① *Africa Contemporary Record*, 1971–1972, section C, p. 88.
② Senghor, *Liberté*, ii. 210; i. 282.

第四编

新的国际社会

第四章

资料分析与讨论

第二十三章　新的国际混乱

伊利·凯杜里[*]

一

1914年以前的世界政治几乎可以等同于欧洲国家间的政治。这些国家间关系在内涵和特征上基本保持稳定，我们大致可以在两大主导思想的指引下加以把握和理解。这两大指导思想并非出自国际关系学者的主观臆造或刻意强加。可以说，这些思想十分自然地源于欧洲国家在彼此交往过程中的行为方式。这些指导思想也并非生硬死板的理论概念，而是建立在大量实践基础上的基本规则。对这些规则，国际事务的参与者不仅熟稔有加，而且均谨慎遵从。

这两大指导思想，一是力量均势原则，一是欧洲协调原则。力量均势意指任何单个国家保持安全或总体和平，其得以确保的前提条件是某个国家或国家联盟的权力与野心受到其竞争对手的制约或抵消。均势不是自然生成的，建立或维持均势在欧洲地区或世界范围的情势都是相同的，要求政治决策者具备敏锐、勇敢、冷静、稳健的品质。然而，必备的智慧和必需的政治技巧并不总能发挥作用，因为形势误判时有发生，而均势往往又导致制衡过度，战争冲突便接踵而至。结束战争既要求重建均势，又需要拥有足够的智慧和手段以维持当前的均势局面。1914年爆发的战争是欧洲现代历史上均势

---

[*] 伊利·凯杜里（Elie Kedourie，1926—1992年），著名中东史学家，伦敦经济学院教授，著有《英国与中东（1914—1921）》（1956年）、《民族主义》（1960年）、《阿富汗尼和阿卜杜胡》（1966年）、《英国—阿拉伯迷宫》（1976年）、《中东经济》（1976年）、《现代世界中的伊斯兰》（1980年）、《十字路口的回忆和政治、历史与宗教论集》（1984年）、《民主与阿拉伯政治文化》（1992年）、《中东政治》（1992年）。——译者注

政治运作失败最为严重的实例，接下来的1918—1919年条约安排又属重建均势的一个最大败笔，其造成的后果被证明对欧洲乃至整个世界贻患无穷。

与均势原则同时发挥作用的另外一种指导思想是欧洲协调原则。这是一个看似更为繁杂、更加模糊并且比均势原则更不易操控的基本规则。它要求参与者具有共同的文明价值基础，相近的政治立场，以及通识的国际政治语言。欧洲协调原则最广泛运用的时期，无疑是在19世纪，但它在这个阶段的出现亦非突然。国家社会与清晰界定各种假设和规则从而确保当今社会运作和维系的国际法主体，萌生于17世纪的格老秀斯时代，甚至更早。国际体系在地区层面发挥作用最显著的阶段是在18世纪，特别表现在西班牙继承战争（1714年）和法国大革命期间。阿尔贝·索雷尔在《欧洲和法国革命》第一卷对这一时期的国际关系做出了权威描述和精辟分析。

法国大革命对欧洲国家社会及其历来坚守的原则理念构成了巨大挑战。大革命打破了传统的均势与协调原则，转而寻求霸权实践和霸权理论之间的统一性。革命的冲击令人生畏，新秩序的胜利看似不可阻挡。但是经过长期的拉锯战争，法国的霸权威胁最终消除。随之而来的条约安排的缔造者，希望恢复1789年以前的世界秩序。这当然不可能完全恢复，但直到1914年以前，欧洲国际社会的主流观念确实就是这样，它不仅接受而且想当然地认可上文所描述的那些体系结构观念，而这正是法国大革命所试图摧毁的。

1914年战争打破了国际关系的均势局面，紧随其后的《凡尔赛和约》的安排，非但没有重建新的均势，反而固化了那场不可治愈的战争创伤。后果很快就一目了然，在《凡尔赛和约》缔结不到15年的时间里，纳粹统治下的德国便开启了扩张征途，与此同时，联合制衡的力量却迟迟没有出现。事实上，《凡尔赛和约》机制的核心，是类似于欧洲协调的那种体系结构观念。国际联盟被广泛认同为一种世界范围内的协调机制，成员国承诺将对和平的破坏者采取集体行动，从而形成均势——质疑者指责国联条款中存在一些附带的冗余条款，它们包含非理性的愤世嫉俗和明显的不道德因素，以及公然纵容战争行为。换位思考，正如《人权宣言》在1789年以后才获得世人普遍认可一样，国际联盟至少成为稳定现状与维持和平的重要因素。这种重要因素，同时也是国际联盟条约的中心思想，便是民族自决原则。

民族自决思想直截了当地主张，世界是由一个个独立的、身份可辨的"民族"组成，这些民族依照不同身份，被赋予了建立主权国家的权利。既然世界不可能完全变为理论家笔下的伊甸园，照搬理论建造现实社会的结果必将导致无休止的动荡与混乱。首先，辨识那些所谓的"民族"就极易引起争议；其次，打翻现行制度安排以满足民族自决所要求的唯一性和高于所有政治行为的原则正是战火连绵的秘密。历史已经清楚地证明，德国的民族自决要求带来的是奥地利、捷克斯洛伐克和波兰的亡国厄运——具有讽刺意味的是，这几个国家本身也是不久前打着民族自决的旗号建国的。

1914年战争同时带来了旧秩序里俄国的灭亡和苏维埃联盟的建立。它又给国际关系引入了一个强有力的动荡根源。布尔什维克主义对待外部事物的态度或许可以用列宁处理国内政治的一句名言准确地加以概括："谁将打败谁？"这句话所概述的阶级斗争思想代表着一种简单而又原始的政治逻辑：认为政治不过是为获得绝对的、不受限制的统治权利而展开的长期殊死搏斗。正如民族自决原则那样，阶级斗争思想与均势思想也是格格不入的，因为均势要求没有任何独占的和高过一切重要性的个体利益存在。最后，民族自决原则与阶级斗争思想也是不相容的，前者认为国家体系内部的每一个成员，不管其政治类型或社会安排如何，都属于并且应该是更为井然有序的国际秩序的组成部分。无意间，我们竟得出一个惊人而又不祥的结论——核武器和与之相关的核威慑均势概念，竟然可以准确地映射出列宁格言的真伪。难道核威慑均势更适用于极权准则支配下的无序与混沌的国际关系？

二

第二次世界大战，开始于一场欧洲的地区性战争，终于以整个欧洲为中心的世界政治角逐。从一个十分宽泛直至世界范围的政治舞台视角来看，体系性混乱的国际秩序以一种更为显著与尖锐的方式，在第一次世界大战结束后的十多年间就已初现端倪。联合国相比国际联盟而言有过之而无不及，与国际秩序和安全稳定不相适切。现实经验告诉我们，联合国很难孕育出新颖的指导思想或交往原则。时至1945年，布尔什维克党人及其理论意想不到地收获了他们在1918年不敢奢望的巨大威望与空前影响。罗斯福没有选择抵挡苏联势力的扩张，却致力于不屈不挠地削弱其西方盟友，肢解传统的欧洲帝国。如克里斯托弗·索恩《徒有虚名的联盟》或者威廉·罗杰·路易斯《走投无路的帝国主义》这些新近的研究所表明，罗斯福或其他美国决策者根本没有想到彻底清除殖民主义因素的后果，而这些因素也许有助于用来掣肘苏联的那种本质上残酷无情而又毫无节制的野心。同时也没有证据表明当时产生了关于新的世界性国际社会应当如何运行的想法。

美国政策及其幻想的一个典型事件，表现为美国代表得到指示要欢迎和支持胡志明，因为有一种幼稚的想法认为，此人将成为另一位反抗专制及残暴统治的乔治·华盛顿。掣肘政策在雅尔塔会议期间的缺席是如此突出，因为世界上最强大的国家显然清楚，这里将决定世界的未来命运；源于第一次世界大战及其战后安排的国际混乱，如今可能成为一种扩大到更广范围的威胁，甚至成为一种根本不可能消除的威胁。在早先的一场大危机期间，埃德蒙·柏克①就已指明这根本不是一场普通的冲突，世人正与之相互斗争的，是一种十分可怕的武装学说。现如今，柏克却无踪影。我们虽然有《大西洋宪章》，可这是手无寸铁的虔诚精神面对布尔什维克主义和民族主义的武装学说。

自1945年以来，这些学说随着时间的推移影响不断增强，牢牢主导了国际政治生活，成为国际秩序的破坏性威胁。在第三世界国家，这两大学说的强势组合成为当今亚洲、非洲和拉丁美洲最引人注目的政治思潮。这种混合学说，既包含了强调阶级斗争的马克思主义，也包含了主张人道至上的激进民族主义，它被应用于一些发展中国家，使其很快获得了完全的、不受约束的主权。近年来，这个学说的最大拥护者，当数弗朗兹·法农②及其追随者卡扎菲上校，他们将世界分为富裕的、处于剥削地位的"北方国家"和贫穷的、处于被剥削境地的"南方国家"。真正的阶级斗争，在他们看来，在于这两大国家集团之间的斗争，而不是工业化社会中的工人阶级与资产阶级之间的冲突。

这种阐释的逻辑推论就是要求建立新的国际经济秩序，这正成为其当下最为热门的政治话题，从联合国贸易和发展会议到不结盟运动，再到勃兰特委员会的众多组织，都在积极为此奔走呼吁。对新经济秩序的要求意味着大规模的资源从西方工业化国家转移到所谓的南方贫困国家。这个要求证明了殖民主义和新殖民主义压迫剥削的一系列批判和争议，而后者的出发点是马克思—列宁主义的假设，对于这些假设，西方的大规模转移的支持者似乎始

---

① 埃德蒙·柏克（1729—1797年），爱尔兰政治理论家，近现代保守主义的奠基人。——译者注

② 弗朗兹·法农（1925—1961年），马提尼克政治家和作家，著有《黑皮肤、白面具》、《全世界受苦的人》、《为了非洲革命》和《阿尔及利亚革命的第五年》等，对美欧激进运动影响甚大。——译者注

终都毫无察觉。

当前联合国的绝大多数国家都积极倡导和宣扬主张这些要求。这些国家绝大多数都是1945年后获得主权独立地位，也是欧洲帝国终结及自然解体的产物。它们正是迈克尔·欧克肖特①所说的"模仿型国家"。这些国家虽已获得国际认可的主权地位，但其统治者普遍存在合法性缺失所引起的不安全感。它们主权的获取大都源于选举政治失败或军事政变，其拥有的专断权力并非建立在国内民众的广泛信任基础之上，因而缺乏足够的权威，这使得许多新独立国家的领导者实际上无法作为富有说服力的现行政治实体的合法代表。

因此，在这些国家里，个人利益完全任由统治者摆布，公共利益由统治者裁定，成为滋生政权动荡的罪魁祸首以及具有进攻性的侵略倾向。长此以往，这种趋势逐渐演变为一种意识形态的政治风格。由于法律约束的缺失，国家的规划与蓝图，当政者的抱负与专断，其改变或废止仅仅取决于一时的兴致，或存在于对财富利益的追逐。纳赛尔统治下的埃及，复兴社会党统治下的叙利亚和伊拉克，尼雷尔统治下的坦桑尼亚，都是此类国家的典型。

三

从20世纪50年代中期开始，国际秩序在混乱中的重组，成为世界的一大趋势，而迅速风靡非洲大陆的联合国政治是最显著的征兆和标志。"非殖民化"突然上升为英国、法国、比利时等国的既定政策，仓促出台并不计成本与后果地得到全面实施。总体上，"非殖民化"政策出自殖民帝国领导者的单方面决定，而非出自对非洲人民压倒一切或无法阻挡的反抗浪潮的无奈应对之举。"非殖民化"政策是出于对非洲殖民地国家行政治理成本的精确考量之上，同时也是基于对世界政治发展趋势、世界权力均势状况以及政治平衡实现方式的综合分析，这种政治平衡的实现方式可能是军事的也可能是政治的——取决于工业化国家放开对非洲的控制方式。

据此判断，新一轮的国际失序必然混杂着很大一部分失败主义、自鸣得意、愤世嫉俗和全然假象的元素。失败主义的最好例证便是1954—1956年

---

① 迈克尔·欧克肖特（1901—1990年），英国哲学家、政治思想家，著有《当代欧洲社会和政治理论》（1939年）、《政治中的理性主义》（1962年）等。——译者注

期间法国对突尼斯和摩洛哥的态度，法国无疑是受到印支战争失败的影响，匆匆撤销了两国的被保护国地位。自鸣得意体现在哈罗德·麦克米伦的著名演讲"变革之风"，演讲中英国首相向世人构想了未来世界的轮廓。这里不妨借用他的隐喻——驶向未来的航船在风高浪急的世界潮流里行驶，只有少数几艘航船最终能够抵达安全的港湾。果真存在所谓"变革之风"吗？或许那仅仅是工业化国家政府掀起的暧昧之风，但这无疑将吞没曾经受其保护的不幸的非洲弱国，同时又不会损害它们与苏联的战略对峙吗？

非洲福祉和放弃非洲之地缘政治后果，对于西方有着同等重要的意义。两者都表明西方国家非洲战略的失败，这是一种愤世嫉俗的表现方式，却戴着虚伪丑陋的面具。如同1968—1970年期间英国外交部敦促英国从亚丁湾和波斯湾撤出。这种愤世嫉俗在戴高乐身上却也暴露无遗，虽然拥有阿尔及利亚就等同于拥有非洲，但戴高乐毫无顾忌地将法国势力迅速而又彻底地从非洲抽身而出。这在我们看来是十足地愚蠢，但戴高乐认为海外领地不值一文。戴高乐于1958年重新掌权，主要受益于政变，起初他也愿意并下定决心维持法国在阿尔及利亚的统治。1960年，打击阿尔及利亚民族解放阵线的战斗几乎已经取得决定性胜利。但到了1962年，戴高乐却断然宣布放弃被法国统治了一个多世纪的海外领地及其所辖居民，这直接导致曾经追随法国的那些非洲民众遭到新统治者凶残的屠杀或者沦为身无分文的难民。

戴高乐之所以这样做，是因为他认为阿尔及利亚及其他非洲领地已经成为妨碍法国追求超级大国地位的绊脚石。对于放弃的后果，他显然没有深思熟虑，如阿尔及利亚的石油，或奥兰的海军基地，或其他非洲内陆的领地的放弃，将严重损害法国在海外的军事和经济利益。直到20年以后，戴高乐战略失算的后果才逐渐显现。

即使西方政治领导者们不愿再帮助有着狂妄自大和异想天开的戴高乐，他们也依然无法隐藏自己愤世嫉俗的本性，虽然不像戴高乐过分关注个人夸耀而喜形于色，而是可能表现为语气柔和、态度和蔼、暗自窃喜、耸肩一笑和轻松自然。佩里格林·沃索恩发表在1979年10月10日英国《每日电讯报》的一篇文章中，已经准确地把握住了这种态度。他对会议第一天就讨论罗得西亚转变为津巴布韦一事写出如下评论：

> 后殖民时代的非洲和亚洲的前景已经提前显现出不祥之兆。当前，西方主流观点却漠然视之。

我国国务家和企业家习惯地认为，西方繁荣所攸关的第三世界国家的原材料，不管在任何政治制度或社会体系下都可以为我所用——只要不在俄国人的控制下。我甚至曾听到一位保守党的高级大臣这么说……一个国家的政治与社会体系越堕落腐化，越有利于榨出宝贵的石油和矿藏，因为当今时代的贸易法则与追随对象不再是国旗，而是金钱贿赂。依此观点，人们确实不必关心——措辞已经选好——由谁统治非洲或亚洲。某个国家的政体越是腐败，英国人在那里的利益就越容易实现。这正是不折不扣的新的现实政治，外面却掩饰着种族平等的华丽外衣。

"非殖民化"政策引导非洲国家建立欧洲式的议会制政体，这项任务自然落在接受过欧洲教育的非洲精英手中，但他们很快便发觉身处专制统治和危险境地。专制的但却是欧洲式的政府，不管在书面上做出如何坚定的保证或承诺，都很快异化为新非洲统治者们压迫民众的借由工具，比如欧洲官僚制度设计下的统治者能够对民众的命运和生计随意控制。正因为他们拥有的过度专横权力，新统治者也深知其统治地位的脆弱。在规范的西方宪政体制与新统治者仿佛借助某种魔力实现对非洲国家统治的传统非洲社会之间，压根儿就没有或很少有什么联系。传统的非洲社会是一种破碎的组成结构，成员对部落的忠诚和倾向处于首要地位。成员与部落的隶属关系自然容易滋生腐败，这也成为公认的新生国家的一大标志性特征。不过，腐败观念得到认可的条件是这个政府必须是法制政府，政府公职不属于腐败的财产对象，公共利益对象也不能成为民众敬仰的政治家。上述观念缺乏强有力的法律保障，腐败行为的泛滥也就不足为奇了。"非殖民化"国家的机制规范和社会现实之间，外在形式与内在内容之间，都存在巨大矛盾和极其危险的内部张力。

四

为克服危及政权的内在张力，新国家的领导人发动了思想动员这部机器。他们积极整合国家资源，对民众宣传他们所采取的是与欧洲制度架构相一致的治理模式。他们借以宣扬的那些意识形态同样源自欧洲，主要是导致国际秩序混乱不堪的各种形式的民族主义和马克思—列宁主义。

"非殖民化"给新非洲带来了不稳定因素和爆炸性风险，传统的部落制与欧洲政治制度格格不入，新推行的思想意识形态非但没有缓和冲突，反而使形势更趋恶化。新成立的非洲国家发现它们获得的领土竟然源自欧洲敌对或缓和的冷战争夺的产物。民族主义所要求的内部团结、封闭独立的国家实体形式经常与欧洲殖民帝国遗留下的现实领土安排之间产生冲突。发生在苏丹、尼日利亚、乍得、索马里与埃塞俄比亚之间的战争，是部落矛盾酿成冲突的典型事例。愈演愈烈的非洲冲突根本上来自不容妥协的意识形态的对立：当前极具破坏性冲突的形成主要源于对国家机器控制权的争夺，归根结底是对权力控制的争夺。"非殖民化"过后的非洲俨然成为各种冲突隐伏的雷场。

因此，"非殖民化"不但没有给非洲带来人民期盼的和平，而且还让非洲人民从此背上了不安定和被压迫的沉重包袱。"非殖民化"也未能增进非洲国家与西方的友好关系或促使双边关系更加顺畅。欧洲人的自鸣得意已被证明是个错误，愤世嫉俗者未能兑现他们先前承诺给本国的奖赏。贸易背后紧跟着贿赂的尾巴，而贿赂与腐败的伎俩不可能繁荣贸易或培养出真正友谊的简单道理，就是一个黄口小儿也会懂得。

此外，世界权力均势现状已经严重影响到西方国家的利益。新国际形势更有利于苏联施展其政治经济方面的操纵、交易或诱惑手腕，将其权力和影响扩展到俄国从未染指过的新大陆。宏观地看，苏联在非洲新拓展的利益受益于西方的撒手不管和抽身而出。不过苏联人也并非单纯地占领真空地带，他们还带去了意识形态，正如我们见到的，在"非殖民化"的非洲国家中已经释放出不容小觑的吸引力。苏联采取的思想灌输方式和控制民众的手段不仅像政治支持和军事援助那样广受非洲国家的欢迎，更为重要的是它在同属一党专制的国家之间建立起相近的联系纽带，其共性是权力运作不受法律或道德顾忌的约束，其差异在于行政效率和专横程度。

近些年，在美国和西欧国家逐渐兴起一种思潮，认为世界政治的中心议题不再是东西方是否可能爆发冲突，而是如何争取第三世界国家的友谊和信任。我们说即使是在东西方力量均势的背景下，甚至向前推移10年或20年，这种观点依然是错误的，因为第三世界的军事和工业实力简直可以用微不足道来形容，绝大多数第三世界国家之间并不存在联盟关系，一些国家仅是某个大国的代理人而已。不幸的是，就目前来看却因为这种思潮使得这些闷闷不乐的地区日渐动荡不安，民众困顿于冲突频发和秩序失调至深的悲惨境地。对付骚乱冲突可以选择躲避，也可以选择强力镇压使其驯服；但却不可能心平气和地面对它，更不可能张开友谊的双臂去拥抱它。

第二十四章　国际社会的扩展
——对国际法的影响

伊恩·布朗利[*]

时至 1899 年第一次海牙和会之际，一个完整而统一的国际关系体系已经形成。当然，使用"体系"一词仍有待商榷。毋庸置疑，这个体系形成之初在诸多方面都存有缺陷。然而在实践层面和满足现实需要上，国际关系体系却包含了一套广泛应用于贸易管理和处理国家间关系的制度、程序以及政治技巧。一些政治实体，如摩洛哥、埃及、索马里部落、布哈拉汗国和希瓦汗国，通过代理人或与他国签署的条约关系亦加入该体系。土耳其、中国、日本和暹罗在 1899 年时属于该体系的正式成员，但它们所享有的权利始终缺乏保障。瓦特尔在 1785 年发表的论著中，[①]阐述了国家间法律特性的相关原则，这一原则成为推动国际体系向前发展的重要基础力量。

20 世纪初以来，国际体系已经取得令人瞩目的成就，先后建立了一大批形态广泛、类型多样的独立国家。本文主要探讨国际法在国际体系发展过程中扮演的角色，或者更确切地说，是以国际法的形式展现国际体系巩固与聚合的长期演变进程。

总体上，国际法的作用必定会在两个方面上得以体现（这两方面也有重叠之处）。一方面，学者们提出了与国际事务紧密相连的诸多概念和评判标准，这些概念和标准有些是包容性的和"自由派的"，也有些是排他性的和"学院派的"。另一方面，大量国家和学者的法律实践（对于不同历史时期的学者而言，其研究素材主要取自当时的国家行为）同样也能验证上述概念

---

[*] 伊恩·布朗利（Ian Brownlie），著名国际法学家，曾任教于伦敦经济学院和牛津大学，著有《国际法体系》（1983 年）、《国际法基本文献》（2008 年）、《人权基本文献》（2008 年）。——译者注

① Le Droit des gens, *Intrduction*, p. 18.

和标准在国际行为中的参与效果。

本章借用印象派的描述手法，采用一定的时间间隔和特定时期作为捷径来回放历史事件和思想理论的发展脉络。正是那些在长期复杂的历史进程中积淀下来的规则要素，而非那些仅仅用以记录史实的描述性话语，对国际社会的发展起到不可替代的作用。

一 欧洲国家和思想来源（1648—1750年）

尽管认为一切都将开始——1648年的想法很是可笑，但却有充足的理由表明在《闵斯特条约》和《威斯特伐利亚和约》缔结之时，"国际体系"就已确立。1648年欧洲达成广泛的政治安排，《威斯特伐利亚和约》带来的国家间的新型关系，以及国际规制在领土安排上扮演的长期重要角色，都能轻易证明这一论断。

宣称国际法以"欧洲为中心"的论调现在看来已显陈腐。起初，这种观点是被加以肯定的，现在看来只有当一群特定的国家集团总体上主宰了世界政治事务，这种情况才会发生。这是事实却非定论。如土耳其素丹或中国皇帝原本也有机会寻求全面霸权。历史上，国家关系体系总是由在文明上更具影响力的欧洲或基督教国家予以主宰。不管怎样，使用"欧洲"一词描述1750年以前的某些历史事件必然涉及一些语言错误，[1] 此外，17世纪的国家间关系即使用现代地理学衡量也绝非简单的"欧洲"。[2]那个时期，国家关系"体系"总体上包括了格鲁吉亚王国、土耳其素丹、俄罗斯帝国、阿尔及尔、突尼斯、暹罗、威尼斯共和国、克里米亚鞑靼人汗国、摩洛哥和的黎波里。

到了18世纪中期，通过继承先前理论和思想创新，国际法涌现出了一套比较系统的概念，对国际体系的包容性和其他诸多方面产生了重要影响。早在威斯特伐利体系出现以前，欧洲就已存在基督教国家与异教徒关系实质的辩论，其实在穆斯林国家也存在类似的辩论，只是多数人早已忘却。与"海盗国家"相对应的"有组织国家"这一概念可以在宾客舒克[3]的著作中

---

[1] 参见 Denys Hay, *Europe: The Emergence of an Idea* (1957), pp. 117 – 125. 更系统全面的参考书，见 Parker, *The Geographical Journal*, cxxxi (1960), pp. 278 – 297。

[2] 人们对波兰、立陶宛和俄罗斯的地位存在争论。

[3] 科尔纳利乌斯·宾客舒克（1673—1743年），荷兰国际法学家。——译者注

找到。①他关于国家主权和个体差异性的理论阐释较为成熟,但对"文明"功用的检验却相对欠缺。这一时期同时见证了均势理论的兴起。②

国际法的历史学家们总是倾向于过分强调理论的重要性。在1648—1750年期间,思想界尚未超越体系成员应为"有组织国家"这个观点。在理论层面,尚不存在建立在宗教基础上的概念界定;在实践层面,主权问题没有妨碍各类公国和政治实体的正常外交活动。在强调理论概念的国际环境下,奥斯曼帝国登上18世纪的世界外交舞台甚至没有被认作具有任何革命性意义的事件。

二 地理扩张和思想延续(1750—1850年)

在这个世纪里,"体系"在实践和政治领域延伸扩展的诸多限制,被地理大发现和殖民活动一扫而光。世界政治融合与制图学扩展的主要例外只剩下撒哈拉以南的非洲。国际政治理论取得长足发展,以欧洲文明或宗教作为划分界限的旧式标准被摒弃。③然而,在19世纪初期,国际公法领域依然普遍存在着大量的排他性原则——如"仅限于欧洲文明,基督教徒,或欧洲人"的表述——我们可以在惠顿那本颇有影响的著作中找到大量例证。④

在实践范围内,外交体系的范围继续扩大并为美国因势利导,紧接着西班牙统治下的美洲继承国毫无理论依据地闯入了这一体系。国际法的严谨规则和外交行为没有被文化界限所分割,外交机构日益获得广泛理解。尤其重要的是,18世纪的外交活动和国际法内容在意识形态上基本保持中立,除遵循实用主义竞争原则以外不依赖任何特定的国际法原则。

这一时期的国际法涉及国家间关系的基本构成:

甲、国家的内涵及其附属物,如领海;

乙、建立和维持外交关系的机制;

丙、缔约模式;

---

① *Quaestionum Juris Publici Libri Due* (1737), chap, xvii.

② 参见 Anderson, in Ragnhild Hatton and M. S. A, eds., *Studies in Diplomatic History* (1970), pp. 183 – 198。

③ 参见其大获成功且很有影响的著作,*Le Droit des gens* (1758),"序"和"导论"。

④ Wheaton, *Elements of International Law* (1866 edn.), Part 1, paragraphs 10, 11, 12, and 13, 与 1836 年初版内容大致相同,但剔除了教条式语气。Cf. Ward, *An Enquiry into the Foundation and History of the law of Nations in Europe*, 2vols. (London, 1795), chap. iv.

丁、战争法和中立法。

道德所关心的问题几乎总是附加的，如国家拥有发动战争的自由权利，而法律关注的重点只是中立的破坏。

最初国际法中唯一被广泛误读的概念是海盗行为，稍后奴隶贸易也加入其中。因为人权并不是这部法律所关注的焦点，然而它们却是政策关注的重点，正如对犹太人在俄罗斯帝国的遭遇保持缄默。国际法在实践层面和道义层面上保持不偏不倚便意味着扩张，于是我们说国际法体系本身具有强大的"输出能力"也就不足为奇了。

研究 1750—1850 年时期的缔约模式具有重要的指导意义。可以通过典型案例分析这段时期的情况，如查阅由克莱夫·派瑞和查理蒂·霍普金斯合编、英国政府出版局 1970 年出版的《英国条约总目（1101—1968 年）》大事年表。通过研究，我们知道英国的"欧洲以外的"条约伙伴及其签署时间如下：摩洛哥 1750 年；俄罗斯帝国 1750 年；阿尔及尔 1751 年；的黎波里 1751 年；突尼斯 1751 年；马拉地土邦 1756 年；海德拉巴君主 1759 年；莫卧儿帝国 1763 年；迈索尔 1769 年；美国（和约，1783 年）；尼泊尔国王 1792 年；阿萨姆国王 1793 年；马斯喀特 1798 年；奥斯曼帝国 1799 年；波斯 1801 年；喀布尔 1809 年；康提 1815 年；阿散蒂 1817 年；马达加斯加国王 1817 年；帕拉卡 1818 年；柔佛 1818 年；巴林酋长国 1820 年；萨那 1821 年；拉普拉塔河联合省 1825 年；哥伦比亚 1825 年；暹罗国王 1826 年；艾哇（缅甸）1826 年；巴西 1826 年；墨西哥 1826 年；委内瑞拉 1834 年；祖鲁国王 1835 年；邦尼国王 1836 年；智利 1839 年；海地 1839 年；新西兰部落联盟（与 80 个部落酋长签订《怀唐伊条约》）1840 年；得克萨斯 1840 年；厄瓜多尔 1841 年；绍阿国王 1841 年；乌拉圭 1842 年；巴苏陀酋长 1843 年；三明治群岛（夏威夷群岛）1843 年；达荷美 1847 年；婆罗洲 1847 年；尼加拉瓜 1848 年；利比里亚 1848 年；危地马拉 1849 年；埃塞俄比亚 1849 年；哥斯达黎加 1849 年；多米尼加共和国 1850 年；秘鲁 1850 年。

这些国家第一次出现就被记录在特定时期的《条约总目》上。而当时英国与印度次大陆、波斯湾以及西非和南非的各个规模不大的政治实体和统治者签订的林林总总的各式条约悉被省略。原因是英国在签订条约时关注的一个重要前提，就是要接受缔约另一方必须有能力与英国缔结这样的条约。

我们有理由相信，英国的缔约模式充分代表了当时典型的大国行为。①更重要的，在缔约模式之外，稍后在亚洲和拉丁美洲逐渐引入的经常性外交代表制度。②另外一个重要的国际法实践表现在领事任命机制和领事磋商机制的确立。担负外交任务的特别使团开始被派往更加遥远的国度。③

三　外交体系扩张的性质几点保留意见

条约的签订、外交与领事关系的建立，显然为外交体系的扩展提供了现实基础。虽然厄瓜多尔和达荷美分别在1841年和1847年与英国缔结条约，但不足以说明这些政治实体已经具备必需的手段和思维，并能依据高效的、合法的与一致性等原则来处理国际事务。不过它们至少表明了一种遵守（国际法）的意愿和想法。此外，其他国家签署的类似条约和国家间的交往有力地促进了法律服务业的发展，同时也加深了对作为必要的外交和政治保护的各种专业法律知识的依赖。倘若只一味设定适合欧洲国家的外表华丽的法律专业标准，而忽略了弱小贫穷政治实体在国际舞台上的曲折发展历程是极不现实的。因此，为公平起见，开展国际法社会效果调查是一种十分有益的行为。

四　卢卡斯·斯坦迪的未解问题

回顾1750年以来的一个世纪里英国缔约史的发展脉络可以看出，英国政府显然希望在一个广泛的国际社会环境下对不同类型的国家关系做出正式安排。在实践领域，对政治实体进行分类算不上什么难题，可能遇到的问题只存在于政治实践领域，而非理论原则上。

19世纪中期以前，英国的外交实践展示出两种国际关系特征。首先，国际关系领域里的国家身份认同不存在地域差异或文化限制；其次，没有出现

---

① 可进一步参见 Martens, *Cours diplomatique on tableau des relations exterienres des puissances del' Europe* (1801); Alexandrowicz, *British Year Book of International Law*, vol. xxxvii (1961), p. 506, 510 – 512。

② 参见 D. B. Horn, *The British Diplomatic Service* 1689 – 1789 (Oxford, 1961); Alexandrowicz, *An Introduction to the History of the Law of Nations in the East Indies* (Oxford, 1967), pp. 185 – 223; Parry, ed., *British Digest of International Law*, vii. 570 – 571。

③ Michael Symes, *An Account of an Embassy to the Kingdom of Ava* (London, 1800).

特意强调"国家"属性的正式国际标准。这一时期的法律学说反映了该时期的国际事务状况。某个国家的存在和主权并不取决于其他国家的承认。[①]

到 19 世纪中期以及随后的几十年期间，国际关系理论的发展呈现出新面貌，相关例证可以在惠顿、菲利莫尔、霍尔和其他学者的著述中找到答案。新理论的一大特点是强调欧洲国家的承认，这种承认不依赖于任何客观存在的法律标准。国家变成一种更为重要的概念，它只与政治思想中的"民族"相关联，其国际法定义毫无实质性的意义：承认，作为政治同意的一个标签，似乎更需关心定义本身。[②]于是，从 19 世纪中期开始，学术界出现了对国家的本质、存在目的等类似问题的深入探讨。布伦奇利的《国家理论》就是研究此类议题的巨著，它以英文和德文多次再版发行。[③]

国家学说的迅速发展深受欧洲文化沙文主义和种族理论的影响。然而，实践层面的国家并未发生显著改变，对国家定义标准兴趣的缺乏却也催生出某种程度的包容性。比如，部落社会未被根本忽视，尽管其土地被认作无主地。这方面的理论成果连绵不断。在林德利的名著《国际法上的落后领土的占有与治理》一书中[④]，他提出了如下观点：

> 作为介绍所有实例之前的一个引子……总体上，欧洲国家在确立对政治上的落后国家的统治时，主要采取了割让土地和武装占领的方法，而非以占领无主地作为享受权利的依据。

因为有着这样的传统，欧洲人非常倾向于与不同社会结构但拥有领土的政治实体缔结条约：不过前提是它们必须具有清晰统一的社会结构。巴苏陀人和祖鲁人符合条件，而澳洲的土著人和火地岛的印第安人就不符合要求；封建制度很明显符合要求，隶属关系也不一定意味着脱离条约。国际法院在西撒哈拉咨询案中肯定了属于部落社会的土地不是无主地。[⑤]

---

① Saalfeld 在 1833 年出版的一本著作，大致可参见 Alexandrowicz, *British Year Book of International Law vol. xxxiv* (1958), pp. 176 - 198，Saalfeld 的引文在第 189 页。
② 参见 Hall, *Internationa Law*, 5th edn. (1904), Part II, chap. 1。
③ 3rd edn. (Oxford, 1901).
④ (London, 1926), at p. 43；亦参见第 20 页。
⑤ *ICJ Reports*, 1975, p. 12 at p. 39 (para. 80). 颁布日期为 1884 年，但此时，该原则已经确立。

五　原则保守与实践灵活（1850—1950 年）

1850—1880 年，国际法概念朝向一个更加排他性的外交体系发展。霍尔写道：①

> 现代文明国家认为国际法包含的某些行为规范约束了他们与别国的关系发展，因为总有一种类似强制的力量约束他国的忠诚民众遵守本国的法律；为防止触犯法律行为的发生，法律应当通过适当的强制方式予以执行。

同样，奥本海默②也指出这些规则的本质"被认为是通过合法方式约束国与国之间的交往关系"。奥本海默还在另外一篇文章③中说道："文明国家都属于基督教国家，除了少数几个例外。"

毋庸置疑，观念的改变带来了现实效应。国家的概念本身变得更为重要，决定国家属性的重要标准已经演变为主观认知问题而不是法律标准的机械应用。

不管 1850—1880 年期间的国际法学说取得了多高成就，新学说的影响都不应被过分夸大。排除极少数例外，即便帝国主义时期的理论学说也不是僵化教条以及绝对的欧洲中心论。尽管如此，基督教和"文明"国家依然受到特别的偏好，与此相对，在 19 世纪末期，那些古老而孱弱的国家的命运，如埃塞俄比亚和暹罗正在遭受分裂、征服和胁迫而变得岌岌可危。然而，这一时期外交运作模式保持了高度的灵活性。国际法的使用范围事实上没有被限定为欧洲的国家或是欧洲文化的国家。中国、日本、波斯、暹罗、埃塞俄比亚和马达加斯加也被吸引到广义上的外交体系中。

研究参加海牙和会国家的名单意义重大。1899 年第一次海牙会议的 26 个国家中，两个国家来自美洲（美国和墨西哥），5 个国家从某种意义上说来自亚洲（中国、日本、波斯、暹罗和土耳其）。当然，以不同区域作为划

---

① *International Law* 4th edn. (1895), p. 1.
② *International Law* 1st edn. (1905), i. 3.
③ Ibid., p. 10.

分标准的方法肯定存在缺陷。至于把土耳其或黑山归为一类或不同的国家种类纯属个人喜好问题。到了1907年,第二次海牙和会的与会国已经多达44个。亚洲的与会国不变,新增了16个拉丁美洲共和国出席会议,包括海地和多米尼加共和国。

1850—1950年期间的国际形势繁杂多变,呈现出许多新的元素。日本的崛起及其日益积极的外交态度与新独立亚洲国家努力寻求生存机会成为该时期的主要特点。印度和巴基斯坦两国都在1947年获得独立。直到1950年以前,世界民族国家的独立势头蓬勃兴旺。自相矛盾的是,此轮独立进程部分依据的原理是欧洲国家在1789—1884年间提出的自治原则,这一原则生效于1919—1920年期间的巴黎和会。

拉丁美洲国家的对外交往发展迅速。智利、阿根廷和巴西已然成为国际社会中的老练成员,拥有一大批经验老到的政客和职业的外交部门。智利和阿根廷两国议会就1881年边界协议问题的辩论显示出两国对待外交态度的成熟,以及对仲裁和航行中立等外交热门议题的敏锐度。

在国际联盟时代,一大批国家纷纷诞生,包括阿富汗、[①] 伊拉克、汉志—内志、阿尔巴尼亚、[②] 也门、南斯拉夫、捷克斯洛伐克、爱尔兰自由邦、芬兰、爱沙尼亚、拉脱维亚和立陶宛。这一时期的波兰终于能够恢复国家独立。

在英帝国内部,所谓的"旧自治领"地位问题长期被其与伦敦关系以及"内部"条约所掩盖。这就是成熟处理外部事务的机构在加拿大发展缓慢的原因。直到二战爆发的前10年,加拿大才独立承担起协商解决国际纠纷的责任。到了1923年,加拿大已经能够在谈判中拥有自主地位,有权签订条约。这方面的史实在1926年的帝国会议中有所记载。

在其他地域,早期的国际交往模式仿佛在19世纪末重新上演。非洲和亚洲的统治者被迫与英国签订各种条约,以求获得合法身份。签订条约的国家中,如巴苏陀、索马里等政治实体都不符合传统欧洲社会对于国家的定义。消灭国家特性的两种主要途径,还是领土割让条约与武力征服。缅甸、马达加斯加以及其他国家很早以前就丧失了独立地位。维持条约带来的实践后果,要么沦为像摩洛哥一样的半独立状态,要么像索马里一样被直接强加

[①] 阿富汗在任何方面都不是一个新面孔。
[②] 阿尔巴尼亚独立运动在1913年7月颤颤巍巍宣告开始。

给殖民统治。

六　殖民主义的悖论

从欧洲政治扩张进入到现代阶段，一个巨大的悖论出现了。毫无疑问，英国和其他西方国家早已准备好与诸如巴苏陀和索马里部落社会签订条约。在欧洲影响渗入以前，这些社会都不同程度地游离于国际外交体系之外，在被殖民以后，它们很快成为世界总体外交体系的组成部分——同时也失去了独立的国家特性。悖论就在这里：欧洲的国家理念和民族自决思想被这些国家吸收采纳，进而引发了全球范围内的国家化运动，这场运动的目标指向却不是恢复欧洲人所期盼的旧式秩序。殖民主义以及其他外界影响给非洲和中东注入了一种十分激进的社会元素。最后，世界各地的不同社会形态，无论多么脆弱或虚伪，悉被纳入外交与国家的正统体系。上述结论始终有效，尽管存在某些特例，如摩洛哥和突尼斯，它们曾在昙花一现的区域外霸权时期保持着一段时间的政治延续性。

七　1850—1950年的主要特征

在某种程度上，这个时期的国际外交具有鲜明的革命性特征。国际法的构成形式和国际组织的运作方法都呈现出一系列的激进式发展：主权国家参与的国际组织的出现，战争法的确立，仲裁与调解程序的发展，1922年第一个常设国际法庭建立，第一个为维护和平的普遍性国际组织出现，使用武力的法律依据发生质变，使用武力开始成为外交政策的选项之一。

尽管取得了上述惊人的发展成就，国际政治图景的变换却相对滞后。除奥斯曼土耳其帝国瓦解和欧洲出现一批新国家（波罗的海三个共和国、芬兰、捷克斯洛伐克以及其他国家）以外，该时期没有发生重大的政治变革——然而现在看来，这一时期实际可被视作非殖民化时代的序幕。

这个时期外交体系总体保守的原因来自多个方面。首先是欧洲和美国的强大实力对国际社会带来的影响。比如，南美洲国家很难对国际体系施加影响。南美洲国家（中国和日本亦是如此）热衷于使用国际法保护自身利益的做法着实令人同情，不过日本却是个例外。通过大量翻译英国、美国和法国国际法领域的书籍以及聘请外国专家顾问,中国、日本和暹罗很快学会了西方人的"游戏规则"。

另外一个造成外交体系保守的基本原因,是国际法内容继承了先前中庸与谦和的态度。法律关系的不平等多数是由坚持正统原则造成的。领事裁判权并不包含任何建设性或规范性的含义,相应地废除领事裁判权又是一个政治问题而非简单的法律或规范性问题。

尽管这一时期国际体系的保守色彩异常浓厚,但多边外交也始终存有自己的发展空间。换句话说,小国和中等国家的一致行动能够获得一定成效,虽然有时只能达成平局的结果。发展的内涵不再是简单地围绕欧洲国家。1930年国际联盟召开海牙国际法典编纂会议,终因成员国意见分歧过大而以失败收场,不过这也表明小国在常设国际法庭的机制设计上开始发挥实质性作用。当时的分歧无法通过与会核心人物之间的讨价还价达成妥协,正如现在经常发生的那样。实际上,这些立场分歧与区域政治没有关联。涉及对待外国人的条款时,"国民待遇"原则不仅受到拉丁美洲代表团的支持,也获得了欧洲小国的广泛赞同。不管怎样,拉丁美洲国家在联合国成立之初的投票权(当时占联合国51个成员国中的20个席位)隐含了一种潜在的区域主义角色。

八 1950—1960年

这个十年以朝鲜战争为开端。朝鲜战争可被视作一个过渡时期,此后,国际秩序从战争和"冷战"走向一个更加稳定的和平竞争时期。该时期同时见证了1955—1960年非殖民化浪潮的开端。在这个世界政治的重组时期,国际法的发展势头依然强劲,一些创新机制涌现,其中包括1949年国际法委员会的创立:国联时期的国际法及其机构的缺陷得到弥补。总体上,该时期国际法的创新灵感——至少那些成功的创新之处——可以追溯到西方"保守"国家的单独行为或集体行动。这些创新还包括海岸国家独享大陆架资源;联大1948年通过的《联合国人权宣言》,将发展和制定人权细则作为国际法标准。集团政治的作用或局限集中体现在国际法制定的会议框架上,这分别在1958年第一次联合国海洋法会议和1960年第二次联合国海洋法会议上得以体现。

九 1960—1980 年

1960 年后"第三世界"和"七十七国集团"开始作为一支重要的政治力量兴起，也同时成为激进法律和机制发展的载体。创立于 1964 年的 77 国集团，在 1980 年底的成员国已经多达 122 个。[①] 1964 年日内瓦召开了影响深远的联合国贸易与发展会议。联合国成员构成的改变激发了第三世界建立新国际法规的热情或赋予现存诸多新政治概念以合法性。这些政治概念包括民族自决原则，自然资源永久主权概念、对"国际海床区域资源"享有"普遍继承权"以及关于主权变更相关的法律，如非殖民化（国际法学家们习惯称其为"国家继承"），关于边缘海域和超出海岸基线最大边界 200 英里以外的海床专属经济区概念，等等。

七十七国集团推动了多边外交模式的巨大变革。在一些政治前沿领域，这种变革带来了显著影响，如非洲的非殖民化运动和种族歧视问题。不过，外交变革所波及的影响程度逐渐被一些重要的限制因素所抵消。这些琐碎的限制因素虽然难以单个量化，但叠加起来就能产生不容小觑的能量。第一个限制因素，就是西方外交传统影响的持久有效性；我们不应忘记，在某些核心议题上苏联的政治立场和西方集团是始终保持一致的。其次，一些新独立国家倾向于在非殖民化后走向政治保守，这种行为不会为人所称道，也不会明确地反映在政府的总体政策声明中；再次，西方国家的外交代表们总能运用技术专长或借助外交施压手段，或两者结合，使其在国际法关键文本的制定上占据优势。这方面的例子可以参见 1958 年《日内瓦领海和毗连区公约》的制定和 1962 年联合国大会通过的第 1803 号决议，即关于《对天然资源的永久主权》决议的形成过程。

还有一些国际法规因在实际操作上趋向保守，亦可被归类为抵消因素，但就影响而言则难以预料。这在近年来实行的"软法规"上有所体现，比如多边政治实体约束自我行为的指导原则。从 1974 年到 1982 年联合国第三次海洋法会议上通过的《海洋法公约》起草方案结构松散，正具有上述特点。

[①] Sauvant, *The Group of* 77 (New York, 1981).

十　当今外交体系分析

当今外交体系有四个特点需要予以强调。第一，国家间关系自始至终的复杂多变性。我们可以从成百上千个事例中随便挑选一二作为佐证。在实际操作过程中，不同版本的海洋法被应用于不同的国家间的关系中：第一种版本的海洋法是1958年以前采用的惯例法，第二种版本的海洋法是以1958年日内瓦公约为依据的法则，第三种版本既包含了前两种版本的某项条款，又根据最近的"非正式综合谈判文本"做出了一些修订，相关国家在具体运用中又对其进行了增补。更有甚者，1976年日本退出了它在1945年以后签署的所有海洋法条约，成为联合国海洋法"坚定的反对者"。事件带来的直接后果是，如若再想要日本接受新的国际海洋法条约，就不得不借助一系列的政治交易实现。

第二个特点是，当前国际事务要么遵循习惯上的国际公法，要么遵从条约义务。主权国家的国际责任还可以在人权领域、经济关系和环境保护等方面体现出来。传统观点认为国际法拓展到新领域是不可避免的，也必将给世界各国带来诸多益处，其实这里得打上一个问号。除非民族国家的国内法律体系获得实质性完善，否则，寄希望于"国际立法带来进步"的想法就过于天真了。合法性和行政能力在国内治理和国际关系层面上具有同等重要的意义。现实中，合法性理念在国际事务中处于力不从心的境地。许多条约和法律机构的设置事实上只是出于商业需要。我们已经身处这样一种阶段，即几乎所有令人失望的预期都源自"国际法遭受破坏"。我们对"国际法表现"的预期是在一种极不现实的环境中萌生出来的，人为设定目标效用对于任何法律体系都显得盲目乐观。

第三个特点首先包含两种假设情形。假设非殖民化（经典或常规意义上）已经进展至尾声，假设所有的霸权行为和颠覆关系都已消亡，还剩下什么难题继续困扰人类呢？答案是残酷但却真实的——国际关系中的所有结构性顽疾依然存在。过去十来年的变革尽管意义非凡，其实不过是国际关系谱序的重新组合，是权力争夺的此消彼长。导致分歧与冲突的根本原因始终没有消除。一味鼓吹"科技进步"其实与国家关系毫不相干，除非争端和冲突升级到核武器交易的惊人地步。老生常谈的国际问题依旧存在。和平解决争端的机制或多或少还停留在1870年或1900年的水平。通过多数赞同原则制定新国际规则的做法始终与如何说服反对国家的接受底线相抵触，这个问题也将始终困扰联邦制国家。

第四个特点可谓最具普遍性：国家间关系的实质几乎没有发生过任何改变。新成立国家大肆鼓吹的民族主义和狭隘宗教思想不仅在未来缺乏改变的可能，甚至还将注定落后于时代。尽管"国际主义"和其他一些时髦提法已经深入人心，但它们都与当今社会的实际情形相差甚远。"国际社会的扩展"和"国际法的扩展"与世界一体化或国际事务的成熟处理机制毫不相干。现实情况是，越来越多的国家加入到争吵不休的行列中，越来越多的问题可以诱发国家间的争吵。目前看似唯一实用的国际法准则就是危机处理机制与和平解决纠纷原则。成功处理危机无法仰赖法律手段——尽管法律制度和工具也许能被用以组织协调和阐述方法，其实多数都属"马后炮"。要想在和平解决争端的外交行为上更为受用，必须精通法律技巧、熟悉法律机制，同时要求国家内部政治体制的完善。近年来，中国和越南在解决陆地和海洋边界问题上的做法就是令人沮丧的现实例子，两国采用的外交方式更适用于18世纪的欧洲。至少，瓦特尔与他同时代的学者们创设了国家间关系以及国家平等主张的结构性原则。正是国际法与和平解决争端机制担负起阻止平等的国家间关系滑向偏执的国家主义和神权政治的重任。

第二十五章　当今外交

迈克尔·帕利泽[*]

近年来，学术界对发达国家外交政策的阐述已是屡见不鲜，特别在外交领域拥有丰富传统的世界性大国更成为这一研究的重中之重。在此，我无意对那些已经公开发表的观点再做赘述，而是主要探究外交实践如何受到国际社会的扩展所影响——换言之，新兴国家特别是亚非新兴国家的加入，乃至所有国家广泛参与国际事务对外交实践产生了怎样的重大影响。

首先，我们通常所说的"外交"究竟意指何物？尽管人们为它下了诸多不同的定义，但为方便起见，此处我将沿用赫德利·布尔的解释：外交是"世界政治中的国家之间以及其他政治实体之间借助和平手段、通过官方代表从事的交往行为"。[①]萨道义的《外交实践指南》——一本被奉为"外交官的圣经"[②]的著作，其第一章对外交概念进行过更为详细的探讨。但对我们而言，牢记"各国对于人员交流的需求是根本而长期的，这些人员能够毋庸置疑地代表其国家进行隐秘沟通活动"这一点，便已足够。

科技变革有力地推动了电报通信业的飞速发展，极大地改善了驻外使团与本国政府间通讯联系的安全性与及时性。各国政府对于世界发生的各种事件的反应也更加迅捷，它们与其驻外代表以及其他政府间的对话也更加密切。快速的交通联络也使得国际交往更富活力：不仅促使各个层次的政府代表更加频繁地参与会晤，尤其是下面将要提到的峰会会晤机制，还使得现代旅游业、国际大宗贸易与便利的移民行业在国家利益的计算中变得前所未有的重要。

---

[*] 迈克尔·帕利泽（Michael Palliser，1922—2012 年），英国外交官，先后任驻法公使、驻欧共体大使和常设代表、外交部常务次大臣、枢密院顾问等。——译者注

① Hedley Bull, *The Anachical Society, A Study of Order in World Politics*（London, 1977）, p. 163.

② Sir Ernest Satow, *A Guide to Diplomatic Practice*, 5th edn.（London, 1979）, p. 3.

电视的普及和卫星通讯的广泛应用，使得对发生在世界任何角落的重大事件进行即时且深刻的报道成为可能，从而增强了公众对于外交事件的关注度。公众对于民主的需求，对于开放政府以及便于公开的政府信息渠道的需求在不断增长，这也意味着注重隐秘外交技巧的传统做法不得不做出调整，以适应更多的公众曝光度与批评声音。相比过去，当今外交活动必须更加迅速、谨慎和守信——尽管在那些新老极权主义国家政府中仍保留着较大的隐秘程度。

技术变革的辐射以及多边外交的发展使得这样的一个问题愈发引人注目：在实现国家之间以及它们与合法政治实体之间不可或缺的沟通功能过程中，传统外交使团的功能是否仍不可或缺？而近年来外交实践的发展也让我们首次对传统外交使团能否继续妥当地完成上述角色产生了怀疑。值此外交领域内的谋杀、绑架、劫持人质事件泛滥猖獗之际，我们应需就当前外交形式的价值与实用性进行重新评定。人们看到，"外交"行业已被恰如其分地描述为最危险的职业之一，而外交体系也到了迫切需要得到国际社会重新审视的关口——整个外交代表体制正处于危机四伏之中。

事实上，尽管目前外交体系面临的困难形势可谓暗潮汹涌、礁石林立，但这些问题在以往也并不鲜见，一时间的集中爆发并不意味着我们的外交体系已是千疮百孔。在世界多数地区，基本的外交惯例——至少在形式上——依旧得到严格遵守，无论在发展中国家还是在西方国家的情况皆是如此。比如，虽然最近十多年来有三座英国大使馆遭到焚毁，但袭击事件并不只发生在发展中国家，有两位英国大使恰恰就是命丧西欧。毋庸置疑，一旦有些政府在防止暴徒攻击外国使馆方面的措施不力——甚至外界质疑其默许纵容的声音稍起之时，致歉申明、保护措施以及补偿手段就会及时出台。

伊朗劫持人质事件发生后举世震惊，这不单是因为事件本身，更是因为伊朗当局对学生的行为给予了默许和支持——其暗含的对正常外交行动的激进抵制态度可谓史无前例。联合国安理会面对这个宪制国家对于国际惯例，特别是作为有效展开外交实践所必需的国际惯例造成的重大破坏做出了强烈谴责，并全体一致通过了释放人质的呼吁；国际法庭也做出裁定，要求释放人质。我们不能容忍恐怖活动使人们产生这么一种错觉，即历经数百年发展壮大，并在总体上运作良好的国际行为法则正处于崩溃的边缘。1980年6月，七个主要工业国家的国家元首与政府首脑在威尼斯举行会晤，共同明确了打击恐怖活动的坚定决心，强烈谴责了侵占外交馆舍、劫持外交人员的恶劣行径；而这正是国际社会——不论新兴国家还是传统国家——均普遍坚持的观点。如果连最起码的安全环境都得不到保障，外交使团将只能选择撤离。举例来说，近来萨尔瓦多就在保障外交使团安全方面加大了投入。在一些国家看来，萨尔瓦多的这一举措甚至比保持现有地位更为有益。当然，这种观点的正确性值得商榷。

当针对使馆或外交人员的重大袭击事件发生后，外交关系自然将受到损害，否则公众一定觉得当事国对这种破坏行径未给予应有的关注。但当由此造成的外交关系受损成为一个明确的不满信号时，当事国政府就必须注意加强对其公民、财产、贸易以及海外投资的保护——假如外交使团撤离的话，这些保护活动的顺利开展就会异常困难。最糟糕的情况是，两国关系的破裂将无可避免。有些第三世界国家会选择断绝与其他国家的交往关系作为本国政府抗议行为的信号。然而，通常各国政府更倾向于与其他国家维持至少名义上的关系与接触——主要借助自己的授权使团，抑或通过照管国的效力机构，再就是通过驻在其邻国首都的外交代表。这些权宜之计都是为保留一个沟通渠道以便于在情况改善时及时恢复外交关系正常化。没有选择断绝交往关系也绝不意味着冒犯行为得到了宽恕，正如维持驻外使团并不意味着赞同该国政府所推行的政策一样。

批评者指出，1961年《维也纳外交关系公约》——重新编纂修订以前外交规则的一个框架性条约——尽管是近年才获以签署，对新独立国家是不公平的，因为在起草过程中并没有这些国家的参与；基于西方政治理想与外交实践制定的这一条约也不适合发展中国家。有着不同利益诉求的诸多国家参与到了公约的协商之中，但其制定原则是基于习惯法和实践经验。外交使团的神圣不可侵犯性与它们能够在国家间构建有效沟通渠道的作用密切相关，而这种人身权利的不可侵犯性古已有之——在原始社会便是如此，在现代社会中的实践可以上溯至中世纪。更何况，有关交往人员的外交规则的精髓在于其互惠性——派遣使团的国家在享受特权与豁免权的同时也要承担相应的义务，并且派遣国与驻在国的身份也是相对的；两国应该共享遵守公约所带来的好处。大多数新近独立的国家似已认识到这些益处，纷纷同意在公约上签字并遵守外交实践规范。1961年《维也纳外交关系公约》开放签字后，有40多个国家签署了这项条约。因为签约时间早在60年代初期，签署国中自然没有多少新独立的国家——尽管当时其中相当多的成员自称为第三世界国家。毫不奇怪的是，通过一系列的增补，如今该公约的签约国已近

140 个,并包含了大多数的亚非国家。互惠主义原则显示了条约的平等性,而形式庄严的外交礼节则能在危急关头起到明显的缓和作用,同时也能让新生国家感受到尊严与尊重——这往往是它们迫切期望获得的。

随着外交队伍规模的壮大,人们也开始质疑外交官的特殊地位以及他们是否滥用了所享有的豁免权,而且这多少与提倡人人平等的社会氛围有些格格不入。经常引起公众激愤的是当看到这些特权被滥用或炫耀时——尽管有时不过是像违章停车一类的小事。正如萨道义所言,豁免权与其他特权使得大使与使馆工作人员能"不受任何当地影响地维持独立行动,开展外交协商,在代表自己国家的同时免遭骚扰或袭击,以保持同本国政府联络的畅通;因为他们对于独立主权国家之间的关系互动是必不可少的"。[1]豁免权必须具有普适性,不能将某类非法行为排除在外——无论是违章停车还是间谍行为;因为犯罪的定义权掌控在驻在国的手中,所以针对使团滥用法律的可能性实在太大。当然,享有外交豁免权并不意味着外交人员就能逍遥法外;他会受到所在单位的纪律处分,当犯有严重违法行为时,他也逃脱不了本国法律的严惩。不过,在外交人员违法事件发生时,驻在国能采取的唯一惩罚措施就是宣布其为不受欢迎的人——这一点在维也纳公约中已有详细规定。

然而,无论哪个国家的外交官身上都具有某种意义上的"历史共性"。他们总在不停歇地同驻在国政府及其他外交人员进行对话与协商,想方设法保持同驻在国政府的联系渠道,并喜欢不受拘束地四处游走。这些职业需求对外交官而言,其重要性丝毫不亚于保证他们自身安全与使馆馆舍免受侵犯,保障这些权利的实现也是所有外交官的共同利益所在。

以下我们考察一下在这个不断变化与不断扩展的外交环境下外交官所扮演的角色。

联合国的发展是国际社会扩展的最佳例证。1945 年时,它只有 51 个成员国;到了 1959 年,这一数目已达 81 个。而在接下来的十年间,又有近 50 个国家加入其中——这些国家大部分来自非洲——这样,到 1970 年联合国已有 127 个成员国,1981 年这一数据已变为 157 个。亚非国家目前已在联合国占据半数以上的席位。伴随着成员国的增多,它们在国家大小,军力强弱,经济贫富,政治影响以及外交经验多寡等方面的差异愈发显著;即便如此,各国在联合国大会上仍然享有平等的投票权——这也是诸多小国尤为关

---

[1] Satow, *A Guide to Diplomatic Practice*, p. 107.

注的。在西方国家看来，变革后的投票权分布同现实权利不相符；新生国家则认为现存的表决程序——尤其是安理会——正在牢牢地压制它们。

目前看来，联合国仍是一个具有不可思议的生命力和异乎寻常凝聚力的国际组织，其诸多下设机构在处理越来越多且繁杂的各类问题时展现出了很好的协调性，并在实践中以许多出乎意料的方式证明自己的效力。联合国不仅随着众多新成员的加入而在数量规模上有了可观增长，同时也通过回应成员国的需求在功能上得到飞速壮大。联合国在不断变化的现实需要面前展现出来的应对能力，正是其会员国积极要求加入的价值所在。

新独立国家占据了如此巨大比例的席位后，它们开始把关注的焦点转向那些与其切身利益相关的议题，比如反殖民主义，种族隔离主义，或种族歧视。随着大部分前殖民地国家取得独立，新成立的政权很快将目光投向了那些仍处于殖民统治下的地区。那些残余殖民地的继续存在引来排西分子的不断谴责，并且时常导致殖民国家与宣称享有领土主权的被殖民国家间的外交争端。排西分子急切希望殖民地获得独立，而当地民众也可能并不怀有同样的观点。"微型国家"的仓促非殖民化同时引发了更深层的问题——它们中的一些并不能够肩负起传统意义上国际社会成员国所必须具备的责任担当。

出于一些情有可原的原因，许多新独立的国家更喜欢远离东西方阵营，寻求在不结盟运动中建立共同阵线，并组建一批随着国际社会的扩展而不断发展的"区域性"组织——其中一些已经成立了常设秘书处——而这些机构里的大部分成员国在重要问题上的观点毫无一致性可言。不过这些新独立国家在一个地方是相通的，那就是不论其自身是否通过暴力手段实现独立，它们对"解放运动"都怀有共同的同情心。它们会欣然承认那些自称代表了殖民地或其他地区人民利益的组织，而不关心它是否具备了一个获得国际认可的政府必须符合的常规标准。巴勒斯坦解放组织被许多国家承认为"巴勒斯坦人民的唯一代表"，并已获得联合国观察员国的地位；其他一些解放运动也在国际论坛，如不结盟运动会议，获得了相似或更为有利的地位。当前，新独立国家的国际政治观与19世纪初期刚刚取得独立的那些美洲共和国的情形极为相似。

同样作为发展中国家，新独立国家在经济谈判中具有一致利益；这些国家在其中也扮演着尤为重要的角色，七十七国集团就体现了这一点。目前该集团已有实际会员国超过120个，它们不断向发达国家施加压力，以迫使它们分享经济发展成果和让渡"世界经济管理权"。石油输出国组织在夺取石油定价权方面取得了成功，这也激励着发展中国家为增强国际市场影响、稳定商品出口收入而继续不懈努力。通过多边外交行动弥合发达国家与发展中国家之间分歧的方法正被广泛尝试，如眼下人们常提的南北对话。南北对话的重要性已经在勃兰特委员会报告①中得到充分强调；从某种角度来说，它甚至成为当前时期联合国的根本目标。

七十七国集团作为一个施压型经济团体的作用特别表现在其参与联合国贸易与发展会议上。在发展中国家看来，同经济合作与发展组织、关税及贸易总协定或国际货币基金组织这些发达国家主导的组织不同，七十七集团会议才是它们自己的组织。在联合国贸易与发展会议上，发达国家眼中的技术性问题往往会被政治化（正如在联合国的专门机构中经常发生的情形一样）。发展中国家和发达国家之间在解决问题的方法上存在明显分歧；前者更加关注诸如重构世界经济秩序这样的原则性问题，而后者则认为只有当构成现行体系的各种机制、协定以及贸易与财政结构的细节性改革完成后，新的秩序构建才有可能。发展中国家将这些体系视为传统西方国家的产物，而变革则是确保世界新秩序形成的必要前提。类似地，在联合国教科文组织中发展中国家也为建立世界信息新秩序而努力着，以实现政府主导媒体的目标。

在贸发会中，投票权与经济实力间的关系严重脱节，因此仅凭发展中国家的赞成票而获得通过的决议不太可能有多少实际效力。七十七国集团是一个成分异常复杂的组织，因此唯有经历漫长的内部争论之后才能确定某种立场；而这种立场一旦确立便很难更改，使得它在谈判过程中的态度很少变更。七十七国集团的团结一致使发达国家——所谓的 B 集团——越发的感受到了彼此间维持统一步调的紧迫性。七十七国集团是通过联络小组达成共识，而不是经由秘书处扮演真正意义上的中间人角色，因其运作过程非常费时耗力，当然小组内部的谈判同样艰难。但在大多数投票规则还未牢固确立的多边论坛中，这种寻求共识的做法眼下已成为一种主流。

贸发会或其他有超过 150 个成员国参与的大型专项会议，如联合国海洋法大会，其谈判特别引人注目，因为这些会议规模庞大，议题复杂，为保证其顺利举办相应地需要借助新的外交技巧。海洋法会议更是屡屡设立了非正

---

① 勃兰特委员会，又称"国际发展问题独立委员会"或南北委员会，1977 年成立，主席为联邦德国前总理维利·勃兰特，由来自五大洲的 18 个委员组成，致力于研究南北问题。1980 年 2 月该委员会形成了一份题为《北方与南方：争取生存的纲领》的南北问题综合报告，简称《勃兰特报告》。——译者注

式协调小组，并试图通过小组或委员会主席起草的非正式文件来寻求对某一问题的共识。

在多边会议上，这种协调小组时常演化为区域性组织的代表；其数量也随着国际社会的扩展不断增多。以非洲统一组织为例，该组织在非殖民化运动早期便已成立，其宪章内容包括促进非洲统一、合作与防务以及消除殖民主义。其他例子还有1967年出于推动经济发展的动机而成立的东南亚国家联盟以及1973年建立的加勒比共同市场。美洲国家组织在世纪之交便已存在，但六七十年代间又有许多区域性经济组织如雨后春笋般涌现于拉美（如拉丁美洲自由贸易组织、中美洲共同市场、安第斯集团以及拉丁美洲经济体系）。

欧洲也有诸如经济合作与发展组织、欧洲议会和北大西洋公约组织这样类似的组织，它们的诞生缘于战争以及战后经济重建与防务的迫切需要。欧洲国家拥有在经济与防务方面相互磋商的丰富经验；这些经验的现实表现就是，铁幕两侧的各个国家越来越注重在政治问题面前与其伙伴或盟友保持一致。以欧洲共同体成员国为例，它们之间的政治合作效力已在欧洲安全与合作会议上得到了充分证明，如今这种高效的合作模式进一步扩展到联合国安理会十个非常任理事国的行动以及对世界政治事件的应对中。而当出现的问题在罗马条约中有所规定时，成员国代表就需要经常出席由轮值主席（欧洲共同体轮值主席每六个月换届一次）或欧洲委员会主持的多边会谈。因此频繁的会议协调就应运而生，它们对于欧洲的外交官的确是个全新挑战，尽管它同布鲁塞尔总部里进行的欧洲议会协商过程在本质上是相似的。

区域性组织通常设有秘书处和秘书长，后者可能会被授予一定的外交身份并可能在其权限任期内成为重要的外交人物。其设立将为大会、部长理事会和政府首脑会议奠定基础，并使其他形式的多边外交成为可能。这些区域性框架为由150多个国家组成的错综复杂的全球社会提供了各种问题解决的方案选项，就深层问题进行相互协商的习惯往往也由此形成。

现代形式的英联邦与区域性组织具有某些共同的特点（事实上它的一些成员国确实参与区域性会谈）。随着国际社会的发展，英联邦的内涵也发生了显著变化，不再是那个只有少数具有共同英国背景的成员国构成，而成为一个拥有超过45个成员的多元化组织——它的成员国与英国均有着历史上的殖民关系，但如今大部分成员国同时也加入到不结盟运动或诸如非统、东盟这样的区域性组织。英联邦同样设有固定的秘书处和秘书长，后者则在英联邦的内部事务中起着举足轻重的作用。

区域性组织引领的另一种趋势是日益频繁的国家元首或政府首脑的私人会晤，即人们所知的"峰会外交"。当然，这种外交实践并不新鲜，尤其在欧洲与印度的历史上更是不乏统治者间的直接会晤案例。由于便利的现代通讯技术的发展，如今的峰会几乎成为家常便饭；加之其巨大的新闻价值，峰会的作用有被过分期待的风险。毋庸置疑，峰会外交在现代外交中有着不可或缺的地位，因为它让把持最终决策权的政府首脑们可以直接掌握对手观点的第一手资料，此外，他们对于某一问题希望采取的解决措施也可以立刻获得其他国家领导者的支持与理解，而这种支持和理解经常是他们迫切需求的。新生国家与第三世界国家的领导者特别热衷于亲自参加此类外交会谈，主要意在顺便进行个人利益交易以及同其他国家的政府首脑建立私人友谊。但若会议准备不周，就难以达成任何结果。尽管政府首脑很少自己提出解决方法，但他们的受教育程度依然重要，因为峰会结束后他们经常需要对外发表一份带有联合目标性质的权威声明。

国际社会的扩展对多边外交世界产生了巨大影响。这里发生的变化也最为显著。谈判向来是一种经典的外交技巧，不管在大型会议或国际组织中，谈判艺术仍是处理国际事务必不可少的润滑剂。但从联合国，教科文组织或贸发会中发展起来的新的"小组磋商"技巧可能会在未来获得进一步的发展前景——寻求共识的需要以及随之而来对"适合所有人的方案"或"相同的不满度"的追求使得会议文件的制定更加微妙与模糊。只有这样的机制才是富有建设性的。

较之传统的外交政策，这一体系的复杂性以及大型国际会议的谈判进程在某种程度上与国内政治更为相像，因为谈判中可能会涉及许多高度技术性的问题，其结果可能对国内经济的某些产业造成重大影响。国内相关产业的专家必须直接参与到谈判的过程中去；政府也因此越来越多地让其他部门的官员参与其间。一些国家的政府时常会诉诸正常外交渠道之外的方式——如通过商人，贵宾或记者——进行另一种渠道的接触与沟通，这一点尤其体现在外交部门落后或新建不久的国家上。另一方面，电话外交也呈现增长趋势。这时常导致在国际对话中一国政府无法形成一种声音，甚至政府各部门间官僚主义的内讧超出国界的限制。因此，那些对国际机制耳熟能详，谈判技巧高超，能够保证自己所代表立场统一的政府意见的专业外交官们在当今世界的外交事务中仍扮演着极其重要的角色。在许多国家中，外交部在国内扮演着协调者的角色，以确保由国内决策者个人决断的外交政策能够严守机密，并防止内政部门人员过多参与外交决策。因此，外交官们在注重维持基本外交技巧的同时，经常竭力将这些谈判论坛引向于他们有利的谈判框架。

另一方面，谈判的技术性细节时常令小国尤其是新独立国家的外交官们承受一份特殊压力。因为他们的国家难以与世界发展保持同步，或无法确保对每个问题都持有正确立场。外交代表团的负责人必须时刻保持谨慎，他的一举一动都很有可能影响到其所在小组的决议或关乎小组最后能否达成会议共识。

尽管人们常说，良好的沟通、迅速的交流以及多边外交的发展使得传统形式的双边外交不再适用于现代社会——甚至"像帆船那样过时"了——但被派驻到外国首都的外交使团仍在发挥作用，且数量与日俱增。没有哪个现代国家会认为联合国或其他区域性组织处理可以包办一个国家的所有对外关系。

当然，派驻双边使团的行为应获得肯赞。他们往往执行代理领事，促进商务，搜集情报等任务，唯有最极端的评论家才会认为可以完全弃这些任务于不顾。这些任务或许能够借用其他方式完成，但它们却是驻外使团的政治功能中必不可少的部分。

还有一种论调是，通过媒体我们就能获得足够的情报，驻外使团汇报政治事件的功能完全可以被取而代之。殊不知，媒体报道必然是有所选择的，其重点也多放在"新闻性"上。许多国家的媒体，很少设有档案纪实类的报道，甚至压根没有此类报道，如果仅仅依赖媒体报道必将导致严重的知识断层。此外，很多新兴国家一直对新闻媒体持怀疑态度，将其视为发达国家的舆论傀儡。事实上，所有国家的政府都深切感受到通过本国人士基于对当地情况的了解，以及值得信赖的高层对焦点事件卓有见地的评论，以全面掌握当地发生的重大事件的必要性。

政府也需要采纳那些有理有据的建议，并使之在实际操作中发挥作用以为政府利益服务。譬如说，随着世界各地的国内经济日益处于政府的掌控之下，国际贸易商必须频繁地同政府打交道（现在时常是由最大的几个——有时可能是一个——购买商或供销商这么做）。因此在与外国政府的商务谈判中，商人们十分需要来自本国政府及其驻外机构——常驻外交官或领事——的帮助。对所在国信息、两国双边关系状况，以及当地经济、领事、政治情况的了解将有助于使团团长对国内授命的形式与内容作出预案决策。

大使馆汇报给国内的一定数量的政治报告，包括其中哪些材料尚有商量余地，其最终决定权必须建立在理性判断而非定量分析之上。

无论新老，大部分国家的政府都明确地承认维持驻外使团的必要性，这导致随后独立国家的数量迅速突破160个，尤其是那些利益遍布全球的国家愈发觉得需要增加驻外使团的数量和规模。1964年普洛登委员会就已认识到英国在全球广泛派遣驻外代表的必要性，1978年英国政府的一份报告也显示"有效的海外代表的需求并未减少，而是越来越多"。时至今日，入驻外国首都的英国使团已逾150人，尽管其中的26个首都并未派驻常驻代表。与之相似，在最近的十年间大部分欧洲国家也增加了驻外人员的数量，而人员扩编对人事及财政也造成了不小压力。尽管许多新独立国家采用英语或法语作为其官方语言，这两种语言也几乎成为所有国家通用的对外交流媒介，我们仍不得不耗费资源去训练更多掌握当地语种的人，从而保证外交官们在国外能够听懂当地语言而非依赖于转述（时常是由当地政府提供的）材料。

为充分利用有限资源创建并维持一个庞大的驻外使团网络，英国外交部门削减了许多大使馆的规模，并建立了一些只拥有最基本设施和两到三名本国工作人员的"微型"驻外使团。财政上的压力使得大量下设的驻外机构被迫关闭，相比之下，以牺牲一些历史悠久的领事馆为代价去换取在更多国家中设立外交代表机构，孰优孰劣不言自明。不过，那种由几个国家协商设立联合多边使团的做法迄今来看仍不大现实。

显然，只有拥有全球利益的富国才有能力向与其保持外交关系的众多国家派驻外交使团。在一些无法直接派驻外交代表的地方，这些富国往往和其他国家一起设立多国共同代理点，要么通过设立在第三国或联合国的外交大使与该国取得联系，甚至借用友邦的相关部门达成联系的目的。小国则没有独立权决定只同与其有重大利益的少数几个甚或一个国家——通常指主要的世界大国或其邻国——建立使团交换机制；对于那些新近独立，因此更需通过磋商建立自己外交机构的国家而言更是如此。在真正步入组建外交使团环节时，这些国家还需面对诸多的现实问题。有些国家尝试通过任命一名常驻本国首都的高级官员作为负责联络六到七个国家或国家组织的流动大使。

以往，大使的头衔和级别只有在派驻到世界强国中的使团才能享有，但时至20世纪，上述区别已被逐渐淡化。在1949年，英国64个驻外使团中有27个部长级官员领衔的公使馆；而随着新独立国家如雨后春笋般涌现，这种差别弥合的趋势骤然高涨起来。如今国家间的外交关系基本都属大使一级的

（即使负责该使馆的官员级别都在部长以下）。在这个不断扩展的国际社会中，民族自豪感与主权国家平等观成为推动这一巨变的现实助力。

随着越来越多大使馆与大使出现在各国首都之中，社会习俗也相应地发生了变化。许多传统的外交礼节不再适用，意味着绝大部分大使失去了他们伟大前辈们曾经拥有的高尚地位与职业荣耀。身为众多公职人员中的一员，他们必须与外交部的官员们一同共事，而非直接向部长负责。随着君主政体从历史舞台上的退场，身着大使服的情景也越来越罕见——许多新独立国家甚至根本没有沿袭这种外交传统；有些国家的外交代表甚至在正式场合身着民族服装。数目惊人、规模各异的大使馆在全球各地（其中一些无疑还处于动荡之中）的纷纷建立意味着许多大使的生活条件绝对谈不上舒适，比起享受尊荣的奢望，他们可能更习惯于身处险境的感受。

在处理与同事关系方面，无论是闲暇娱乐还是社会生活方面，外交官都必须随着时代及环境的变迁而不断调整；大多数情况下，这种调整是自发完成的。外交礼节和交往指南仍是必不可少的；正如塔列朗①所言，因为"它让生活变得更加简单"。不过许多外交仪式——例如交换名片的习惯——大多已经被抛弃，主要原因是随着外交队伍规模的扩大，名片交换已不太适用。外交人员的娱乐活动也不像往前那么正式，因为食宿等生活费用的上涨迫使外交官们不得不居住在市郊，就连使用本国侍从的花费都越来越难以承担。在许多新独立的国家里，恶劣的气候条件使得官方娱乐活动反而让人不舒服，既然外交官们邀请作客的大都是当地人，他们索性选择开展一些更适合当地环境与风俗的娱乐活动。

然而，不论驻外使团团长的生活方式如何变化，他始终都是特殊人物，享有普通人所不及的尊重，受到由起码的外交礼仪所规定的礼遇——这也体现出驻在国政府与其代表国家之间的相互尊重。我们看到新成立国家在对待大使态度上同老国家一样谨慎，这有着十分重要的意义。大使职务的本质功能就是为其政府代言，所以无论他身在何处，呈递国书仪式的正式性与象征意义都不曾改变。必须清楚，正是通过这种程序一个国家的国际身份才得以确认。

尽管如此，驻外使团工作的本质特征并未发生质的改变，关于外交行业

---

① 塔列朗（1754—1838年），法国著名外交家，从18世纪末到19世纪30年代，连续在6届法国政府中担任外交部长、外交大臣及总理等职务。——译者注

30年前的经验之谈至今仍然受用。技术的变革为外交官们避免了许多苦差事，社会习俗的变迁则消弭了外交官与普通民众之间的诸多区别。外交使团工作中平衡度的把握取决于所在国的具体状况并须周期性地加以评估。这些年来，外交工作的重点正从传统范畴走向商业领域——至少英国外交部门的情况如此。而在战前几乎从未被视为专项业务的情报工作在20世纪60年代发展到顶峰，自那以后又开始逐渐回落。

随着越来越多非西方国家——大都身处贫困境地——获得独立，时代的发展使得国际援助越来越成为发达国家一项不可推卸的责任与使命。对于许多新独立国家而言，外交工作的主要任务是解决经济问题——商贸、援助以及发展；为这几项经济内容服务的外交活动竟然占到发展中国家在西方国家以及各类多边组织中开展外事活动总数的五分之四还多，同时它们也是如今西方使团在发展中国家从事的主要活动内容。这绝对算作一种全新的工作类型：50年前，援助与发展问题从各种意义而言都很少被归类为"外交"任务。

当今双边外交中凸显的经济议题也在国际多边组织内得到了反映与彰显；不仅反映在国际货币基金组织这样的经济性组织里，就连联合国大会这样的政治性组织里也不例外。像海底开发以及国际经济新秩序这样的经济议题同时也具有高度政治性，其解决既涉及众多国际主体之间的协商，又在双边交流中不断进行。政治与经济交互交织，如同一枚硬币的正反两面。妥当处理这种问题需要引入新的外交技巧。对于发达国家而言，这些技巧包括：熟悉那些往往兼具技术性与政治性的新型外交主题；向其他国家阐明本国立场以及国内规划；维持能够实现发展与繁荣的欠发达国家政府的关系存在，并对其前途负起责任；维护那些无法出席国际会议的国家政府的利益。

1943年艾登改革后，英国驻"外"（相对于英联邦）使团已从以前各自独立的外交、领事与商务部门合而为一，这还发生在国际社会快速扩展进程开始之前。而在许多国家的海外使团中，商务部门至今仍是独立的。国际社会扩展（这种扩展主要由大量前殖民地国家的独立所引发）所导致的英国外交机构的重大变革打破了英国众多"对外"部门之间的藩篱，从20世纪60年代中期开始，它们逐渐融合为统一的部门。1966年，殖民部并入联邦关系办公室，而外交及联邦事务部则于1968年成立，从而将涉外事务、殖民地以及英联邦事务统一起来，这也标志着英国人已经认清了国际社会变革的方向所在。

最后得出几点结论。

总体来说，当前各国政府对双边外交依然相当重视，国际社会扩展带来的影响主要体现在驻外机构数量的增多以及活动范围的扩大。通讯技术的飞速发展，使得每日涌入外交部门的各类信息数量激增。被上层要求在极短时间内做出决策，加上面临越来越大的政务透明压力，外交部门的运转因此受到很大影响。尽管外交活动的正式性有所降低，但外交行为的本质未曾改变。特别是1961年维也纳外交会议上被奉为金科玉律的外交原则在全球范围内得到了广泛遵守。简言之，无论身处欧洲古都还是某个新独立国家，外交官们工作的实质并未改变，如当被从一个国家调至另一个国家任职时，他们完全可以保留自己的工作习惯；新独立国家的驻外使团也尽力遵循所在国的外交惯例。而像利比亚政府试行的人民办事处的例外则屈指可数。这也从一个侧面验证了当今国际外交准则的合理性——尽管个别例外可能预示着即将来临的某些变化。

在不断发展的多边外交领域变革尤为显著，尤其是就复杂的经济与技术问题进行的大规模国际谈判上。大量新独立国家的参与对多边谈判的内容与形式产生了巨大影响。例如，国家主权平等理念与国家实力参差不齐的现实之间就发生了冲突：决策究竟是应基于共识还是多数一致的投票原则？与此同时，许多存有共同区域的、政治的、经济的利益集团也纷纷形成了自己的施压政治团体，试图通过募集对己方支持的有利观点，形成对国际社会的整体性施压——七十七国集团，非洲统一组织以及欧洲共同体都是这方面的典型例子。

国际社会的变革进程毋庸置疑地反映在国际谈判范围扩大的事实上。关于能源，工业原料和技术等资源在全球的划分及其安全供应的保障，以及与这些资源出产国间关系的维持（或拒绝向侵犯自己利益的国家出口这些资源）日益成为国际商谈中的热门议题，并进一步挤压着传统政治问题占据的国际空间。在大多数情况下，西方国家对上述问题的处理确实有着政治与经济的双重意味；于是这些国家的政府最终不得不介入其中，哪怕本想交由企业与市场自行处理。如果新成立国家的政治与经济领域内的日常事务都存在政府介入的影子，老国家自然需要找出一个适应这一发展趋势的新手段来处理与其之间的关系；而新成立国家不久便发现与别国政府或国际组织进行谈判对其自身的健康发展乃至作为一个独立主权国家的存在至关重要。尽管如此，外交的本质属性以及世人对其需求从未改变。

第二十六章　多元文化世界中的国际秩序

艾达·波兹曼[*]

一

国际历史充分证明了这样一个命题：政治体系是文化表层之上短暂的权宜之计，每一个在语言和道德上相统一的社会的命运，最终都取决于某种起到建构作用的原创思想，这种思想将世世代代的人们凝聚在一起，因而它象征着社会的延续性。信仰可用来设立规范，思想表述要遵循语言规则，信仰和语言规则的文化基础能够产生、支持或排斥某一社会的政治体系，正如它也决定着这一社会在宗教、艺术风格、社会结构及其对外部世界态度上的总体特征。简而言之，文化是一个整体，在对当时的政治体系进行评价和深入了解之前，需要对文化做一番认真研究。

如果说只是因为不同的语言产生出不同的思维形成过程和不同的基本规范与思想，那么人类居住的世界从一开始就有着多元文化。例如，尽管遭受过严重的政治动荡、自然灾害和普遍贫困，印度和中国依然能够历经千年沧桑还保留着自身特性，因为它们对于无穷宇宙的永久和谐与秩序有着矢志不渝的信念。

根据印度教、佛教、耆那教晦涩难懂的玄学理论，一切事物，包括人类在内，都是这个世界的不同表现形式。春去秋来，生老病死，时空转换，这些都不成问题，因为它们都只是这一超验形式的组成元素，这一形式中的每

---

[*] 艾达·波兹曼（Adda Bozeman，1908—1984年），美国莎拉·劳伦斯学院历史与国际关系教授，著有《多元文化世界中的法律前景》（1971年）、《非洲冲突的理论与现实》（1976年）、《战略情报与治国方略论集》（1992年）、《国际关系史中的政治与文化》（1994年）。——译者注

个部分都与整体相协调。而且出于相同原因，自我发展和个体思想不会得到特别重视。对虔诚的印度教徒而言，其存在的目的就是完成与生俱来被赋予的等级角色，所以印度教规的无私做法才能确保宇宙的和谐统一得以维持下去。

在悠久而坎坷的历史中，印度人对印度教的持久信仰，在很大程度上发挥着印度世袭等级体系的功能。通过给印度人带来宗教、道德和社会层面上的安全，这种持久的信仰赋予印度人一种集体认同感。尽管历经数世纪的外族统治，这种集体认同感仍然保持完整。这些结构性的规范规定，非印度教教徒必须被视作局外人。的确，后来印度人按照穆斯林和基督教徒居民的特定职业对其进行归类。非印度教信徒，生来就不能成为婆罗门、刹帝利、首陀罗，他也无法获得精神上的升华，从而进入转世轮回，这种转世轮回将会使他接近天堂并超脱于生命。也许最重要的是，不信仰印度教的人，不可能在梵语和诸如摩尼教经典或摩诃婆罗多经典这一类宗教经文中发现什么真谛。这些经文传播和解释印度教的一切基本规范和道德准则，而且对现代各行业的印度人来说，仍然具有强制性，同时也是珍贵的文学作品。

相信上天无可改变的旨意安排，并决意通过严格控制人类行为来维持这种和谐，这就是中国传统的规范性秩序的核心所在，它曾一度盛行于社会各阶层，直至20世纪中期。其主要的管理机构是儒教家族体系，它详细地划分出各种等级关系，每一种关系都要遵从其自身应有的不可改变的权利、责任和态度，所有的关系都由一家之长、宗族长、村里的长者，或者行会中的上级来管理。在这种文化中，个人主要是家族或者所属其他团体中的一分子，是组成社会和文化的复杂人际关系网中的一个小部分。因此，中国人的世界观要求完全强调个人对他人的道德义务，甚至不允许个人自由观念的存在。

中国的行政管理部门是按照有血统关系的儒家家族的管理模式建立的。中国被想象成为中央王国和文明之地，而非存有领土边界的国家，它要建立一个由国家组成的大家族，由皇帝依照上天授意来统治，这个大家族也由年长和年轻的臣子组成——所有下属子民都处在以中国为中心的世界中，但是这些国家都要服从中国借助武力或规劝对其实施的监护，它们还被赋予特殊使命、特权及朝贡任务。

这一整套系统由多层次的、有机联系的相互关系组成，在对促成这一系统的思想进行解释时，汉学家们指出，中国人的一切思想本质上都是"关系思想"。受缺乏主谓结构的语言的影响，中国人没有创立出逻辑上的同一律和哲学上的本体概念。①

中国和印度延续了数千年文明的思想、规范和价值观体系，在绝大多数方面都有所不同，却在一点上有相同之处：它们都重视社会，将社会看作是由不同群体组成的综合体，并且都支持维护这一社会。但是，它们都没有认识到个人是自主的个体，是思想的终极来源。因此，它们都不太容易接受革新。

与此类似的因素综合在一起，一方面有利于东方其他有文字记录的文化的完整性，其中包括日本、柬埔寨、缅甸、由伊斯兰化的阿拉伯和阿拉伯化人民以及犹太人组成的闪米特西亚王国的文化；另一方面也有利于所有没有文字的社会的完整性，其中包括非洲社会。由现代语言学家和人类学家绘制的非洲文化地图显示出一千多个小型社会，它们彼此各异，却有着共同的传统，其特征是没有文字，也没有可以传递思想的完美载体来代替文字。当人类交流需要"他者"在现场出现时，语言就发展成为一种行为模式，而不再是用来反映的工具，或是反映思想的镜子。这种情况限制了对理论、体系、概论的详尽阐述，也限制了对构成印度玄学和欧洲法理学基础的这一类思想的系统阐述。

对口头形式的依赖也意味着对空间控制的限制。因此，非洲社会只能是在语言、民族、道德上相统一的小型社会，其中的每个人首先是家族的一个代表，完全依赖其"家族关系"（诺妮·贾巴乌②的用语）。按照这种基本结构的逻辑，其他人必被视作局外人，遭到怀疑与敌视，充当替罪羊，还要遭受攻击和奴役。民族特性明显的群体组成更大规模的联盟，一般通过征服，在非洲大陆各处发展壮大。然而，当征服者死后，大多数联盟就分崩离析，冲突太多而无法长久。安全与秩序在小型民族社会中更为突出。在非洲的千年历史中，没有什么能表明众多价值观和规范中包含有和平的含义。历史记录表明，各种级别的冲突都是可以接受的，暴力与战争，无论以何种形式，是弑君夺位、为继承王位而战、内战、突袭，还是部族间的全面战争，都随处可见。

建立在文字体系基础上的欧洲文化观念，与其他民族建立在文字基础或没有文字基础的文化观念完全不同，甚至在一些重要方面完全相反。其中最

---

① *The Primitive World and Its Transformations* (Ithaca, New York, 1953; repr. 1958), p. 111.
② 诺妮·贾巴乌（1919—2008年），南非作家和记者，著有《肤色之图：非洲的差异》（1960年）。——译者注

主要的是个性化这一理念。这种理念原则源于希腊和罗马的语言文化遗产，仍将引导西方的艺术、科学、文学，还有宗教、伦理学、政治、法律。在每一个领域中，人们主要关注的不是年龄层次、家族、经济阶层、社会等级，不是"男人—父亲"、"男人—首陀罗"、"男人—家庭关系"，而是个体的人，并视其为独一无二的思想来源，是权利和义务的承担者。这一点在悲剧和小说样式的文学形式中很明显，就像在法律和政府的体系中一样明显。英国的习惯法当然与罗马的民法截然不同，但是这两种规范性秩序有其相通之处。与其他规范生成系统相比，如自然、宗教、完全依靠武力，这两种规范性秩序都强调法律的本质；它们将人类的联系，包括国家和教堂的联系，置于可靠的法律框架之内；它们也通过给予个人自主的个体身份和国家或城市公民身份，将他们从群体中脱离出来。

为了确保实现这些目标，在欧洲和美洲的历史进程中，无数手段和机构逐步形成，其中包括宪法及权利法案和自由法案。如今对于所有这些规范和模式，值得注意的是它们非常简略地再现了占主导地位的价值观和信仰的一般准则。正如我们必须知道，印度教规是传统印度人思想和生活的基本主题，这样才能理解从世袭的武士阶级那里传下来的印度王国，为何总是想要发动战争。我们也须知道，典型的欧洲"自然法"思想在这样的"法"与"自然"分离以前，是不可能得到发展的。同样，我们只有记住"个人"已经从"人类"这样不明确的一般概念中分离出来，像"人的权利"或"人的尊严"这一类词语才会有意义。相反，显然只有欧洲人对人类的这一看法才能具有普遍意义。最后，个人主义代表独创性，而独创性有利于有意识的发展。与所有其他文化相比，西方文化向来以冒险、发现、变化而著称。的确，如罗伯特·莱德菲尔德所言，可以说西方文化创造了进步与改革。[1]

二

没有共同的语言、共同的记忆，没有共有的思维方式、推理方式和交流方式，至少在你认真看待思想时，就很难彻底理解"世界文化"（或就此而言的"世界历史"）。而相关证据却提供了大量参考。这些表述并不意味着文化是静态的，或者注定永远存在，也不是说文化之间不会相互影响，或者

---

[1] *The Primitive World and Its Transformations* (Ithaca, New York, 1953; repr. 1958), p. 111.

一套观念和制度不会受到外来的很大影响。我们从地中海东部地区的历史得知，古希腊通过商贸、文化及外交关系，与埃及和波斯有着密切联系，但是即使在亚历山大大帝和他的继承者们将这三个王国统一成马其顿国家体系之后，它们三者依然继续保持着自身的文化特性。

对14—16世纪中国明朝和日本之间的贸易往来所做的研究，也说明了这一点。这两个东亚社会都致力于发展商业。但是这一点没有关联性，因为中日两国对贸易这一概念的理解并不相容。对中国人而言，贸易是他们想要加以制约的朝贡体系中令人烦恼的一个方面。他们主要将定期前来纳贡的日本使团看作可以证实日本愿意纳贡的象征。与此相反，对日本人而言，贸易是朝贡关系存在的理由，他们认为中国的这种朝贡关系观念令人感到非常屈辱和不悦。[①]尽管有佛教禅宗精英努力调和这两种相抵触的观念之间的矛盾，但是贸易并未缩小文化差距。事实上，从日本外交信函的语气中可以明显看出，佛教（世界几大宗教之一，强调人类是一个整体）让位给了神道教，这是日本特有的由规范和价值观确立的一种秩序。[②]在佛教从印度传入中国，[③]以及在印度与南亚国家交往的过程中，佛教思想受到削弱，发生变化，或者变得民族化。[④]

佛教的传播并未造就"世界文化"，也未促成世界统一。同样是传播普世宗教信条的基督教和伊斯兰教也未能做到这一点。统计数据显示，有若干百万人表明自己是基督教徒或穆斯林。然而，研究项目和学术文献提供了无可争议的证据。首先，每种宗教的含义在不同地区有很大差异。其次，这些差异都是某一民族的早期信仰和价值观的体现。

即便拥有适应偏差的充分包容，阿拉伯人内心深处的伊斯兰信仰与伊朗人或土耳其人对教义的理解也存有巨大冲突，他们发现不论在信仰上还是实践上都是彼此陌生的，比如，美国黑人穆斯林或非洲黑人组成的伊斯兰社团。

[①] 参见 Wang Yi-T'ung, *Official Relations between China and Japan* 1368 – 1549, Harvard-Yenching Institute Studies IX (Cambridge, Mass., 1953), pp. 3, 39, 53。

[②] 有足够证据显示神道教在当代日本正在复兴，尤其是其对政府的态度。如今人们习惯鉴于日本在金融、工业和贸易领域的技术成就，将这个亚洲国家称作"令人尊敬的西方国家"；而这些根据是不可靠的，因为人们只是特定地选取决策和谈判模式领域对日本进行分析。

[③] 关于这方面的一项讨论，参见 Bozeman, *Politics and Culture in International History* (Princeton, 1960), pp. 146 – 161。

[④] 参见 Bozenman, *The Future of Law in a Multicultural World* (Princeton, 1971), pp. 21, 121 – 139。

正如 J. P. 特里明厄姆①在班图文化的适应力分析中评论，近东农民的信仰已经被彻底伊斯兰化了。在非洲，这些元素标志着非洲的起源。他指出只要传统世界真实存在，宗教生活便建立在有灵万物处于底层、伊斯兰处于上层的信仰结构之中。②基督教的相关经典记述了这种结构下两种关系的运行情况。实际上，从 20 世纪俄罗斯和其他东欧国家之间的关系可以看出，在罗马基督教的信仰团体和君士坦丁堡基督教的信仰团体之间有着一条重要的文化战略分界线。俄罗斯控制前者，不管是借用沙皇统治还是马克思列宁主义统治，它最终都不可避免地引发了叛乱，导致了地区不稳定，原因是两种信仰文化在本质上是不可调和的。该地区旷日持久的动乱受到了二战后雅尔塔体系和《赫尔辛基协议》的官方制裁，其原因很可能在于对西方文化现实的误解。③

世俗理论和思想意识也始终在不同的思想世界之间进行转换交流。事实正是如此，比如 18 世纪欧洲人对儒家思想的阐述；20 世纪美国人对印度玄学的理解和借鉴类似于中世纪阿拉伯人/伊斯兰人的做法，后者系统阐释了希腊古典哲学，并尝试自己的传统信仰融合互通；19 世纪中国试图将西方国际法用于边境防御（尽管拒绝承认其为有效法典）。④

简言之，理念在本质上是无法转让的，即便我们有着异常敬业的翻译专家。⑤当然这并不意味着，文化和概念体系（比如民族文化）不能被武力粉碎，思想和观念表达不会受到外力的强制性操控。

三

当今世界是一个政治体制的复制，正如它也是文化的复制一样。文化领域可能由多个相对独立的政治单元组成。这些都是有据可查的，如在印度，

---

① 特里明厄姆（1904—1987 年），英国东方学家，伊斯兰教苏非派研究权威，著有《伊斯兰教的苏非派教团》（1971 年）。——译者注

② 参见 History of Islam in West Africa (London, 1962; repr. 1963), pp. 232 ff.; and Islam in East Africa, Report of a Survey Undertaken in 1961 (London, 1962), pp. 31 ff, 43 ff。

③ 不可否认，在这种形势下，彼得大帝那种试图在俄国实施"西方化"的努力，注定会导致对移植外来文化的全面排斥，因为俄国不可能也没有采取"拿来主义"。

④ 参见 Bozeman, "On the Relevance of Hugo Grotius and De Jure Belli ac Pacis for our Time", Grotiana, i. 65 - 124；以及第 79 页的相关参考书目。

⑤ 参见 Bozeman, "Do Educational and Cultural Exchanges Have Political Relevance", in Exchange, Fall 1969, vol. v, No. 2, p. 7 ff。

名目众多的各类交战王国与道义上统一的印度教秩序共处并存；在黑非洲，种族和政治差异显著的群落互相敌视却遵守着大致相同的基本准则；在伊斯兰中东，虽然不同哈里发国家、素丹国、帝国、邦国之间存有冲突关系，但它们的信仰归宿都是伊斯兰家园；在中世纪神圣罗马帝国和现代欧洲国家，独立的各个省份同样卷入纷繁的政治斗争，而同时却又代表着欧洲思想和经验的统一。这里也需要强调——尤其鉴于本书的主旨——即便同一政治体制也可能包含不同的文化思想和历史经验。多数帝国和国际组织的发展历程告诉我们，有必要在学术上和政治上评估重要历史事件背后的文化因素，以及关注其日后的变化趋势。实际上，只有当我们掀开诸如"帝国"、"帝国主义"、"扩张"、"秩序"、"国家"、"法律"、"官僚"、"精英"这些术语的面纱后，才能对帝国和多元文化世界里的政治秩序做出建设性的比较，进而研究潜藏的事实真相。接着人们会问："欧洲帝国有什么新的发展动向？""欧洲帝国统治下的民众与其他类型国家统治下的民众相比，如非欧洲帝国，对于欧洲统治的反映有何不同？"

历史上的帝国几乎等同于军团。当谈及与之有关的东方和部分非洲帝国时，人们自然地想到亚述人、埃及人、中国人、蒙古人、波斯人、土耳其人的帝国体制；谈到美洲时，一些扩张主义部落和组织有序的印第安帝国就会映入脑海；谈及欧洲时，人们又会联系起马其顿帝国、罗马帝国和拜占庭帝国。所有上述体制设计都已被仔细地研究、评估和比较过，因此，我们只能重点关注那些毫无异议的结论了。[①]结论之一是，所有伟大的非西方秩序，可能除阿契美尼德波斯之外，都属专制统治。另一个结论是，这些帝国建立在税收体系而非法制体系之上，它们一般不干涉其统治内部的社区生活，除非它们在社区内部的划分旨在突出个体权威的歧视界限。此外，没有任何一个东方政治体制会把人视作单个的人类物种代表。因此，关于"人性"或"人类"的认知思想很难发展起来，建立在普遍准则基础上的"世界秩序"亦不能为民众所理解。行政政策仅仅出于维护一家之言以及帝国统治利益。

欧洲民族建造的帝国都弥漫着不同程度的自我优越感。西方设计的世界观没能筛选出认清事物本质的可能性，只是人为界定了不同人种的优劣。在欧洲征服之际，战败和掠夺便涌向无数国家，相似情形在古代和现代都时常上演。与在东方延续千年之久的扩张主义不同，源自西方的扩张理念在这里

---

① 本文对这段历史不再做深入描述。

受到广泛挑战，因为它被认为违反了当地的道德准则，而这一准则被当地人视为有着无比的优越性和有效性。

千年的罗马帝国始终是一个法制帝国。[①]因此，罗马帝国能将人性的概念引入开明的艺术教育领域，并把其作为知识传授的主要目标，这可能也是因为罗马人的思维习惯深受拉丁语影响有关（见本章前述）。此外，罗马帝国能够通过排列组合一系列客观有效的概念，来制定法律和司法体系并广纳贤士，进而诱发了改变当地风俗习惯的变革发生。

这一独特的遗产通过《新约》在欧洲国家间继续强化。欧洲各地的每个人无不熟谙这本规范普罗众生道德准则的圣书。它劝诫基督信徒应致力于帮助同胞，不管他们是敌是友。紧随地理大发现之后的欧洲扩张以及西方在美洲、非洲、亚洲的部分地区建立起可靠的帝国，宗教使命感很快被调动起来。这就能解释为什么欧洲的传记著述异常丰富，具体可见于16世纪的西班牙多明我会教士巴托洛缪·德拉斯卡萨斯[②]，19世纪英国传教士兼探险者戴维·利文斯顿，以及其他众多苏格兰传教士和探险家的传记作品，他们的记述中饱含教化芸芸众生的思想和对外来文化教育机构的成功革新——当然也为防止被控制在非欧洲帝国手中。

在20世纪世界尚未获得自治权利的地方，修正主义者正在努力加快步伐以应对下列新情况：

> 一方面普世价值观继续传播，另一方面民族主义运动兴起，两者都起源于欧洲。
>
> 两次旷日持久的世界大战爆发，尤其削弱了欧洲国家的实力。
>
> 美国在世界事务中的强势崛起，其从历史上继承下来的自由、平等、机会的口号以及呼吁与生俱来的人权成为扩张势力的有利因素，它也因此轻视文化差异因素。
>
> 两次大战后，国际组织的大批涌现是与欧美模式下的宪法联邦制和

[①] Sir Henry Maine, *Lectures on the Early History of Institutions* (New York, 1888), Lecture xi. p. 329 ff. 关于印度法律，缅因指出："没有理由认为，哲学理论对印度的法理学产生过重大影响……我相信，在人类天才所建立的哲学理论中，没有哪种理论是建立在将个人与其生而所属的那个群体分开的思想的基础上的。"我在本节提出的一些思想，在下文得到较全面的阐述："On the Relevance of Hugo Grotius and *De Jure Belli Ac Pacis* for Our Times", p. 68 ff.

[②] 巴托洛缪·德拉斯卡萨斯（1474—1566年），16世纪西班牙多明我会教士，为西属美洲印第安人权利进行辩护，著有《西印度毁灭述略》。——译者注

西方的准则与价值观相一致的。

马克思列宁主义的宣传口号大获成功，特别是战斗思想和帝国主义理论，其理论认为帝国主义只与欧洲和美洲的资产阶级国家有关，殖民地人民应在国际共产党的领导下群起反抗压迫者。

在这些因素的综合作用与引导下，欧洲一个又一个国家着手解散其帝国，从先前的政治依附下获得独立——苏联共产主义帝国、中国和北越政体形式的出现可谓悠久的帝国历史上史无前例的安排决定。

四

非西方国家对国际事务的反应所异，相同之处在于它们应对国际社会冲击表现出同样的自然从容。没有哪一种评估可以做到明确无疑，它们只能实现对概括和简洁的追求。目前有限的尝试只能提出以下问题：

甲、西方文明的哪个方面被证明具有吸引力，甚至让人无法抗拒？负责制定政策的当地精英们如何在非西方社会中理解和灵活地运用它们？西方文明到底具有怎样的调解功能？

乙、起决定性作用的概念和制度是什么？换句话说，那些被现代西方国家视为不可动摇的普世准则，如何才能不被接受国家所误解或抛弃？

丙、西方化怎样和现代化恰当地联系起来？西方化和其他相关进程对于世界政治中"制度"和"秩序"有何影响？

非欧洲世界的精英似乎普遍认为可以向任何人传授欧洲文明。与其理念精髓相反的是，外来者竟然更加有助于当地人探索未知领域、获得新知识、追求学术自由、畅游知识海洋，这些现象原本只有在西方能够得到公开承认。

提供上述生活方式的主要手段就是教育。欧洲给世人带来了全新的机会。其重要标志就是以兴建各类大学，颁布实施错综复杂而又逻辑缜密的各式法律，建立医学院校，法律院校，倡导知识社会，以涌现一大批富有教育思想的慈善家为标志的西方化思潮，这些对于世界各地民众都是不可抗拒的巨大吸引力，世界各地的精英人士先后纷纷主动与欧洲和北美洲建立起亲密联系。尽管如此，跨越制度界限的文化交流仍难以顺畅，究其原因，不仅在于具有独特民族个性的东方人或非洲人的学习倾向存在问题，也因为自我指向意识强烈的欧洲人在学习外来文化或外来民族时多是出于自发，就是这点知识也已远远超出了在殖民机构工作中的知识要求。

试图在亚洲早期帝国主义时期寻找富于爱国心的精英是徒劳的。在那里只有帮助维持英国统治印度的人，就此而论，所有的西方帝国主义和早期的殖民开拓并无两样。不过这忽视了两个无可争辩的事实。第一，是欧洲精英重建了印度的历史、艺术、建筑，重新发掘了印度的语言、宗教和箴言，鉴定出印度复杂政治传统的全貌，甚至在印度当地风俗和英国习惯法之间做出系统的类比研究。政治平等理念和立宪政体是使印度作为一个统一国家存在的基础。第二，以威廉·琼斯爵士为代表的英国人通过给予支离破碎的印度土地以古老的文化价值和成就感唤醒了印度的民族主义。①

知识传播、政治意识以及精英培养这些现代化元素正在拥有古老文化传统的东南亚、中东以及数百个黑非洲未开化政治团体里并行不悖、有条不紊地运行着。对于黑非洲的那些文明尚未开化的地区来说，他们实现知识进步和政治解放必不可缺的基础工具——书写，也需向西方殖民机构人员学习。

西化精英显然在不同时代和不同国家里存有差异。然而相同之处是他们都站在两种文化的边缘：他们不属于在文化上具有吸引力的外国文明；同时在他们自己的传统社会中是游离在多数之外的少数群体，所以日子过得也不舒服。这种位置的矛盾性在欧洲化的早期是令人不安的，期间，这些处于边缘境地的人们可以陶醉地参与学术对话，乐观地畅谈国家的美好前途，自由地指出政府不可推脱的责任。而一旦他们建立了国家，需要在实践中采用全新的西方准则和制度管理自己的国家，情况就发生了彻底改变。

从20世纪中期往前，很明显西化精英并无力西化他们国家的基本信仰和价值观。单凭西方的制度和行为标准，统一和秩序已无法在新兴亚非国家里继续维系。由于相似的民族文化认同，民族主义逐渐获得民众的广泛认同。沮丧情绪很快导致了人们对于西方模式和价值观念的怀疑和失望。自我批评或其他反思性的分析逐渐增多，累加起来形成了对西化的怀疑和憎恨，因为在他们看来，整个西方世界就是一个经常预测错误的先知或是一个喜好恶作剧的巫师，故意把弟子引向歧途。

在不断变化的社会和心理环境下，欧洲化改革的精英们逐渐丧失了权力

---

① 参见 David C. Gordon, *Self-Determination and History in the Third World* (New York, 1917), p. 61; 关于这一点，参见 K. M. Pannikar, *Asia and Western Dominance: A Survey of the Vasco de Gama Epoch of Asian History* 1498–1945 (New York, 1963), p. 257 ff。

与影响力。在一些团体中,他们沦为少数派,因为领导者都是那些能够调和与满足当地思维方式和民众期望的人。在另外一些团体中,他们一改先前的路线,反对曾经唤醒他们的外来文明,马克思列宁主义的有效传播成为帮助他们做出其他选择的灵感来源。

解释新思想吸引人的地方在于马列主义被认为是对西方经久不衰价值观和准则的挑战。为了否认西方理念和个人的创造性,马克思主义理论体系中的唯物主义、经济决定论、工人阶层首要地位论,以及阶级斗争不可避免论对非西方精英产生了深远影响,使其得以被免除国家治理失败之责,同时又能抨击西方文化理论是一种被实践证明错误的、实效的权力复合体。

马克思主义的第二个吸引人之处在于它对欧洲政治秩序的还原,尤其是对"国家"和"法律"概念的还原,这些准则在西方人眼里是经济上占主导地位的人群享有权力的体现。第三个吸引人之处在于,从心理上讲,马克思主义的传播说教有利于人们憎恨西方世界,同资本主义压迫者进行坚决的斗争,进而维护全世界工人阶级的自由和权利。

本质上属非西方理论的列宁主义,在很大程度上改变并取代了一些思想。以下论点将在非西方政治精英的头脑中留下深刻的印象。

帝国主义的资本输出与身份识别,加上20世纪帝国主义是资本主义最高阶段这一观点,可以帮助人们遗忘对漫长而麻烦的非西方帝国的历史记忆;使其蔑视早已被淘汰落伍的所有前欧洲帝国及其创造的,主要在20世纪,许多新的共产党国家和非欧洲帝国;控告美国发明的自由资本主义市场体系(尤其是其众多的限制性条款,然而,后者又必须作为对非西方国家经济援助和资本输出的依赖手段)。

列宁主义观点指出,经济落后的国家已经成为西方无产阶级队伍中的一员,而事实上,尽管如今它们受到帝国主义的剥削,但却获得了"上帝选民"的自豪地位,在此之前,它们一度非常沮丧且士气低落。[1]

另一个信条,即国家和阶级的革命斗争持续时间难以预料,很有可能是永久性的,这也能投民众所好,因为它强调了政治行动的活力,包括斗争方面,而不是那些繁琐的维护和平与发展等枯燥概念。实际上,60年的共产主义经济学发展史表明,共产主义社会里的消费性经济与消费性生产几乎是没有任何关联性的,不管它属于国家还是非国家行为体。

---

[1] 关于这种心理纠结的全面分析,参见 Alfred G. Meyer, *Leninism* (New York, 1963), p. 257 ff。

这些准则已经并将继续在众多政治体制中获得施行。在东欧、阿富汗和西藏的早期非共产主义社会中，苏联和中国利用优势的军事力量推动这些地方共产化，这两个国家自身都按照马克思—列宁主义思想建立起了共产主义国家。然而在世界其他地方，精英们能够自由地接受新思想。这一趋势尤其在非洲、亚洲、拉丁美洲表现明显，这些传统的亲西方的政治机构竟也同样注重专制手段。偶然地，新兴非西方精英部分吸收了共产主义理念，就此而言，他们为自己旧有的价值观秩序找到了短暂的停泊港湾，只是这一港湾的蓄容能力实在有限。

　　马克思—列宁主义同样席卷了西方的思想领域。共产主义对于西方文明的影响主要通过马克思—列宁主义精英们改变人们对非西方文化的看法得以实现，许多欧洲人也受到共产主义信仰的激励鼓舞。一部分欧洲人和美洲人受到教导以后开始愿意承认这样的观点，即西方人的生活方式是完全错误的，民主是虚假的，法律是有瑕疵的，经济准则只是剥削非西方群体的伪装。简言之，他们倾向于反驳而不是再次确认自身的文明遗产。此外，因追随了共产主义对于历史和政治的基本理解，西方的新兴马克思主义精英们开始同意列宁主义对帝国主义所下的定义。所有的这些都帮助解释了为什么他们愿意拆解自己的文明。

　　有效的政治造反着实是一种犯罪行为，这同时又是感伤主义者的检验标准。这一主题在基督教中表现得比其他任何一种宗教都要充分，在美国的表现也比其他任何国家更为充分。这里它与根基牢固的反帝国主义思想相结合，又与一种特别的经济决定论相融汇。这种经济决定论认为，只要给予适当的机会和援助，所有不发达国家都能变得发达。传统上，负罪感只会被记述在传记中，而今天，这种负罪感强烈到已被社会化和政治化，成为影响西方国家对外关系的重要因素。

五

　　在上述分析背景下，西方社会和非西方社会①之间的文化与政治关系是

---

　　① 我之所以使用"西方"和"非西方"这两个词，是因为它们能够很好地展现本文所讨论的主题的本质。相应地，我避免使用"第三世界"或"第四世界"，因为这些词的含义很不明确。同样的考虑，反映在我对"富裕"和"贫穷"，"发达"、"欠发达"和"不发达"，以及"北方"和"南方"的两相对照或比较上。

否可以用"第三世界对西方统治的造反"或"反殖民革命"来总结尚令人怀疑。首先,隐含在这些术语之下的交往过程和相互作用是复杂而又模糊的,长期的存在事实已经使得"造反"和"革命"变得合理,尽管如此,只有少数奋起反抗的殖民地人民最终获得自由。另一方面,我们从对西方挑战的反应记录中了解到,其实它们都是憎恨和崇拜交织,沮丧和自我怀疑并存。同样,我们也了解到,那些聪明的亚洲人,不管是日本人还是土耳其人,他们在西方面前仍然可以做到泰然自若,因为他们选择性地借鉴西方文化精髓,而这些文化精髓可以与自身已经建立的价值观体系和政治秩序有机地融合。

绝大多数非西方国家和非共产主义国家尚未接受一些重要的欧洲行为准则,这些国家包括刚刚获得独立的国家、欧洲统治下的非自治领地或托管地。这其中最重要的行为准则有宪法、刑法以及支持民族自决与发展的一套复杂理念,这套理念认为个体是自治的个人和公民,他享受权利的同时也应承担责任。1945年以后国家间关系行为的框架就是基于当前的西方准则确立起来的。有人因此怀疑"国家"概念是一种共享的经验还只是某种参照?我们是否可以依靠现存的机构统一国家系统?

我们在非西方国家里考察的一个共同主题就是重申传统宗教信仰的地位,并把它作为政治与文化的终极身份的认同准则。神道教和佛教在日本就发挥了这方面的功用。日本作为所有学习型国家中最具创造力的成员之一,其他国家还有中国、欧洲和美洲,它们的精英们知道如何巧妙地改造那些富有吸引力的想法,这样它们就不会破坏整体形式或者改变本质,从而确保变革后的日本还叫日本。[①]纵观20世纪,毫无疑问,是这些学习型国家所处的最艰难时期,日本人之所以能够确保法律运行稳定和政体巩固,在于他们选择性地把西方的法律原则和宪政体制与正在检验中的尊崇的皇权制度和自身

[①] 这里关于多元文化世界的概述之所以略去南美洲和中美洲,其中一个原因在于,我们难以明确辨识西半球作为一个整体或其主要地区某些部分的国家所共同拥有的无可置疑的文化特征。关于这个经久主题的一部非常富有启示性的小说,参见 Gabriel Garcia Marquez, *One Hundred Years of Solitude* (New York, 1970)。各个印第安—伊比利亚社会之间,毫无疑问具有相似性,但这些国家与包括美国在内的所有其他美洲国家一样,都是在不久以前才形成的,而且融合了不同的种族和文化元素。至于伊比利亚因素,我们必须记住的一个相关因素是,15世纪和16世纪的征服者和拓殖者同时也是阿拉伯/伊斯兰传统的继承人。无论如何,西班牙人发现美洲大陆之日,恰巧就是西班牙人最终战胜过去500年里统治大半个西班牙的阿拉伯人和阿拉伯化人民之时。中东与拉丁美洲政治制度之间的类似特征,不仅在现实中明晰可见,而且可以在历史的背景中觅得踪迹。

传统相适应。①

种族和语言把印度社会分离开来，但公共秩序的维持仍然依靠世俗法和宪政民主机构，这些都是西方的衍生物。然而，现代印度政府中的每个行政机构，都受到来自正统的印度教及其引发的人性争议的挑战。②传统信念的苏醒带来了等级意识和相关社会准则的复活，而这些准则却同印度的现代宪法和刑法体系相抵触。发生在1980—1981年的两件事情就表明了这种碰撞的结果：印度政府采取有力举措在全国各地抓捕蒙面嫌犯，德里的妇女为反对寡妇殉葬传统举行了声势浩大的游行。寡妇殉葬是印度教的传统做法，英国在1829年宣告其违法（关于一个逐渐意识到自身传统的印度对当代国家社会的影响这一部分在第十八章已经有所讨论）。

宗教狂热现象在任何地方的再度兴起都不像伊斯兰世界宣告的那样疯狂。信仰的发源地中东的局势极其紧张，它不仅和西方基督教关系密切，而且从公元7世纪至今一直与基督教摩擦不断。这些交流碰撞的历史并没有让充满思想的阿拉伯人和阿拉伯精英们停止疑惑。为了恢复逝去的活力，自信、权力和威望成为对现代社会的永久挑战，而此前存在的活力也曾一度使伊斯兰战胜过基督教。既然过去的荣耀都与伊斯兰密切有关，那么重新回归《古兰经》主导自然的成为近东和6亿穆斯林信徒的共同夙愿。③这就意味着所谓的"必要的变更"原则（mutatis mutandi），全然是对西方普罗米修斯文明的反驳，而人们最初将这一文明视为恢复历史繁荣的指导原则中最有希望的选项。

伊斯兰的性情和宗教情绪对于我们是完全陌生的，难怪欧美记者、学者和外交人员对其感到无所适从。西方人沉溺于区分伊斯兰的保守派和激进派、左派和右派是不能理解它们的重要原因的，因为这些称呼的意义即使在今天的西方也没有详细论述。至少，就像伯纳德·刘易斯几年前提醒我们的那样，④在穆斯林世界，单靠语言无法解释政治现象。当把引用《古兰经》作为最终参照标准时，像沙特阿拉伯和巴基斯坦这样所谓的保守国家其实与像伊朗、叙利亚、利比亚那样的激进国家并无两样。宗教经典为这些截然不同的国家间的团结提供了黏合剂。

---

① 这方面的日本成就，本书第十二章有详细描述。
② 参见 supra.
③ 这里必须把苏联的伊斯兰地区排除在外。
④ 参见 Bernard Lewis, "The Return of Islam", in *Commentary*, Jan. 1976。

此外，当今的反对意见集中于对欧美宪法和刑法准则的判断上，尤其是那些涉及个人地位的准则，这与伊斯兰不仅毫无关联，而且按照伊斯兰准则几乎是邪恶违法的。这一结论自 19 世纪开始就在著述中有所体现。正如阿尔伯特·胡拉尼在一篇发人深省的文章中指出，①不是根植于深厚信念和古老传统的外来法律，就不可能被人们接纳并把其当作社会必要的规范准则。更重要的是，它们可能导致政治思想上的永久混乱，对此我们并不陌生。在这样的环境下，核心问题已不再是如何保护法律，建设有道德的社会，而是如何通过激发活力和共同意志来保护和增强政治团体的功用。

要比较伊斯兰国家和它们各自对于现行国际秩序或体系的取向，必须放在不同的条件下进行。特别突出的例子是沙特阿拉伯，它没有选择模仿西方宪政和刑法的准则。这有助于在不损害社会公正的前提下，在统治阶级、宗教团体和公众之间建立起相互信赖的关系。虽然原因各异，但是在大多数伊斯兰国家中，情况并不是这样。比如，信仰什叶派教义的伊朗，从远古到现代都被视作有威信的国家，似乎已经成功地融合了阿契美尼德王朝、伊斯兰世界和西方世界治国的才能，以至其现代化竟然出奇地获得了西方评论界的赞誉。这很快便被证明是一种错觉。因为没有任何一个中东国家像伊朗那样兴起如此浩大和激进的伊斯兰原教旨主义，也没有国家，或者只有极少数国家，像伊朗那样发生了对国家、政府和法律标准的严重践踏行为。②

阿亚图拉·霍梅尼领导的自由派支持者与伊朗国王领导的反对派之间的差异经常遭到忽略——在伊朗或西方都是这样——它是阿契美尼德王朝文明和伊斯兰思想汇合而成的总体的东方式信念，认为专制是唯一可靠的政府治理形式，而个体从未被赋予过所谓的不可分割的自由权利。

与此同时，在现代的叙利亚、伊拉克和南也门，在被马克思列宁主义的"社会主义浪潮"席卷以及西方改革后，政府开始变得无法无天，反复无常，权力真空导致了个人意志的过度活跃。在穆阿迈马尔·卡扎菲上校发动政变以后，沙漠王国利比亚的情势也和上述相仿。

---

① 参见 Albert Hourani, *A Vision of History* (Beirut, 1961), pp. 151 ff. 其他相关描述，参见 Bozeman, *The Future of Law in a Multicultural World*, pp. 50 – 85, esp. notes 12, 30, and 51。

② 关于这次革命的评价，可参见 Bozeman, "Iran: U. S. Foreign Policy and the Tradition of Persian Statecraft", *Orbis: A Journal of World Affairs*, Summer 1979, pp. 387 – 402。

在过去的十年间,世界上没有哪个地方像黑非洲那样,重视维护并重申传统的准则与价值观的地位。事实上,通过分析非洲思想和行为的发展以及研究具有代表性的非洲人的特征,我们可以得出一个结论,即今日非洲实际上并不完全笼罩在西方的理念和传说中。此外,人们也产生了疑惑,即非洲传统的重要信念或制度是否已被严重的西化——欧洲人通过向数百个非洲政治团体引入书写技能,成功地改造了它们的思想观念和交流方式。即便这样,疑惑仍然存在。这一跨文化关系的成就并没有获得应有的赞赏,似乎只是被当作为现代非洲增添了一种新技能而已。

阿戴奥约·兰博博士[1]细致分析了困扰非洲的传统模式与现代化之间的冲突。他指出,[2] 非洲人对于西方文明存在仪式上的崇拜也正是问题所在,从西方引入的准则和标准是否能够同非洲的传统价值观和经济社会发展需求之间产生顺畅的化学反应还是个未知数。在传统信念中,非洲人的图腾信仰可以解释为何在部落遭遇困境时,如在饥荒、干旱、传染病流行期间,人们有勇气献出用以赎罪的生命。兰博继而指出,丧失部落特征的非洲人在面对各种现代社会的压力之下,不仅将继续采取上述做法,而且还可能采取新的、更加致命的形式。此外,我们通过兰博以及其他观察者了解到,这种宗教信仰,包括巫术在内,不仅在受过西方教育的非洲城镇居民中间流行,也在未接受过西方教育的传统非洲民众中盛行。

职业精英的著述明显地反映了这种心理倾向。不管在哪里,只要非洲法学家表达出对非洲传统的和欧洲的法律秩序分离的关心,下一代人就会沾沾自喜地去寻找可接受的替代品。因此,在塞拉利昂的出庭律师塞缪尔·刘易斯带着极大的不情愿在他的一份报告中总结到,在部落斗争面前,人们开始认识到不顾司法体系的真正的自相残杀,但同时他们又在其他很多方面放弃英国法律的相关准则。加纳法官阿津娜-纳尔泰和伦敦林肯律师公会的律师,几十年后仍看不到这方面的任何困难,当时,在审判一个猎人因过失杀死其同伴时承认"这只是那个控诉捕猎行为的古老故事的现实翻版,故事讲

---

[1] 阿戴奥约·兰博(1923—2004 年),尼日利亚精神病学专家,曾任世界卫生组织副总干事。——译者注

[2] "The African Mind in Contemporary Conflict", The Jacques Parisot Foundation Lecture, 1971, *WHO Chronicle*, vol. xxv, No. 8 (Aug. 1971), pp. 343 – 353.

得是已故母亲杀死其儿子,并将其人头变为引诱其他猎人的诱饵……"①

黑非洲的国家和政府同属一类,因为它们关于国家的概念在现实的血缘关系和部落忠诚面前黯然失色。由非洲国家种族成分之间关系的特点是互不信任,通常还带有敌意,所以民族统一只是天方夜谭(索马里除外)。此外,非洲大概有 50 个国家政体不是独裁就是专制,还有一些与共产主义沾亲带故。权力几乎被掌握在一个人手中,而此人通常被认为是某个种族的代表。概念意义上的政府绝对是不稳定的,因为叛乱者通常利用阴谋或者暗杀来破坏现任政府的工作。由违法、恐惧、猜忌滋生的暴力在各种社会里都是人类关系中显著的特点。实际上,在独立后的不久,大多数非洲国家又重新陷入到军事政变、内战冲突、游击战、种族争斗、国家战争的泥潭。

这些手段所花费的人力物力的代价仍然是庞大的。先前投资在用于保障食物供应以及与初期干旱作斗争的资源都被耗费殆尽。每个农场的产量都在减少,其直接结果就是非洲的农业经济没有得到丝毫发展,且基本处于停滞和压抑状态。在许多非洲地区,饥饿是普遍现象,饥荒无情地吞噬着这片土地。更重要的是,非洲民众的精神和体力资源逐渐变得干涸。最终的情形便是:整个非洲社会的民众都在争相逃离饥饿、暴政、战争的困扰,最后这片大陆只留下一些听天由命的难民。

六

总体而言,国际体系与那些作为其构成部分的诸多理念一样坚如磐石。如果它们在现代国际体系下的不同社会秩序里都能发挥作用,那么这些理念的地位将更加牢不可破。当前不存在一个放之四海而皆准的全球意义上的政治体系,因为当今国际社会一如 19 世纪以前那样,是由多元政治体系构成的,而每个体系都包含着独具特色的文化理念。

---

① *The Daily Graphic* (Ghana), 18 Aug., 1977。关于其他可以说明杀戮轻易得到法律认可的例子,尤其他们可能与巫术、魔法、梦兆、身份错乱等有关的例子,参见 Paul Brietzke, "The Chilobwe Murders Trial", in *African Studies Review*, vol. xvii, no, 2 (Sept. 1974), pp. 361 - 81; James R. Hooker, "Tradition and Traditional Courts: Malawi's Experiment in Law", American Universities Field Staff, Fieldstaff Reports, vol. xv, No. 3 (Mar. 1971); Bozeman, *Conflict in Africa: Concepts and Realities*, pp. 227 - 303. 关于魔法在军事行动中的作用,参见 John Michael Lee, *African Armies and Civil Order*, Studies in International Security (London, 1969); Kenneth W. Grundy, *Guerrilla Struggle in Africa: An Analysis and Preview* (New York, 1971)。

从 19 世纪中期到 20 世纪中期，一些非西方社会实体一直与西方国家及其组建的国际体系存有联系。欧洲政府在几个世纪以前就已设计并管理着这个以"现代国家体系"为名的秩序，这一秩序下的所有国家在法律上是平等的，并都有意愿和能力在国家之间维持欧洲人规定的"文明行为标准"。在 1945 年之前，上述国际化设计似乎是成功可行的，但自此之后，却逐渐被证明是个幻想。在 20 世纪末一项对国际社会的调查显示，该体系的核心概念，即"国家"，在全球各地正处于四面楚歌境地。在一些地方，尤其是非洲和中东地区，它甚至被打回原形。在其他地方，它则堕落为宣传反国家思想的保护伞。国际社会中的相关决策体不时地散布零星的和经常加以伪装的政策指令，如解放阵线、恐怖游击旅、临时政府或共产国际等。它们一直在国家间的边界区域悄悄展开行动，不过迄今，尚没有哪一个能作为国家的替代品获得国际法的认可。

"国家"概念的完整性遭到严重破坏，同样因为这些政治实体间的差异过大，以致不论从国际法抑或强权政治角度，都无法实现真正意义上的平等或对其进行客观比较。这一术语囊括了当今新形式的多民族帝国，如苏联、共产党中国和越南，这些国家的战略扩张学说和意识形态扩张理论，坚持认为由于对司法管辖权的合理限制尚未达成，因此现存的边界安排只是暂时的。它同时涉及穆斯林政权，它们反对西方的国家团体概念，支持传统的伊斯兰信念。与此同时，"国家"一词仍然成为那些因被镇压或被军事占领而被迫停止独立运动的民族不易引起争议的自我称呼。因此，按照惯例，卫星国对于苏联并不必然意味着保护权和统治权，正如前英帝国统治下的被殖民国家所经历的命运。然而，每一个政治实体都标榜自己为主权国家，受到《联合国宪章》及其他国际机构准则的保护，享有充分的投票权，即使它们已被布尔什维克主义（1968 年）取消了国内治理权和对外事务权，确切地说在苏联入侵阿富汗事件后强化了这一趋势。

在西方社会，国家的属性渐渐地一方面被转移到"政府"身上，另一方面被转移到"世界社会"的名下，即便传统意义上这两者都被西方视为国家的派生。肢解欧洲体系的复杂过程已经持续了相当的时日，然而西方学者和政治精英们对此却漠不关心。

上述现象的继续发展对国际法造成了明显的负面影响。国际法是国家间关系发展最重要的欧洲参考标准。西方难以想象，倘若失去了国际法，还能奢望什么"国际秩序"。国际法如今已被强行征召为服务于政治修辞和国家政策的工具，人们摒弃了欧美的严谨司法、光辉历史和价值伦理，整日喧嚷那些看似贴近于每位公民的，但却毫无事实根据的、所谓不争人权的意识形态宣传。更严重的是，它不再为战争与和平提供统一的指导方针，部分原因是当今"战争与和平的权利"不再以国家的名义发布，但更重要的原因在于今日的多元文化世界不能对战争与和平的本质内涵达成共识。此外，正如前文提到过的，战争主张学说主导了非西方社会和共产主义国家，使得近来席卷西方的新反战论相形见绌。

综合这些因素就能解释为何当今世界可被认为是包含了不同冲突系统和战争类型的混合体，它们有些属于本土战争，有些冲突会波及他国，有些则相互交织。因此"国际化战争"的含义不再仅仅指代那些发生于国家之间的暴力冲突。当前发生的国内武装斗争，从城市游击战到全面的革命起义或内战，都可以被统称为"国际化战争"，它们多数是由外国代理人发起或受其资助。国内外各种因素的相互渗透，对于彻底抹除传统意义上合法力量与非法力量界限有着可以预见的重要作用。实际上，这也对由来已久的欧洲关于战争与和平的区分理念提出了新的疑问。

非西方化以及抛弃那些曾经维持短命国际秩序的规范和制度，将给欧洲和美国的外交带来巨大挑战。只要在战争与和平区分模糊的地方，那些支持敌意与好战的价值观就会压过合作与和平；只要国际关系在大体上被设计为敌对国家间的冲突关系，那么外交关系就不得不屈就适从。通过对古今治国方略的比较研究后我们发现，上述情形几乎原封不动地出现在大多数非西方国家和所有社会主义社会里。这就意味着在一个缺乏共同文化价值观和支配性政治秩序的当今世界，西方外交从此以后须像在19世纪里那样发挥作用，同时也意味着再也无须准备遵循西方制定的国际行为标准了。

第二十七章 世界文化的统一性和多样性

罗纳德·多尔[*]

文化为何对国际秩序研究人员如此重要？世界在文化方面可能变得更加同质化（西方化、现代化）的前景，在何种意义上会对维持一种国际秩序的各种可能性产生影响呢？

这至少有三种可能的含义。第一，有一种观点认为，"一种特定的"文化是"一个单独的整体"，经由"某些主要的结构观念"塑造而成，这些观念决定了宗教、艺术风格、社会结构和政治制度等方面（包括与外部的关系）的"总体内容"，对于这些方面的内容，这种特定文化能够自动地加以创造，或者能够持久地给予包容，如果这些因素在偶然情况下是由外部力量所强加的话。根据这个观点，中国文化、印度文化或伊斯兰文化，在其实质内容方面都不可能融入到那个孕育出另一种完全不同的犹太—希腊—罗马文化的国际秩序体系之中。其障碍存在于两个层面上。

其一，在纯粹的认知层面上，不同文化在理论概念上描述世界的基本方式（尤其是表现为"契约"、"法律"、"责任"等在理论概念上描述社会关系领域的那些方式），从来就不存在足够的相似性，以致不可能促成一种人们在维持国际秩序方面所需要的最低水平的有效沟通。

其二，不同的文化体现了不同的价值体系和道德规范。无论在其彼此之间，还是与西方相比，其他文化不可能同样重视秩序、和平、民族（或种族、区域、宗教）自信、睦邻合作等。

文化差异影响国际秩序之可能性的第三种含义，可以说与文化的实质内

---

[*] 罗纳德·多尔（Ronald Dore），英国社会学家，先后供职于伦敦经济学院、英国艺术与科学院、日本艺术与科学院、美国艺术与科学院，著有《今日东京的生活》（1958年）、《英国工厂和日本工厂》（1973年）、《外交病》（1976年）、《篠原：日本乡村素描》（1978年）、《灵活的刚性》（1986年）、《股票市场资本主义和福利资本主义》（2000年）。——译者注

容毫不相干。这不同于其他两层含义。某一个国际社会的秩序规则,诸如条约必须遵守、外交使节享有豁免权等,依赖于人们在某种程度上认识到长期交往的不可避免性,依赖于人们认识到国际社会需要坚持对于一些基本规则的道德义务,因为,国际社会是一个共同体,而这个共同体的继续存在没有其他可替代的途径,既不能选择自我退出,又不能选择通过种族屠杀消灭其他人。也就是说,国际社会需要某种道德共同体的存在,即一定程度上的康德式互惠和接受他人之地位的能力,从而在最低限度上排除了种族灭绝的想法,至少要求各个国家的代表拥有这种共同体意识;而且,如果秩序要长久存在的话,可能还需要他们所代表的普遍民众也具有这种共同体意识。这种"同类情感",也就是把别人当作"自己人"的意识,是最低限度的道德共同体意识所必需的;然而,它可能遭到许多因素的阻挠,其中最为明确的,也许要受到两大因素的阻挠:一是人们有着不同肤色或外部骨骼结构的事实,二是人们有着不同的趣味、信仰、价值观和生活方式等方面的认知。这就是不同的文化。因此,无论在内容模式方面有着怎样的一致性,只要这些方面的相似性越大,就越能促进"同类情感"的可能性,因此,也就可能遵守那些用来维持国际秩序的规则。

为方便起见,我们把这三个假定的机制称为认知差异机制、价值冲突机制和"同类情感"机制。我的首要观点是,在这三者之中,"同类情感"机制最为重要。

认知差异

我们首先考察认知差异机制。关于这个机制的运行,大部分假定的案例,在经过检验之后却是另外一种结果。比如,在"契约"概念上,人们假定美国人和日本人有着不同的认知。毫无疑问,正如几乎每一次英国罢工的故事那样,对于另一群人的行为的错误预期(这当然是一种认知方式)是导致冲突的一个主要根源,而在国际事务方面也许更加激烈。但是,这些期望不一定取决于彼此思想之间的误解。美国人和日本人关于契约行为方面的这种明显的差异,是众所周知的,但也是无关紧要的。日本人期望美国人会像夏洛克那样行事。他们所理解的"契约",完全不同于日语中的"合同"(keiyaku)。日本人的理解十分透彻。

在作为国际契约的条约上,理解的概念甚至要完整得多。在任何一个社会，对于"法律"、"契约"、"条约"之含义的精细理解，都不是一个了不起的成就。国际体系是一个相对独立的体系，其成员保持一种社会关系，无论他们是尼日利亚外交官还是阿根廷外交官，他们在基本对话用语方面很少会遇到认知障碍。关于这个观点，我们可说的还有很多。

在本世纪，中国和日本之间处理双边外交关系，肯定是基于世界性的通用概念工具，而非基于它们共同拥有的独特的儒家文化思想。最近一项关于过去30年里"高深莫测之人相互之间如何进行谈判"的研究（Ogura，1979年），清楚地解释了这一点。这些特别的概念，主要是一个偶尔用来表明某种"特殊关系"的问题，类似于在英美关系中所使用的那些概念。也就是说，这里涉及的是"同类情感"机制，而不是认知差异机制或认知一致机制。

相互冲突的价值

至于第二种价值冲突机制，即国家之间主流价值优先排序上的明显差异，会加剧它们之间的冲突。在原则上，这个机制毫无必要。如果没有认知差异，而且价值观差异也很明显，那就可以认为这个机制仅仅影响各方在利益冲突上的权重，而通过有序的妥协过程解决冲突，即成为国际秩序的所有内容。甲国比乙国更重视某种特定利益（例如摆脱外国公司对于国家经济决策所施加的强大制约）的事实，并未使得冲突不可解决；如果这种差异得到重视，乙国就能够形成一种正确认知，从而支付补偿价格，获得甲国向它的多国公司的其中一个成员做出让步。如果价值观差异不能得到正确认知，冲突就会加剧或产生，如历届英国政府都未能理解阿根廷民族主义的力量，或者未能理解后者对福克兰群岛的申索是一种根本诉求。如果差异得到认知，而冲突仍可能加剧或产生，那么，另一方的价值观就会被批评为"不合理"，比如在日本开国之际，西方列强声称日本统治者强调的锁国价值观发挥了"不合理"的作用，因为它剥夺了日本人民获得国际贸易的好处。迄今为止，在这个案例中，声称另一个国家的价值观优先排序的不合理的说法，通常不过是用来为挑战国的私利而正名。但后来，随着世界共同体概念的初步兴起，各国开始基于道德而非私利向他国强调其自身的价值观，正如美国人基于简单的人权关注而试图敦促日本人放弃其捕鲸恶行一样。

价值观的本质导致冲突的另一个特别案例，在于某个特定国家的价值体系十分重视战争活动并将其当作国家生存的一种最高表现形式。正如20世纪30年代的绥靖政策表明，不管其如何准确地理解希特勒德国的价值观，也不管如何容忍不合理的指控，该政策对于任何爱好和平的国家而言，要避免引发战争的冲突都是困难的。

因此，显而易见，价值观的冲突确实使得维护一个和平的国际秩序的任务愈发困难。实际上，"利益"和"价值观"之间并不存在巨大的差异。利益只有在与有价值的事物相联系时，才成其为利益。甚至作为一种价值观的彻头彻尾的军国主义，也可以被解释成是一种"利益"，从而有机会招致好战的表述。因此，韦伯经常谈论"精神和物质利益"，而经济学家也讨论"精神收益"。这里的真正问题，并不是价值观和利益之间的差异，而是普遍性价值观/利益与特殊价值观/利益之间的差异，前者包括领土或贸易机会（有人满有把握地认为对所有国家而言这些东西越多越好），而后者在一些国家取决于文化，在另一些国家却与"文化"无关。

然而，这里需要反对这样一个假设，即这种文化是一个不可塑的整体，而与国际行为有关的、通过利益而加以界定的价值观，是作为一个整体的文化的一些根深蒂固的具体表达。可是，赫尔穆特·施密特领导下的德国和希特勒统治下的德国在国际行为相关的价值观优先排序上的差异，却足以推翻这种说法。

某一个社会的核心价值观也不一定非得从那些受人崇拜的经典著作中推导出来。实际上，某个人前往德黑兰，也许可能不会直接从《古兰经》中获得一些洞见，但至少可以从霍梅尼对《古兰经》的论述或引语中得到启发。但是，如果这个人的兴趣实际上是研究伊朗这样的国家，其内政外交政策明确地基于一种据称是这个民族（或其他兄弟国家的一个宗派集团）特有的传统信仰，其外交政策立场实际上往往故意抵制任何普遍性的国际秩序体系，那么，他也许反而可以通过阅读民族主义和本土主义反应方面的普通社会学著作，从而获得更多的真知灼见。毫无疑问，各个社会在世俗化程度方面存在巨大差异，而传统宗教伊斯兰的原则或现代宗教马克思主义的原则，在一些社会可能比在另一些社会更能影响外交政策，如果这种影响仅限于为民族主义自信心提供正当理由的话。

但是，即使在这样的社会里，它在总体上还是一个通过传统宗教提供正当理由的行动问题，而不是一个通过传统宗教的核心道德律令和内在逻辑来决定行动的问题。我们所讨论的所有大的（有文字记载的）宗教传统，都是千差万别的。早在 12—13 世纪，日本就衍生出两种形式的佛教，一种类似于福音派基督教，另一种类似于激进伊斯兰。随手可用的宗教名录总库很大，甚至连马克思主义也已成为一座有着许多幢建筑的大宅院；从这个总库中抽取哪些条目的选择，只是一个随意选取的问题。

但是，随意选取并非任意抽取。在上一个世纪，无论以马赫迪起义军、义和团、日本神道教武士、甘地派，还是以现代伊斯兰原教旨主义者的形象出现，宗教复兴派提出的主张，一般都以民族主义主张的面貌出现（Matossian，[1] 1958 年）。在价值观上回归到一种传统宗教的主张，是为了反对那些"占据统治地位的其他民族"并争取平等尊重地位，而同时更接近事实的是，这往往是为了反对本地的统治阶级，因为后者接受了那些"占据统治地位的其他民族"的价值观和生活方式。传统的重新伸张，可以从现存的宗教名录总库中精心选取，从而为区分不同的受压迫者提供最大的空间。因此，盖尔纳从禁欲苦行的"大传统"和更加放纵迷信的"小传统"出发[2]，去描述形形色色的传统伊斯兰；他指出，城市化的或具有城市追求的复兴派从"大传统"中汲取其新的伊斯兰原教主义，因为"它需要做三重工作。它要把他们自己定义为反对外国人。它要把他们自己定义为……反对西方化的和受到嫉妒的精英。它要把他们自己定义为……反对他们自己都感到羞耻的往日农村生活"（Gellner[3]，1980 年，第 199 页）。有人也许会说，这正是甘地主义不分种姓和阶级的做法，一方面促使其追随者伸张农村的朴素美德，另一方面又在西方影响下抛弃那些他们不再认同的农村传统习惯。

所以，我们可以认为正式的宗教信仰的公开教条传统具备某种因果力量，正如我们要根据"哑剧马"的外形去判断里边的人到底是胖子还是瘦子那样。也许，我们甚至应当认为，人际关系之文化模式的那些更少公开、更少伸张的派别具备更大的因果力量，其促成国家价值观优先排序的方式也具备更大的因果力量。例如，日本外交政策对于本国的国际威望的极大关切，毫无疑问，不仅在很大程度上是长达一个世纪的争取获得各大列强白人俱乐

---

[1] 玛丽·马托西安（Matossian），美国马里兰大学历史学家，著有《过去的毒药：模式、传染病和历史》、《苏联政策对美国的影响》。——译者注

[2] "大传统"和"小传统"是美国人类学家罗伯特·雷德菲尔德（1897—1958 年）提出的概念，前者指佛教、基督教、伊斯兰教、犹太教等大的宗教传统，坚持正统教义和正式仪式，主要存在于教堂和学校；后者指普通民众的宗教风俗和习惯，主要流行于农村民间。——译者注

[3] 厄内斯特·盖尔纳（Gellner, 1925—1995 年），英国现代性理论家，著有《思想与变革》、《文化、认同与政治》、《民族和民族主义》等。——译者注

部平等成员地位的斗争的产物，而且可能还反映了日本在传统上曾经是而且当前在某种程度上还是一个等级社会的事实，在这样一个社会里，比起那些更平等的国家，人们通常更关心人与人之间的高低等级之分的秩序确立。然而，这种动力（把上面的比喻说得更明白一些，就是成功说服胖子和瘦子钻进"哑剧马"的道具里）维持了那些根据普遍价值观而定义的利益，进而义愤填膺地要求去纠正一个人所属的民族的被剥夺的荣誉、权势、收益、领土或经济机会，而这些问题，始终存在于现状国家与非现状国家之间。

那些对此持有怀疑的人，尤其是那些基于以下认知而持有怀疑的人，即第三世界大部分国家曾经被帝国主人欧洲化但又部分地回归特定传统文化，进而不大容易接受那些基于西方文明的秩序诉求，应当看一看塔克对第三世界提出的重新分配式国际经济新秩序的集体要求所做的研究（Tucker，1977年）。"新的政治敏感"论点（他试图反对），都是用与西方社会里的那些穷人和下层阶级的要求完全一致的语言来表达的（即使连"赔偿"论也是使用了美国黑人的案例）。这些论点，援引了西方文明所熟悉的道德原则。唯一的新鲜之处，就是把这些原则"扩大到国家边界以外"；而这个新做法，也根本不是源自非西方文化：塔克在这里所援引的布尔丁、缪尔达尔、麦克纳马拉[1]以及这项新原则的其他权威阐述者，都不是因为支持哪一个非西方文化传统而闻名于世的。

同类情感

最后，我们讨论第三个机制，即"同类情感"机制。我们提出的主要问题包括：第一，同类情感是有多么重要？第二，我们有什么理由认为同类情感的文化基础是在递增或递减？

很多人在回答第一个问题时会斩钉截铁地说："一点都不重要"。因此，摩根索写道：

> 我们假设美国和俄国的教育与文化都会发展到同等优秀水平或完全

---

[1] 肯尼思·布尔丁（1910—1993年），美国经济学家；冈纳·缪尔达尔（1898—1987年），瑞典经济学家和社会学家，1974年获诺贝尔经济学奖；罗伯特·麦克纳马拉（1916—2009年），美国企业家和政治家，1961—1968年任国防部长，推动和升级越南战争。——译者注

融合，以至于俄国人会喜欢马克·吐温，一如美国人喜欢果戈理那样。若果真如此，谁应该控制中欧的问题，就不会像今天这样仍然存在于美国和前苏联之间。（Morgenthau，1966年，第505页）

我不敢苟同这个说法。除了"控制中欧"这个短语的模糊含义以外，以及除了在莫斯科和华盛顿都有一种颇具影响力的观点认为两国拥有共同利益，从而不去鼓励任何一个华约国家不要想着倒向北约或任何一个北约国家不要想着倒向华约的事实以外，可以肯定地说，有大量证据表明，同类情感的增强不仅确实促进了认知共同利益的倾向，而且缓解了由于认为对方怀有歹意或道德堕落而加剧冲突的趋势。没有哪个法国观察家会否认，由于这种同类情感的作用，美英两国间之有存在某种特殊关系。也没有哪个日本观察家会否认，美欧国家之间同样存在某种特殊关系，而美日之间却没有这种特殊关系，而它们认为之所以有这种差异，是因为以下这个事实，即欧洲将其与日本之间的贸易逆差看作是一个冲突因素，但却没有把其与美国之间的同样巨大的贸易逆差当作问题。类似地，大多数日本人认同友好代表团演讲里反复提到的一句话，即日本人和中国人"同文同种"具有某种含义，即使人们难以弄清其特定含义到底是指出具体的让步还是指象征性的一致性主张（如《中日友好条约》关于反霸条款的著名争议）。

所有这些争辩都说明，如果"缅因州的人对待日本、智利或印度支那人民的责任，如同他们同等对待加利福尼亚州那样的话"，而这种责任感的明确前提条件是"同类情感"，那么，国际秩序的可能性就会呈现出完全不同的情况。布尔丁同样接受这个前提条件，他认为那种状态不仅令人向往而且甚至可能实现；塔克也接受这个前提条件，但认为如果有人相信它是可能的话，那就会发现它是多么令人憎恶（Tucker，1977年）。当然，如果把同类情感差异的程度仅仅归因于以下事实，可能显得天真幼稚，即缅因州与加利福尼亚州之间的同类情感，因为联邦国家的一套完整制度而得到强制整合，包括一部久经考验的宪法、一套司法体系和国家对暴力机器的垄断（或近乎垄断）。但是，正如美国历史学家所强调的那样，这样的联邦制度的发展，完全是因为同类情感和共同物质利益的存在、培育与号召。正是这种存在于加强制度建设和增强同类情感之间的辩证反馈，乐观派必定指望通过它们去寻求建立世界秩序的前景。

但是，哪些人之间应当拥有同类情感呢？显然，最重要的是，在那些制定政策的人之间。正如布尔所做的那样,我们必须明确区分两种人:一是直接从事国家之间交往的人,他们加入外交界,受到一种世界外交文化的熏陶;另一种是更广泛的城市精英分子,他们彼此交往,相互通婚,并组成利益集团对各自国家施加影响、压力。外交官受制于人,很快会被取而代之(尤其是在官僚政治传统根基不深的国家)。因此,这些更广泛的世界城市精英之间同类情感的可能性,显得如此重要,如果有人考虑确立一项对于国际秩序原则的一贯义务的话。除了他们以外,还有一般的芸芸大众:当然,他们表达同情态度的程度,因所属国家不同而发生变化,这不仅取决于他们是不是真正乘坐公共汽车和每天阅读报纸的人,或者他们是自认为坐上牛车就算幸运而且根本不知道如何对待报纸的人,此外毫无疑问地,还取决于政治制度能够允许普遍民众情感对政策施加影响的程度。

一旦我们开始讨论第二个问题,即在世界范围内扩大同类情感的分布流量和分布规模的可能性,上述对于"哪些人之间拥有同类情感"问题的答案就变得颇为重要。到目前为止,为了阐述同一个命题,我实际上暗地里运用了以下两个假设:

第一,在国际社会的国家代表之间增强同类情感,在影响或控制他们的民族同胞集团之间增强同类情感,促进他们对于这个国际社会所确立的各项秩序规则的某种道德义务的可能性,并在追求国家利益时让本国与其他国家之间的冲突服从于那些秩序规则。

第二,自我意识更可能促使同类情感去改变那些他认为与他自己更相似的人(请允许我在这里使用心理学家的专门术语来解释这个问题,因为他们为我的这个假设提供了证据,尽管他们可能会加上一个限定条件:这里的相似程度大到足以引起"两人同行"[①] 共鸣效应的荒诞性的不适)(Snyder & Fromkin,1980 年)。

现在,在回答现代世界变革这个重要问题以前,我们必须做的一件事,就是提出第三个假设:

第三,在下列三种情况下,人们更可能认知自己与他人之间的相似性:(甲)他们本来就更相似;(乙)他们有更多机会观察对方;(丙)他们在卷入仇恨谩骂以前相互之间的实际交流并不多。

---

① "两人同行"(Doppelganger),即心理学意义上的"二重身",指隐藏在每个人心中的另一个看不见的自我。——译者注

日益增强的文化同质性？

关于相似性不断增强的看法，有两种论点提供了支持。第一个是关于文化传播的流行看法，即关于世界的西方化、美国化、可口可乐化等。第二个是关于工业主义逻辑不断向前发展的各色各样的社会进化论观点的大杂烩。我们首先考察更复杂的、第二类各色各样观点的大杂烩。

第二类观点有很多版本，从愈发明目张胆地鼓吹"物质进步推动道德进步（比如让他们变得更像我们）"的种族中心主义，到以下这个比较含蓄的论断，即声称各国在科技或商业会计领域奉行科学理性原则的物质利益，使得这些原则如此深入地根植于社会——首先深入根植于学校，以至它们不断传播到政治、法律和行政（导致官僚机构的普遍成长）、家庭生活（导致计划生育等）、宗教（导致迷信减少）等各个领域。与此同时，随着经济发展而不断发展的社会分工，更专业化的精细无比的职业，更大的空间和社会流动性，所有这些，都导致了更大的个性化、个人选择不断扩大、核心家庭日益增多、社群纽带逐渐弱化、平均主义、从特殊主义向普世规范转变、从归属原则向成功原则跳跃等。

也就是说，文化融合之所以出现，是因为（从广义上讲）目前只有一种社会组织方式使工业体系能够有效运转，而且所有社会都确实需要一种有效的工业体系。

从 20 世纪 50 年代末到 60 年代初，融合理论的各种不同版本最具影响力；当时，有人能够提出这样的论点说，可怜的日本人在工业领域毫无效率可言，因为他们不知为何无法根据美国采用的那些最好的个人主义原则和科学理性原则去组织起他们的社会结构（这种论点的其中一个最有影响的拥趸者，参见 C. Kerr 等人，1962 年）。相当尴尬的是，这个论点认为，日本人不仅未能合理地组织起来，反而想要取得相当水平的工业效率。

但是，如果说应当给工业主义的内在逻辑所促成的对于增强相似性的期望浇上一盆冷水的话，那么至少还有传播过程理论在发挥作用。传播过程表现在两个层次上。首先，通过既定的商业渠道进行直接传播，如时装和美食、建筑风格和装饰模式、流行歌曲和肯德基等；同时，通过传教士传播宗教，通过学术会议和政治会议以及那些疲倦困顿的新闻记者去传播自决思想或种族平等原则，后一种人往往发现翻译外国期刊从而剽窃思想要比苦思冥想创作新观点容易得多。其次，传播通过直接的模仿移植制度而进行，通常从比较先进的国家向比较落后的国家传播，包括移植文官机构官僚体系、教育和医疗体系等方面的例子。这些制度塑造了相关人员的行为、抱负和情感，一如工业主义相关人员的变化那样；总体上，其塑造方式，与这些制度原先产生的那些国家的人民相比，也极为相似。

实际上，实践经验表明，日益增强的世界观和价值观的相似性，确实产生于这些传播过程。一项关于6个发展中国家城市工人的研究，试图分析他们所持有的一系列态度和价值观（强调个人选择和责任、理性原则、掌握个人命运的可能性等等）的"现代"程度，而这些"现代"态度和价值观，是问卷调查表事先限定好的。他们的反映清楚地表明，他们在学校、工厂和城市生活中经历的时间越长，对这些现代态度的接触机会就越多（Inkeles & Smith，1974年）。

相似性在这方面取得的进步仍属有限。英国、中国和巴基斯坦工厂的工人可能都生活在核心家庭中，对子女教育抱有很大期望，限制其家庭规模，规划家庭开销，但是，他们对待妻子、上司或政治家的态度却完全不同。不过，相似性的进步还扩大到中产阶级以外的其他社会阶层，如果说还没有深入到一些国家的大部分人口所生活的内地农村的话。

对于相似性的真正增强来说，如果要影响相似性的认知，进而影响同类情感，第三项假设中的第二个前提条件必须得到满足，即增加联系。这种联系的频繁程度事实上不断增强的事实，目前再明显不过。英格尔斯运用各种各样的统计数据，以力图证明这个事实：大学留学生、外国邮件数量、电话呼叫、旅行、世界贸易、海外投资、非政府国际组织的数量（在20世纪70年代初期每年增加5%）。在物质流动方面，我们还得加上世界范围的电视电影交流。显然，工人受到的影响要小于中产阶级，但是，正如上文所及，对于文化融合、同类情感和国际秩序来说，他们并不是那么重要。

跨国交流

国际交流的一种特定形式，不仅与上文提到的工业主义和个性主义的论点彼此相关，而且还与布尔所说的"国家间社会"和"世界社会"之间的区别不无联系。

关于我们正在迈向世界社会的论点的一个版本，是佩特曼所说的将世界看作是一个全球性资本主义体系的建构主义观点,在这个体系中,国家之间的区别(最终的区分?)的后果要小于阶级之间的差异(Pettman,1979年)。事实上,很少有迹象表明会有全世界工人阶级大团结的前景,比如,瑞典的工人可能称得上是世界上最国际化的工人阶级,他们因为举行罢工支持瑞典跨国公司的巴西工人而闻名于世,但是,日益发展的文化方面的同质性几率和正在出现的一致性意识,在某种程度上可能要大于国际资产阶级。

但是,这种跨国界的专业团体之间的一致性的几率,仍然是比较高的(因为国际资本主义之间往往处于直接竞争之中)。以下分别阐述这些论点。

工业化和现代化演变过程的一个普遍特征,在于从世袭制的家庭生产向着选择性职业的雇佣工资生产制度的转变。选择就业的机会,甚至选择就业的必要性,对于促进个人主义的发展程度,可能不尽相同(众所周知对日本个人主义的促进程度要比在英国小得多)。但是,在世界各地,这种就业机会的选择都促进了个人主义的发展,有些发展表现在具体的选择行为上,有些表现在人们忠诚于其所选择的机会的程度上。不管男女,只要他们选择了其所忠诚的行业,他们就更可能按照其选定的职业去界定其身份认同,从而也就更加自觉地忠诚于某个宗教团体或种族团体。

这种发展,连同交流和旅行的不断增加,导致了一定程度上的人与人之间的效忠的跨国化:那些专注于指尖灵感的音乐家,可能会在外国音乐家而不是五音不全的乡下同胞那里寻觅到更大的兄弟情谊。这种跨国界的共同体纽带,往往会形成于物理学家、童子军、东方学专家、犹太人、网球运动员、工程师和鸟类观察家之间。

这类效忠可能会导致英国音乐家对于俄国音乐界的不同政见者的强烈关注。音乐家、作家、犹太人、浸礼会教友的多方压力,会促使美国政府向苏联提出人权说辞,最终导致《赫尔辛基协议》的签署,以及要求实施该协议的后续压力。

这个基本进程,是一个颇有争议的迈向世界社会的运动,是一个侵蚀边界的、不利于国家间社会走向制度化的进程。然而,这个进程的一个有效途径,是国家之间的条约,而国家间社会的强化,不仅有赖于国际条约的联系纽带的范围和种类的不断扩大,而且取决于各国内部不断积聚的、对于监督这些条约得到遵守的各种压力。在迈向世界政府的运动与迈向国家间社会的运动之间做出区别,是一件大有助益的事件,但是(Bull,1979年),这两种趋势可以是互补关系而非彼此对立。

文化要素

至此，我在讨论中还未涉及"文化相似性"概念。也许，它只能在常识层面上加以理解。如果我们关注同情范围，关于同类情感——它不仅提供了偶尔从他人角度出发去观察世界的冲动，而且促成了外国同行去传播积极信息而非消极套话——的程度，关注在裁军协议、拿对方诚意赌博，进而建立信任关系方面进行冒险的意愿，那么，几乎任何形式的相似性都可以归纳为以下一点：相较于诸如宗教信仰或道德原则这类更深层次的、更为隐私的问题，物质和艺术与思想文化两个方面的相似性，比如对于牛仔裤的共同爱好，对于波兰电影、汉堡包或日本瓷器的共同品位，以及对于工程技术或足球场上运动员精神的共同欣赏，可谓同等重要。

"世界文化"正逐渐成为中产阶级生活方式的共同要素，无论在华盛顿或莫斯科，在哈瓦那和加拉加斯，还是在达喀尔和东京。实际上，它不过是相对应的物质志趣的外在表现，比如对于汽车或本国建筑、古典音乐或专利药品的相同品位和价值取向，比如对于子女教育和肺癌的同样关注，又比如对于希尔顿酒店咖啡店文化中的缪扎克音乐和橙汁、迪斯科和干酪纱布衬衫的相似认同。

但是，这并不一定意味着降低了同类情感之传播的重要意义。我们似乎根本不应怀疑的是，不断增强的交流频繁程度（尽管近年来这个进程因为经济危机而不如过去的30年频繁）造就了这些城市中产阶级文化的日益发展的相似性：一个略具雏形的"世界文化"不断释放出新事物，进而传播给广大民众。

妨碍因素

在这个"自然"发展进程中，除了那些已经明确的因素以外，还存在一些人为的妨碍因素。正如我在上文所说，我们可以将莫斯科和哈瓦那列入"世界文化"首都的名录，这样做要比把北京也列入名单要容易一些。所有声称自己是共产党的国家，都在不同程度上试图限制这个"世界文化"的渗透，只不过中国人比大多数国家更全力以赴，更公开高调，更有自觉性，其原因向我们展示了这个现象的内在本质的一些方面。它不只是拒绝资本主义意识形态的符号：没有什么比蓝色牛仔裤而不是郊外别墅更能体现资本主义的本质了。同时，"贫穷国家"在本土主义反映方面还有许多事情要做，如上文提到的促进并塑造传统宗教的方式和复兴。当伊朗伊斯兰原教旨主义者烧毁夜总会，坚持要求本国妇女佩戴面纱时，他们不仅在表达一种宗教信念，而且还在发泄他们对处于"贫穷"地位而一无所有的怒火。

在贫穷国家，世界文化，尤其是其物质方面，表现为一种奢侈文化，而且主要是那些掌权人物及其亲朋才会享受。当反政府势力一如所有反对派自然而然地作出反应那样利用民族主义对付其政敌，谴责他们允许富裕而强大的外国大肆剥削和轻视本国之时，这种嫉妒情绪就变得十分重要。也许，借用依附理论家的范式说，反对派将国内统治集团贴上买办资产阶级的标签，因为他们与外国资本沆瀣一气，形成了一种利益共生关系，而他们试图把这种联系说成是经济发展的必由之路，浑然不知他们在把发展定义为（奴性十足的）效仿西方的过程时已犯下滔天大罪。这种民族主义诉求很快发现，动员那种刚刚提到的嫉妒情绪，可谓易如反掌。告诉人们摘不到的葡萄是不道德的，也是禁止采摘的，比起声称这些葡萄是酸的，甚至更能取悦他人。因此，统治阶级应该受到谴责，因为他们制定了错误的目标，因为他们丧失了应有的民族自豪感而甘愿屈服于外国人，因为他们背叛民族文化而盲从西方流行时尚和爱好，包括流行音乐、妇女解放、奶牛肉、外国宗教以及所有那些在地方传统看来都是十恶不赦的东西。

在上文刚刚描述的进程中，还存在一个十分具体的扭曲现象，如果可以用粗话来说，可称为"第二代本土化现象"。在精英集团内部，这就造成了支持和反对西方价值观及其生活方式的两派之间的分裂，即老一代和年轻一代之间的分裂。这种现象不仅见之于前殖民地社会，而且也见诸突然之间打开国门追赶"现代化"的社会，后者包括上世纪的日本，1949年后的中国，甚或第二次世界大战后的魁北克。第一批"现代化的人"，或"独立后"的那一代人，通常在外国（西方）大学用西方通用语言接受教育。部分因为他们第一次跨出国门之际还是可塑性很强的青少年，他们接受了西方价值观和生活方式的深刻影响，而远远不是那种表面上的装腔作势；后者的例子，如伊迪·阿明，即使在英国非洲军团当过20多年的中士，他也还是一个现代国家的半调子总统。

但是，人数更多的第二代，在第一代人创立的本国新式大学接受思想教育。他们获得了二手的西方文化，其中只有少部分人负笈海外，而大多数研究生都是 20 多岁，不再处于可塑性很大的时期。这些大学起初可能还采用宗主国语言（新加坡仍然这么做，印度、斯里兰卡和法属西非的一些大学或一些院系也还在坚持）。在这个阶段，书面语言接触依然是第一手的，只是在口语交谈、人员交流、生活方式传播上是二手的。但很快，大规模的大学教育需求迫使人们改用本土语言进行教学：知识通过翻译渠道实行了本土化，而且通常是在有限范围内并处在低水平上。新式大学提供了极为有限的接触世界文化的机会。从这些大学走出去的人，可能会对老一代人的高人一等的世故态度有所不满，后者被看作是阻碍了他们在受雇的现代部门组织的等级阶梯上的升迁机会，或者，随着大学毕业生失业率的上升，他们根本得不到受雇机会。自然地，他们越来越倾向于接受本土主义反对派运动。在日本，随着接受国内教育的第二代人逐渐掌权，这个进程在 20 世纪最初几十年里造成了以下一种情形，即西方大学的毕业生在竞争官僚机构和主要的现代部门组织的工作岗位时处于严重不利的处境之中。20 世纪中期的外交精英的国际化程度，要比这个世纪初期的同行落后一大截。然而，接受世界文化的基本进程仍通过日本语教育的中介而得以继续推进。虽然它所花费的时间多于直接在海外留学并使用宗主国语言交流，但这种方式的影响更加深远而持久。

这些刚刚讨论的反应，在妨碍世界文化的传播上会产生一种总体影响。它们对非西方国家的外交代表有着特定而巨大的影响，而这些外交官有能力激发出其对手的同类情感，从而能够最直接地影响各种机会，以确立和维持对于一种世界秩序的各项规则的持久义务。他们身处的环境，使其可能处于精神分裂之中。总体上，他们作为本国的一员，最可能吸收世界文化，并对其保持着一种个人趣味，但他们又自相矛盾地对其怀着最强烈的拒绝心理。这里有两个原因。首先，他们与外国人员接触最多，因而最可能受到背叛民族利益和民族文化的指责。如果英国外交部的圆滑之辈因为似乎听任"阿根廷"关于福克兰群岛的观点占据上风而受到几乎叛国的指责的话，那么，相较于中国外交官在"文化大革命"期间被迫以各种方式证明其对毛主席无比热爱的中国之心，以及对西方腐朽文化的深恶痛绝时所经历的苦难，他们的痛苦根本不值一提。

第二个原因比较复杂。外交往来、双边谈判、国际会议、游说欺骗、招待晚会等整套文化，主席制度、鸡尾酒会魅力和大会说辞、懂得何时进行尖锐抗争何时随意打发时间、判断何为玩笑何为侮辱等艺术手法，都是源于西方的世界文化的组成部分，一如苹果酱那样。非西方国家的外交官通常并不擅长此道。这可能有两个方面的原因：其一，因为他们要到成年以后才开始学习这些社交技巧，然后，只有在到了职业环境之后，才有了不多的实践机会；可是，他们的对手往往从孩提时代起，就在西方中产阶级家庭和学校里，学会了或非常熟悉这些社交技巧。其二，人们处理这些事情时需要信心，特别是在关键的初期阶段，如果一个人起初就在头上顶着作为一流大国代表的华丽光环，而不是威望等级排名靠后的国家代表，那么，他在建立信心方面就要更容得多。奥利维埃拉博士魅力十足，来自厄瓜多尔，接受过瑞士学校的教育，在大庄园里度过贵族式假日，他可能因为第二项不利条件而受挫，但绝不会因为第一项能力不足而苦恼。对于日本外交官来说，第二种因素问题不大，但第一种因素，加上完全因为语言流利方面的困难，可能会导致他在整个职业生涯中都处于不利地位。对于印度尼西亚或马里外交官来说，这两种能力不足，发挥着同等力量的作用。他们可能会轻易地感到不自在。

这可能会导致两种结果，而且都会妨碍同类情感。其一，当一个人意识到他亲身所处的世界（西方）文化的那个特殊小天地的价值观把他看作一个无足轻重之辈时，他可能会拒绝这些价值观，进而拒绝包含这些价值观的整个世界文化的价值观。其二，既然他与同行之间的接触并未过多地增进亲密关系，既然他不能摆脱"那个无聊的马里小子"形象（他碰到的交谈用语无非是"在这个季节你们国家下雨吗？"），那么，他受到的待遇，实际上是出于一种国家身份而非他应有的个人身份。这就意味着，他的国家身份成为其个人身份的一个更突出的方面：在这种情况下，他首先是马里人，其次才是作为个人的穆巴恩卡博士。因此，对他的国家的任何轻视言行，都是对他个人的轻视言行。在纽约，他也许会突然第一次明白反对派的本土民族主义的仇外情绪的真正内涵。所以，他可能会退缩，开始坚持穿戴民族服饰，使用翻译，并将他的正式社交活动限制在最小范围，这样，他就没有多大的属于那个由同类情感所维系的世界共同体的归属感，犹如一个从头到脚穿着衣服的火星人突然闯入一群裸体主义者的人类世界那样。

如果有人说，在其他事情都处在平等状态的情况下，日益发展的交流频度，应该能确保促进各个国家之间，或至少中产阶级之间，或最少外交界之间的同类情感的基础不断扩大，那么，他必须认识到，有些可能不平等的事情，实际上却非常重要。

然而，必须指出的是，上述所列举的所有妨碍因素都源于这样一个事实，即正在形成的"世界文化"被看作是西方文化。总体上，这个看法当属正确无误：除了另外一些"外来"元素，如中国烹饪、伏特加、黑人灵歌、美国商学院里日本产品小圈子的时髦货、文人雅士欣赏目录中的禅宗佛教和印度艺术，但是，所有这些，在东京、波恩和达喀尔等城市所共同拥有的中产阶级文化整体中，只不过占据了一个微不足道的部分。这个共同文化的西方本质，事关重大，其所有方面已如上文所述：因为那些标榜着对这个文化拥有财产权的西方国家，盘踞在国际权势和国际威望等级的顶端，进而被认为是不公正地统治着其他国家。

如果这种现象不再继续，只有一种情况才有可能，比如说，只有在日本、中国或朝鲜完善了第一套廉价而又有效的反导系统，并且牢固确立起军事和经济主导地位之时，在东京或北京的秋季时装展统领了时尚杂志之时，在电脑不停地将日本语翻译成英语而不是相反之时，在日本或中国大学成为世界上雄心勃勃的年轻人的目标之时，形势才会发生变化。否则，世界文化仍将是西方文化。许多后儒教因素可能会被吸收进来：在联合国里，艺妓表演可能会取代鸡尾酒会，人们在正式言辞中会多谈友善而少讲正义。但是，国际法和国际会议程序的模式、秋季时装展和年度艺术展的构思、小说的形式以及大学的结构和功能，所有这些，仍将会源于西方。然而，即使西方国家明显地从其权势或威望等级的顶端中跌落下来，那也是无关紧要的。上文所讨论的、源于本土主义反应的各种表现的、阻挠世界文化的稳步传播的障碍，将会纷纷土崩瓦解；而最后一个重要的妨碍因素，见之于当前的中华文化圈中的那些国家。因此，从长远来看，世界秩序结构的前景，在接受了世界文化联系纽带的推动力之后，也许会有所发展。目前，更紧迫的问题在于，要防止某一个人的反西方本土主义所触发的连锁反应，招致超级大国卷入一场大冲突，从而断送我们这个世界实现那个长远目标的机会。

参考书目

H. Bull, 1979. "Human Rights and World Politics", in R. Pettman, *Moral Claims in World Affairs* (London).

E. A. Gellner, 1980. State and Revolution in Islam, *Millennium*, vol. vii, No. 3 (Winter 1979–1980).

A. Inkeles and D. H. Smith, 1974. *Becoming Modern* (Cambridge, Mass.).

C. Kerr el al., 1962. *Industrialism and Industrial Man*, Clark Kerr, J. T. Dunlop, F. H. Harbison, C. A. Myers, eds. (London).

M. Matossian, 1958. Ideologies of Delayed Industrialization, *Economic Development and Cultural Change*, vol. vi, No. 3 (Apr. 1958).

H. J. Morgenthau, 1966. *Politics among Nations*, 4th edn. (New York).

K. Ogura, 1979. "How the Inscrutable Negotiate with the Inscrutable: Chinese Negotiating Tactics vis-à-vis the Japanese", *China Quarterly*, Sept. 1979, pp. 529 – 555.

R. Pettman, 1979. *State and Class: A Sociology of International Relations* (London).

R. W. Tucker, 1977. *The Inequality of Nations* (New York).

结束语

赫德利·布尔　亚当·沃森

我们选择考察当今国际体系发展进程的时间起点是欧洲扩张前夕，大致在公元 1500 年。那时的世界主要由一些区域性国际体系构成，每一种体系都植根于某种特殊类型的文化传统土壤：一个体系是基督教与欧洲人，一个体系为伊斯兰体系或主要为穆斯林主导，另一个以中国为中心。在不同类型的体系之间存在边际性接触，外在表现形式为贸易、战争和宗教，然而这些边际性接触并未最终为我们带来一个统一的国际体系，更不要奢望确立具备共同规则与制度基础上的单一普遍的国际社会。不同体系运作遵照的都是人类交往中的一些基本规律，不同政治实体的民众、不同发展程度的文明都可借以限定和规范那些形态丰富的间歇性交流。除了那些发达文明，地球上至今依然存在着广大的无文字地区。

我们在本书第一编看到，在 1500 年以后的 4 个世纪里，人类历史图景里的主要内容是欧洲人向全球的持续扩张。在欧洲，人们将西欧与北欧两种体系合二为一，奥斯曼帝国是其中的一个积极的军事与经济关系的参与者；在该体系内部，欧洲人创造出一个精巧复杂、与众不同的欧洲国家社会，这种社会不是建立在霸权控制或领主国家的基础之上，而是建立在相互接受独立地位和维持均势的原则之上。在美洲、非洲南部和澳大利亚，欧洲人进行了殖民安排，时隔不久这些地区又孕育出一个个独立国家。在亚洲，欧洲国家之间展开了激烈角逐，直到 18 世纪末期，奉行重商主义和殖民主义的欧洲列强以及许许多多的西亚、南亚和东南亚国家共同治理形成了一种松散的、建立在经济与战略联系基础上的欧亚体系。最后，在 19 世纪期间，欧洲殖民者开始向世界其他区域发起全面的扩张渗透，区域主要集中于非洲，纷纷确立起直接的或间接的统治地位。

显然在 19 世纪以前，在扩张过程中逐渐形成的国际体系和国际社会尚未完全建立，无论在理论上还是实践上，尽管欧洲人声称对其他发达政治实体享有优越地位或排他性权利。西班牙人对印度的征服确实是打着宗教神学的幌子（在维多利亚时代开始受到挑战），坚决否认受害者的政治独立权利，这发生在欧洲国家间关系趋于成熟以后的世俗体系理论建立之前。19世纪前的欧洲列强还没有与中国或日本建立条约或外交联系，不过原因更多出自中国人或日本人的交往态度上而非欧洲人本身。现实情形是，从17世纪中期到19世纪初期，基督教国家间的紧密联系和特殊团结意识逐渐减弱，代之以欧洲国家间紧密联系和团结意识的增强，然而这并不表明其与非基督教或非欧洲国家建立在平等和互相尊重基础上的条约和外交关系的增长趋势不相适应。

历史演进到19世纪，情况发生了变化。随着欧洲社会与其他地区力量差距的进一步扩大，欧洲人开始对世界其他地区实行直接统治，进而容忍亚洲和非洲一些国家不断获得独立地位，同时却又否认他们在国际社会里应该享受的由其制定的完全权利。西欧人的文化沙文主义与民族自觉意识上升到更为显著的位置，他们此时怀有的优越感不仅针对"野蛮"民族或史前民族，也开始指向其他欧洲文明下的民众。欧洲人决定其他大陆事务的能力不只受到当地民众抵抗的限制，还受到欧洲文明体之间激烈竞争的掣肘：他们不是像古希腊或古罗马征服者团结一致对抗外部世界。但一项基本的首要特征是，源于19世纪欧洲扩张结果的全球性国际体系全是由欧洲国家控制的，这使得欧洲人理所当然地认为自己建立了一种优越于其他政治实体、得以独享权利的排他性俱乐部。

第二编表明，在欧洲统治的时代，随着各类非欧洲国家成为这个俱乐部的成员，该俱乐部的排他性逐步减少。这个进程始于欧洲在北美洲和南美洲的殖民地之取得独立。这批最早的"新国家"扩大了国际社会成员的地理范围，同时也促成一类新词语的出现，如民族独立、不结盟、"大陆主义"，后来也有与此类似的词语出现。不过因为这些国家从属于基督教文化和欧洲文化，所以它们加入该俱乐部并不会对其成员规则带来任何挑战。海地和利比里亚的加入可能也无妨碍，在某些政府看来，这两国已于19世纪中叶就加入该俱乐部，其根据是它们的国民虽为黑人，信仰的却是基督教。

然而，克里米亚战争结束时，当奥斯曼土耳其帝国（不仅在文化和种族上不属于欧洲，而且在历史上还与基督教世界为敌）公开得到国际公法和欧洲共同体的承认时，当19世纪晚期，中国、日本、暹罗、波斯与欧洲列强建立外交关系，并在1899年和1907年的海牙会议上取得席位时，当第一次世界大战后，即便有过激烈争论，埃塞俄比亚仍被批准加入国际联盟时，俱乐部的成员规则发生了明显变化。

愈益明确的是，随着非欧洲国家融入国际社会，实践上体现为外交关系和条约关系的增多，理论上体现为国际法学家撰写的诸多著作，带来的结果是欧洲列强制定的"文明标准"并不是恒久不变和独一无二的，而是欧洲以外的国家能够并且已经通过的标准。事实上，日本不仅成为国际社会中的正式成员，而且通过与英国结盟并打败俄国而获得了强国地位。

毫无疑问，欧洲列强用"文明标准"起初是为了否认其他国家的平等地位，这一标准往往成为它们实施侵略的外衣，但是如果仅此看待这个问题，未免显得肤浅。事实上，欧洲列强在相互关系中所遵循的国际行为准则，在那些亚非国家是无法实践的，这些国家没有能力提供国内法律秩序、行政完整、保护外国公民的权利或履行各项条约。通常在欧洲的要求下，许多亚非国家进行了国内改革，以缩小与欧洲的差距，在此过程中，这些国家逐渐认识到它们需要达到欧洲提出的"文明标准"。如果最终废除"治外法权"制度，如果其他劣势地位表明欧洲特权体系已经瓦解，那么这也反映出在履行国际义务的能力方面，有关的亚非国家所进行的国内改革已使它们与欧洲国家之间的差距有所缩小。

但是，尽管这些非欧洲国家力图加入且已经加入其中的国际社会，其在原则上是世界性的，实质上仍由欧洲主导，甚至一直持续到第二次世界大战。大部分亚洲国家以及几乎所有非洲国家和大洋洲国家，都是欧洲各帝国的殖民附属国。除了日本和土耳其，那些维持自身独立的亚非国家，无论在事实上还是在法律上，都处于劣势地位，都是欧洲列强的附属国。非欧洲国家融入国际社会的理念将欧洲国家的世界董事会看作理所当然，它们据以加入国际社会的进程，被视为创始成员国对其候选资格的接受，为此，它们不断准备并最终升级为正式成员。

第三编描述了亚洲、非洲和拉丁美洲国家联盟的出现，以及第二次世界大战后改变欧洲主导的国际社会的运动。第二次世界大战使欧洲殖民列强消耗殆尽，作为唯一的两个大国，美国和苏联均持反殖民主义立场，但是作为与欧洲类似的国家，作为欧洲扩张历史进程的产物，它们又成为亚洲和非洲企图在体系内重新分配权势的目标。反殖民主义革命使世界上独立国家的数量增至三倍，形成新的国际体系，欧洲国家在该体系中仅占少数。非欧洲国家通过亚非运动、不结盟运动、非洲统一组织、七十七国集团以及其他组织，通过利用它们在其中已占多数的联合国，开始改变由欧洲建立的国际秩序，以此消除歧视，取消欧洲享有的过分的特权。

这些国家加快了非殖民化进程或民族解放进程，在法律上和道德上为国际事务营造出一种新环境，在其中，殖民统治，还有拓殖少数的延伸统治，逐渐被视作非法行为。它们发现新殖民主义有了新的目标，即通过间接手段对前殖民地国家和其他弱小国家进行控制。它们主张种族平等，尤其针对南非的白人至上主义的政府，明确要求富国和穷国之间要在经济上达到公平，最终结果是1974年提出建立国际经济新秩序。它们在文化解放思想方面找到了新的努力方向，不仅要在政治和经济上，还要在文化和精神上脱离西方宗主国。在这一运动的其他表现形式中，伊斯兰教复兴是对西方极大的对抗。它们宣传第三世界思想，或曰世界观，这一思想部分源于列宁主义，以此通过他们能够接受的说法来解释欧洲民族和非欧洲民族之间的关系史。无论是在第三世界和苏维埃集团国家，还是在西方国家，这一思想都对人们如何看待国际事务产生了深远影响。

1945年之后，非欧洲民族或非西方民族地位的转变不仅仅是第三世界运动的结果。一切民族均享有自决权，所有国家享有主权平等权，种族间平等，富裕国家有义务帮助贫穷国家，这些思想都在西方国家的自由主义政治传统中有所体现，至少是有所隐含。的确，正是这一传统对接受过西方教育的亚非国家领导人政治信仰的影响，加之马克思列宁主义的影响，成为他们与旧秩序进行斗争的主要原因。

这场斗争进行了30年之后，也不能说欧洲及其外围的美国和苏联以前享有的支配地位就已经宣告终结。美国和苏联仍然保持着军事强国的优势地位，西欧经历了一场经济复苏和较小程度的政治复苏。北美和西欧，加上日本，在世界经济中占据优势地位。第三世界联盟依旧声称西半球富裕的工业化强国仍然在掌控这个世界。

尽管如此，第三世界的崛起以及正在进行中的更为广泛的历史进程，使得19世纪末20世纪初由欧洲主导的国际社会走向消亡。法律和道德环境发生了巨大变化，白人为主的工业化国家与文化上属于欧洲或西方的国家之间的关系，引导着它们与世界其他地方的关系。政治、经济，甚至军事力量，已经从前者极大地转移到后者，后者现在显然成为国际政治进程中的主体，而不仅仅是客体。国际政治新秩序多多少少已经确立，它反映了大多数非西方国家和民族的利益。

在第四编中，我们讨论了国际社会的扩展对当前国际秩序的意义。可以说，本世纪世界性的或广泛的国际体系的出现以及欧洲统治地位的瓦解，导致了国际社会结构严重削弱。当然，当今国际社会的许多特征也可说明这一结论。

自第二次世界大战以来，虽然国际法、外交代表和国际组织得到了蓬勃发展，但是20世纪末的全球国际社会成员国，与拿破仑战争结束到第一次世界大战之前那段时期的欧洲列强相比，其统一性明显较差，这种统一是以引导相互关系发展的规则和制度框架下的共同利益为前提。如果我们考虑到国际社会成员国认可一切国际关系准则的最基本原则，认可共存原则，那么情况尤其如此。这些规则和制度使它们能够承认他国的生存权，并使其和平共处。

当今国际秩序的一个基本特点是，世界人民大多处于国家的统治之下，这些国家在严格意义上不能算作国家，只能按惯例称为国家。它们是政府或政体，对民众施加权力统治，控制领土，但是毫无权威可言，这一点与仅拥有权力截然不同；它们没有持久的法律和行政框架，这种框架能够比行使短期权力的个人更长久。它们也不够尊重宪法，不太接受法律原则。如果认为所有亚非国家都是此类性质，或者忽视此类政府在欧洲及其殖民地历史上所发挥的作用，也是荒诞可笑的。但是我们必须承认，组成当今国际社会的约160个政府不仅要在主权上平等（并不是说在人口、财富或权势方面平等），而且要在国家特性上也相似，不过是一种想象。许多亚非国家更像新生国家，或黎塞留时代之前存在于欧洲的准国家，不像当今现代化西方国家或苏联阵营中的国家。它们仍然具备某些特征，使得上个世纪的欧洲国务家认为这些国家不能融入国际社会，因为它们无法融入欧洲国家业已建立的相互关系。无论其好坏，是必然还是可以避免，当今国际社会中出现的这些伪国家或准国家，都使凝聚力有所削弱。

我们在此还必须指出的另一个特点是，在欧洲统治期间，世界大部分地区的主要国家都能够相互共存，今天这种共存已经被地区冲突或战争状态所取代。反对殖民统治的反殖民运动引发的斗争，不仅宣称殖民统治在道德上是不正义的，而且否认殖民国家在其殖民统治的领土之上拥有合法主权。随着反殖民斗争的发展，开始授权使用武力反对殖民统治，并用武力干涉支持民族解放。殖民统治逐渐扩大为接受拓殖者统治的这种情况，出现在当地人希望与宗主国保持联系的那些领土之上。在支持兼并主义者企图吞并邻国领土之时，也出现了殖民统治，甚至包括所谓的"国内殖民主义"，外国统治不能插手其中。

这些原先共存状态的崩溃，源于反殖民国家给已经确立的国际秩序带来的挑战。我们还必须指出，在反殖民国家或第三世界国家中，并未证明共存的可能性。在这些国家中，很多情况下，共存受到国际关系思想的阻碍，这些思想与国家相互承认彼此主权不相一致。这里会令人想到以下情况：以色列与阿拉伯邻国之间长期存在冲突，以色列原来就是反殖民国家或国家解放主义者的移民国家；阿拉伯国家间的地方冲突，由于泛阿拉伯主义而更趋复杂，泛阿拉伯主义对阿拉伯国家领土划分的合法性提出质疑；伊斯兰原教旨主义和社会连带主义的影响，对其准确的解释使这两种思想认为，穆斯林国家的共存是不必要的，因为它能够超越，而非穆斯林国家的共存则是不可能的；印度和巴基斯坦之间也长期敌对，这种敌对状态已经取代了英国统治时期印度人和穆斯林人的共存状态。中国和越南在东南亚也存在冲突，冲突变得复杂不仅是因为社会主义或无产阶级社会连带主义，这些主义认为经历过无产阶级革命的人民是不可能发生冲突的，而且因为就宗主国与附庸国关系而言，中国和越南都有国际关系方面的思想传统。

我们还必须指出，富有战斗精神的第三世界提出的要求，已经持续引起西方人士的怀疑：第三世界是否只是力图对国际社会的规则和制度进行改革，是否有可能在它们与外部各方的关系和它们之间的相互关系中，否认整个西方的权威。当然，在过去30年的某些时候，西方国家和某些第三世界国家在理解条约的神圣性、非自卫禁用武力、外国资产国有化的补偿责任、特使豁免权、民族自决或民族解放原则的意义、联合国大会决议的法律地位、国际行为中决定合法性的标准这一类基本规则方面，均存在巨大差异。特别是在20世纪70年代，西方国家与第三世界在民族解放、要求确立国际经济新秩序、联合国专门机构的技术功能和政治功能之区别等方面存在分歧，双方各执己见，难以达成共识。

最后，当今全球国际社会的文化差异显然已经成为一个因素，阻碍对一些基本规则和制度达成共识。以前欧洲主导的国际社会倡导拉丁语和基督教文化，很多规则和制度都衍生于此，在其作用之下，那些规则和制度才得以强化。当今时代，亚洲、非洲和大洋洲的文化正在重新确立自己的地位，并对国家间的关系产生影响，不再以欧洲文化或西方文化为基础。1945年之后的前几十年间，随着亚洲和非洲的新建国家在国际社会上确立地位，其原有国家更加强烈地主张自己的权利。人们普遍感到国际秩序的文化异质性并没有从根本上遭到破坏，因为这些新建国家由接受过西方教育的团体统治，这些统治者或代表西方自由主义，或代表西方马克思主义（不太普遍），因为人们普遍认为西方文化一定能够在全世界赢得胜利，因为这些非欧洲国家仍然弱小，仍然需要得到援助。

然而，接受过西方教育的亚非国家领导人，近来受到本土文化代表的挑战。显然，西方文化实际上并未轻易战胜非西方行为传统，这种传统已经在世界上很多地方再度兴起，伊斯兰复兴就是最显著的例子。很多非西方国家曾经需要遵从它们的西方文化导师，在获得强大的政治、经济、军事实力之后，它们已经不再有这种需要，并且采取更为积极自信的态度，这使它们与西方国家在基本价值观上的巨大差异更为明显。目前，研究国际秩序的一些学者认为，当今的国际社会已经超越其原有文化基础，这正是其衰退的根源所在。

但是，在我们看来，由于本世纪的欧洲统治受到挑战，就此断定当前国际社会处于瓦解状态的论断也有失偏颇。一方面，重要的是不能夸大欧洲主导的旧体系中的凝聚力，在本世纪上半叶，这一体系引发的战争和人类灾难，在规模上超过该体系消亡以来所发生的任何事件。这并不是由于外部世界对其产生的影响，而是因为欧洲列强不能恰当处理相互关系。

另一方面，我们必须记住，决不能将当前全球国际体系中发挥主要作用的无政府状态或无序状态，完全甚或主要归咎于体系内出现的亚洲和非洲的新建国家，或者归咎于这些国家企图改变规则，以对其自身有利。即使西方工业化世界不必应对适应第三世界崛起的问题，也可在很大程度上在那些即将影响西方工业化世界的因素中找到无政府状态和无序状态的根源所在。这些因素包括：俄国革命带来的意识形态分歧，两次世界大战的后遗症，技术、经济、社会的迅速变化所带来的压力，核武器的影响，等等。

欧洲人所建立的国际社会能够吸收大量新成员的增加，允许更多利益、道德标准和关注焦点存在，同时又不会产生其规则和制度在压力下失效，或新建国家否认其权势的任何明显迹象，这一点或许可以证明欧洲国际社会的潜在力量和适应性。的确，当今全球国际社会最显著的特点是，亚非国家已经接受了主权国家原则、国际法原则、外交和国际组织程序和公约这一类欧洲国际社会的基本要素。在所有这些方面，它们都力图修订现有的规则和制度，以此来消除对它们的歧视，坚决维护其自身利益。但这一切都是以它们在接受规则和制度时看到有巨大利益为前提，不仅因为它们在处理与从前的强权国家的关系时，需要利用这些规则和制度，而且因为在处理它们之间的相互关系时，也离不开这些规则和制度。

值得注意的是，新国家和恢复独立的国家的领导人和政府，提出应该保持并加强欧洲国际体系的最显著特征，即所有成员国，无论大小，都享有主权平等和司法平等。他们希望对欧洲国际社会的规则和制度进行修订，这些规则和制度需要消除歧视，使他们在处理国际事务时拥有他们认为该有的合理发言权。他们重视外交承认的形式，也对加入像联合国这样的全方位国际组织很重视。第三世界政府尤其强调西方原先提出的观念：强大的社会成员有义务保护弱小成员，而非肆意剥削或压迫。在南北对话中，他们要求将集体安全概念从最初威尔逊时期提出的军事保证，扩展到集体经济安全，其现实理由是政治独立不足以获得主权，经济强国也有义务保证经济水平，而弱小国家无法独立提供这种保证。第三世界政府也坚决拥护欧洲的原则：集体安全，或经济援助，或任何其他保证和协议，都不能给强国以权力来干涉新政府与其国民之间的国内关系。他们抵制任何认为强大董事会或集团有权"制定法律"的想法。他们没有表现出是否想要恢复霸权国际体系或宗主国的国际体系，在欧洲扩张以前，这类体系在欧洲以外的地区很盛行。概言之，第三世界政府并不想改变主权国家社会，而是想提高它们在这个社会中的地位。坚持司法上的平等主权，对乐于维持欧洲体系的人来说欢欣鼓舞，而对那些希望功能压力或其他压力将使作为国际社会基本单元的主权国家消失的人来说，却大失所望。

我们不能认为当今全球国际社会的文化多样性对其发展不利。从文化上各不相同的政治共同体之间的关系发展（本书已有大量篇幅对此进行讨论）可看出，共同利益往往会使规则得以改进，即便已经包含这些规则的共同文化并不存在。此外，文化并非不可毁灭，当今世界几乎没有哪个社会的文化趋向，在多元性和变化方面是例外的。更进一步说，国际法律制度、外交制度、管理制度，都明显依赖于现代性的普世文化，尽管全人类的普罗大众通常不会委身于它，但所有现代社会的主要元素全都置身其中。

实际上，当今全球性国际社会在道德上和文化上没有凝聚力，而正是这种道德和文化凝聚力，在1815年之后的大约一个世纪里，构成了欧洲国际社会的基础。但即使在欧洲国际关系史上，这种凝聚力的程度也不常见。此前和此后都有过深远的意识形态分歧，也还发生过全面战争。关于当今世界以及存有某种期望维护其中的国际秩序的一个基本事实是，欧洲国际社会的形成与欧洲将其统治扩展到世界其他地区是在同一个时期，即使欧洲的统治已经终结，欧洲国际社会仍未消失，而被多数非欧洲国家和民族看作融入国际关系的基础。大多数新国家在考虑到自身利益而力求改革国际社会时，可能破坏国际社会的规则和制度，如果存在这种危险的话，那么还会出现其他的危险，即居于少数地位的欧洲或西方可能无法认识到，只有通过适应变化，它们创造的那个国际社会才能继续存留下去。